絶対当たる！手相占い

手のひらの運命のシナリオを読み解く！

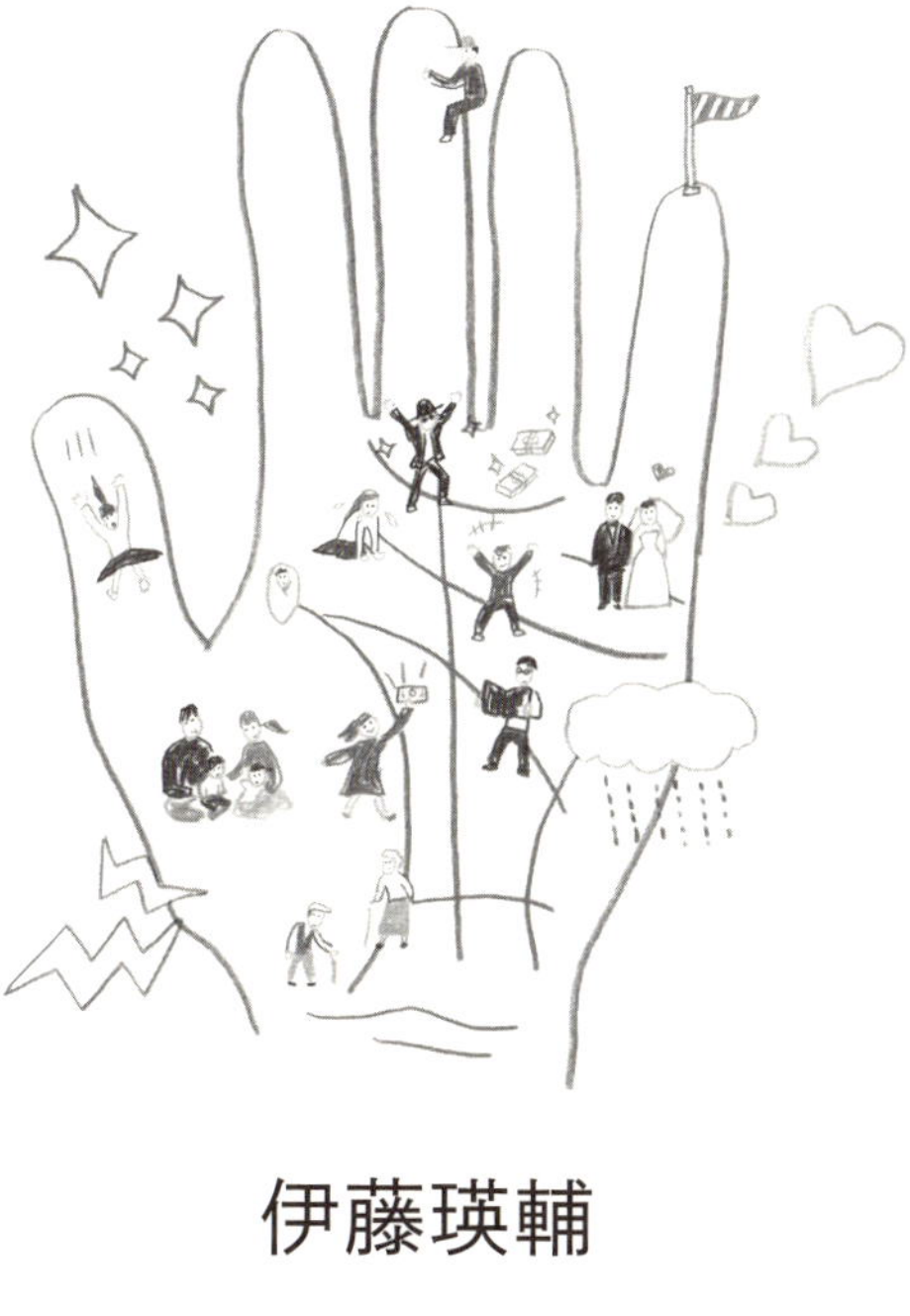

伊藤瑛輔

日本文芸社

はじめに

手相はなんのために見るのでしょうか？　答えは、幸せになるためです。

幸せの基準や尺度は人によってさまざまですが、どんな人でも自分の運命に興味がない人はいないでしょう。

生まれてから死ぬまでの人生で、どんなことが待ち受けているのか？　どの程度、運命は決まっているのかなど、さまざまな想いを馳せる人も多いと思います。

これらの気になる運命のシナリオが刻まれているのが手相です。手相は、世界にひとつしかない、あなただけの人生の縮図をあらわしているといえるでしょう。

私は、絶対的に決まった未来などないことを確信しています。たしかに生まれた時点では、運命の大まかな枠組みや制限があるかもしれません。しかし、実際に多くの人の手相を見ていると、自分の努力で夢や目標をかなえた人たちがたくさんいるのです。

手相は変化します。これは、未来のシナリオがつねに変化しているのと同じ意味です。手相には、その人の心が映し出されます。だから、心を変え、生き方を変えることで、手相はどんどん変わり、それとともに、未来も変わっていくというわけです。そのための手段や方法はたくさんあります。本書では、その方法も紹介しました。

人生の主人公は、みなさん一人ひとりです。占いのとおりに人生が運ぶわけではありません。また、待っていれば、誰かが幸せにしてくれるわけでもありません。明るくポジティブな意志をもち、夢や目標をイメージして努力していくことが、手相を良相にし、幸せになるいちばんの近道です。

手相を見て、たとえ悪い相だったとしても、絶望しないでください。手相は自分の意志で変えることができるのです。

本書では、これまで多くの手相を見た経験上、新しく解明できた情報をできるだけ多く紹介しました。ほかの手相の本と違う解説がしてあるところや、ほかの本にはのっていない情報もたくさんあります。

手相の本を読むのがはじめてという初心者の人から、すでに手相の勉強をしている人まで、幅広く楽しめる内容になっています。

みなさんが幸せになるために、本書を活用していただければ幸いです。

伊藤 瑛輔

「絶対当たる！ 手相占い」もくじ

CONTENTS

Introduction
手相でここまでわかる！ 運命のシナリオ

part 1
3大線で見る 30タイプ別・性格&運勢

part 2 気になる未来を占う❶ 恋愛・結婚運

part 3 気になる未来を占う❷ 仕事運・金運

part 4 気になる未来を占う③ 健康運

part 5 手相の基礎知識

part 6 3大線と重要線を読み解く

「絶対当たる！ 手相占い」もくじ CONTENTS

●重要線を読み解こう

本書は、2004年に刊行した『ズバリ的中! 手相占い』を再編集したものです。

本書の使い方

本書は、はじめてでも手相を鑑定できるように、タイプ別診断、テーマ別占い、手相の基礎知識、鑑定の実践などに分けて解説しています。知りたい部分から読みすすめて、活用してください。

タイプ別診断を見たい

30タイプ別
性格＆運勢 → part 1（P26〜60）

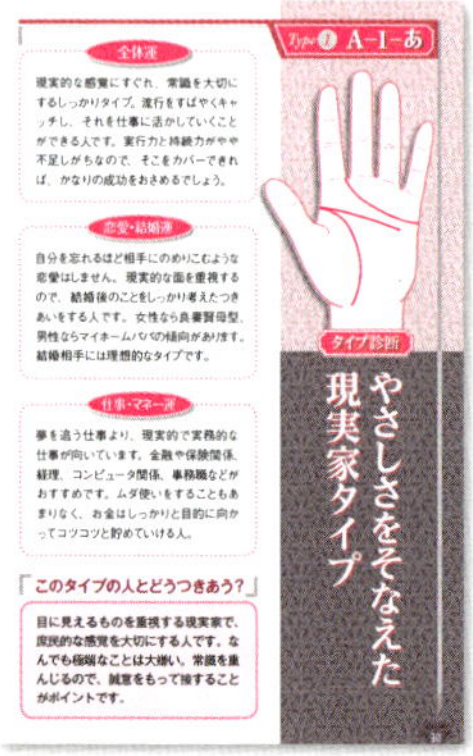
Type 1 A−1−あ
全体運
現実的な感覚にすぐれ、常識を大切にするしっかりタイプ。流行をすばやくキャッチし、それを仕事に活かしていくことができる人です。実行力と持続力がやや不足しがちなので、そこをカバーできれば、かなりの成功をおさめるでしょう。
恋愛・結婚運
自分を忘れるほど相手にのめりこむような恋愛はしません。現実的な面を重視するので、結婚後のことをしっかり考えたつきあいをする人です。女性なら良妻賢母型、男性ならマイホームパパの傾向があります。結婚相手には理想的なタイプです。
仕事・マネー運
夢を追う仕事より、現実的で実務的な仕事が向いています。金融や保険関係、経理、コンピュータ関係、事務職などがおすすめです。ムダ使いをすることもあまりなく、お金はしっかりと目的に向かってコツコツと貯めていける人。
「このタイプの人とどうつきあう？」
目に見えるものを重視する現実家で、庶民的な感覚を大切にする人です。なんでも極端なことは大嫌い。常識を重んじるので、誠意をもって接することがポイントです。
タイプ診断
やさしさをそなえた現実家タイプ

気になるテーマを占いたい

恋愛・結婚運 → part 2（P62〜90）

仕事運・金運 → part 3（P92〜110）

健 康 運 → part 4（P112〜121）

健康運
健康線・生命線・ツメ・気血色などをチェック！
手相で見る健康運とは
健康運を見るときは、まず生命線をチェック。生命線の太さや勢いから、基本的な体力がわかります。
つぎに、健康線をチェック。体のどのへんがもともと悪いのか、どの程度悪いのかを見ていきます。さらに、生命線の流年などから、いつ頃、発病する恐れがあるのかなどを判断。
手相で健康運を見るときは、生命線や健康線だけではなく、各指やツメ、色つや、ほかの線など、全体的にバランスよく見ることがポイントです。
自分の悪いところをあらかじめ知り、早期発見と予防につとめれば、病気は未然に防ぐことができます。

手相をしっかり学びたい

手相の基礎知識
→ part 5（P124〜158）

3大線と重要線を読み解く
→ part 6（P160〜227）

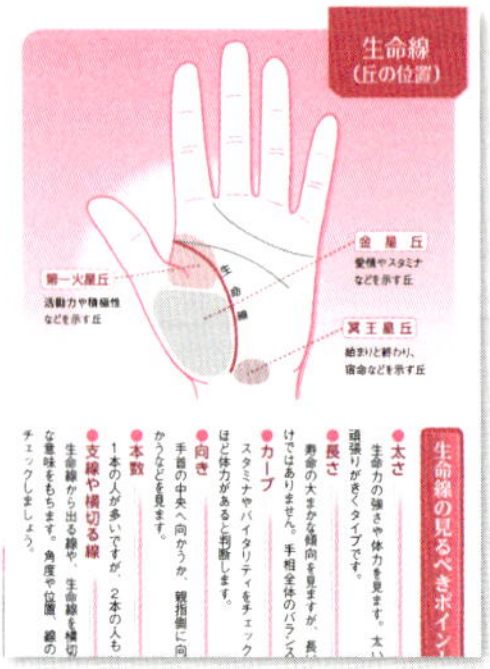

生命線の見るべきポイン
●太さ
生命力の強さや体力を見ます。太い
頑張りがきくタイプです。
●長さ
寿命の大まかな傾向を見ますが、長
けではありません。手相全体のバランス
●カーブ
スタミナやバイタリティをチェック
ほど体力があると判断します。
●向き
手首の中央へ向かうか、親指側に向
かうなどを見ます。
●本数
1本の人が多いですが、2本の人も
●支線や横切る線
生命線から出る線や、生命線を横切
な意味をもちます。角度や位置、線の
チェックしましょう。

鑑定の実例を見たい！

鑑定の実例を見たい！

手相でわかる運勢
→ Introduction（P18〜23）

鑑定例 → part 2（P76〜87）
→ part 3（P102〜105）
→ part 4（P120〜121）

実践！ 手相の鑑定レッスン
→ part 7（P230〜237）

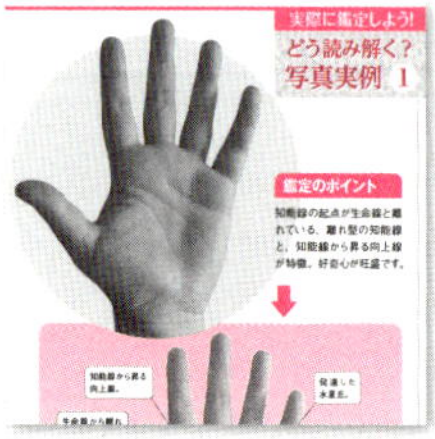
実際に鑑定しよう！
どう読み解く？
写真実例 1
鑑定のポイント
知能線の起点が生命線と離れている、離れ型の知能線と、知能線から昇る向上線が特徴。好奇心が旺盛です。

Introduction

手相でここまでわかる！
運命のシナリオ

手相でどんなことがわかる？

性格や適職、恋愛の傾向などがわかる

手相は「相」の占い

ひとくちに占いといっても、世界にはさまざまな占いがあります。みなさんも「占い」と聞いて思い浮かぶものは複数あるでしょう。

そんな占いですが、じつは、大きく3種類に分類することができます。それは、「命（めい）」、「卜（ぼく）」、「相（そう）」の3つです。

「命」は、オギャーと生まれた生年月日時をもとに占うもので、代表的なものでは西洋占星術、四柱推命などがあります。「命」は性格や適職などさまざまなことを占うことができるオールマイティな占い。しかし、誕生日で占うため、自分の努力や意志によって、占いのもとになる誕生日自体を変えることはできません。

「卜」は、占いたい事がらについて〝偶然を必然ならしめる行為によってシンボライズされたもの〟から読み取っていく占い。代表的なものには、タロット、易などがあげられます。近未来のことを知りたいとき、人の気持ちを知りたいとき、二者択一を迫られたときなどに向いている占いです。

そして最後が「相」の占い。これは〝形のある物には象意《しょうい》が具《そな》わり、よっておのずと吉凶が生ずる〟という考えのもとに構築された占い。

手相は、この「相」の占いに分類されます。ほかには、人相、家相などが「相」の占いの代表です。

相の占いは、占いのもとになる相自体を、生き方や心のもち方、または人為的に相そのものを変えることができるのが特徴で、まったく同じ相の人はいません。

手相でわかることは？

手相は、とてもよくあたる占いです。

手相からは、その人の性格、適職、恋愛の傾向などがわかります。さらに、恋愛や開運の時期、不運が訪れる時期なども読み取ることが可能です。

あらかじめ、手相をよく知ることで、人生をより豊かにすることができます。

たとえば、性格や適職を知っていれば、自分にぴったりの仕事を選ぶこともできるはずです。また、恋愛の傾向や時期を知っていれば、出会いのタイミングを逃がさずにつかむことができたり、失敗を未然に防ぐこともできるでしょう。

未来の予想図を上手に利用しよう

まれに、手相があまりあたっていないケースがあります。たとえば、流年法（P156）で過去や未来に大恋愛の線が入っているのに何もなかった、というケースなどです。こういう場合、そのときの状況を聞いてみると、「忙しくて、出会いにつながるようなことをまったくしていなかった」「会社と家を往復していただけ」などという場合が多いのです。

つまり、大恋愛の可能性が高くても、その時期に恋愛に発展するような行動を何もしていないと、出会いがないまま過ぎてしまうのです。

手相は、未来の予想図でもあります。その予想を現実のものにするかどうかは、本人の心がけや生き方、環境などによるところが大きいといえます。

夢をかなえるためには、前もって未来の予想図を知り、そのための準備や生き方をすることが大切。恋愛で出会いが少ないなら、積極的に出会いの場をつくったほうがいいですし、仕事上の転機なども手相であらかじめ知ることで、上手に活用することができるはずです。みなさんも、もっと手相を活用してください。

左右どちらの手を見る？

両方の手で占うのが正解

右手と左手には、それぞれ意味がある

手相は、右手と左手、どちらで見るのが正しいのでしょうか。これは、西洋手相術、東洋手相術、各流派などでさまざまな説があります。

私は、右手と左手、両方を見ることにしています。これは、右手、左手のどちらが利き手であっても変わりません。

右手と左手には、それぞれ意味があります。

左手は、先天的な運勢、潜在的にもっている運勢、抽象的な事がら、精神的な思いなど。右手には、後天的な運勢、自分で切り開いた運勢、具体的で、現実的な事がらなどが刻まれています。


手相を見るときは、どちらの手のほうが重要ということはありません。両方の手を見ながら、バランスよく判断していくことが大切です。

みなさんも、手相を見るときは、両方の手を見て占うようにしましょう。

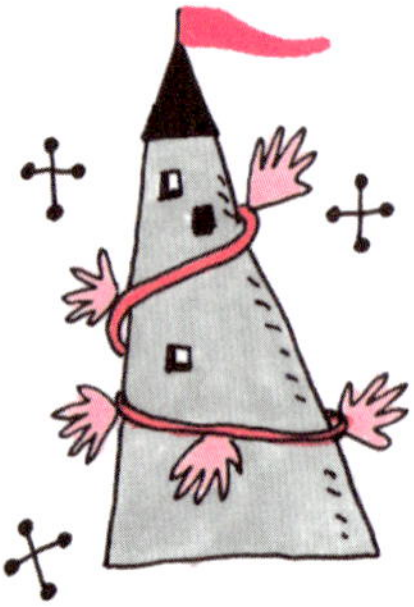

●右手と左手がもつ意味

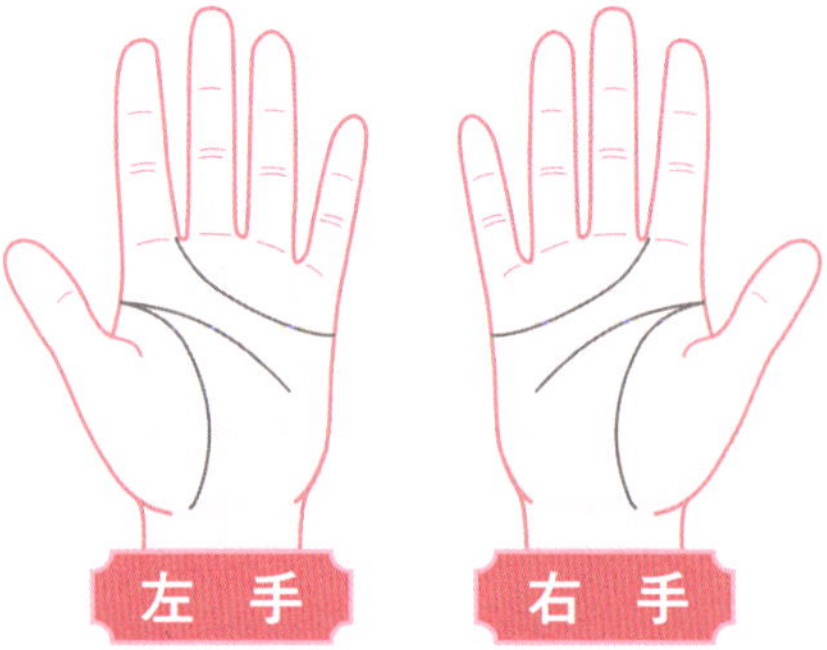

左手：受動的、先天的、抽象的、精神的、私的、本人に潜在している運勢、恋愛は相手の想い。

右手：能動的、後天的、具体的、現実的、公的、本人が切り開いた運勢、恋愛は自分の想い。

左右の手相は同じ？　違う？

右手と左手の相がまったく同じ人はいませんが、主要線などは左右対称のことが多いようです。

左右の手相が大きく違わない人は、本来もっている人生をそのまま実現していきやすい人。左手がもつ潜在的な面と、右手がもつ後天的な面が合っているということですから、そのぶん、自分の中で矛盾が少ないのです。

なかには、左右の手相がかなり違う人もいます。左右の手相が大きく違う人は、左右が同じ手相の人と比べると精神的な葛藤が多い人。なぜなら、本来の自分（左手）と、実際の自分（右手）との間にズレがあるからです。

たとえば、左手がマスカケ線（P177）で二重感情線、二重知能線の変わった相で、右手は通常の手相だったとします。すると、本来（左手）は人とは違って型にはまらず、才能を活かした仕事に就くなど、波乱万丈的な人生を送る傾向をもっていることになります。しかし、現実（右手）では、そんな本来の自分を表現することができない環境にいるなど、自分を押し殺して生きていかなければならない状態になるといったことが考えられます。

要するに、左右の手相が極端に違う人は、本当の自分と他人や社会に見られる自分とのギャップが、よくも悪くも生じやすい人といえるでしょう。あるいは、普通の人にはないような、天才的な才能や、特異性、二面性の持ち主だということもいえます。

左が右に比べてよい相の人は、本来の才能やよいものがまだ未発掘であったり、努力不足のためにおもてにあらわれていない人です。逆に、右が左に比べてよい相の人は、本来もっているもの以上に才能を磨き、がんばって生きている人といえます。

※本書では、おもに左手を使って線の説明をしていますが実際の手相占いでは両手を見て占ってください。

3大線と重要線

3大線と4つの重要線をまずおぼえよう！

基本の3大線

生命線 ▶ 体力やバイタリティ、健康、寿命、結婚、恋愛、独立、障害の時期などがわかります。

知能線 ▶ 性格や適職などの目安、才能、考え方、発想力、精神、頭部の病気などがわかります。

感情線 ▶ 喜怒哀楽などの感情、心のやさしさ、恋愛の傾向、目や循環器の病気などがわかります。

主な重要線

運命線 ▶ 人生の転機、運勢の流れ、結婚、重要な出会い、不運の時期などがわかります。

太陽線 ▶ 金運、名声、知名度、人気などがわかります。ない人もいて、変化が多い線。

結婚線 ▶ 深い縁、大まかな結婚適齢期、愛人の有無、別居、離婚などがわかります。

健康線 ▶ 健康状態や、どのような病気になりやすいかがわかります。変化が激しい線。

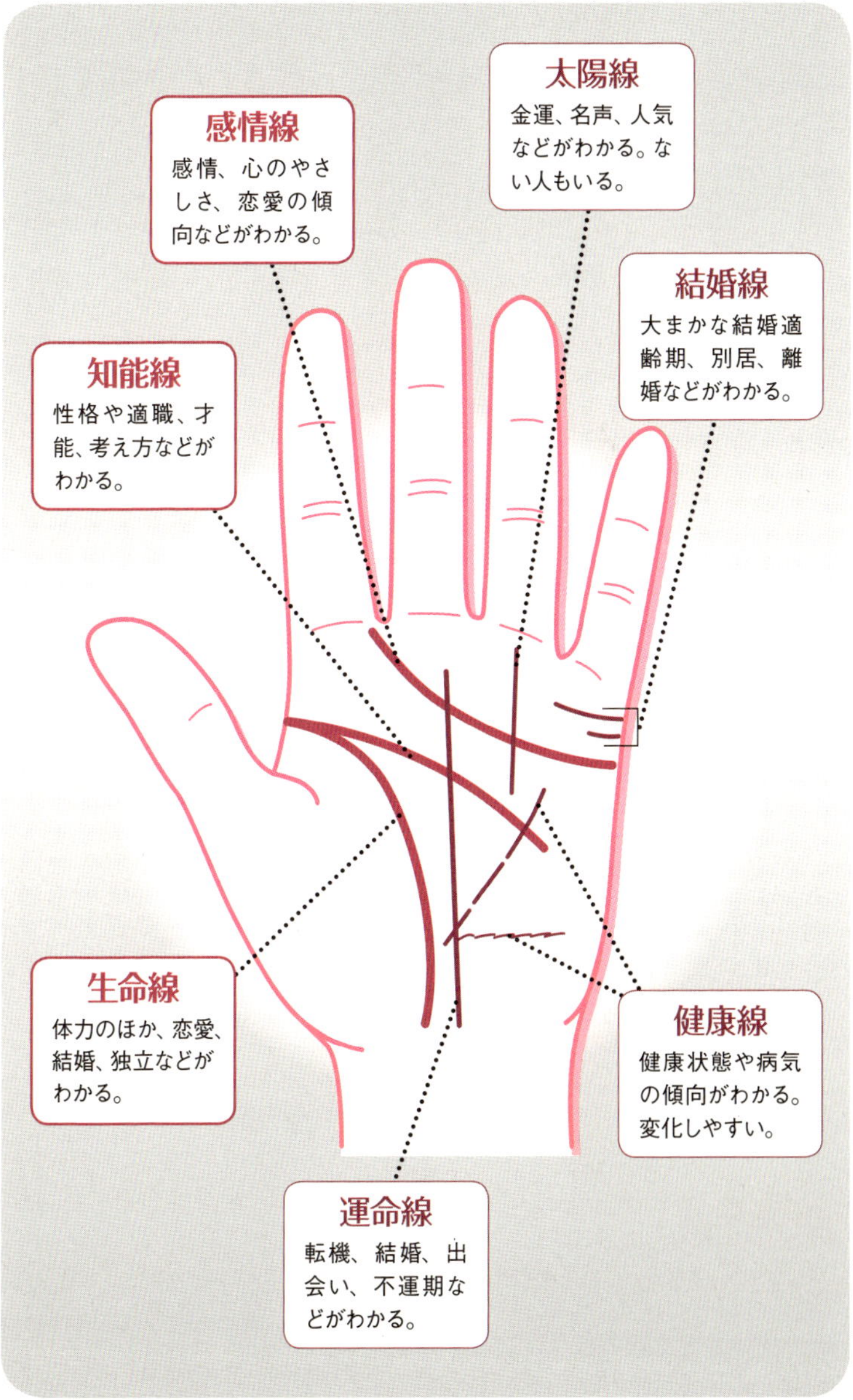
太陽線
金運、名声、人気などがわかる。ない人もいる。
感情線
感情、心のやさしさ、恋愛の傾向などがわかる。
結婚線
大まかな結婚適齢期、別居、離婚などがわかる。
知能線
性格や適職、才能、考え方などがわかる。
生命線
体力のほか、恋愛、結婚、独立などがわかる。
健康線
健康状態や病気の傾向がわかる。変化しやすい。
運命線
転機、結婚、出会い、不運期などがわかる。

日本語教師として海外で活躍

（30歳・女性）

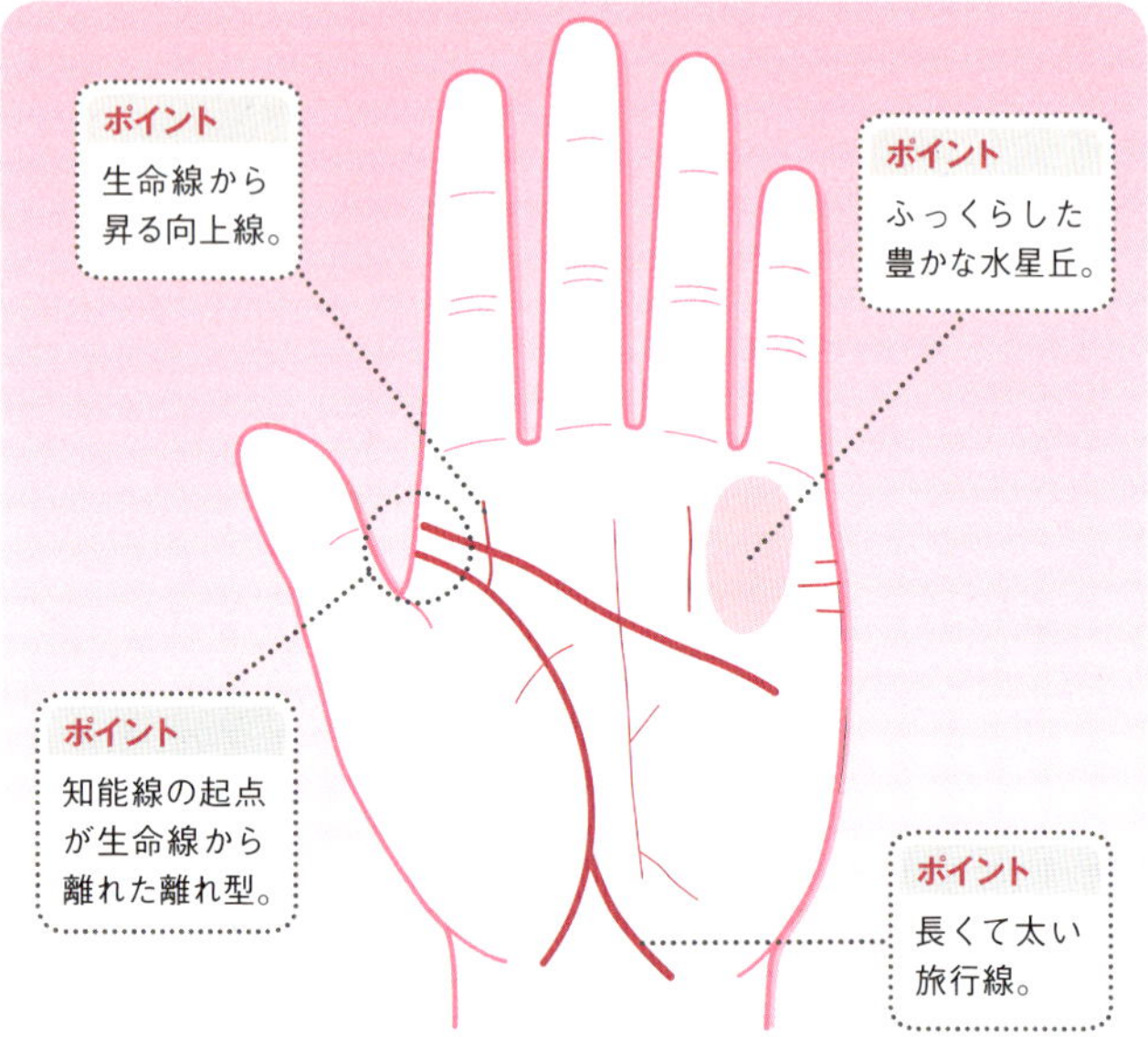
ポイント
生命線から昇る向上線。
ポイント
ふっくらした豊かな水星丘。
ポイント
知能線の起点が生命線から離れた離れ型。
ポイント
長くて太い旅行線。

全体運

生命線と知能線の起点が離れている離れ型であることと、長い旅行線が特徴。この相の持ち主は、留学などの海外経験をもつ人が多く、その経験をいかした仕事につくような人生を送る傾向があります。このように長くて太い旅行線があると、日本を離れて海外で暮らす可能性も。生命線から20歳のときに向上線が出ていますが、この女性は、そのときにアメリカに留学しました。

恋愛・結婚運

結婚線が3本あり、中央の長い結婚線の相手と28歳で結婚。相手は外国人男性です。恋愛線が少なく、結婚線もよい相なので、一度の結婚でそのままうまくいく可能性が高いでしょう。

仕事・マネー運

小指のつけ根の水星丘が大きく発達しているので、語学やコミュニケーション能力がすぐれています。実際は、夫の母国であるブラジルで、留学経験をいかして日本語と英語の教師をしています。一般的な太さと長さの太陽線が出ているので、金運は安定しているでしょう。

手相でわかる運勢 2

バリバリ仕事をするキャリアウーマン（25歳・女性）

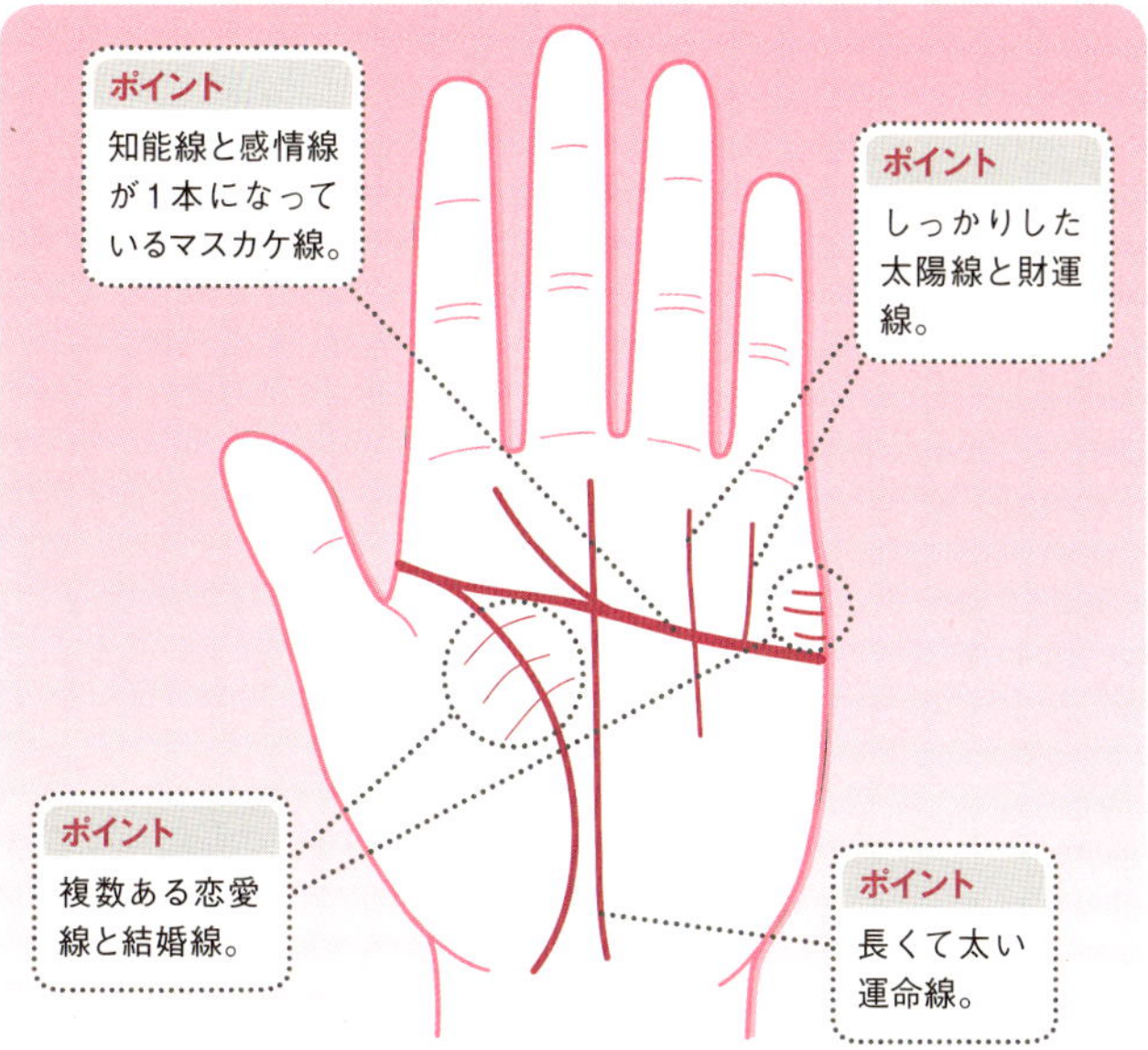
ポイント
知能線と感情線が１本になっているマスカケ線。
ポイント
しっかりした太陽線と財運線。
ポイント
複数ある恋愛線と結婚線。
ポイント
長くて太い運命線。

全体運

運命線がかなり太く長く、もっているエネルギーが強いのが特徴。後家相の代表的な例です。さらに知能線と感情線が１本になるマスカケ線なので、個性的で波乱万丈の人生を送る可能性が大。思いっきりダイナミックに生きたほうが開運できるタイプです。

恋愛・結婚運

マスカケ線の人は、恋愛も激しく情熱的。恋愛線も多いので、若いうちに結婚すると、二度、三度と結婚を繰り返す可能性が大。離婚を避けたい場合は、主婦業以外に仕事をもち、しっかり働くなどしてエネルギーを使うこと。また、夫をたてることも長続きのポイントです。

仕事・マネー運

運命線が太く長く、マスカケ線なので、やりたいことがあるなら、それを仕事にするのが一番よいでしょう。実際、この女性は外資系に勤務するキャリアウーマンで、若くして出世。多くの資格を取得し、活躍しています。長く太い太陽線と財運線もあり、金運もばっちりです。

平凡に主婦として幸せに生活（36歳・女性）

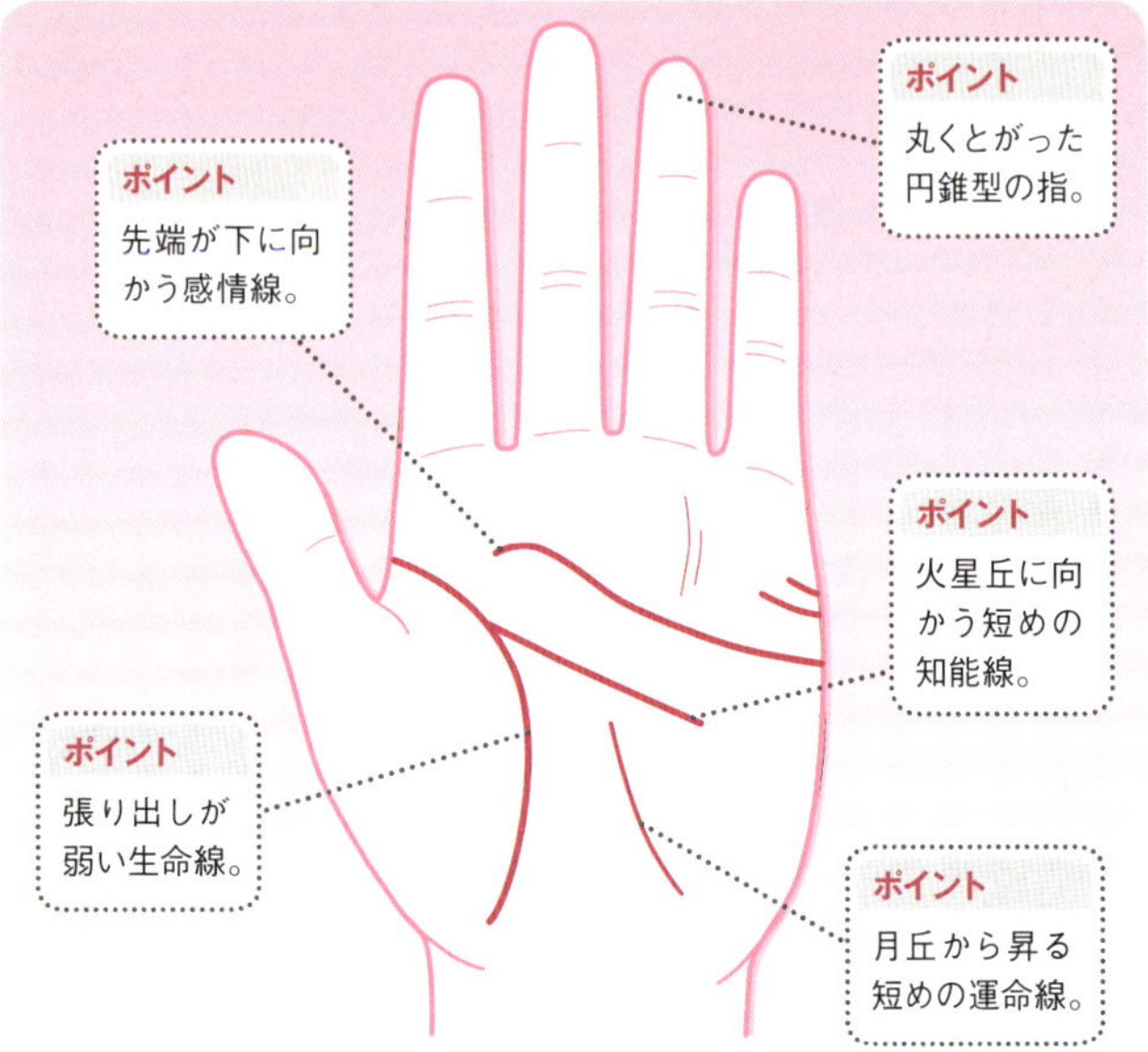
ポイント
丸くとがった円錐型の指。
ポイント
先端が下に向かう感情線。
ポイント
火星丘に向かう短めの知能線。
ポイント
張り出しが弱い生命線。
ポイント
月丘から昇る短めの運命線。

全体運

生命線の張り出しが弱くバイタリティがないので、体力的な無理がきかないタイプ。運命線が薄く、30代で消えているので、結婚して主婦になる典型的な相です。

恋愛・結婚運

運命線が薄く、短いので、ひとりでバリバリ働いて生きていくより、結婚して主婦になったり、パートタイムで働くくらいのほうがよいタイプです。火星丘に流れる知能線は、恋愛や結婚に対して、夢やロマンより相手の経済力などを重視する現実的な価値観をもつことをあらわしています。感情線の先端が下向きなので、情に流されやすい面があるでしょう。

仕事・マネー運

月丘から昇る運命線は、流れに沿って生きるタイプで、組織の中で働くのに向いています。実際は、この女性は32歳で結婚しましたが、それまでデパートで勤務していました。指の先端がとがっている手形は女性に多く、サービス業や接客業などに向いています。金運は結婚相手によりますが、一般的な太陽線が見られるので、晩年は安泰でしょう。

手相でわかる運勢 4

世界的に活躍するスポーツ選手（24歳・男性）

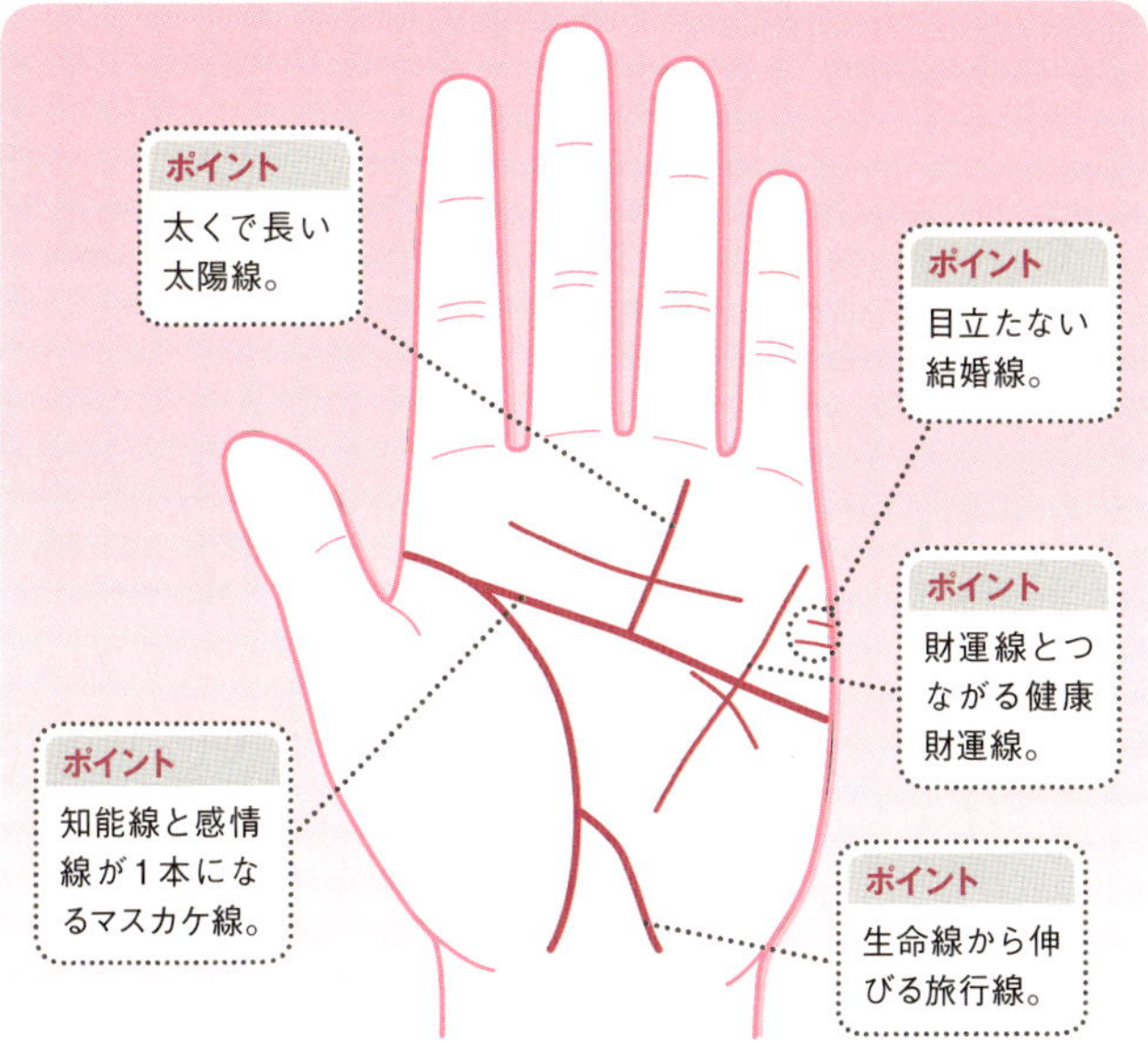
ポイント
太くて長い太陽線。
ポイント
目立たない結婚線。
ポイント
財運線とつながる健康財運線。
ポイント
知能線と感情線が1本になるマスカケ線。
ポイント
生命線から伸びる旅行線。

全体運

肉厚で小ジワが少ない手は、アスリートらしい相です。最大の特徴は知能線と感情線が1本になるマスカケ線。また、生命線から伸びる旅行線があるので、海外で活躍する可能性が高いです。実際は、海外で活躍するスポーツ選手であっても、このように運命線が目立たないケースもあります。

恋愛・結婚運

薄く、目立たない結婚線が2本ありますが、結婚にあまり興味や願望がないと、このような相になりがちです。目立つ恋愛線も見当たりません。そのぶん、仕事に打ち込む人生を送る相ともいえます。

仕事・マネー運

きれいなマスカケなので、何か自分はこの道で生きるというものがあれば、大成しやすい手相です。少年の頃からスポーツに打ち込み、一筋に目標に向かって進んでいくのはぴったり。手のひら中央の火星平原から昇る太い太陽線があるので、金運は安泰。また、財運線と健康線が1本につながる線を健康財運線と呼び、体が資本になる相です。

地元で中学校の教師をする男性

（42歳・男性）

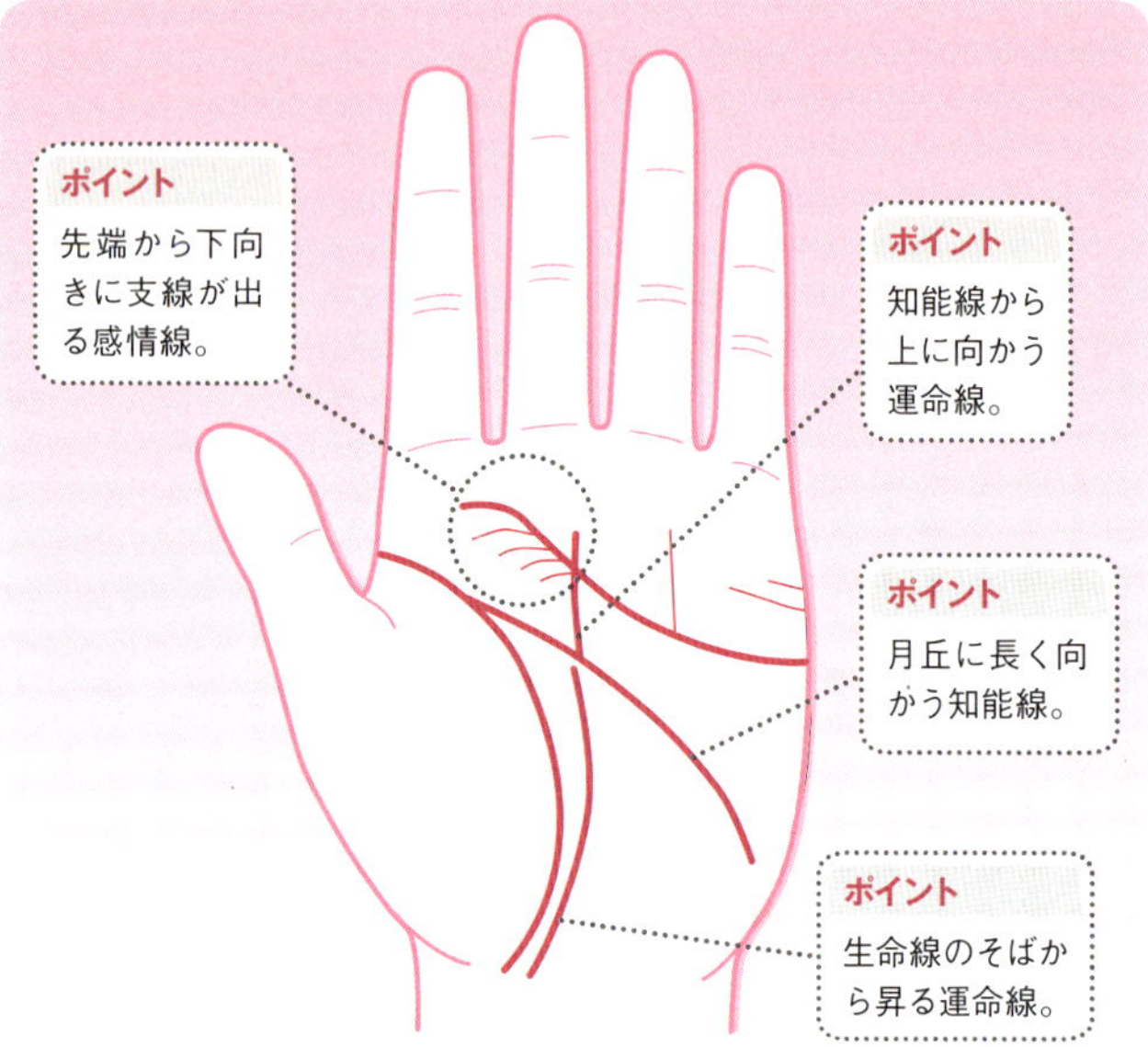
ポイント
先端から下向きに支線が出る感情線。
ポイント
知能線から上に向かう運命線。
ポイント
月丘に長く向かう知能線。
ポイント
生命線のそばから昇る運命線。

全体運

生命線側から出る運命線は、長男、または長男的な役割のある人に多く見られる相です。親や家との縁が、よくも悪くも強いため、家業があると継ぐ人も多いでしょう。

恋愛・結婚運

結婚線が2本あり、恋愛線はほとんどありません。実際、この男性は、25歳で地元の女性とお見合いし、結婚しています。感情線の先端に下向きの支線がたくさんあるので、情が深く、やさしい性格です。よいマイホームパパになるでしょう。

仕事・マネー運

長く月丘に向かう知能線は、緻密な思考の持ち主であり、かつ、夢みるロマンチストであるしるし。また、知能線から昇る運命線は、教師に多く見られる相です。生命線のそばから出る運命線があるため、地元で就職して生きていく傾向が強いのですが、実際、地元で働いています。平均的な太さと長さの太陽線があるので、収入は安定的です。この男性は、地元の中学校で国語の教師をしています。

手相でわかる運勢 6

事業家でミュージシャンとして活躍（35歳・男性）

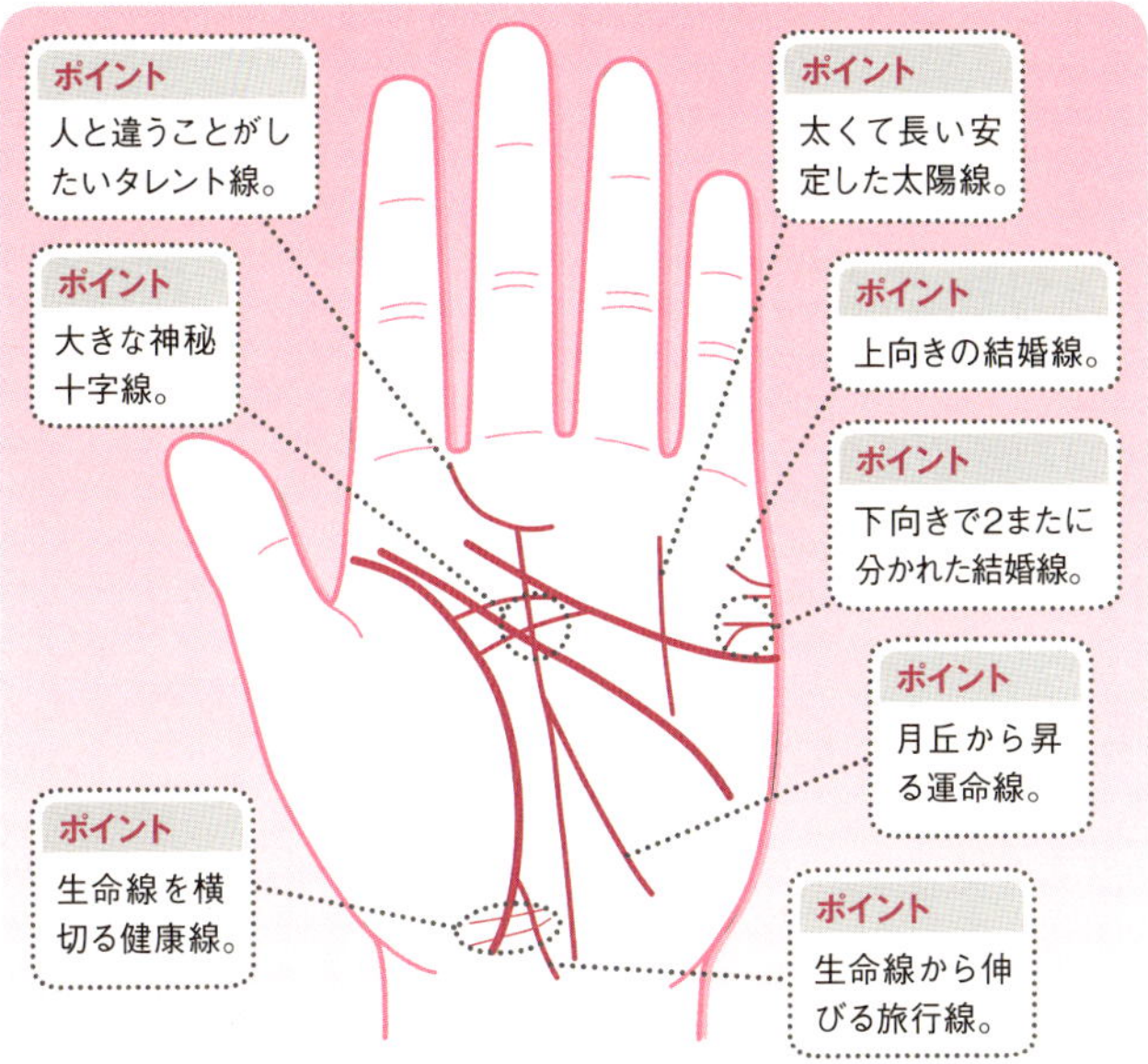
ポイント
人と違うことがしたいタレント線。
ポイント
大きな神秘十字線。
ポイント
生命線を横切る健康線。
ポイント
太くて長い安定した太陽線。
ポイント
上向きの結婚線。
ポイント
下向きで2またに分かれた結婚線。
ポイント
月丘から昇る運命線。
ポイント
生命線から伸びる旅行線。

全体運

手のひらの中央にある大きな神秘十字線は、強運の持ち主。この男性は、子どもの頃、海外で生活していましたが、生命線の下部から伸びる旅行線がそれを裏付けています。

恋愛・結婚運

しっかりした結婚線が何本か入っているので、生まれながらにして縁のある女性が数名います。感情線に近い結婚線は下向きで、先が２つに分かれているので、この相手と結婚すると離婚の可能性が大。小指側に近い結婚線は上向きなので、この相手と30代以降に結婚するのがおすすめです。

仕事・マネー運

長くて太い太陽線は、金銭的な成功をあらわしています。人差し指と中指の間にあるタレント線は、人と違う生き方や仕事をしたい人に多い線。オリジナル性が秀でるため成功しやすいでしょう。また、月丘から昇る運命線は、周囲の援助が得られる人気の相です。旅行線があるため、国内外あちこち出かけるなど変化に富む仕事が向きます。晩年、生命線を横切る健康線が２本あるので、内臓系の病気に注意が必要です。

Column
コラム

よい手相、悪い手相とは

手相では、よく「よい相」という言葉が使われます。では、どのような相が、よい相なのでしょうか。

●よい相と悪い相

よい手相とは、生命線、知能線、感情線、運命線、太陽線などの主要な線が、バランスよく力強く刻まれている相。さらに、その他の特殊線もあり、それぞれの丘がある程度ふっくらと発達していて、色つやがよい相のことです。

また、悪い相とは、生命線、知能線、感情線、運命線などの主要線のバランスが悪く、切れ切れだったり、薄くて弱々しい相のこと。悪い相では、それぞれの丘も未発達で、障害線が多く、色つやが悪いことが多いです。

●よい相と悪い相

しかし、手相は変化する（P126）ものです。

よい相の人は、慢心《まんしん》せずに、ますますその人生に磨きをかけましょう。感謝の気持ちをもち、いま以上のよい相になるようにがんばることが大切です。

悪い相の人は、それだけ、よい相へ変えていけるということでもあります。P181・228に、手相をよくする方法を紹介したので、明るく前向きな心をもってがんばりましょう。日々の生き方や心のもち方が変わっていけば手相はみるみるよい方向に変わっていきます。たとえ現在、悪い相であっても、くれぐれも悲嘆したり、人生に対して投げやりになったりしないことが大切です。

手相は、よい相に自らがつくっていくことができるということを忘れないでください。

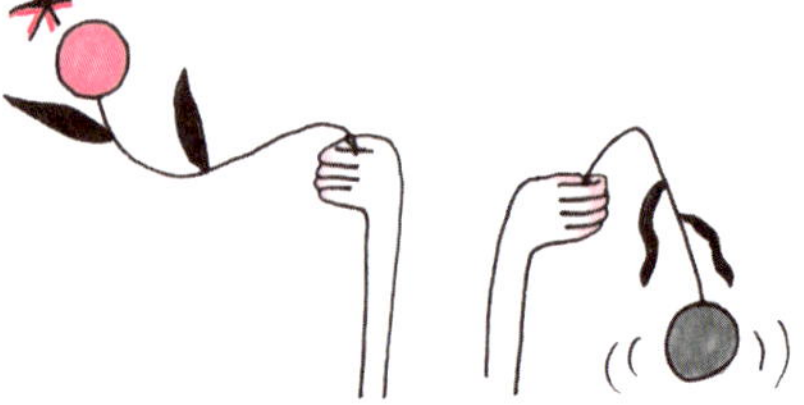

part 1

3大線で見る
30タイプ別・性格&運勢

3大基本線の組み合わせで性格や運勢がわかる！

生命線、知能線、感情線の基本3大線の組み合わせで、30パターンの性格に分類できます。厳密な占いは、ひとりひとり違いますが、3大線からも、おおよその性格や運勢を見ることができるのです。この分類法で、あなたや気になる人の性格&運勢を占ってみましょう。

タイプ別診断の方法

1 まず生命線の向きを見ます。
A B C の3パターンのうち、
いちばん近いものを
選びましょう。

↓

2 次に、知能線の向きを見ます。
1 2 3 の3パターンのうち、
いちばん近いものを
選びましょう。

↓

3 最後に感情線の向きと
カーブを見ます。
あ い う の3パターンのうち、
いちばん近いものを
選びましょう。

↓

4 知能線と感情線が1本になる
マスカケ型の人は、
2、**3** にあてはまらないので、
(マ) というところを見てください。

5 **番外編**として、
知能線と生命線が離れているか
チェックします。このタイプの人は、
「離れ型」(P60) のところも
あわせて読んでください。

Check☑1
生命線の向きは？

A

チェック □

金星丘

親指の根元にある金星丘を囲むように進み、終点が親指側にカーブしている

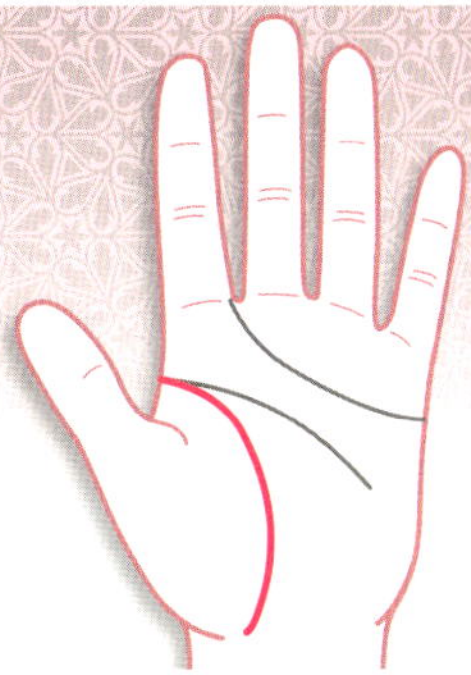

B

チェック □

冥王星丘

親指の根元にある金星丘を囲むように進み、終点がまっすぐ下側に向かい、手首の上にある冥王星丘で終わる

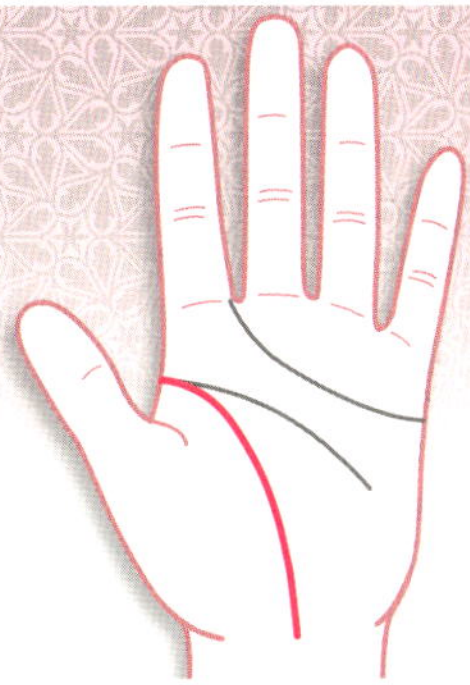

続ページ Check2へ

C

チェック □

月丘

親指の根元にある金星丘を囲むように進むが、終点は月丘側に向かっている

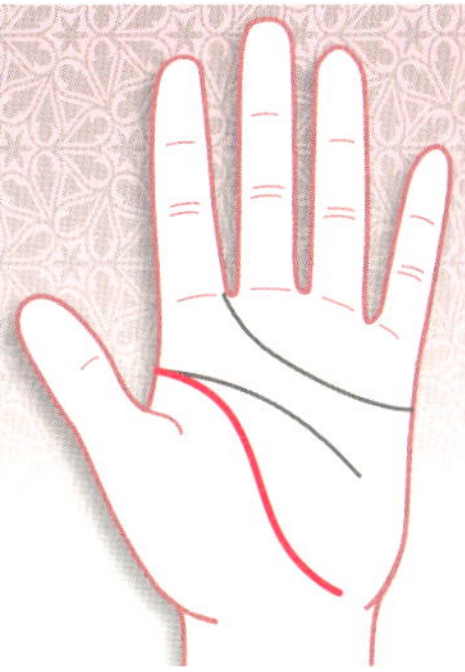

Check ☑ **2**

知能線の向きは？

1

チェック □

第二火星丘

すっと横に進み、第二火星丘に向かう

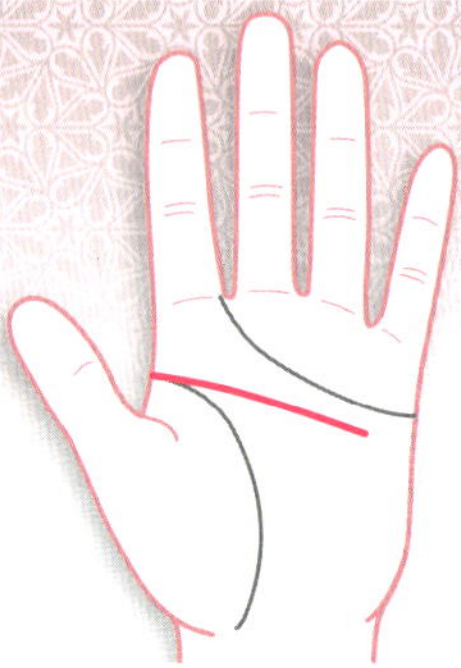

2

チェック □

第二火星丘と月丘の間

ななめ下方に進み、第二火星丘と月丘の間へ向かう

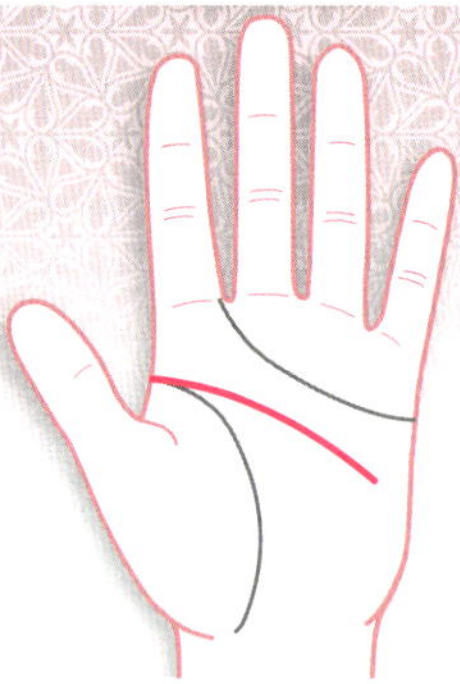

Check 3・4へ

3

チェック □

月丘

ななめ下方に進み、月丘へと向かう

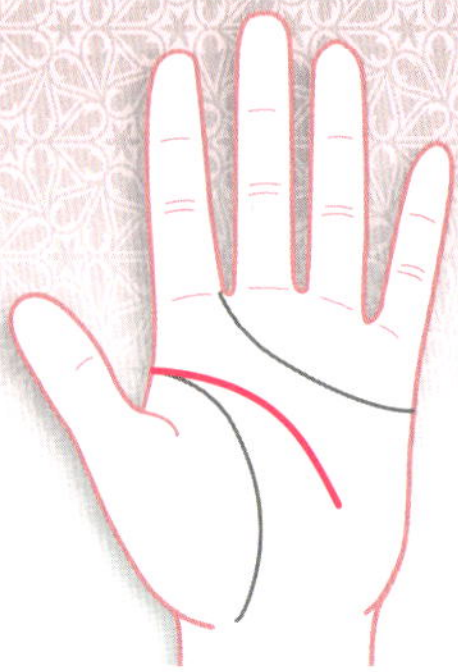

Check☑3 感情線の向きとカーブは？

あ

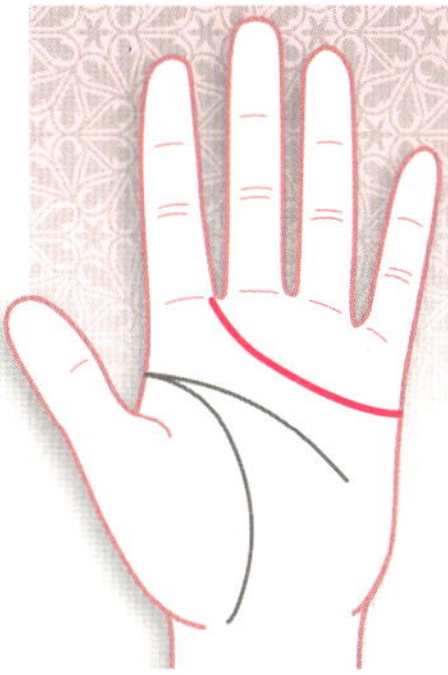

チェック □

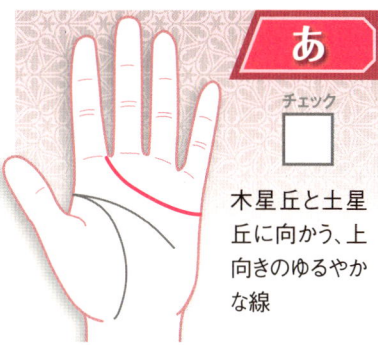

木星丘と土星丘に向かう、上向きのゆるやかな線

い

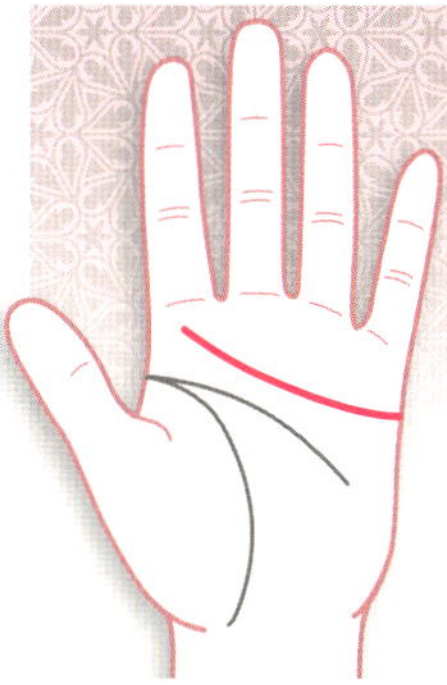

チェック □

木星丘に向かう、直線的な線

う

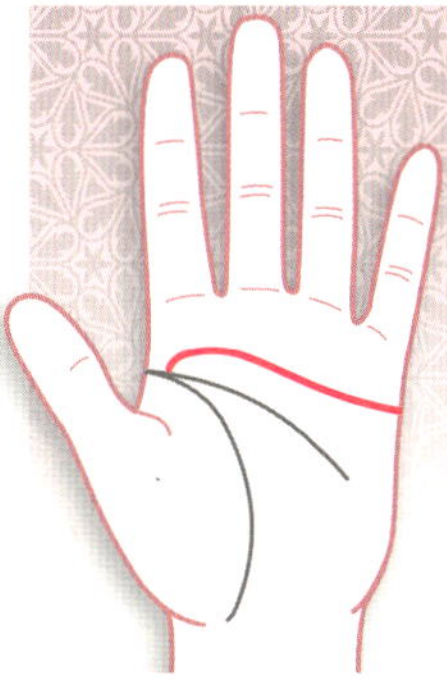

チェック □

先端が下向きにカーブし、金星丘に向かう線

Check☑4 知能線と感情線がひとつの線になっていますか？

(マ) マスカケ型

チェック □

知能線と感情線がひとつの線になっている

Check 5 番外編 知能線と生命線が離れていますか？

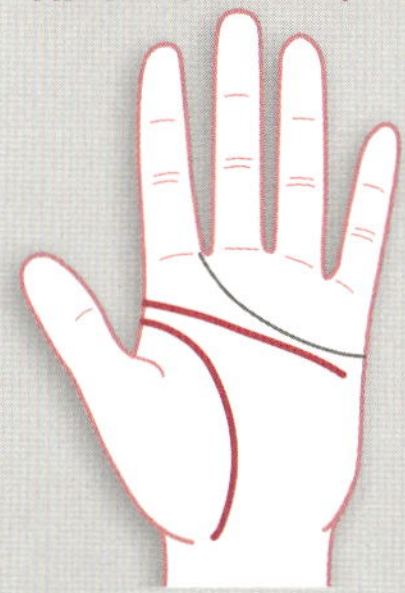

離れ型

チェック □

知能線と生命線が離れている

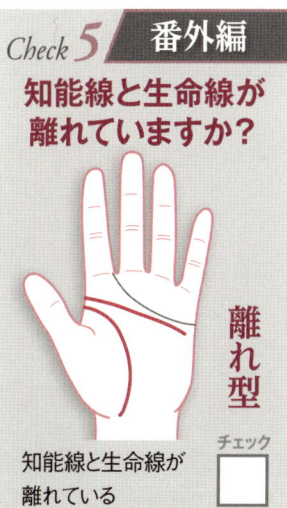

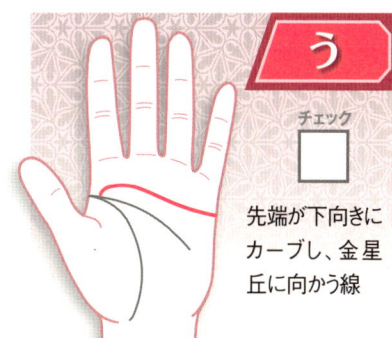

Type 1 A-1-あ

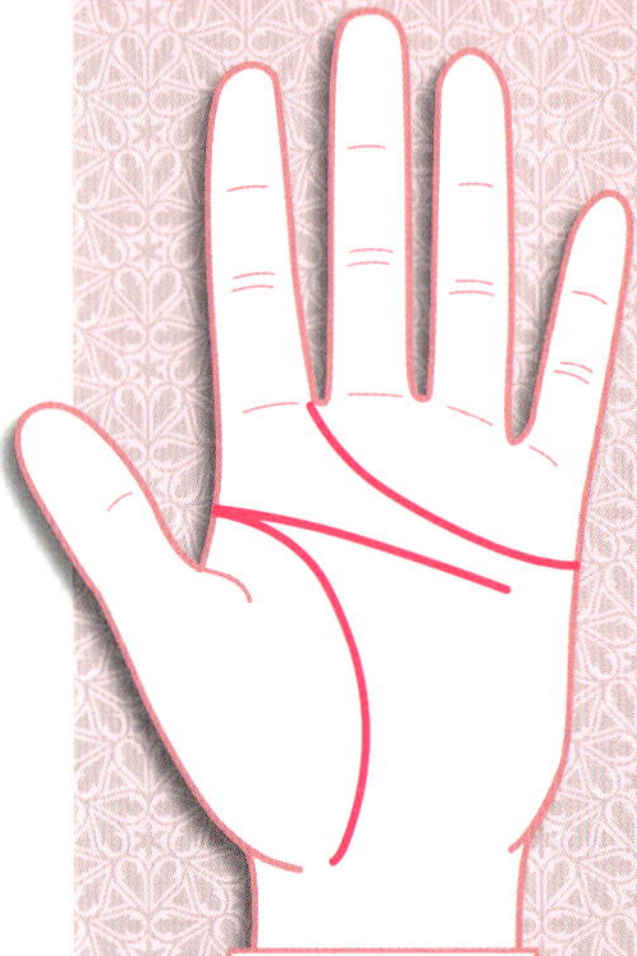

タイプ診断

やさしさをそなえた現実家タイプ

全体運

現実的な感覚にすぐれ、常識を大切にするしっかりタイプ。流行をすばやくキャッチし、それを仕事に活かしていくことができる人です。実行力と持続力がやや不足しがちなので、そこをカバーできれば、かなりの成功をおさめるでしょう。

恋愛・結婚運

自分を忘れるほど相手にのめりこむような恋愛はしません。現実的な面を重視するので、結婚後のことをしっかり考えたつきあいをする人です。女性なら良妻賢母型、男性ならマイホームパパの傾向があります。結婚相手には理想的なタイプです。

仕事・マネー運

夢を追う仕事より、現実的で実務的な仕事が向いています。金融や保険関係、経理、コンピュータ関係、事務職などがおすすめです。ムダ使いをすることもあまりなく、お金はしっかりと目的に向かってコツコツと貯めていける人。

「このタイプの人とどうつきあう?」

目に見えるものを重視する現実家で、庶民的な感覚を大切にする人です。なんでも極端なことは大嫌い。常識を重んじるので、誠意をもって接することがポイントです。

Type 2 A－1－い

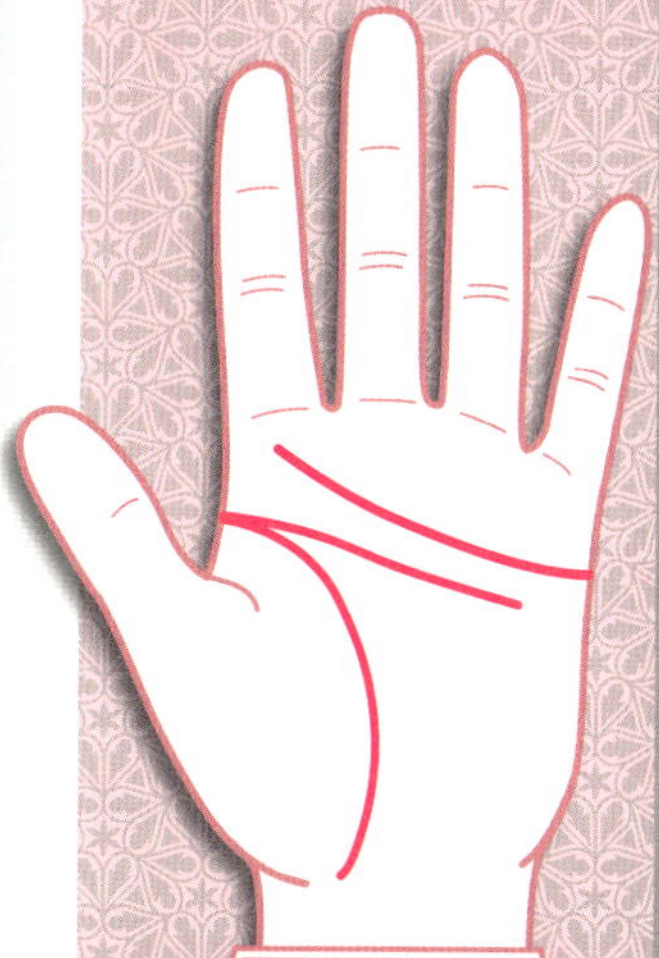

タイプ診断

クールな現実主義タイプ

全体運

かなりドライでクール、なにごとも割り切った性格の持ち主です。よく言えば現実的であっさりしたこだわりの少ない性格といえます。周囲の人には、しらけた人と見られることも。性格のもち味をうまく活かすのが成功のポイントです。

恋愛・結婚運

恋愛はけっして得意ではありません。恋愛をしたくても、どう行動したらいいのか自分でわからないタイプ。もっと恋愛映画やドラマ、小説などを見たり読んだりしてみましょう。恋愛結婚にこだわらないのなら、お見合い結婚もおすすめです。

仕事・マネー運

理工系や技術的なもの、または感情を押し殺して黙々と実務を行なうような仕事がぴったり。税務関係、金融や証券関係のほか、利益を追求していく商売も向いています。金運はお金そのものに執着があれば、かなりいいでしょう。

「このタイプの人とどうつきあう?」

喜怒哀楽といった感情が表面にあらわれにくいので、何を考えているのかわかりづらいところがあります。本人は悪気があるわけではないので、こういう人だと割り切って、淡々と接しましょう。

Type 3 A−1−う

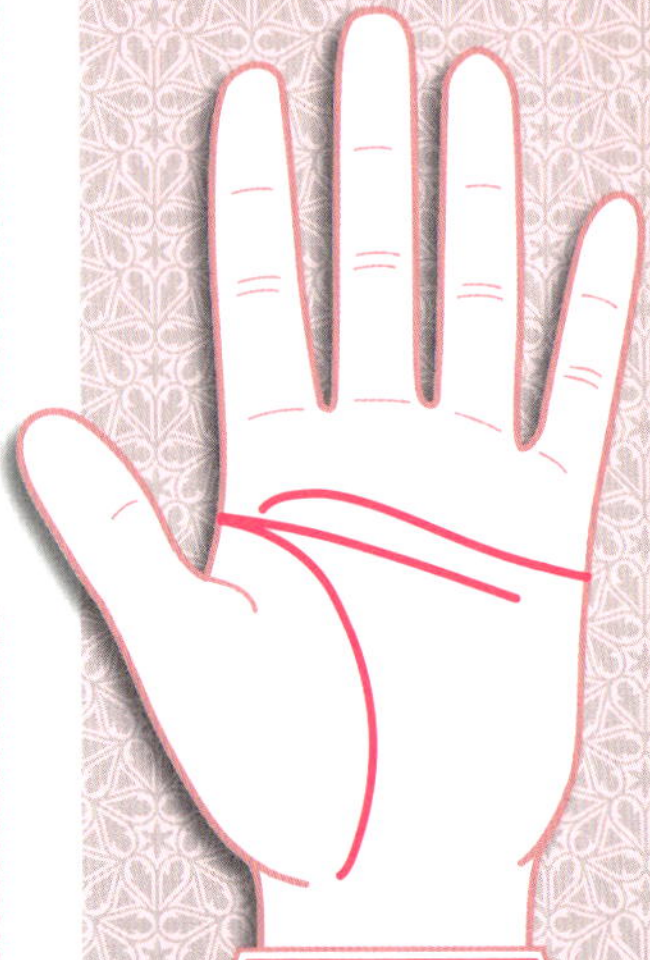

タイプ診断

素朴で庶民的な思いやりがある人

全体運

困った人を見ると、放っておけない人情味あふれるやさしい下町タイプの性格です。しかし、現実的な分野ではチャッカリしているところがあります。周囲に気くばりができるので、誰からも好かれ、すぐに打ち解けることができるでしょう。

恋愛・結婚運

同情的なことから恋愛に発展しやすい傾向があります。結婚運もよいので、離婚する人は少ないでしょう。結婚は、恋愛でもお見合いでもOKです。このタイプの人は、女性も男性も、結婚後は家庭を大切にします。

仕事・マネー運

人と人とのつながりを大切にする仕事が向いています。たとえば、地域に根ざしたお店や町の○○屋さんといった感じ。人から相談を受けるような仕事も向いています。金運は、人のためにお金を使う傾向があるので要注意。貸したお金は、しっかり回収すること。

「このタイプの人とどうつきあう？」

駆け引きや嘘を嫌うタイプなので、本音をさらけ出して誠実に接することが大切です。困った人を放っておけないので、懐に飛びこんで頼ってしまいましょう。

Type 4 A−2−あ

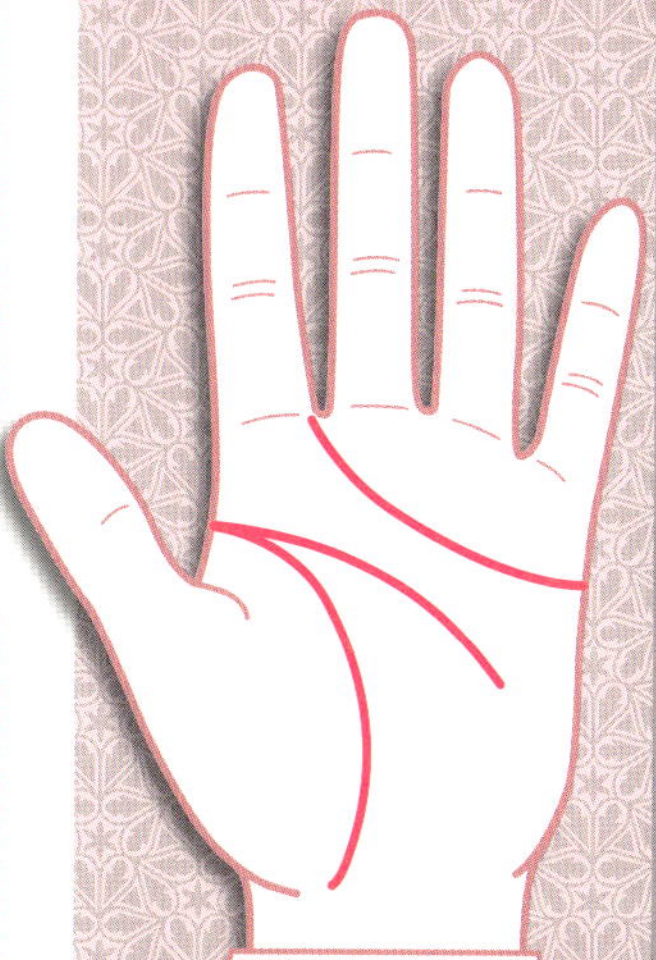

タイプ診断

対人関係も良好な会社員タイプ

全体運

おそらく現在の日本人には、一番多いタイプといえるでしょう。すべてにおいて、バランスがとれていて柔軟性があり、そこそこなんでもこなしていけます。悪く言えば、個性や突出したものに欠けるのでトップに立つのは難しいかもしれません。

恋愛・結婚運

恋愛のチャンスは適度にあります。相手に高望みをすることもなく、自分に合った人と普通のつきあいをするタイプです。恋愛から自然に結婚へと発展することが多く、なかには、できちゃった婚をする人もいます。

仕事・マネー運

特別な技術や特殊な環境でない限り、おおかたの仕事は人並みにこなすことができるでしょう。一般公務員、サラリーマン、OL、主婦業などが向いています。金運は、親や環境によってまちまちですが、きちんと貯蓄していけるタイプです。

「このタイプの人とどうつきあう？」

柔軟性があり、常識をわきまえた人なので、誠意をもってまじめにつきあえばOKです。安定を好むので、対人関係での不用意なトラブルは少ないでしょう。

Type 5 A-2-い

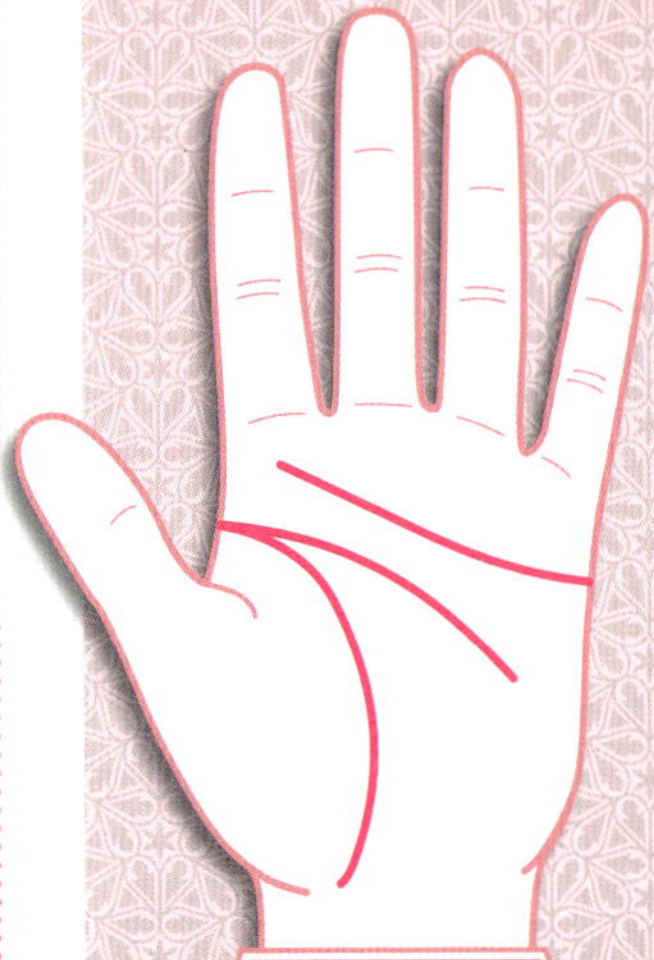

タイプ診断

少しクールだけどバランスがとれた人

全体運

落ち着いた性格で、クールなドライタイプです。現実的な感覚を大切にする沈着冷静な人といえるでしょう。その反面、思いやりやおもしろみに欠けるところがあるので、ときには思いきってハメをはずしてみることも大切。安定した生活を送る人が多いです。

恋愛・結婚運

恋愛はそれなりにチャンスはあるのですが、ムードや表現力、盛り上がりにやや欠けます。どちらかというと恋愛は苦手なタイプ。同じようなタイプの人となら、うまくいく可能性が高いでしょう。ただし、落ち着いた大人の恋愛関係になります。

仕事・マネー運

サラリーマンやOL、公務員などが向きますが、たいていの仕事はテキパキとこなせます。金運は、親や職業によって左右されますが、自発的につかみ取っていくバイタリティにはやや欠けます。計画的に貯めていくのは得意です。

「このタイプの人とどうつきあう?」

つきあいやノリが悪いので、そういう人なんだと思って気にしないで接することがポイントです。本人には悪気はないので、マイペースな部分を認めてあげましょう。何かを強制すると嫌われます。

Type 6 A-2-う

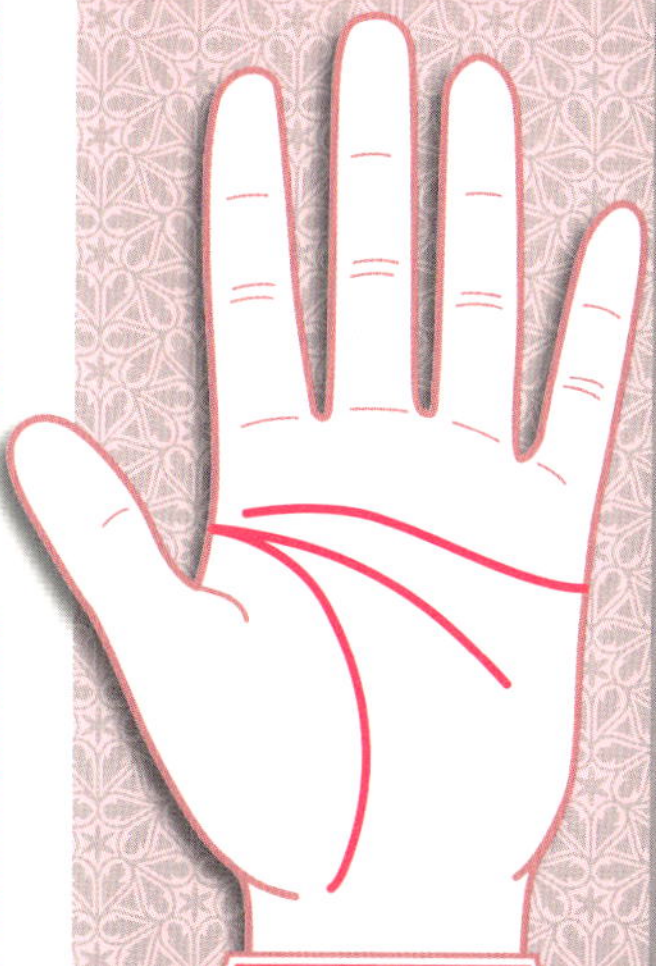

タイプ診断

素直でやさしいお人よしタイプ

全体運

素直で思いやりがある温かい人。やさしくて人がよいのが長所です。対人関係や環境によって運勢が左右されるので、友人や環境は十分に吟味しましょう。人を疑うことをしないため、だまされやすいのが欠点。保証人などにはならないほうが無難です。

恋愛・結婚運

情に引きずられやすいので、いったんつきあうと別れたくてもなかなか別れることができません。恋人や結婚相手に、大きく影響を受けるタイプです。つきあう相手や結婚相手によって、人生が大きく変わります。

仕事・マネー運

純粋な利益追求型の仕事は向きません。看護士、保育士、福祉関係など、人に尽くす仕事や慈善事業がぴったり。働く環境を十分に選択することが成功のポイント。自分にあった仕事について、保証人などになるようなことがなければ、金運は安泰です。

「このタイプの人とどうつきあう？」

やさしくて、お人よしの性格なので、誠実に接すればOK。この人のやさしさにつけこむ悪人から守ってあげましょう。ときには、人のよさにイラ立つこともありますが、温かく見守ってください。

Type 7 A−3−あ

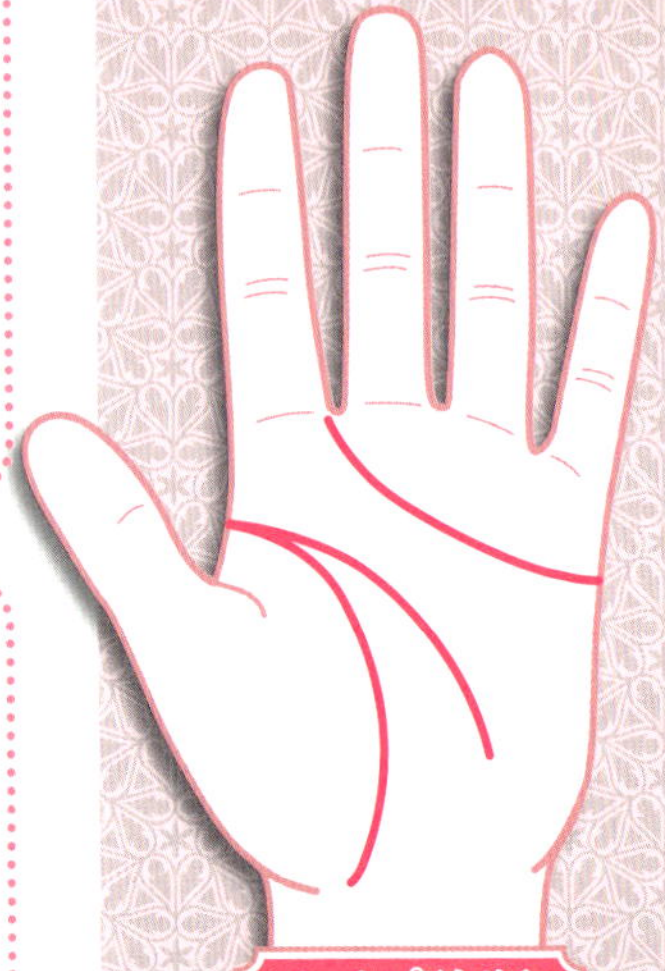

タイプ診断

ロマンを追うアーチストタイプ

全体運

性格はやさしく、ロマンチストで誠実な人です。現実的な世界には弱いので、芸術的な感性や技術を磨き、その世界で生きていくことができればうまくいきます。早くからやりたいことを明確にすることが成功の秘訣です。

恋愛・結婚運

熱烈な恋愛をするタイプです。ロマンチックな恋を求め、相手にのめりこみます。恋愛によって、人生が大きく振り回される可能性が高いので、すべてを捨てるような危険な恋には気をつけましょう。結婚は、お見合いはありえず、波乱含みです。

仕事・マネー運

自分の好きなジャンルや、趣味の延長にあるような仕事をするのがベスト。なるべく若いうちに自分の方向性を決め、それに向けて邁進するのが成功のポイントです。アーチストや芸能界、特定の分野でのスペシャリストに向きます。金運は、職業によってピンキリです。

「このタイプの人とどうつきあう？」

デリカシーのない人を嫌うので、マナーやエチケットは大切です。センスや自分にない特別なものを求める傾向があるので、このタイプの人に気に入られるには、何かキラリと光るものがなくてはダメ。

Type 8 A-3-い

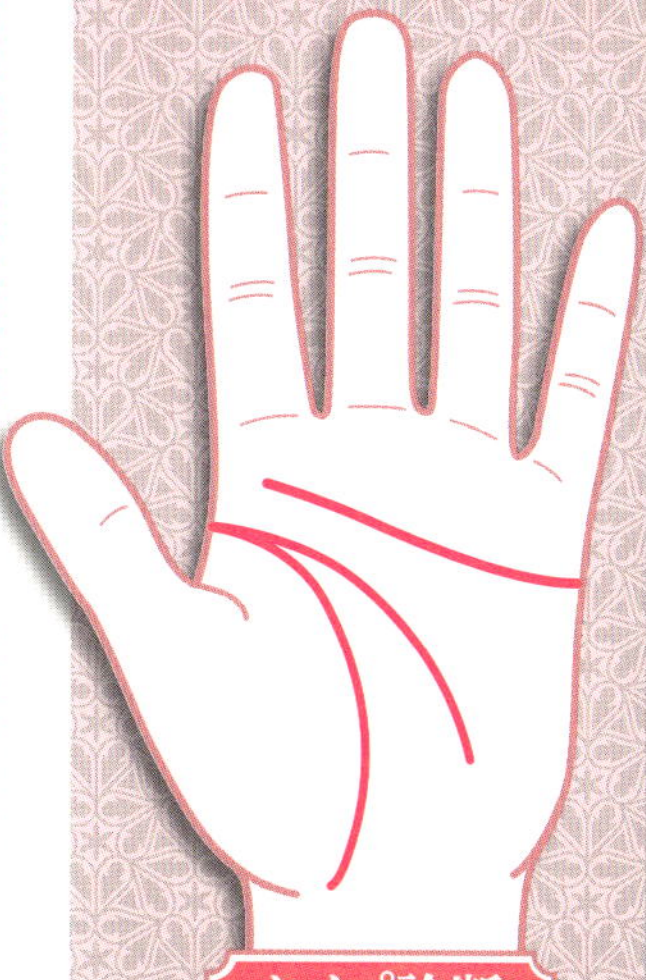

タイプ診断

ニヒルな哲学者タイプ

全体運

ものごとを深く冷静に考えたり、分析したりするのが得意です。なにごとにおいても、じっくり考えて答えを出すタイプ。自分の世界を作って殻に閉じこもる傾向があるので、その世界観が周りに受け入れられるかどうかが成否の鍵です。

恋愛・結婚運

自分本位な恋愛観の持ち主です。特殊なフェチシズムに染まる人も多く、パートナーの理解が得られるかどうかが、恋愛の行方を決めるでしょう。恋愛や結婚は、個性的なつきあいや形をとることが多いといえます。

仕事・マネー運

普通の会社員などは向きません。特殊な分野の仕事がよく、たとえば研究職、文筆業、評論家、講師、学者などの知的な職業が向いています。金運は、自分の才能を生かせる特殊な知的職業に就けるかどうかで大きく違ってきます。

「このタイプの人とどうつきあう?」

気難しい偏屈な人が多いので、このタイプの人への接し方は大変です。相手からのよい反応や見返りを期待しないこと。好き嫌いが激しいので、とにかく気に入られることが第一です。

Type 9 A−3−う

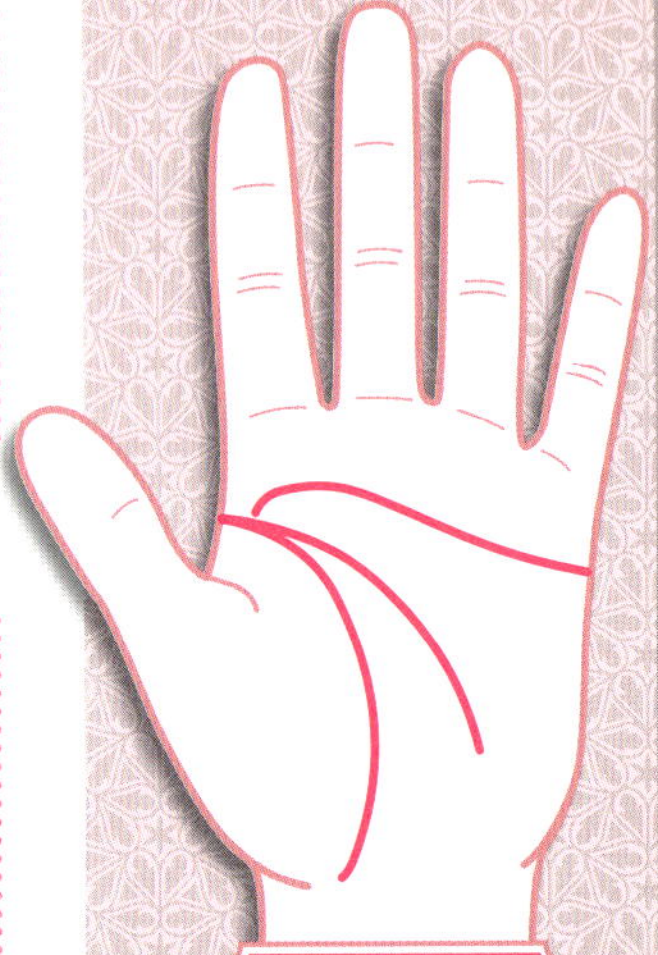

タイプ診断

やさしくて浮世離れしたタイプ

全体運

素直でやさしいのですが、お人よし的な傾向があります。近寄りがたい雰囲気もあり、どこか浮世離れした感覚の持ち主でもある不思議なタイプです。この相の人は、先天的にもって生まれた家庭環境や容姿、職場、運によって人生の成否が決まります。

恋愛・結婚運

電撃的な恋愛や結婚をするタイプです。周りから見ると「なんであんな人と?」と言われるような、どう見ても不つりあいな人や常識はずれで変わった相手とつきあうことが多いでしょう。波乱万丈な恋愛&結婚運が予想されます。

仕事・マネー運

普通の仕事では満足できません。特殊な分野、たとえばアーチスト、芸能関係、ファッションモデル、宗教関係、占い師など、生活臭を感じさせない仕事に向きます。金運は、仕事によってまちまち。自分に合う仕事に就くことができれば、金運もいいでしょう。

「このタイプの人とどうつきあう?」

とても変わっていて個性豊かなので、どう接していいかわかりにくいタイプです。この人自身は心やさしいので、自然に接すればOK。理解に苦しむことがあっても受け流してあげましょう。

Type 10 B−1−あ

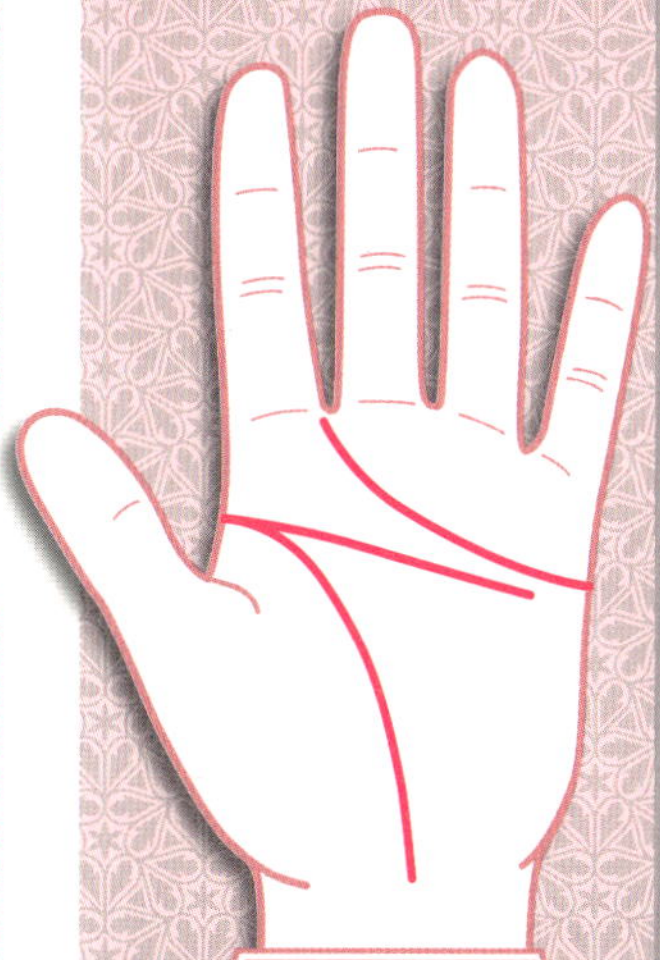

タイプ診断

流行に敏感なバランス型

全体運

現実的な感覚や流行に敏感な人です。生き方もスマートで、バランスがとれています。年齢を積み重ねても、時代に取り残されることなく、生活全般に気を使って生きていくタイプ。運勢は、安定している人が多いでしょう。

恋愛・結婚運

恋愛は形から入るタイプで、自分とのつりあいを大切にします。プライドを重んじるので、その気持ちを満たしてくれる相手かどうかが恋愛成功のポイントです。普通の結婚をする人が多いですが、独身を通す人も多いでしょう。

仕事・マネー運

流行や時代の移り変わりを敏感にキャッチできるので、それを仕事に活かすといいでしょう。たとえば、出版、マスコミ全般、ファッション関係などに向いています。金運は、仕事しだいですが、良好な人が多いようです。

「このタイプの人とどうつきあう?」

デリカシーやマナーのない鈍感なタイプは好みません。また、ずけずけと人の心の中に入ってくるような人を嫌うので、TPOをわきまえて、節度を保つことがポイントです。

Type 11 B−1−い

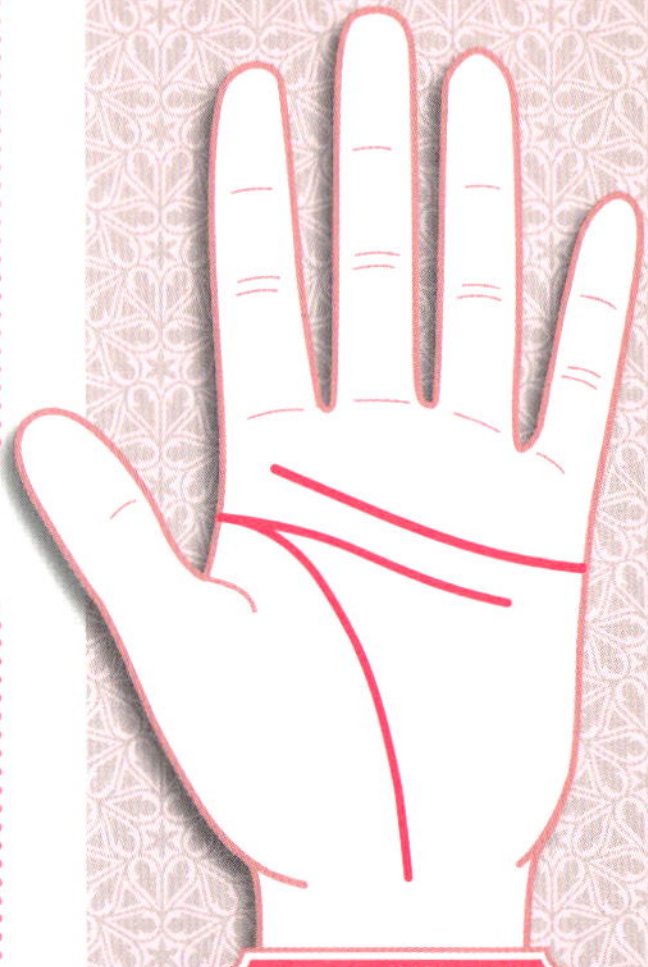

タイプ診断

クールな流行先取りタイプ

全体運

かなりドライでクールなタイプ。ノリや盛り上がりに欠けるところがありますが、分析力や情報収集力はすぐれている人が多いです。感情的な行動に出ることがほとんどないので、大きな失敗はあまりしないでしょう。

恋愛・結婚運

恋愛はけっしてヘタではないのですが、頭でっかちな恋愛になりがち。もっと情緒やノリを大切にしたほうがうまくいきます。恋愛や結婚生活に過剰な期待をしないぶん、結婚すると、離婚する人は少ないでしょう。

仕事・マネー運

いつも落ち着いていて、多少のことでは動じないこのタイプは、冷静な分析力や情報収集力に秀でています。仕事は、マーケティング関係やIT関係、証券会社などがおすすめです。将来的な目標に向かってしっかり貯めていくので、金運は良好でしょう。

「このタイプの人とどうつきあう？」

人づきあいはもともと得意なほうではなく、どちらかというと一人でいることを好むタイプです。コレクションやマニアックな趣味をもつ人が多いので、趣味の世界を共有することで親密度を深めましょう。

Type 12 B−1−う

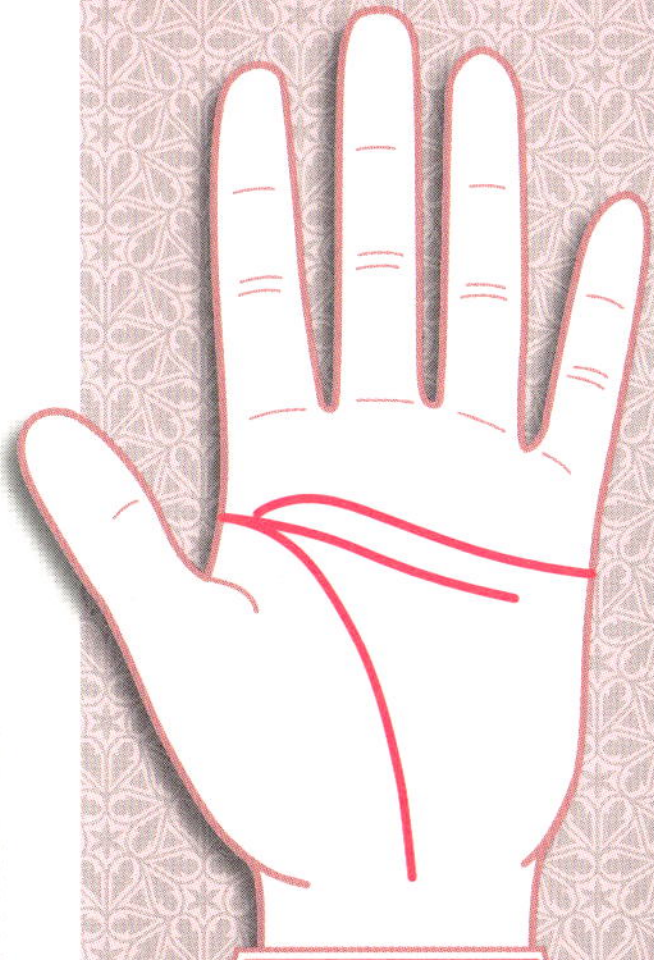

タイプ診断

人情味あふれたちゃっかりタイプ

全体運

やさしくて、思いやりがある人です。ときにはお節介と思われることも。数字や現実的感覚もしっかりしています。情に流されやすい面もありますが、押さえるべきところは押さえる人。自分のそういった持ち味をうまく活かしていけば、活躍が期待できます。

恋愛・結婚運

恋愛や結婚の運勢は、良好な人が多いでしょう。愛情表現も豊かで、相手に対する気配りもバツグン。その反面、感情に流されることなく、現実的で地に足のついたおつきあいをします。いったん相手を見定めると長い恋愛になり、結婚へとつながることが多いでしょう。

仕事・マネー運

人の気持ちを敏感に察知することができるうえに、金銭や数字にも強いので、営業職が向いています。ほかにも、サービス業、販売業、接客業などがおすすめ。金銭面ではしまり屋なので、金運もまずまずです。

「このタイプの人とどうつきあう?」

困った人を放っておけないやさしさがありますから、素直に気持ちを伝えましょう。どんな人ともうまくつきあうタイプなので、自然に接していけばOKです。

Type 13 B−2−あ

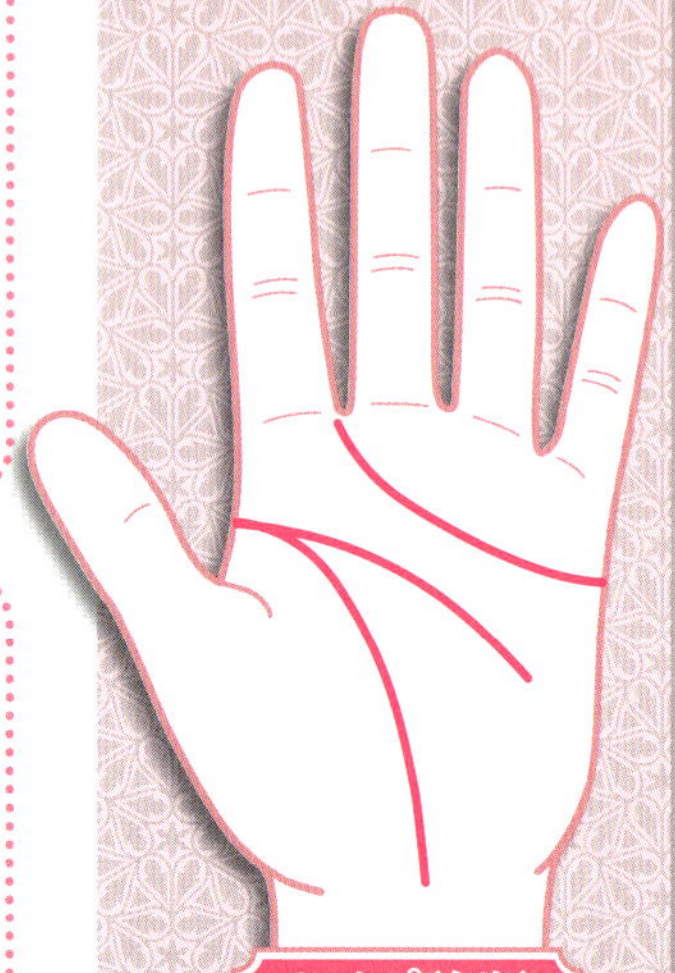

タイプ診断

バランス感覚にすぐれたがんばり屋さん

全体運

このタイプの人は、日本人にとても多いです。感情表現が豊かで、どんな職業でもテキパキとこなします。バランス感覚にすぐれているので、安定した人生を送る人が多いでしょう。個性や特別な才能にはやや欠けますが、努力やがんばりしだいで伸びる人です。

恋愛・結婚運

恋愛や結婚のチャンスにも恵まれています。恋愛をしていた相手と、その流れで自然に結婚する人が多いでしょう。結婚後は、良妻賢母型、マイホームパパに落ち着くタイプなので、結婚相手には理想的。離婚する人も少ないです。

仕事・マネー運

仕事は、どんな分野でも要領よくこなせる潜在能力があります。向いている職業は、サラリーマン、OL、公務員、主婦業など。組織の中で、着実に努力していくタイプです。金運は、一攫千金的なものはあまり期待できませんが、仕事が安定すると、金運も安定します。

「このタイプの人とどうつきあう?」

対人関係は良好なので、とくに注意すべき点はありません。常識的な範囲で、誠意をもって接すればOK。最初は自分の周りに壁を作ることもあるので、あせらず時間をかけてつきあっていきましょう。

Type 14 B–2–い

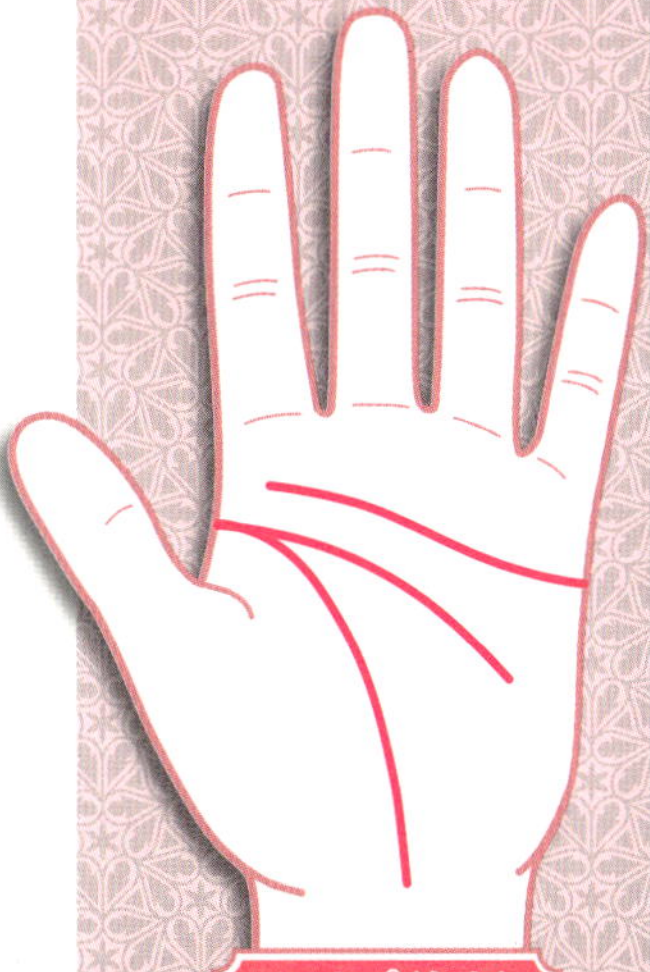

タイプ診断

いつも冷静でまじめな人

全体運

いつも冷静で落ち着いています。コツコツと努力するのが好きなので、着実に伸びていくタイプ。極端に世間や他人からズレることは好みません。自分が先頭に立つより、縁の下の力もち的な役割が向いています。どんな人と組むかによって明暗が分かれるでしょう。

恋愛・結婚運

恋愛はどこかさめたところがあり、相手のニーズに合わせて頭で組み立てた恋愛ができます。ある意味、大人の恋を楽しむことができるでしょう。結婚を決めるときも、一時的な感情の盛り上がりではなく、現実的に判断するため、うまくいくことが多いです。

仕事・マネー運

人の上に立つより、誰かを助けるために地道に働くような仕事が向いています。また、秘書や総務など、諸々の事がらを整理整頓しマネジメントするような仕事もぴったり。金運は全体的にいいほうですが、環境や対人関係しだいで大きく変わります。

「このタイプの人とどうつきあう?」

人に相談されることが好きなタイプなので、頼りにしていろいろなことを相談しましょう。その場合、礼節をもって相手をほめることを忘れないようにしてください。

Type 15 B−2−う

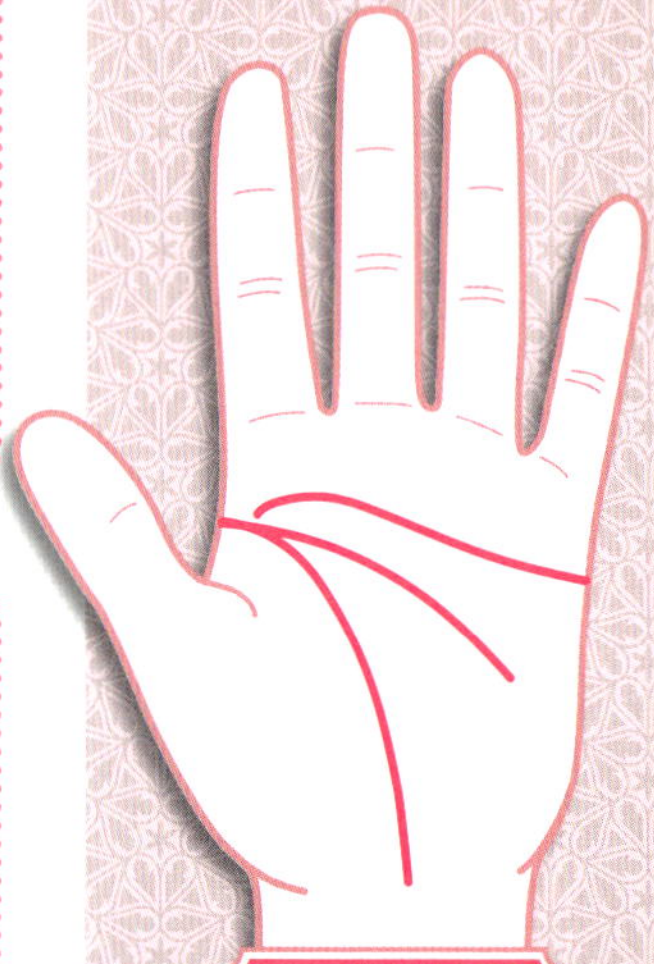

タイプ診断

誠実な愛情あふれる人

全体運

やさしくて、困った人を放っておけないタイプです。かけひきや計算高いことが嫌いで、誠実そのものの人柄。人望もあり、細かい配慮ができるので、周囲の人から好かれます。飲み会の幹事や結婚式の司会など、人に何かを頼まれることが多いでしょう。

恋愛・結婚運

どちらかというと奥手ですが、一度スタートした恋愛は長く続くタイプ。本来は誠実な関係を望みますが、情が厚いので、そうでない相手ともなかなか別れることができません。このような相手とは、ズルズルした関係をきっぱり断ち切る勇気が必要です。

仕事・マネー運

慈善事業や福祉関係、保育、教育などが適職です。やさしい性格が活かせるような仕事に就くことで運勢が開けます。人を信じやすいため、だまされないように気をつけましょう。金運は、トラブルに巻き込まれない限り、安定しています。

「このタイプの人とどうつきあう?」

クールでドライな人は好きではないので、感情をストレートに表現してみましょう。このタイプでお節介すぎる人の場合は、ズケズケとプライベートなことまで踏みこんでくるので、注意が必要です。

Type 16 B−3−あ

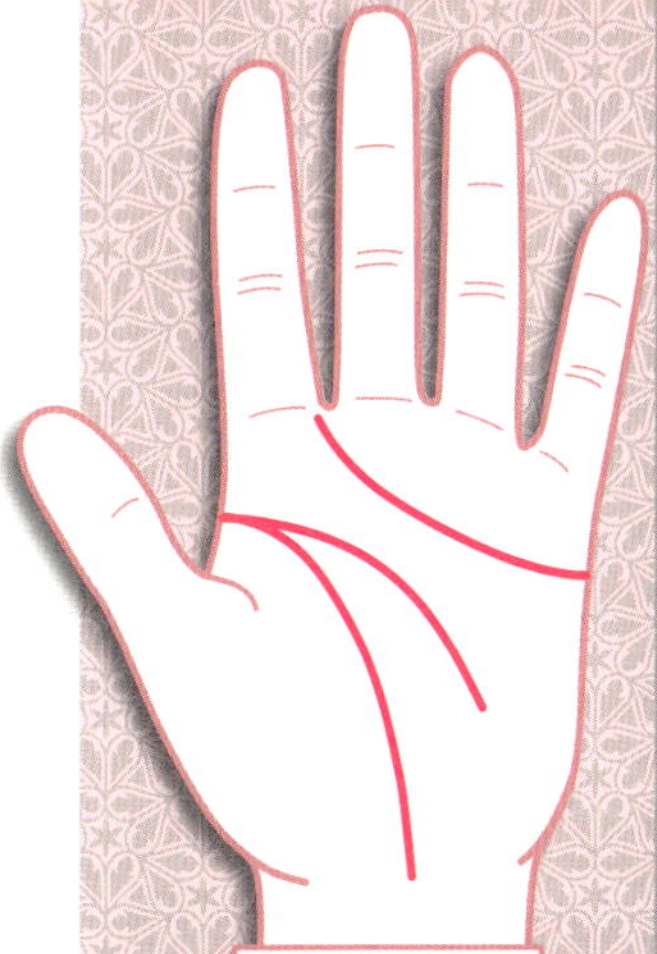

タイプ診断

ロマンに生きる激情タイプ

全体運

芸術的感性や宗教、哲学、文学などに秀でる人が多く、一言でいえばロマンに生きるタイプです。やりたいことを早くから明確にして才能が発揮できれば、大成功も夢ではありません。夢を形にできるようにがんばりましょう。

恋愛・結婚運

ロマンチックな恋を夢見て、激しい恋愛をするタイプです。思いこみの激しい面があるので、ひとりで盛り上がって、相手不在の空想的恋愛をする人もいます。結婚後に新たな恋人ができるケースも多く、この場合は離婚する可能性が高いでしょう。

仕事・マネー運

音楽や絵画など、芸術的でクリエイティブな分野の仕事が適しています。その場合、商業的な成功を目指して流行を追うものより、純粋で伝統的なものがいいでしょう。それが時流に乗れば、大成功も夢ではありません。

「このタイプの人とどうつきあう?」

自分の感性や考え方を非常に重んじるので、自分の世界観を否定する人は許せません。この人の価値観を知り、合わせるようにすることがポイント。プライドを傷つけるようなことはタブーです。

Type 17 B−3−い

全体運

内面と外面がガラリと違うタイプです。一見、慎重で落ち着いていてクールな印象ですが、意外とロマンチックでやさしいところがあります。人からは理解されにくい性格ですが、逆にそんなところが魅力的といえるでしょう。

恋愛・結婚運

思っていることと相手に見せる態度にギャップがあるために、恋愛はなかなかうまくいきません。どうしても、すれ違いやつまらない行き違いで壊れやすい傾向があるのです。しかし、このタイプの人の二面性を理解できる人となら、うまくいくでしょう。

仕事・マネー運

スペシャリストとしてやる仕事が向きます。技術的なことや職人的なものに才能を発揮。陶芸など、伝統的で独特な業界もおすすめです。金運は、自分にあった仕事に就けるかどうかがポイント。一度始めたらコツコツと続けるので、金運は安定します。

「このタイプの人とどうつきあう?」

何を考えているか理解しにくく、なかなか本音がわかりません。この人のことをよく知っている人から情報を得ることが近道。短時間で判断するのではなく時間をかけてつきあいましょう。

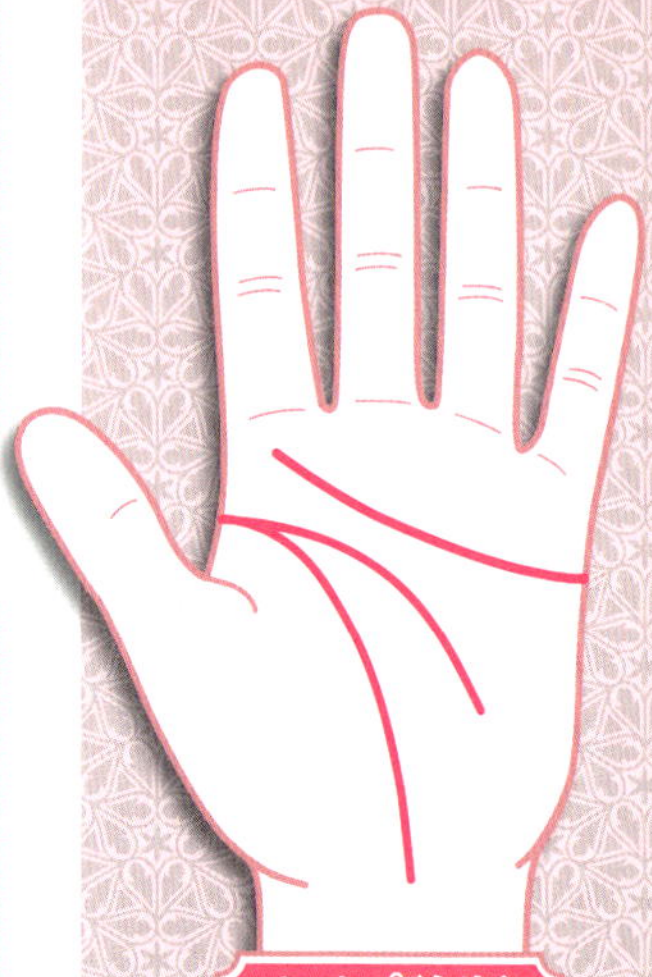

タイプ診断

ロマンチストで落ち着いた人

Type 18 B-3-う

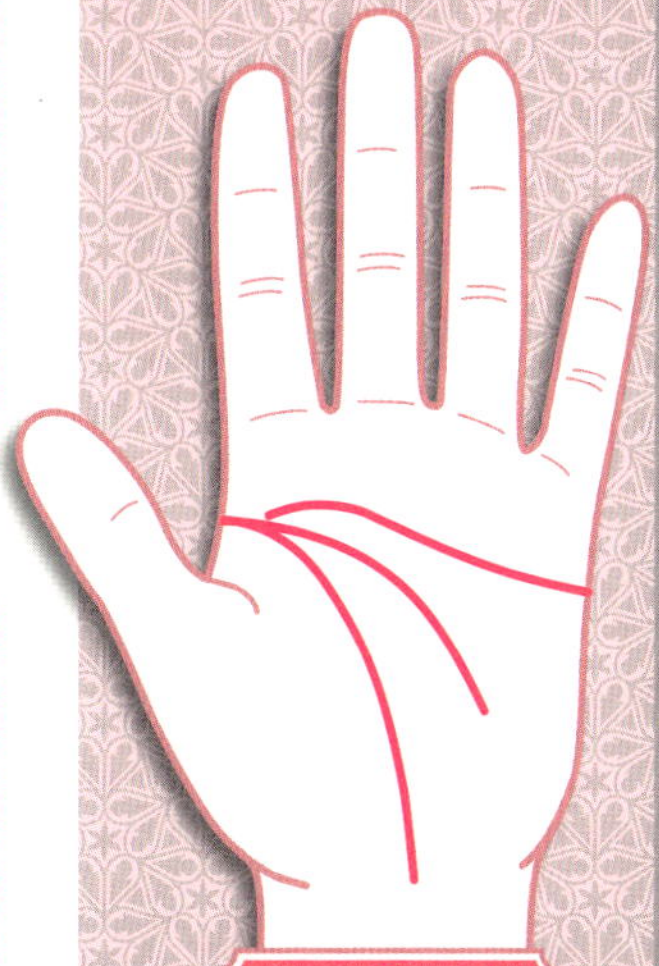

タイプ診断

義理と人情を大切にするタイプ

全体運

義理や人情を美学とする人です。現実世界には疎く、世渡りはけっしてうまくありません。対人関係や環境によって運勢に差が出るので、自分がいる場所をしっかり見極めることが重要。気持ちの切りかえがヘタですが、自分でコントロールできればさらに運勢は開けます。

恋愛・結婚運

純愛を貫く人です。相思相愛になれればいいのですが、そうでない場合は、どうにもならない恋愛を一方的に引きずるタイプ。片想いが多いのも特徴です。現実的な視点に欠けすぎる場合、なかなか恋愛や結婚がまとまりにくいので要注意。

仕事・マネー運

アート系全般や、人に尽くしたり世話をするような仕事が向いています。福祉系、教育系、医療系、職人系が適職です。金融などの実務や、自分で商売をするようなことは不向きです。アート系に進み、それが世間のニーズに合えば金運も期待できます。

「このタイプの人とどうつきあう?」

このタイプの人は自分の世界を大切にするので、その世界観を認めることが第一です。心がやさしく周りに流されやすいところがあるので、現実感覚に秀でた周りの人がうまく導いてあげるといいでしょう。

Type 19 C−1−あ

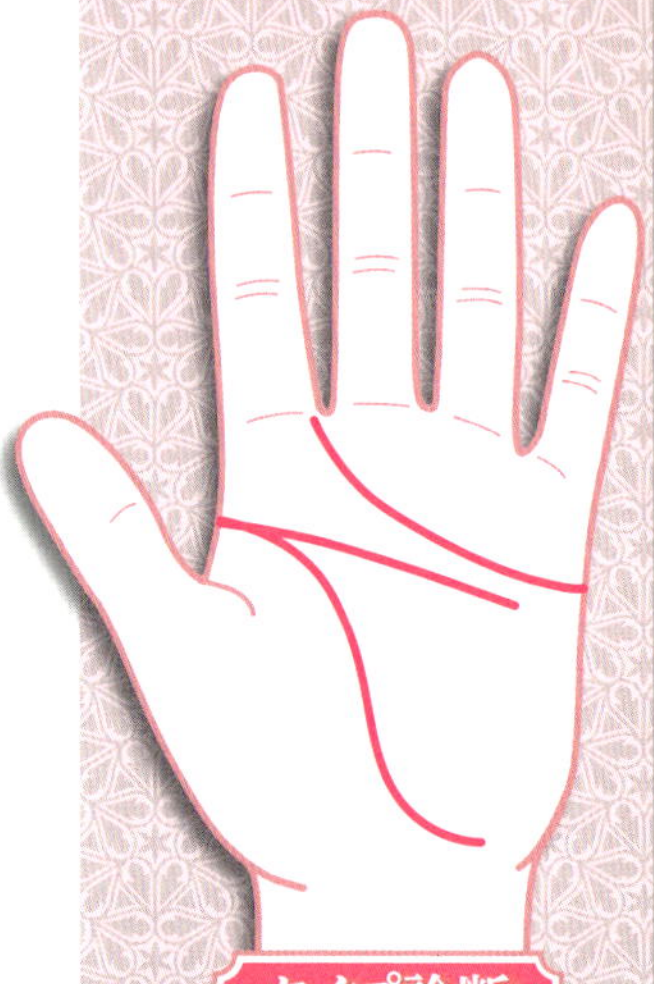

タイプ診断

活動的なしっかりタイプ

全体運

じっとしているのは苦手で、忙しく動き回るほどいろいろなことがうまくいく運勢です。駆け引きや勝負ごとにも強く、現実社会でしぶとく生きていけるタイプ。運を自分で切り開いていけるので、目標さえ定まれば、かなりの活躍が期待できます。

恋愛・結婚運

恋愛は積極的に自分でゲットしていくタイプです。計算高いところもありますが、これと思った相手には、手をかえ品をかえ近づいていくでしょう。結婚後は、女性なら、かかあ天下になり、しっかりと実権を握っていきます。男性なら亭主関白タイプです。

仕事・マネー運

自営業や販売員、バイヤー、営業など、自分から動いて攻めていくようなポジションや業種が向いています。自分の意志が押し通せて、がんばったらがんばっただけ結果が返ってくるものでないと力を発揮できません。金運は良好です。

「このタイプの人とどうつきあう？」

本人が自力で運を開く活動的なタイプなので、基本的に同じような人を好みます。一緒に何かをがんばったり、切磋琢磨できる目標をもち、ともに歩んで行くようなアプローチをするとうまくいくでしょう。

Type 20 C−1−い

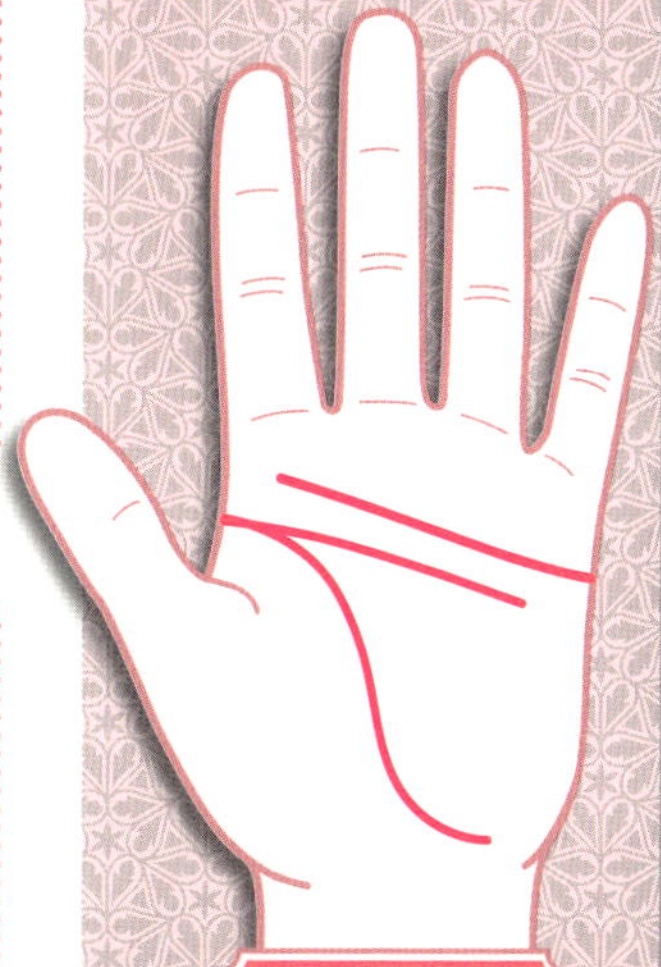

タイプ診断

頭の回転がよく実行力がある人

全体運

いつも冷静で頭が切れ、実行力もかなりあるタイプです。しっかりとした人生の目標が定まっていれば、かなりの成功が期待できるでしょう。目標がない場合は、変な方向にその能力を使い、アウトロー的な生き方になる傾向も。自分をコントロールする努力が必要です。

恋愛・結婚運

なかなか人を好きになることが少ないタイプなので、訪れたチャンスは確実にゲットすることがポイントです。現実的でクールな面があるので、お見合いもおすすめ。この相の人は、玉の輿にのることも多いでしょう。

仕事・マネー運

実業や政治の世界で活躍する人も多いです。現実をクールに見すえ、情に流されない強さと実行力を活かせる分野が向いています。自分の技術を活かせる職業もおすすめです。才能を発揮できる職業に就ければ、かなりの金運が期待できます。

「このタイプの人とどうつきあう？」

頭のいい人が好きです。一を聞いて十を知るような部分を見せられれば、高い評価を受けることができます。また、自分にないものを求める人もいるので、素朴さや温かさを見せるとよいでしょう。

Type 21 C-1-う

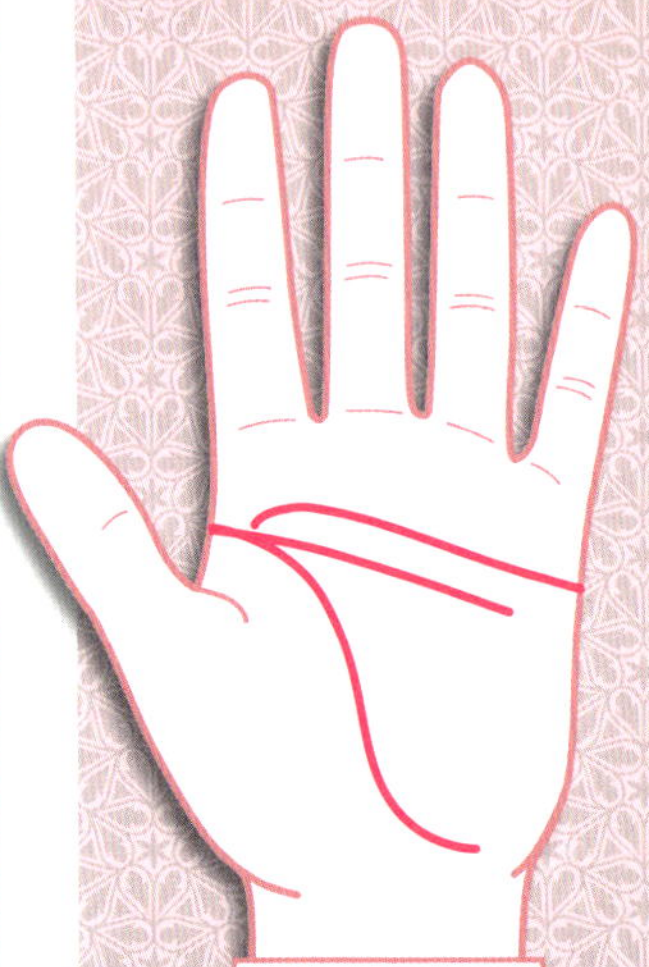

タイプ診断

いろいろな面をもつ変わり者タイプ

全体運

多面性をもっていて、周囲から見るとわかりにくいタイプです。よくいえば天才的。現実感覚も秀で、活動的で実行力も備えています。ただ、つまらない部分にこだわる傾向があります。本人も自己矛盾に苦しむことが多いですが、うまくコントロールできれば成功します。

恋愛・結婚運

つきあう人のタイプがバラバラなことが多く、変わった恋愛感覚の持ち主のように思われがち。大金持ちと恋愛したと思ったら、まったくお金がない人と恋愛してみたり、といった具合。自分ならではの価値観があるので、恋愛や結婚の対象はまちまちです。

仕事・マネー運

仕事の適正は幅広く、どんな仕事もこなせます。どちらかといえば少し特殊な業種を選んだほうが、このタイプのよさを発揮できます。自分の意見やセンスをそのまま押し通せるような、ポジションなり分野が向いているでしょう。金運はよく、安定しています。

「このタイプの人とどうつきあう？」

その時によって言うことや方針が変わることがあります。本人に悪気はなく、自由にさせたほうがうまくいくケースが多いです。周りの人は振り回されて大変ですが、大めに見てあげましょう。

Type 22 C-2-あ

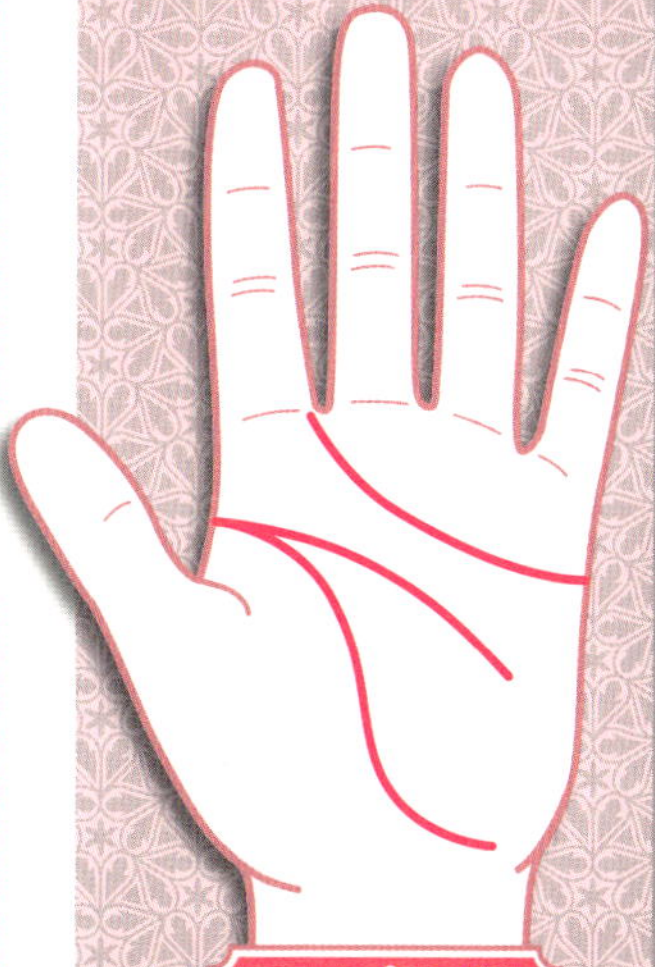

タイプ診断

バランス感覚にすぐれた万能タイプ

全体運

知性と感情と行動がほどよく調和された、バランスのとれたタイプです。運勢全体も大きく浮き沈みしてバランスをくずすことは少ないでしょう。要領がよく対人関係も良好で、何をやってもさらっとこなすので信用があります。何か突出したものをもてれば怖いものなし。

恋愛・結婚運

恋愛や結婚運は良好です。自分の恋愛感を相手のニーズに合わせていけるので、恋愛から自然に結婚へと発展します。結婚相手は、自分とつりあいのとれた人を選ぶため、離婚するケースも少ないでしょう。良妻賢母型、マイホームパパタイプです。

仕事・マネー運

仕事はどんな分野でも無難にこなしていく才能があります。外回りの営業職や旅行関係など、活発に動き回る職種もおすすめです。何かこれというものがあれば、かなりの成功をおさめることも可能。金運はよいので、安定した人生を送るでしょう。

「このタイプの人とどうつきあう?」

常識的な人なので、特別な気遣いはしなくても大丈夫。突飛なことや特殊なことを嫌う人もいますが、自分にないものに憧れる人もいます。相手のようすを見て上手にアピールしましょう。

Type 23 C−2−い

タイプ診断

コツコツ努力するオールラウンド型

全体運

けっして派手なところはないのですが、器用になんでもこなすタイプです。自分がトップに立つより、誰かの下や補佐として、コツコツと努力をするほうが向いています。大物に引き立てを受けることが開運のポイント。自分のもち味を活かしていくことを第一に考えましょう。

恋愛・結婚運

恋愛は自分からアプローチするのが苦手な人が多く、相手から来てくれないとなかなか進展しない傾向があります。気になる相手がいるなら、友達や目上の人の協力を得て攻略しましょう。結婚も知人の紹介やお見合い、結婚相談所などがおすすめです。

仕事・マネー運

どんな仕事でもオールラウンドにこなせます。なかでも、ドライバーや建設関係などがおすすめ。秘書や補佐的なポジションも適職です。金運は、派手さはありませんが、コツコツまじめにがんばることで、着実に資産をふやしていくことが可能です。

「このタイプの人とどうつきあう?」

自己主張が控えめなので、何を考えているのかつかみづらいところがあります。自分の考えがないわけではないので、何かするときは無視するのではなく、声をかけて気を遣ってあげることがポイントです。

Type 24 C−2−う

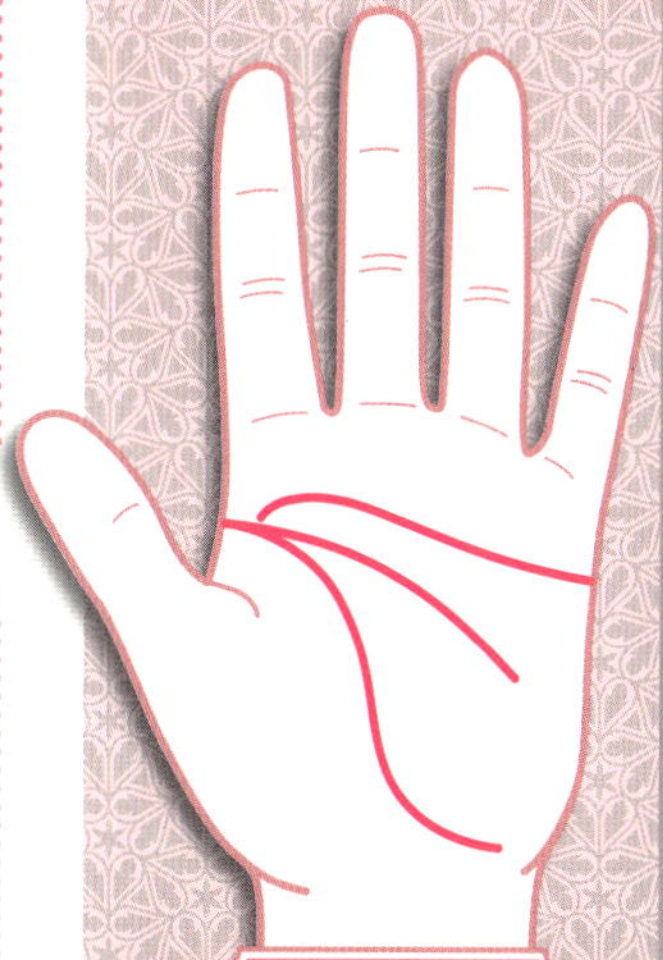

タイプ診断

庶民的な人情派で、恋には純情な人

全体運

基本的に情が厚く、庶民的なタイプです。人がよいので、誰かに恨まれたり疎《うと》んじられるようなことは少なく、皆から親しまれます。何か大きな目標を立てて、それに向かって努力していけば成功するでしょう。

恋愛・結婚運

何歳になっても純情で、初恋みたいな恋愛をしがちです。相思相愛になって、いったん交際が始まれば長く続くタイプ。好きな相手には、マメに尽くすほうです。結婚後は、子煩悩な面がありますが、なかなか子離れができない親になりがちです。

仕事・マネー運

保育士や栄養士、介護士など、親身になって人の世話をするような仕事に向いています。飲食関係や庶民的なサービス業全般もおすすめです。金運はまずまずですが、人の保証人になったり、善良な心につけこむような悪質な詐欺などには十分な注意が必要です。

「このタイプの人とどうつきあう?」

情にあふれた人づきあいのよいタイプなので、こちらも裸のつきあいをすることがポイント。べたべたした人間関係を好まないなら、最初から距離をあけて接すること。そうしないと誤解を与えます。

Type 25 C-3-あ

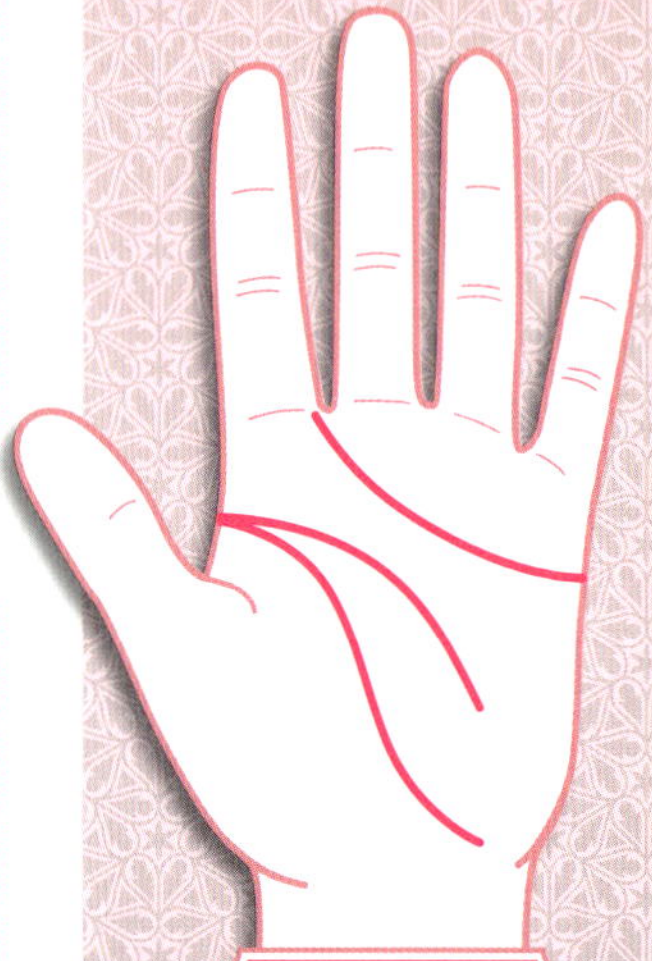

タイプ診断

好奇心旺盛な情熱タイプ

全体運

好奇心が旺盛で、活発に行動してロマンを追うタイプです。人生を楽しみたいと思うので、多趣味で、やりたいと思ったことは積極的にチャレンジしていく人。現実的なことはどちらかというと苦手なので、計画的に人生設計を立てることが成功のコツです。

恋愛・結婚運

遠距離や国際結婚も苦にしない自由な恋愛観の持ち主です。恋にのめりこむと、すべてを捨ててしまうようなところがあります。ある意味、波乱に満ちた恋愛や結婚の運勢です。ドラマや映画にあるような、人がうらやむような大恋愛を一生に一度はするタイプです。

仕事・マネー運

自分が興味をもてる、趣味的な分野を仕事にするのが向いています。仕事は仕事と割り切れるタイプではありません。そのため、若いうちから興味のあることにチャレンジし、本当にやりたいことを早くから見つけることが成功の秘訣です。お金だけのための金儲けはできません。

「このタイプの人とどうつきあう?」

周囲からは自由に好きなことをしているように見えますが、本人はそうでもなかったりします。そこを理解できるかどうかが、つきあいのポイント。少し距離をあけてつきあわないと、振り回されることも。

Type 26 C−3−い

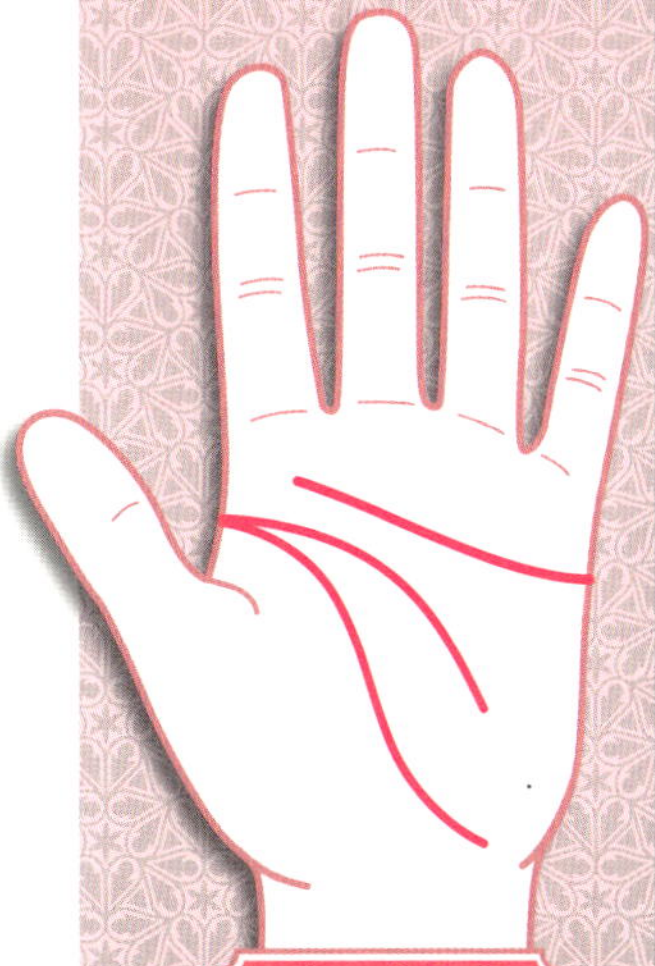

タイプ診断

ロマンを内に秘めた自由人タイプ

全体運

基本的に自分の信念や哲学のもとに行動するタイプです。一匹オオカミ的な人が多く、けっして愛想よく人づきあいができる人ではありません。自分のやりたい仕事に就くことが、このタイプの人にとってもっとも大切なことです。

恋愛・結婚運

相手に直接、愛情表現をするのが得意ではありません。手紙や音楽など、何か作品を通して伝えることがうまくいく秘訣です。仕事がうまくいっているときは、恋愛や結婚の運勢もよくなるので、仕事で輝きましょう。

仕事・マネー運

じっとしているのは苦手で、動き回るほど運が開きます。仕事はフリーランスが向いていて、たとえばカメラマン、ルポライター、マスコミ関係、冒険家、ジャーナリストなどが適職です。金運は波があり安定性に欠ける傾向があります。貯蓄を心がけましょう。

「このタイプの人とどうつきあう?」

自分の感情を表に出さず、とっつきにくい部分があります。本人に悪気はないので、あまり気にしなくてもOK。有言実行を重んじるので、心のこもらない言葉や贈りものはダメ。心が大切です。

Type 27 C-3-う

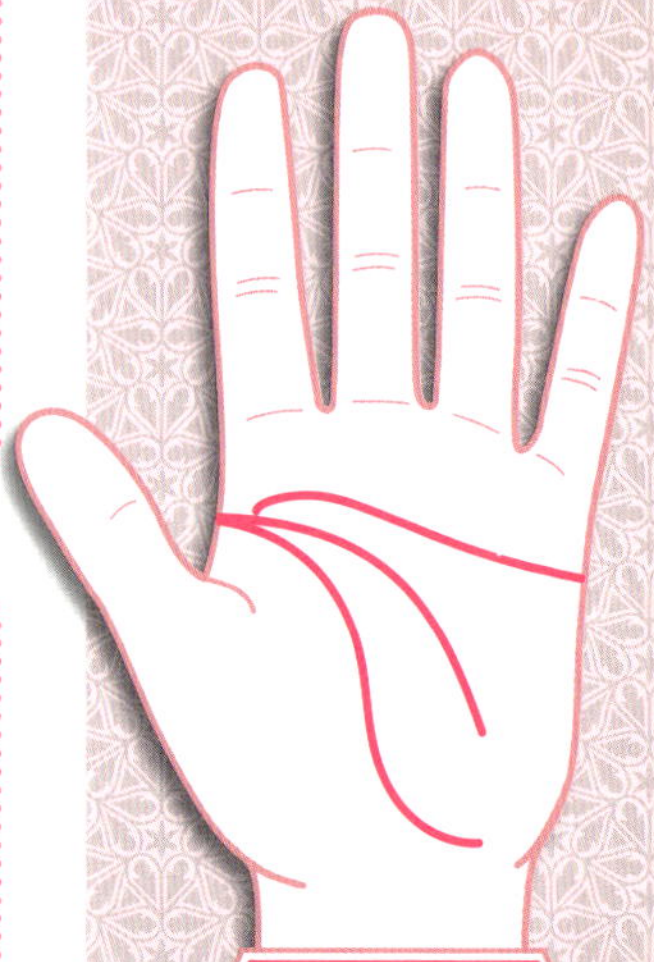

タイプ診断

人道主義的な活動家タイプ

全体運

このタイプは、ふたつに大別できます。ひとつは、自分のことを顧みず、人道的な信念から人や社会、神に仕えるようなタイプです。もうひとつは、自分のやりたいことやロマンを追い求めて貫くタイプ。どちらにしても普通の生き方をしていてはパッとしません。

恋愛・結婚運

恋愛や結婚もふたつに大別できます。ひとつはプラトニックな純愛を愛に昇華するような恋愛。このタイプには、対象を芸術や信仰にささげ、生涯独身を貫く人もいます。もうひとつは、恋に恋するようなタイプ。この場合、相手によって運勢が左右されます。

仕事・マネー運

仕事は商売的なものは向きません。アート系や福祉系、聖職者など、神仏に仕えるような仕事もおすすめです。金運は、お金そのものに執着が弱いので、あまりよいとはいえません。しかし、価値観の問題なので、この人にとってみたらそんなに大きな問題ではないのです。

「このタイプの人とどうつきあう?」

価値観の違う人とは基本的につきあわないタイプ。この人にとって何が重要かリサーチする必要があるでしょう。多くの人との表面的なつきあいより、数は少なくてもハートフルな対人関係を求めます。

Type 28 A-(マ)

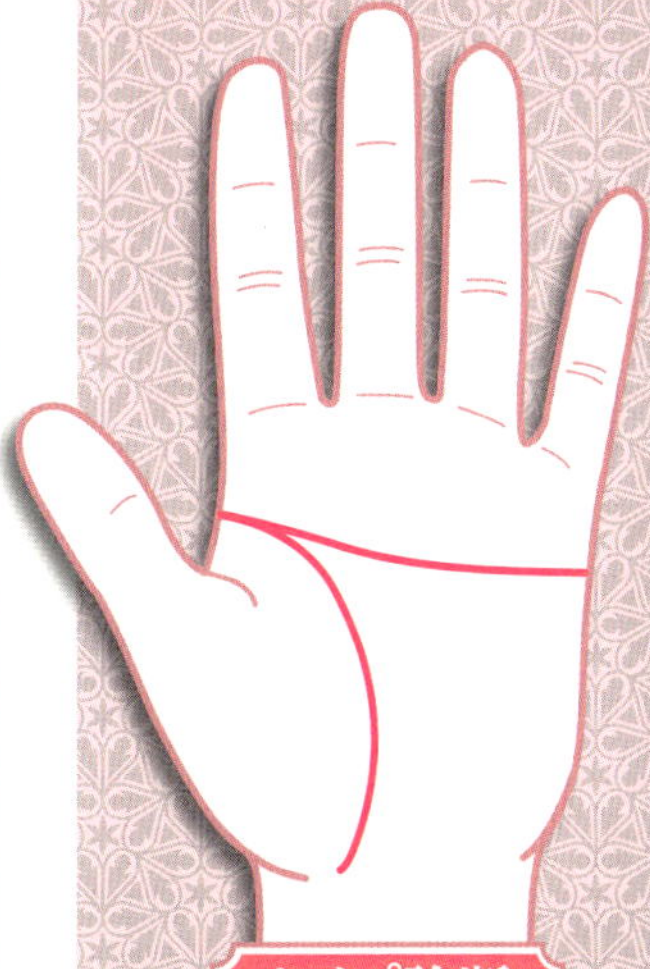

タイプ診断

波乱万丈な楽観主義者

全体運

マスカケの人は、よくも悪くも浮き沈みが激しい運勢になりがち。「これ!」という人生の目標をもたないと芽が出ません。もっているエネルギーが大きいので、そのエネルギーをうまく発揮できれば、成功できるでしょう。小さくても一国一城の主に向いています。

恋愛・結婚運

のめりこむと激しい恋愛をします。エスカレートするとストーカー的になったり、恋心が激しい憎悪心になることも。映画やドラマにあるような命がけの大恋愛をするタイプです。結婚運はそれほど悪くありません。女性は結婚後も何か仕事をしたほうがよいでしょう。

仕事・マネー運

人の下で働いているうちは、なかなか芽が出ません。小さくてもよいので、独立したほうがいいでしょう。ただし、順風満帆にいくことは少なく、一時うまく行っても倒産したり、かと思うと不死鳥のように復活したりと浮き沈みの激しい仕事運と金運です。

「このタイプの人とどうつきあう?」

豪快な人が多く、個性が豊かでアクの強いタイプ。親分、姉御肌なので、逆らわず従順に甘えてかわいがってもらえるように接すること。自分を頼ってくる人間を放っておけないので上手に甘えましょう。

Type 29 B−(マ)

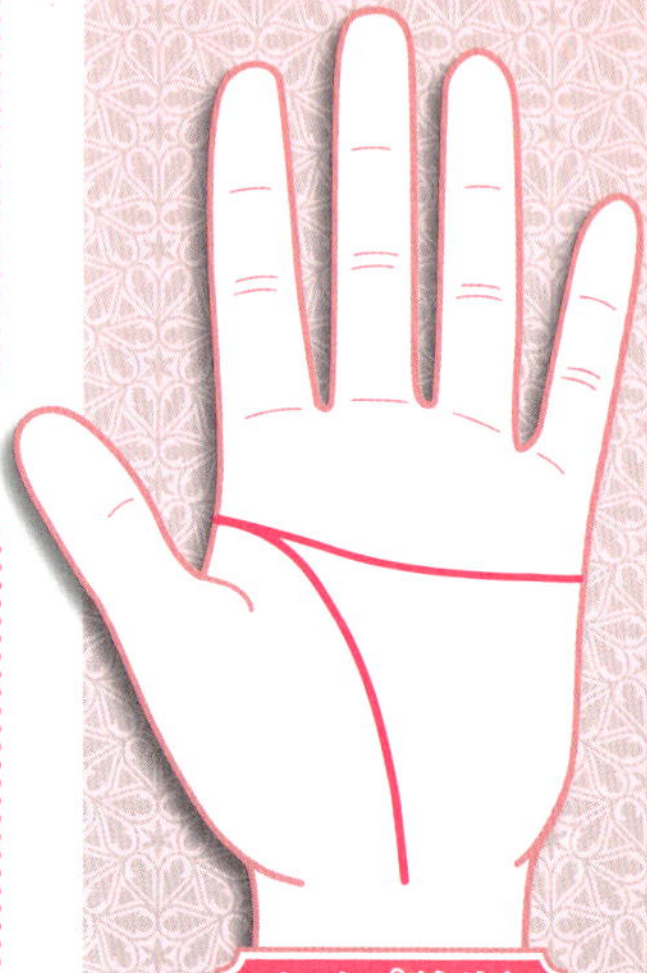

タイプ診断

波乱万丈だけど、安定タイプ

全体運

基本的にA−（マ）と同じですが、このタイプは最終的に失敗して失意のまま人生を終えることは少ないでしょう。最後は、ある程度満足して、生涯を終える恵まれた運勢です。

恋愛・結婚運

【A−（マ）と同じ】

のめりこむと激しい恋愛をします。エスカレートするとストーカー的になったり、恋心が激しい憎悪心になることも。映画やドラマにあるような命がけの大恋愛をするタイプです。結婚運はそれほど悪くありません。女性は結婚後も何か仕事をしたほうがよいでしょう。

仕事・マネー運

【A−（マ）と同じ】

人の下で働いているうちは、なかなか芽が出ません。小さくてもよいので、独立したほうがいいでしょう。ただし、順風満帆にいくことは少なく、一時うまく行っても倒産したり、かと思うと不死鳥のように復活したりと浮き沈みの激しい仕事運と金運です。

「このタイプの人とどうつきあう？」

【A−（マ）と同じ】

豪快な人が多く、個性が豊かでアクの強いタイプ。親分、姉御肌なので、逆らわず従順に甘えてかわいがってもらえるように接すること。自分を頼ってくる人間を放っておけないので上手に甘えましょう。

Type 30 C-(マ)

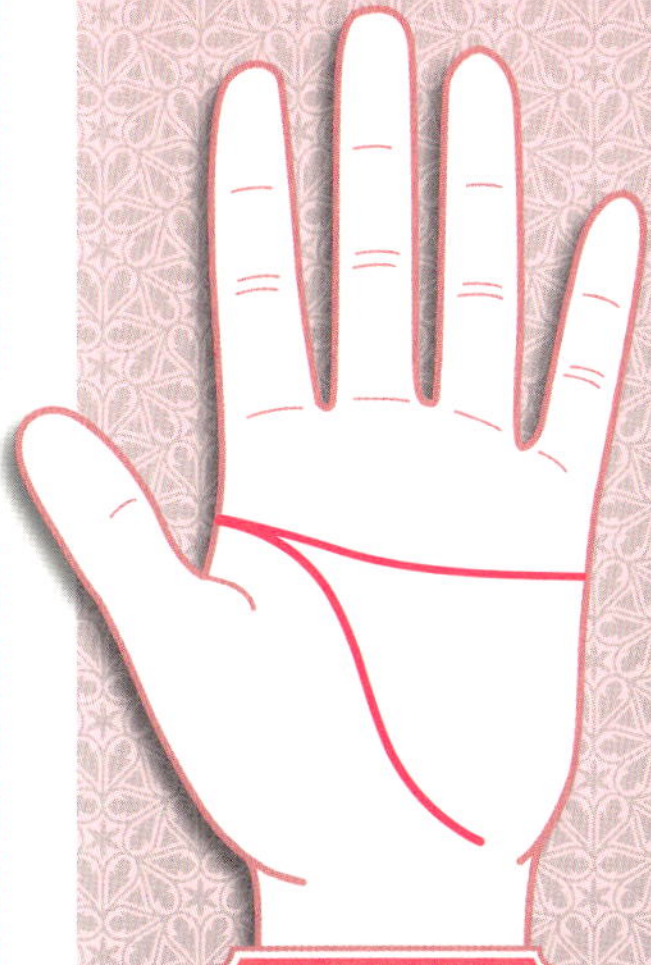

タイプ診断

波乱万丈で、しかも放浪タイプ

全体運

基本的にA-（マ）と同じですが、このタイプはそれにもっと活動力と波乱万丈要素と放浪性がプラスされます。生まれ育った郷里を離れたほうが成功しやすく、海外で一旗あげることも夢ではありません。

恋愛・結婚運

【A-（マ）と同じ】

のめりこむと激しい恋愛をします。エスカレートするとストーカー的になったり、恋心が激しい憎悪心になることも。映画やドラマにあるような命がけの大恋愛をするタイプです。結婚運はそれほど悪くありません。女性は結婚後も何か仕事をしたほうがよいでしょう。

仕事・マネー運

【A-（マ）と同じ】

人の下で働いているうちは、なかなか芽が出ません。小さくてもよいので、独立したほうがいいでしょう。ただし、順風満帆にいくことは少なく、一時うまく行っても倒産したり、かと思うと不死鳥のように復活したりと浮き沈みの激しい仕事運と金運です。

「このタイプの人とどうつきあう？」

【A-（マ）と同じ】

豪快な人が多く、個性が豊かでアクの強いタイプ。親分、姉御肌なので、逆らわず従順に甘えてかわいがってもらえるように接すること。自分を頼ってくる人間を放っておけないので上手に甘えましょう。

番外編 離れ型

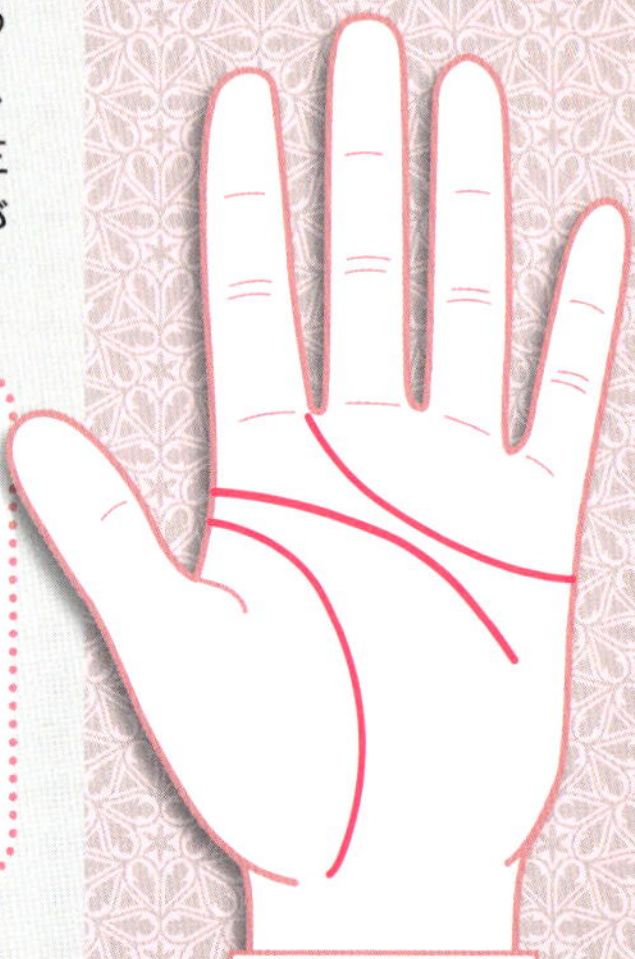

タイプ診断

大胆な行動派タイプ

知能線の始まりが、生命線と離れている人がいます。この相は、大胆で積極的、活発に行動するという意味。知能線と生命線の離れ方が大きいほど、その傾向が強くなります。

知能線と生命線が離れている人は、30パターンの性格&運勢分析に、大胆で行動的という性格をプラスしてください。ただし、1センチ以上離れていると、活発すぎて失敗することのほうが多くなるので、注意が必要です。

離れ型にCタイプの生命線をもつ人は

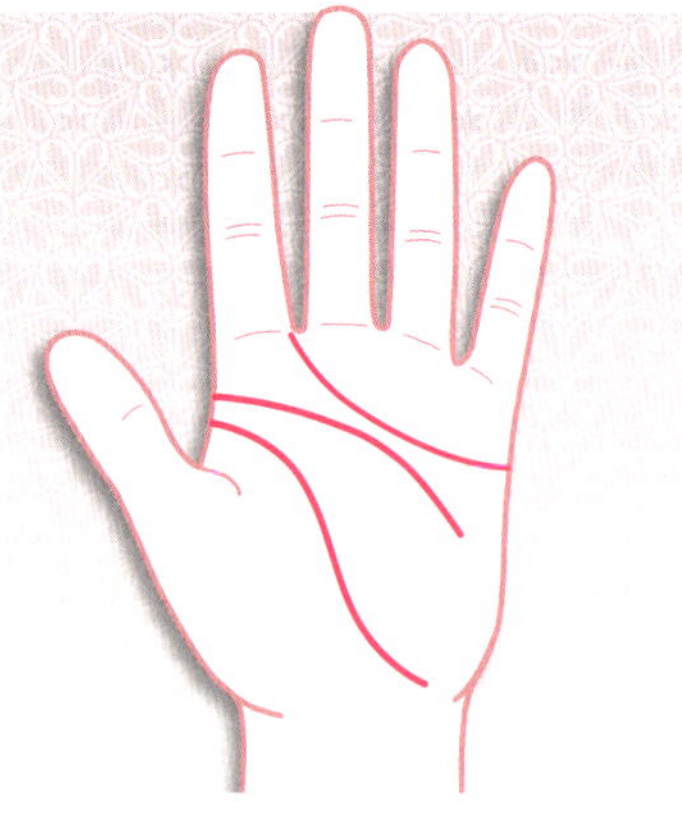

知能線と生命線が離れていて、かつCタイプの月丘に向かう生命線の人は、海外に縁が深いタイプ。海外留学やホームステイなどをする人が多いでしょう。

part 2

恋愛・結婚運

気になる未来を占う❶

恋愛・結婚運

感情線・生命線・運命線などをチェック！

手相で見る恋愛&結婚とは？

恋愛や結婚は、誰にとっても気になるできごとでしょう。どんな恋愛をするのか、いつ結婚するのか、結婚生活は幸せに送れるのかなど、知りたいことはたくさんあるはず。

幸せな恋愛と結婚をするためにも、手相が教えてくれる情報をしっかり読み取って、ハッピーになりましょう。

手相で恋愛や結婚を見るときは、ひとつの線だけでなく、いろいろな要素をチェックしていきます。おもに見るのは、感情線、結婚線、生命線、運命線。そのほか、丘があらわす意味も重要です。

どんなことがわかる？

手相には、恋愛、結婚に関するいろいろなヒントや情報があらわれています。どのようなタイプの恋愛をするのかといった傾向、片想いも含めた恋愛の多さ、いつごろ恋愛をするのか、いつごろ結婚をするのかなど。さらに、別れの危機や別れの時期、妊娠、出産の時期なども見ていきましょう。

手相では、自分の恋愛タイプや結婚の時期などはわかりますが、相手についてはあまりわかりません。たとえば、相手の年齢や職業、相手が自分のことをどう思っているかなどは、手相ではわからないのです。

また、手相があらわす婚期（P88）を過ぎている年齢の人の恋愛や結婚は、なかなか判断しにくいといえます。

恋愛・結婚運はここを見て占う

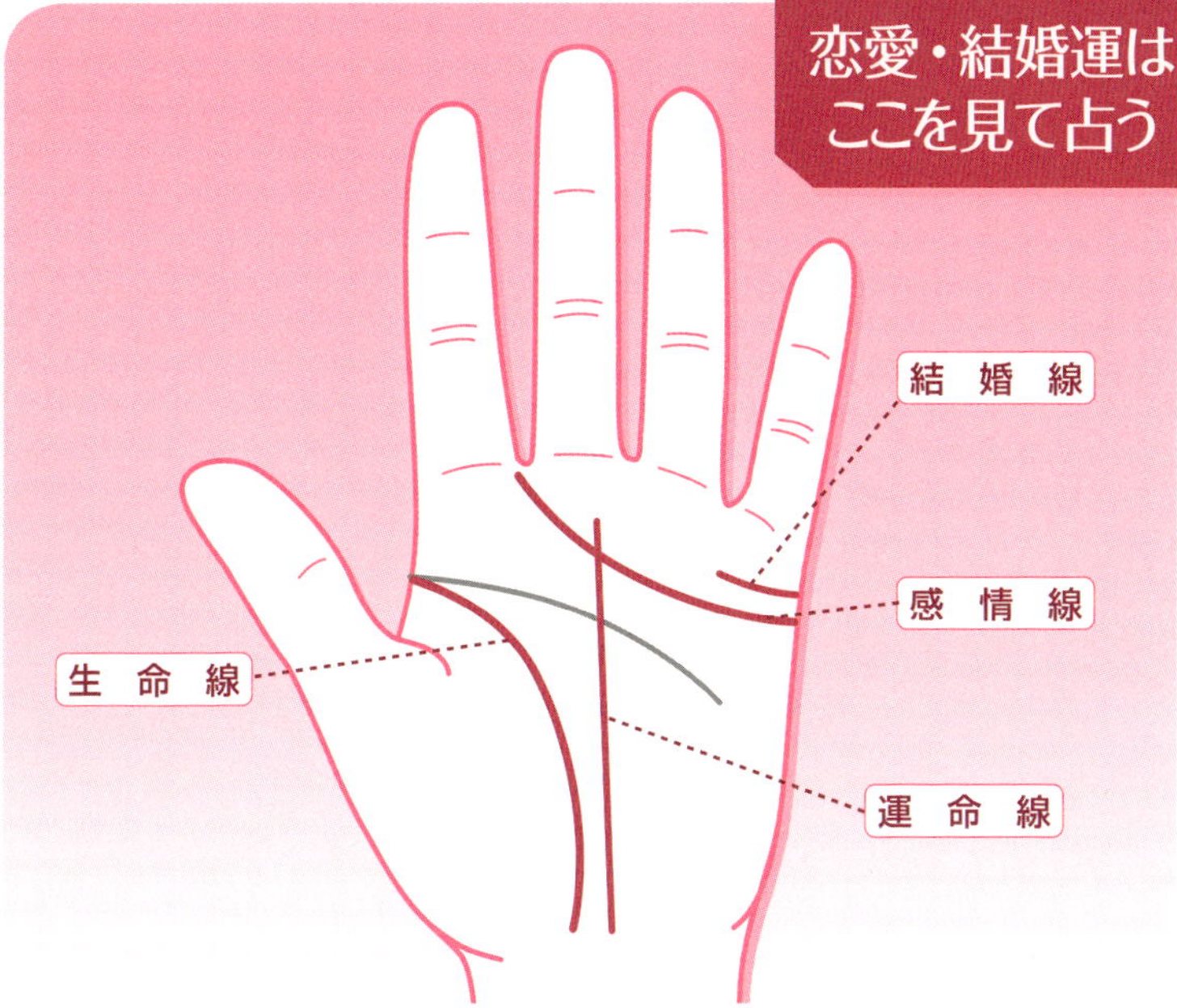

恋愛&結婚運の見るべきポイント

恋愛&結婚運を見るときは、両手をしっかり見て、あらゆる情報を総合的に判断することがポイントです。

●感情線

どういう恋愛をするのか？　情熱派かクール派か、恋愛の傾向がわかります。

●結婚線

だいたいの婚期と、結婚生活の安定度などがわかります。本数、線の向き、分岐などをチェックしましょう。

●生命線

生命線には、恋愛や結婚のサインがたくさんあらわれます。ゆるやかなカーブを描く恋愛線、別れを暗示する障害線、影響線などを見て、その時期を読み取りましょう。

●運命線

運命線からも、婚期や別れなどがわかります。運命線に合流する線、分岐する線、横切る線などをチェックします。

恋愛・結婚運

CHECK 1

感情線を見る

恋愛の仕方や傾向がわかる

感情線からは、どういうタイプの恋愛をするのかといった、恋愛の大まかな傾向がわかります。激しい恋をするのか、クールな大人の恋愛をするのか？　はたしてあなたはどのタイプでしょう。

ＰＡＲＴ６の感情線（Ｐ182〜189）の項目も参照してください。

乱れた感情線

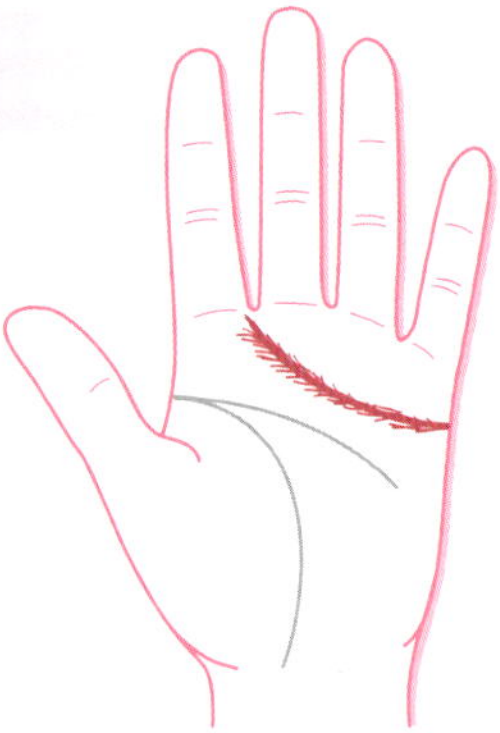

このように乱れた感情線の持ち主は、感情表現が豊かで、激しい恋愛をする人です。恋愛の数も多く、熱しやすく冷めやすい傾向があります。また、気分がころころと変わるお天気屋タイプで、浮気性といえるでしょう。

二重感情線

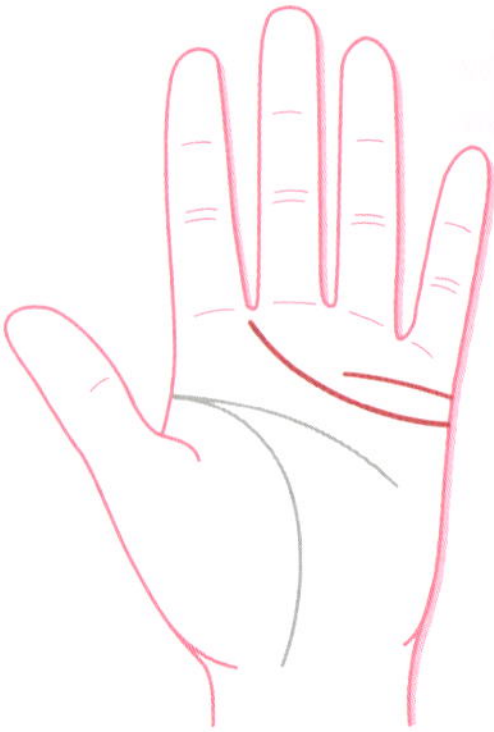

感情線が２本ある二重感情線の人は、情熱も人の２倍あるため、恋多きタイプ。この相の男性の多くは、２回以上結婚をする傾向があります。あるいは、結婚後、愛人をつくる可能性も大きいです。

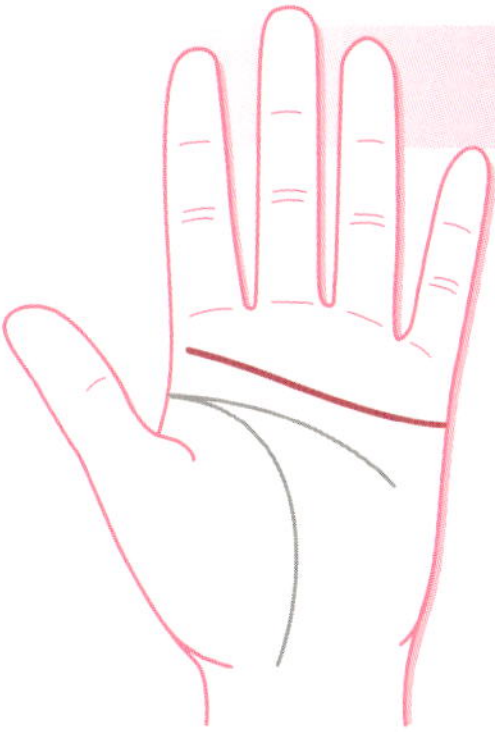

長い感情線

長い感情線は、独占欲や嫉妬心が人一倍強い人。好きになると周囲が見えなくなり、相手にのめりこむ恋愛をします。不倫になったら遊びでは終わらないタイプ。ときには周囲や相手のことを考える冷静さが必要です。

人差し指と中指の間に向かう感情線

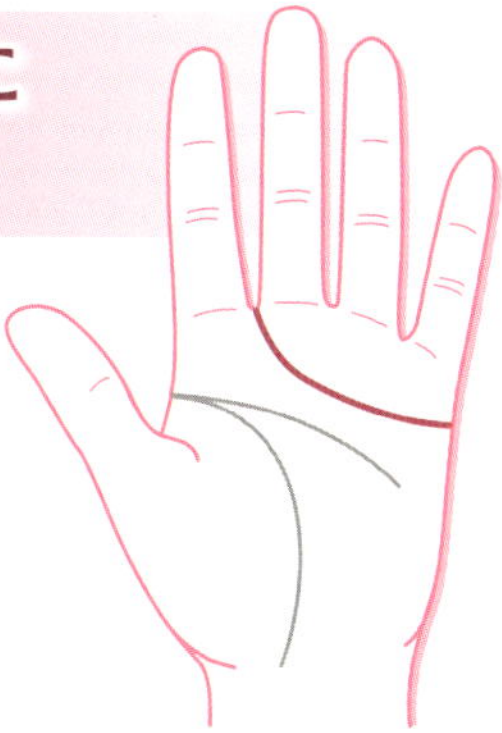

この感情線は、誠実な恋愛をするので、恋愛は結婚につながると考えるまじめなタイプ。女性は良妻賢母型、男性はマイホームパパ型です。

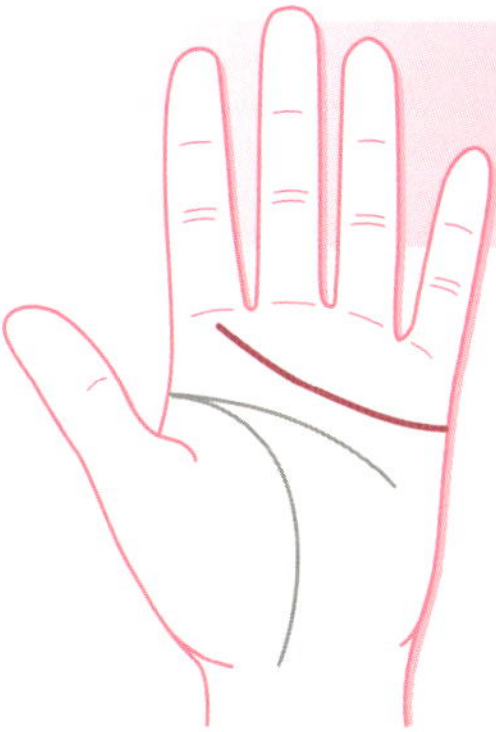

人差し指に向かうゆるやかな感情線

このような感情線は、現実感覚と感情のバランスがよくとれたタイプ。恋愛には慎重で、態度も控えめです。ゆっくりじっくり、愛情を育てていきます。

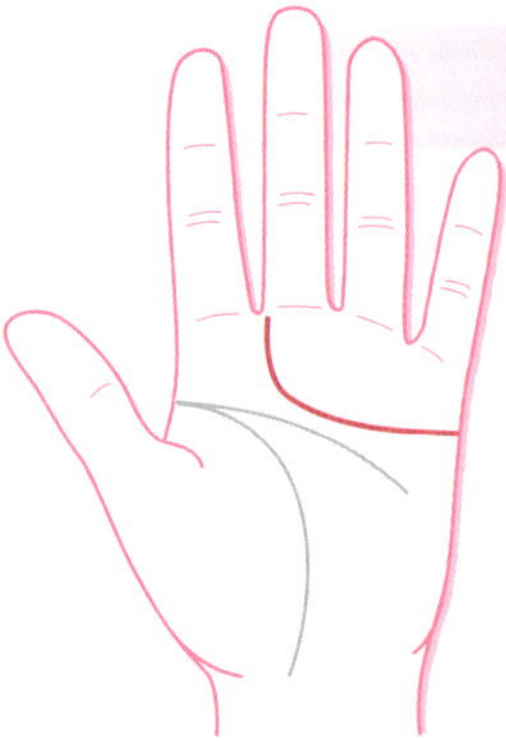

急カーブした感情線

感情線が急カーブしているのは、激しく盲目的な恋をする人。周囲が反対しても聞く耳もたずで、ますます火がつくタイプ。ときには自分の感情をセーブすることを学びましょう。

直線や短い感情線

恋愛は苦手で、出会いのチャンスも少ないタイプ。感情表現がヘタなので、恋愛をしても盛り上がりに欠けます。デートをしてもおもしろくないとか、そっけないなどと言われないように気をつけましょう。

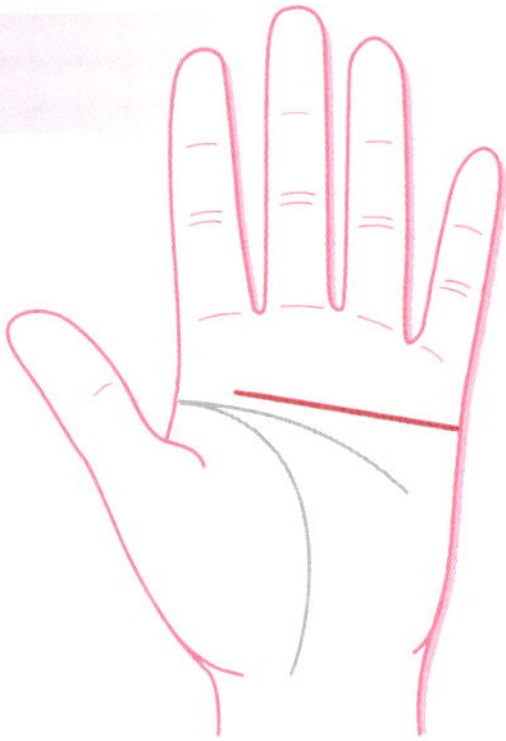

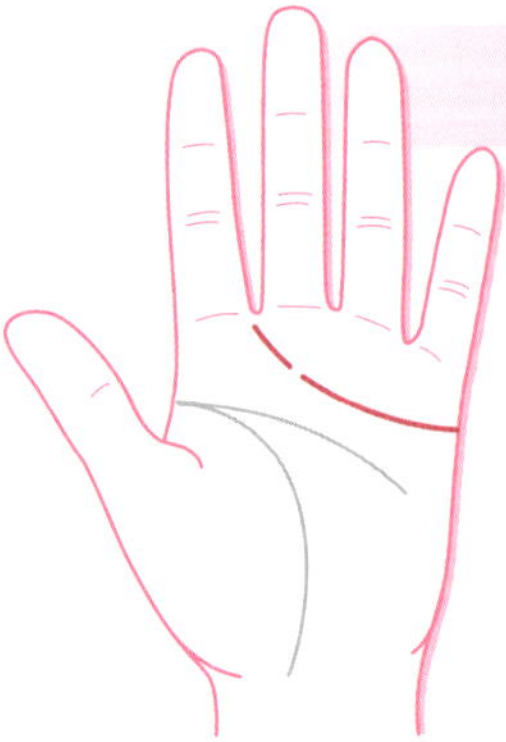

切れた感情線

このように感情線に切れ目のある人は、離婚や恋人との別れ間際の人が多いようです。その多くは、本人のわがままから破局に至るケースがほとんど。自分で別れを決意した場合にも、感情線が切れることがあります。

恋愛・結婚運
CHECK 2

結婚線を見る

大まかな結婚運がわかる

結婚線からは、大まかな結婚運の良し悪し、縁が多いか少ないか、結婚の時期、結婚後の安定度などをチェックします。

PART6の結婚線（P206〜213）の項目も参照してください。

本　数

結婚線の本数は、結婚や深い関係になる恋愛の回数をあらわします。

1本すっきり太く入る（A）のが理想的ですが、あまりこういう相の人はいません。

2本の結婚線が平行に入る（B）のは、2回結婚したり同棲する可能性が高い人。

3本以上の結婚線があるとき（C）は、3回以上結婚するという意味ではありません。恋愛の回数が多いしるし。結婚する縁がある人との恋愛は、複数の線のなかでも濃く長く刻まれているものです。

結婚線がない人（D）は、出会いが少ないか、結婚する気持ちが自分にまだないケース。結婚したい人は、お見合いもおすすめです。

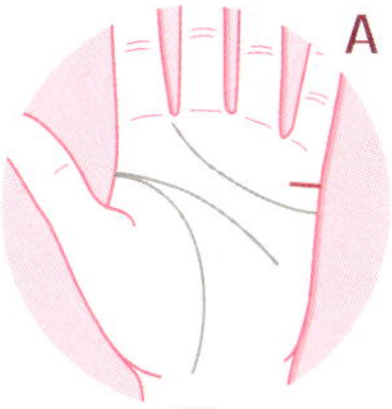

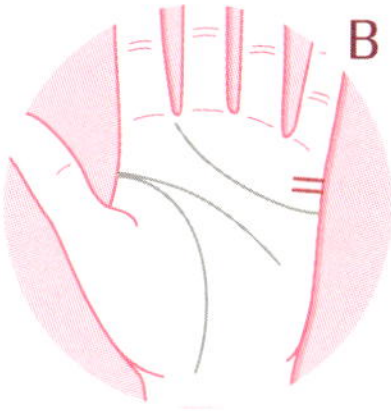

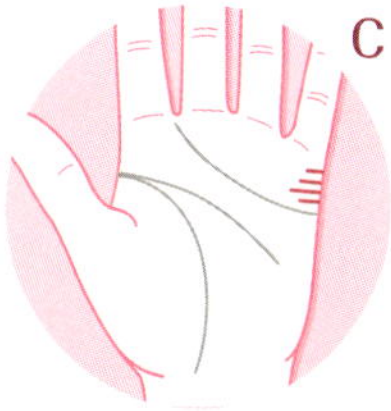

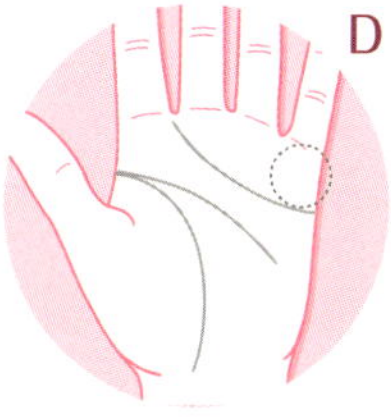

位　置

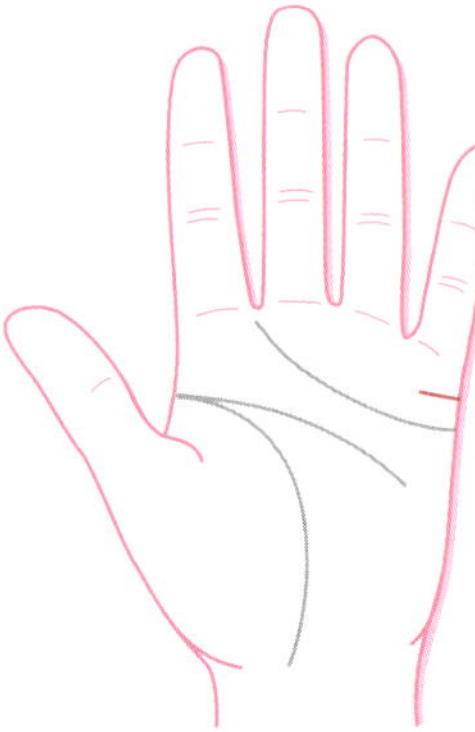

結婚線は、感情線の起点と小指の間にある線ですが、どのあたりに線が出ているかによって、だいたいの婚期を占うことができます。

感情線と小指のつけ根の真ん中あたりが、男性約28歳、女性約25歳。それより下に行くほど早婚、上に行くほど晩婚と判断します。狭い場所なので、この位置から正確な結婚年齢を読み取るのは難しく、あくまで傾向を見る程度です。

向　き

結婚線の向きで、結婚相手や結婚後の生活にどのくらい満足しているかを見ます。

上向きの結婚線Aは、理想以上の素敵な相手に恵まれるという意味。結婚後も幸せに暮らすことができます。

下向きの結婚線Bは、結婚相手と精神的なつながりが薄く、結婚生活にも満足していないしるし。このタイプの結婚線をもつ人は、とても多いです。下向きの結婚線で、先が感情線に至る場合は、夫婦関係は冷えきっています。離婚も考えられるでしょう。

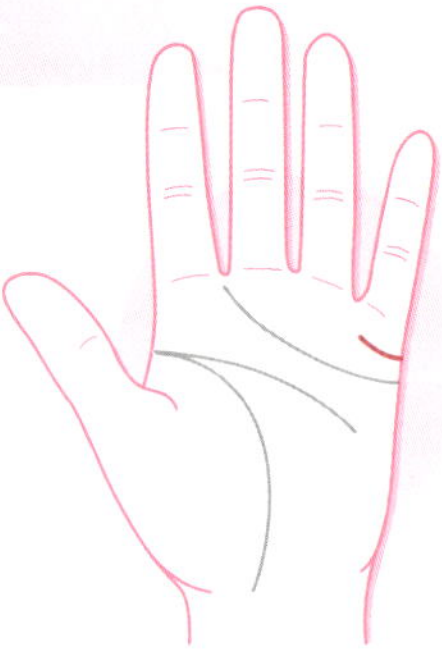

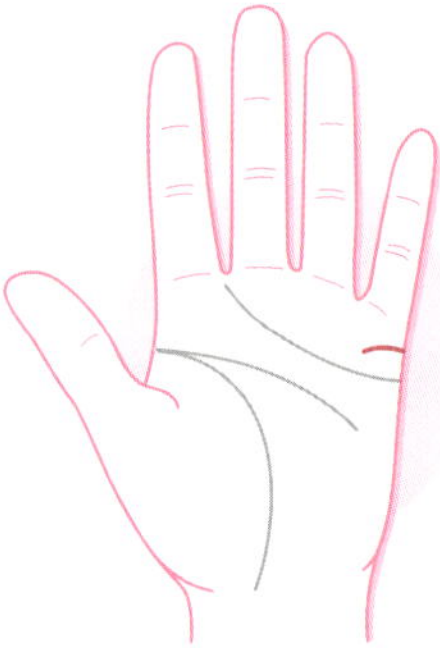

分　岐

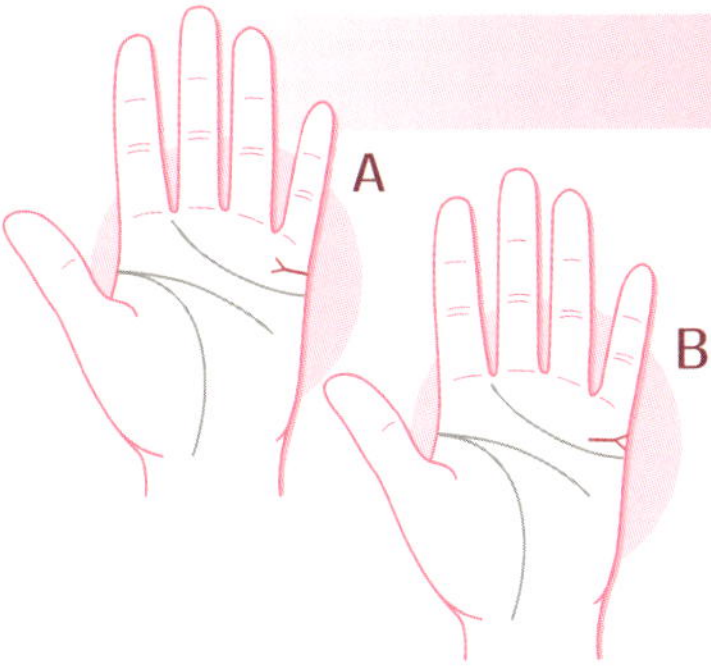

線の先がふたつに分かれるとき（A）は、別居や離婚を暗示。家庭内別居や、単身赴任をあらわすこともあります。

２本の結婚線の先が1本になる場合（B）は、結婚前には障害が多いのですが、それを乗り越えていく相。結婚後は夫婦円満でしょう。

複　線

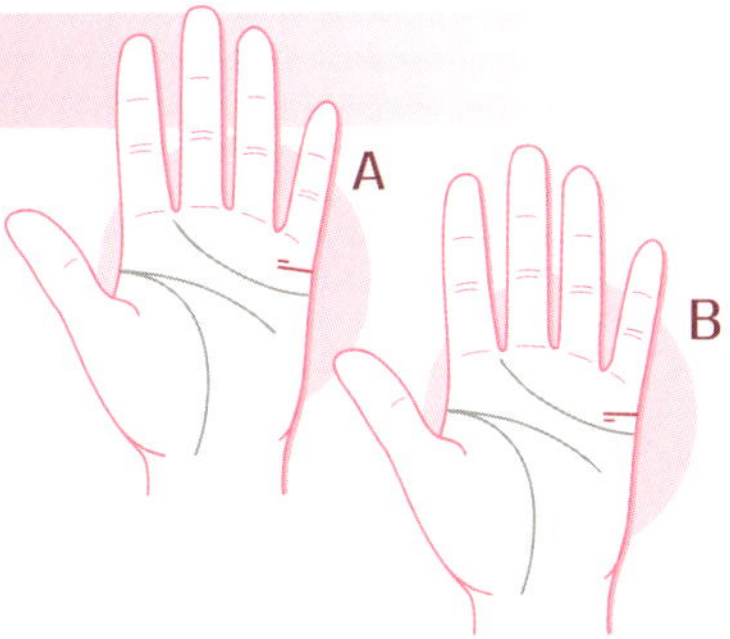

結婚線の上側に短い線があるとき(A)は、結婚後に愛人をつくるという意味。

結婚線の下側に短線があるとき（B）は、結婚前に交際していた相手と、結婚後もつきあいが続くというしるし。

いずれの場合も、線の濃さが気持ちの深さを示します。

乱　れ

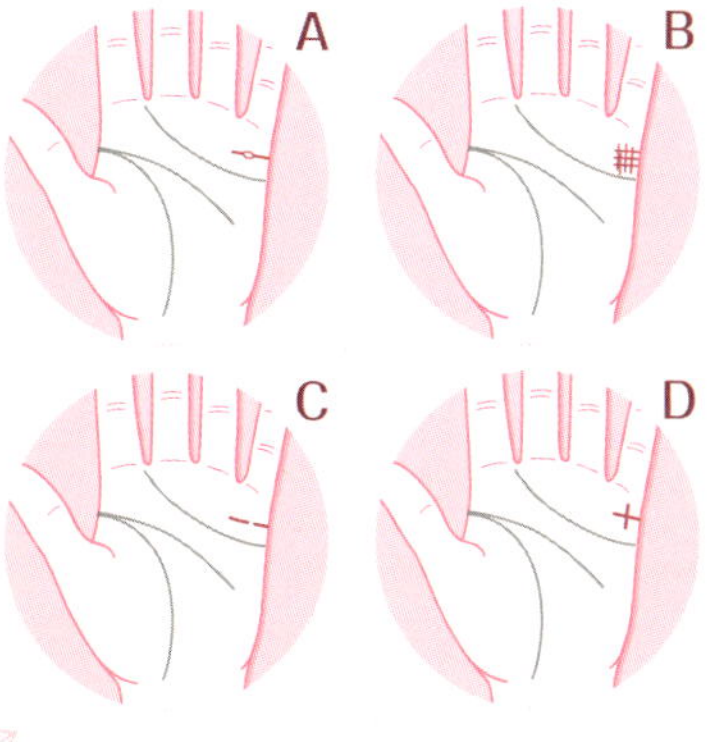

結婚線にあらわれる島Aは、結婚後の苦労を意味します。格子状の結婚線Bは、まだ結婚する意志がないということ。結婚を決意すると、太い結婚線が出るはず。

結婚線が切れているCは、相手との別れを暗示。また、タテに障害線が走るDも、結婚生活にトラブルがあるしるし。離婚や病気などを意味します。

恋愛・結婚運
CHECK 3

生命線上のサインを見る

恋愛や結婚の時期がわかる

生命線の上にある恋愛線や影響線などから、恋愛や結婚、別れ、離婚の時期がわかります。恋愛線は、感情線の方向からカーブを描いて生命線を横切る線。大切な人との出会いや結婚のときに出る線で、恋愛や結婚を占うときには要チェックです。

ＰＡＲＴ６の生命線の恋愛線（Ｐ166）と障害線（Ｐ168）の項目も参照してください。

短い恋愛線

イラストのように短く出る恋愛線は、10代から20代前半によく見られます。若い時期の恋愛を意味し、片想いのケースもあり。イラストでは、18歳ごろの恋愛を示しています。

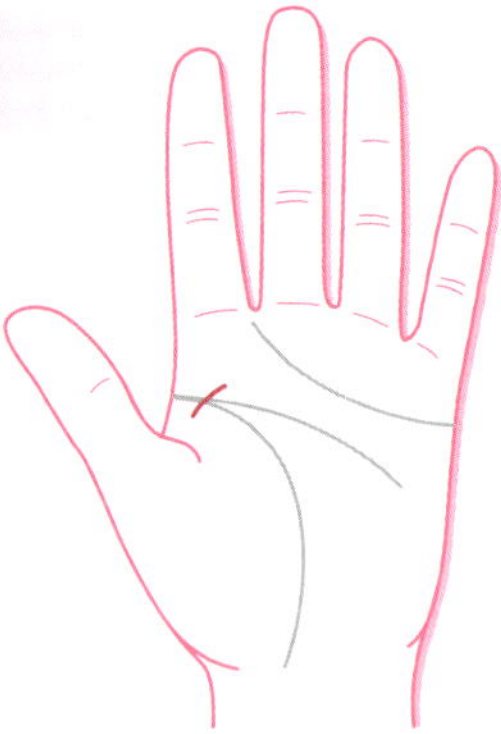

長い恋愛線

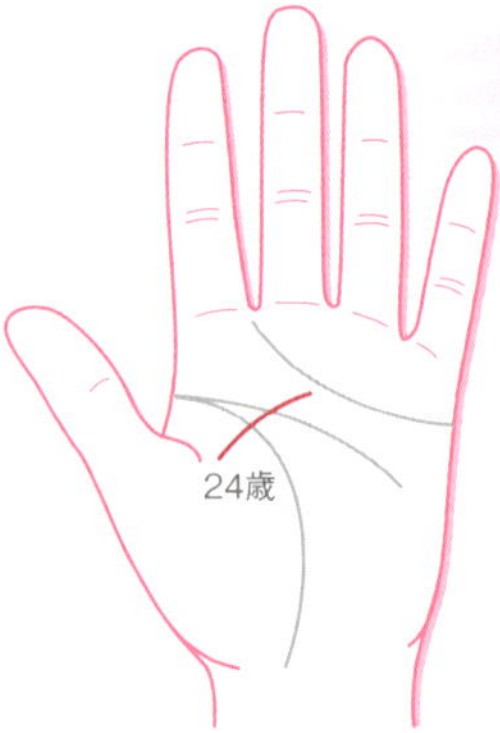

感情線の支線、または感情線の近くから出る長い恋愛線は、大恋愛をあらわします。恋愛線が生命線を横切る年が、恋愛をする時期。出会いまたは、婚約、結婚などを意味します。イラストは24歳ごろの恋愛。

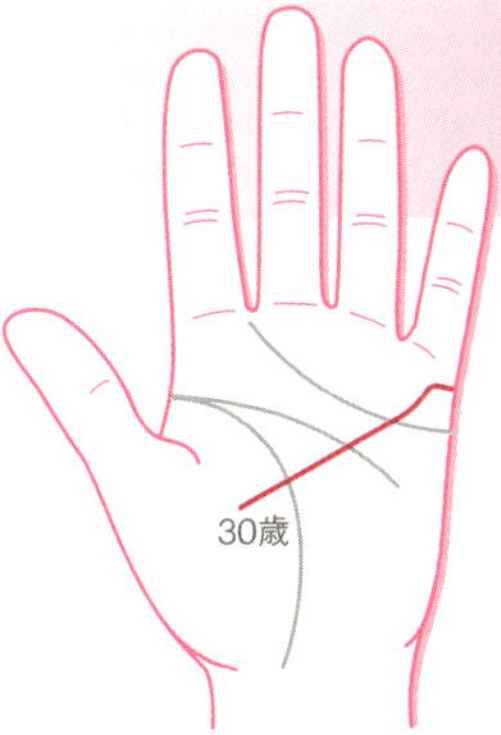

結婚線からつながっている恋愛線

結婚線から恋愛線がつながっている相をときどき見かけます。独身の人がこの線をもつ場合は、結婚を意味することが多いです。イラストでは、30歳の結婚の意味。また、既婚者にこの相があらわれたときは、浮気相手の出現とともに、離婚の危機を示します。

V字型の恋愛線

V字型の恋愛線は三角関係を意味します。左手に出ることが多く、恋人がいるときに新たに異性が出現し、想いを寄せられているケースがほとんど。イラストAでは25歳です。

その伸びた線が生命線内に伸びるBは、三角関係がこじれるという暗示。

さらに、これが島になったCは、トラブルに発展することを意味しています。

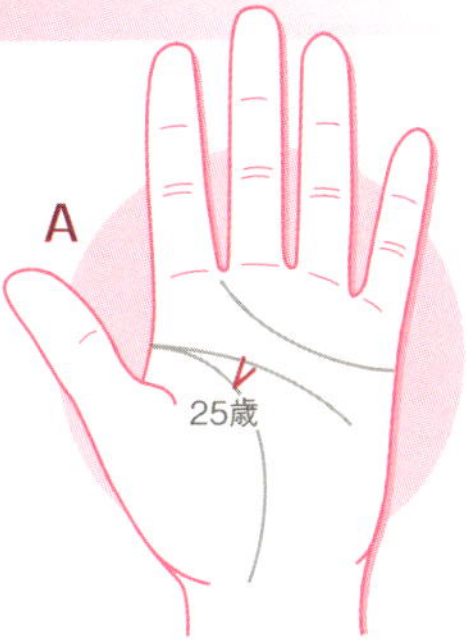

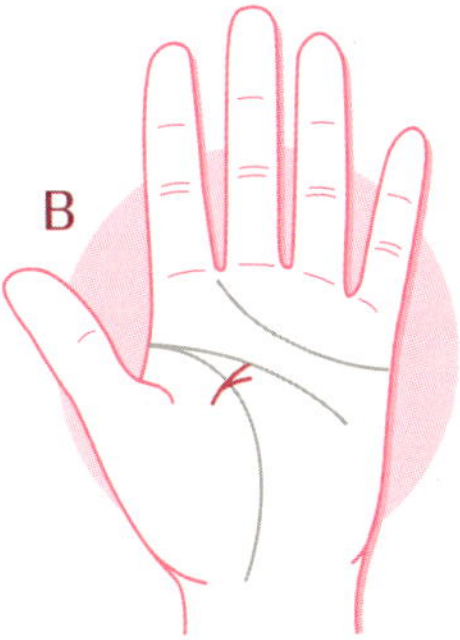

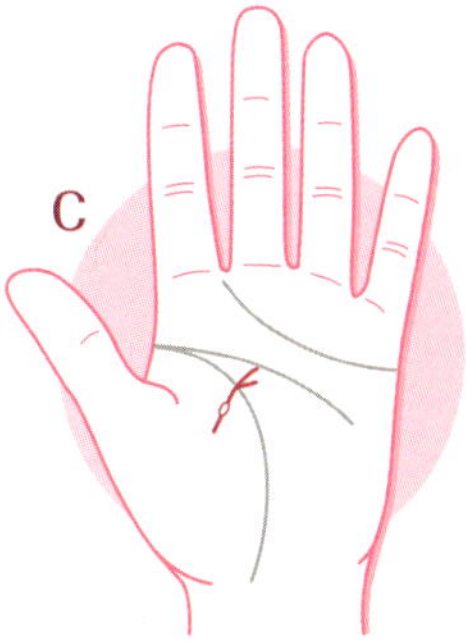

生命線を直角に横切る障害線

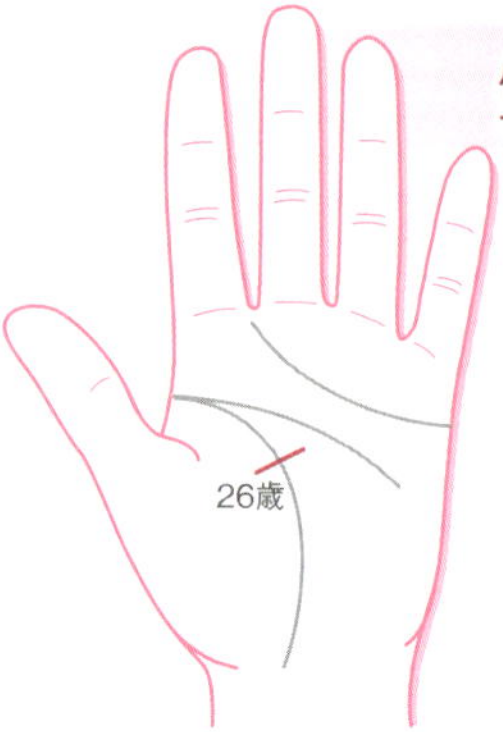

生命線を直角に横切る線や、弓型に横切る線は、恋愛線ではなく障害線。障害線は、ショックなできごとを意味します。家族の病気や失業などをあらわすこともありますが、恋愛関係を示すことも。恋人との別れ、離婚の危機などです。イラストでは28歳。

開運線

生命線から中指の方向へ向かうタテ線は、開運線（P165）です。なんらかの喜びごとがあるしるし。昇進や独立などを意味することもありますが、婚約、結婚、出産などをあらわすことも多いです。イラストでは26歳。

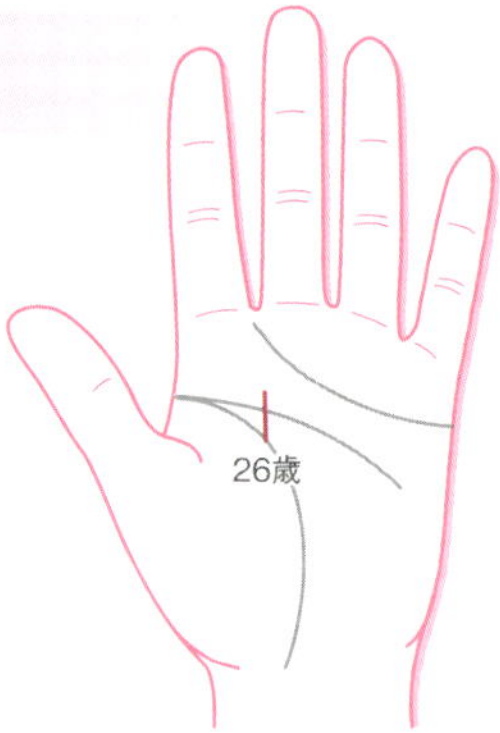

生命線が内側に分岐する

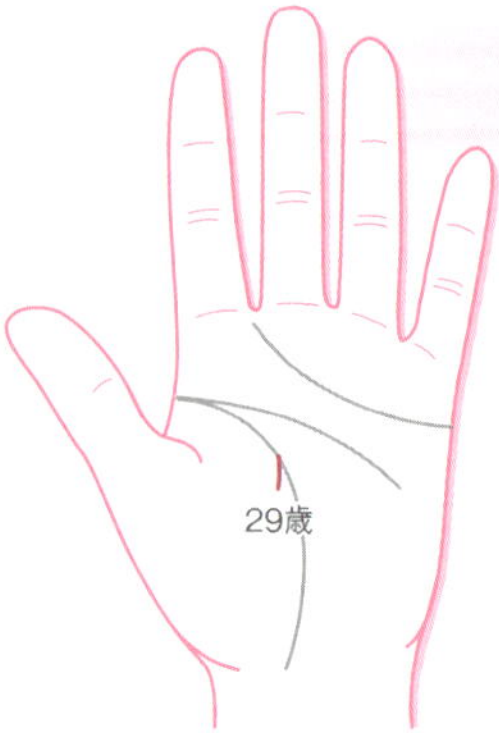

このように生命線が内側に分岐する場合、分岐点で結婚することを示すことが多いです。分岐の線は、５ミリから２センチぐらいの長さで濃く出ます。イラストでは、29歳に結婚です。

生命線の内側にある影響線

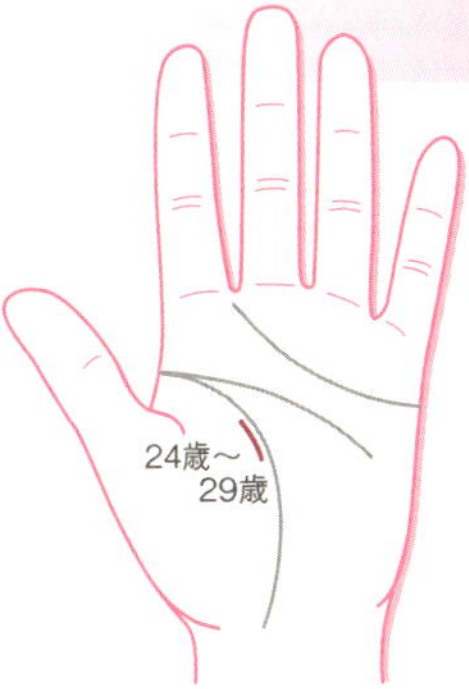

生命線の内側にある薄い線を、影響線と呼びます。影響線は、生命線から5ミリ以内の位置に出る線。左手にあれば相手からの自分に対する愛情を示し、右手にあれば自分の相手に対する愛情を示します。両手にあれば両想いです。この線がある期間、愛情があるという意味。イラストでは24歳から29歳。

影響線は、出る人より出ない人のほうが多い線。影響線がなくても、愛情がないわけではありません。

生命線につく影響線

生命線に影響線がくっつくケースでは、生命線にぶつかる年に結婚することが多いです。イラストでは、25歳から恋愛が始まり、28歳で結婚の意味。

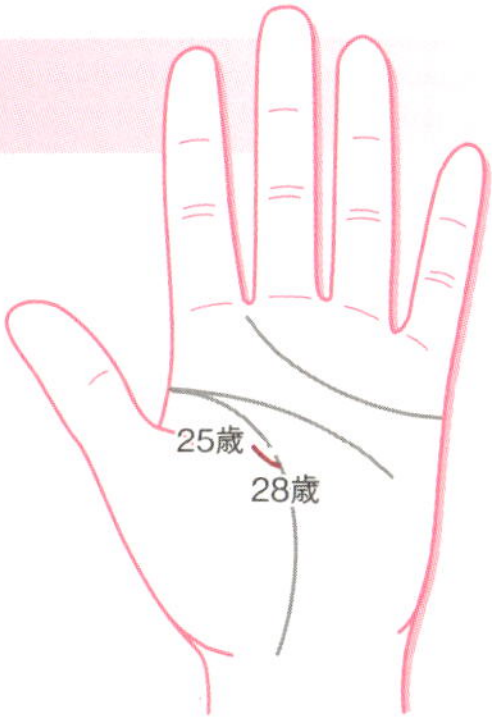

影響線をさえぎる線がある

A

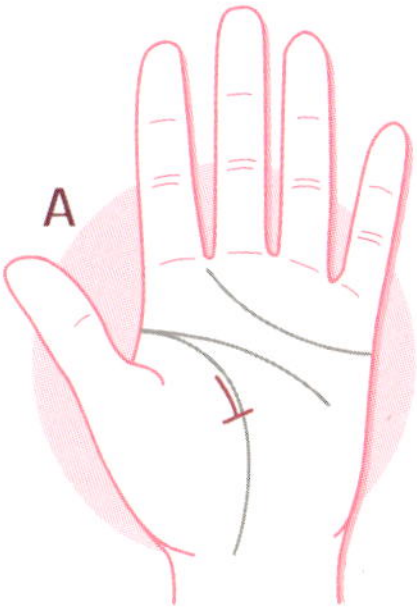

B

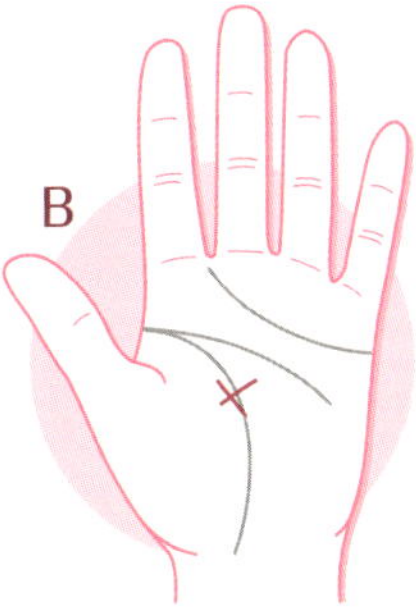

影響線の行く手をさえぎる線があるAは、恋愛に障害があるしるし。その線で影響線が終わっていれば、別れを暗示します。

その線を影響線が突っ切って生命線に達しているBは、障害を乗り越えて結婚することをあらわします。

運命線上のサインを見る

婚期がわかる

運命線にも、恋愛や結婚のサインがあらわれます。それらの流年から、結婚の時期や、別れなどをチェックしましょう。

運命線の分岐・合流・食い違い（P198）の項目も参照してください。

食い違う運命線

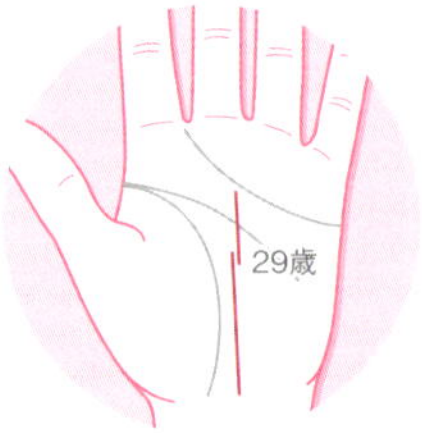
29歳

運命線が食い違っているケースはよく見られます。これは、精神的に大きな変化があるしるし。転職や引越しなどを示すこともありますが、結婚を意味することも多いです。イラストでは29歳です。

影響線の合流

A

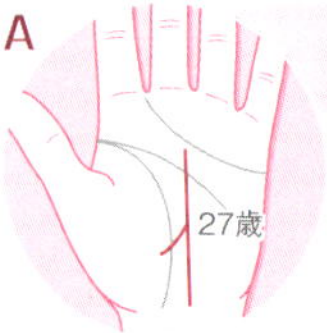
27歳

B

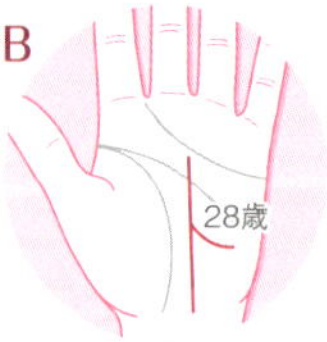
28歳

月丘または金星丘からの影響線の合流は、その年の結婚をあらわすことが多いです。影響線の合流は、恋愛相手との出会い、仕事のパートナーの出現などを意味することもあります。

金星丘からの影響線の合流Aは、身内のすすめる見合い結婚が多く、27歳。この線は、現在の都会の若い人にはほとんど見られません。月丘からの合流Bは恋愛結婚で、28歳です。

影響線が突っ切るとき

影響線が運命線を突っ切ってしまう場合は、結婚せず、その年に別れることを意味します。イラストAでは25歳。

また、合流しているところにBのように直角に横切る障害線が出ている場合は、何かの障害で結婚まで至らずに別れることを示し、その別れは大変なショックを伴います。イラストでは29歳。

A

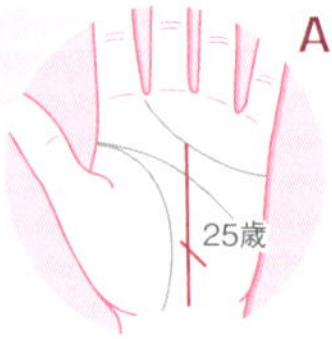
25歳

B

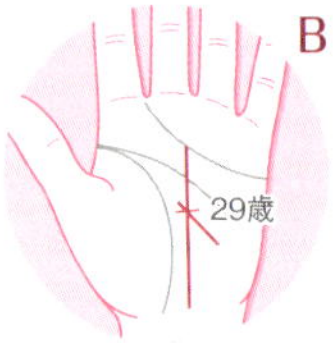
29歳

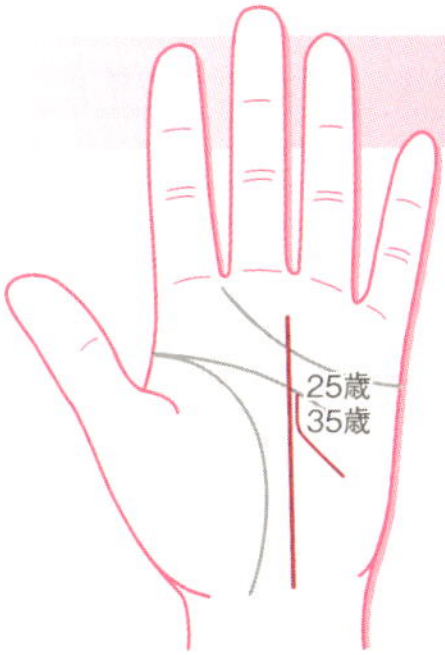

合流直前でストップ

影響線が、運命線と合流する直前でストップしている場合は、熱が冷めて結婚まで至らないことを示します。また、合流せずに運命線に平行している場合は、結婚しないで友達として続くという意味です。イラストでは、25歳から35歳までの恋愛。

運命線が途切れる

運命線が途切れている場合、女性は結婚して仕事をやめる場合を示すことが多いです。イラストAでは29歳。

また、運命線の始まりが結婚を示している場合もあります。イラストBでは26歳です。

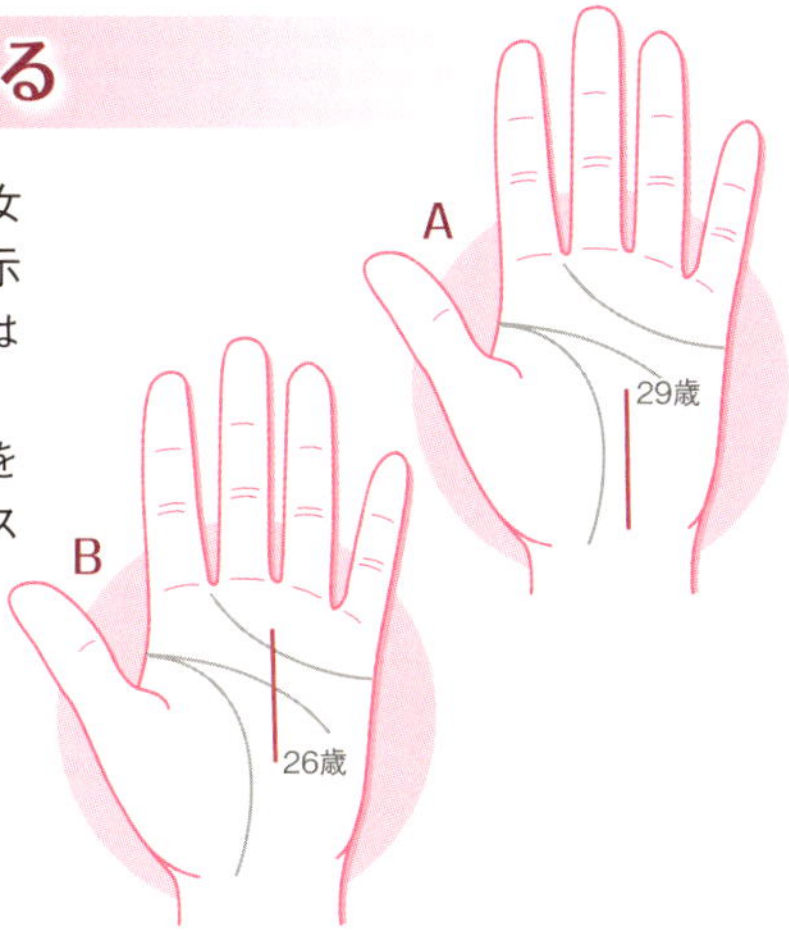

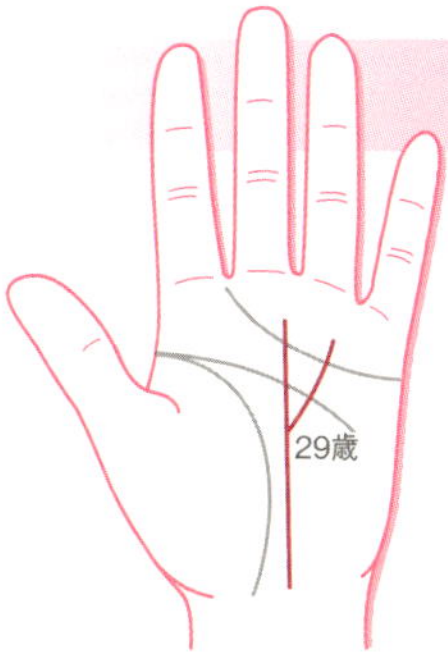

運命線に至る太陽線

このように運命線に至る太陽線（P200）は、結婚を意味していることが多いです。イラストでは29歳。結婚のほか、昇進や独立などを意味する場合もあります。

鑑定例 1

次から次へと恋多き女性

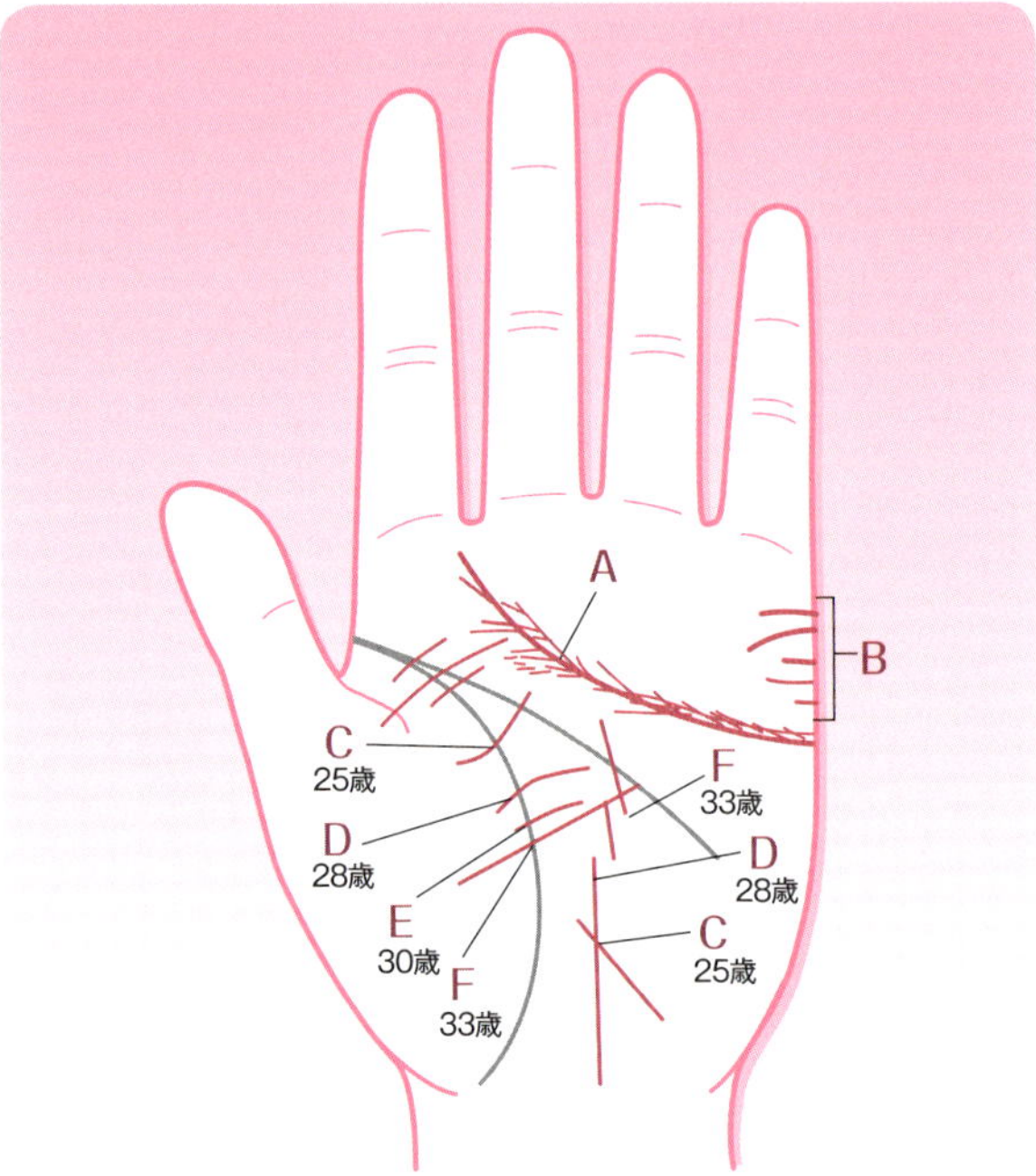

A 乱れた感情線は恋多きしるし。結婚後も夫以外の男性と恋をする可能性が大。

B 複数の結婚線が、多くの恋愛を暗示。下向き結婚線は、結婚生活に不満がつのる相。

C 25歳の流年に、障害線があり、運命線を影響線が切るので、25歳で別れを経験。

D 28歳、大きな恋愛線があり、運命線上には食い違いがあります。28歳で結婚。

E 30歳、恋愛線があるので、妊娠と同時に新たなる恋人出現（不倫）。

F 生命線・運命線上に障害線があるので、33歳で離婚。

鑑定例 2

幸せな良妻賢母型

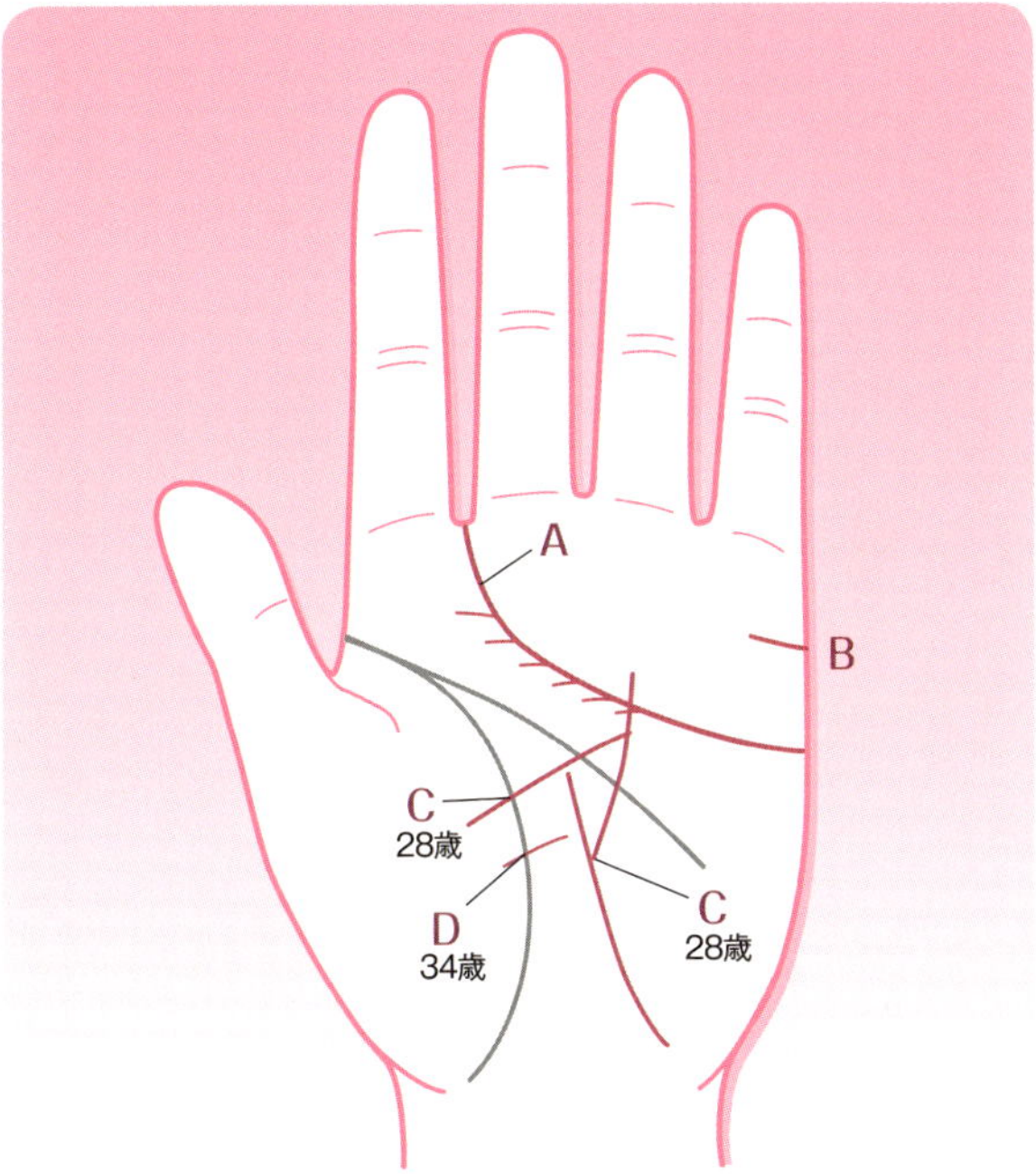

A 人差し指と中指の間に流れ込む感情線は、良妻賢母型。感情線から出る下向きの支線は、やさしくて、涙もろい性格をあらわします。

B すっきり長めで上向きな結婚線。理想的な結婚をし、幸せな結婚生活を送るでしょう。

C 28歳の恋愛線と、運命線に至る太陽線。28歳での結婚を示します。

D 34歳で運命線が消えます。34歳で恋愛線があり、結婚後の恋愛線は妊娠か出産のしるし。この場合、34歳で子供ができて、仕事を辞めることを示しています。

鑑定例 3

バツイチ暗示の女性

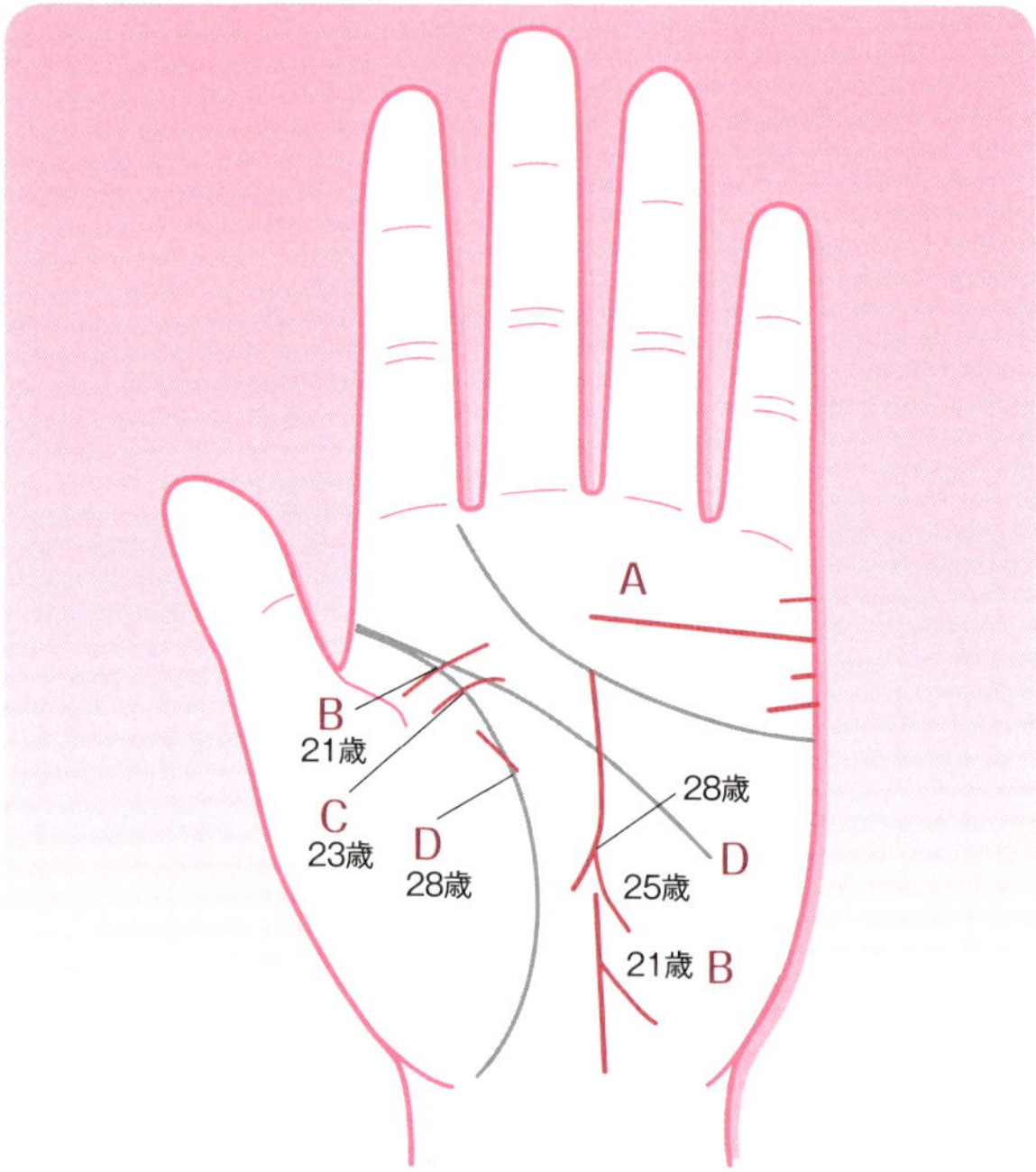

A 二重感情線の相をもつ人の多くは、結婚を2回以上します。

B 21歳で生命線を恋愛線が横切り、運命線に影響線が合流しています。21歳での結婚を意味。

C 生命線上に恋愛線があるので、23歳で妊娠か出産。

D 生命線に影響線が流れ込み、運命線にも食い違いがあります。25歳で夫以外の恋人出現と同時に離婚。その恋人と3年後の28歳で再婚。

鑑定例 4

安定した人生を送る男性

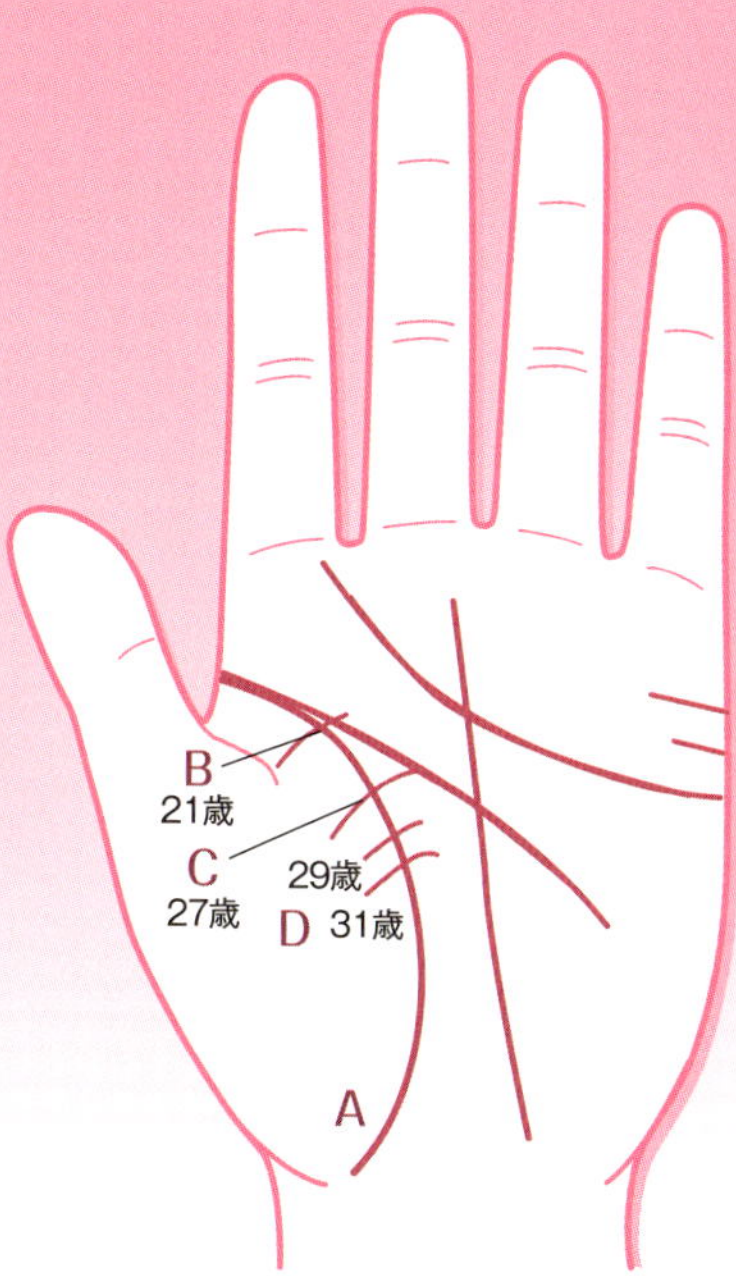

A 全体として線が濃く刻まれていて、細かい線がほとんどありません。つまらないことをくよくよ考えない男らしい手相。

B 21歳で大恋愛。生命線にある恋愛線がそれを意味しています。

C 生命線に恋愛線があるので、27歳で大恋愛のあと、すぐ結婚。ただし、このように運命線上には何の変化もない場合もあります。

D 29歳、31歳と子供ができる。このように、男性でも子供ができた場合に恋愛線が出現することがあります。

結婚するならこんな男性

結婚するならこんな男性例 1

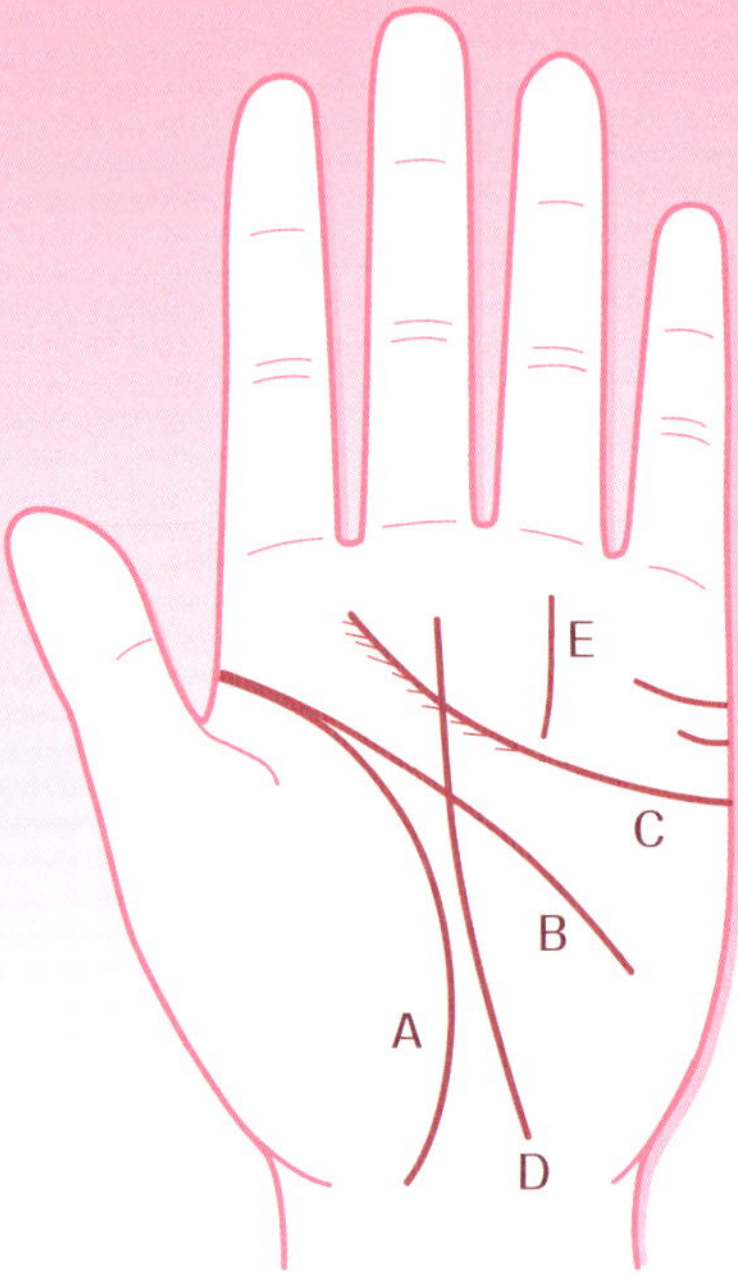

まず、なんといっても一家の大黒柱ですから健康でなくてはいけません。Aのように、太くて長い生命線の持ち主であることが大切です。

そして、それ以外の基本線も、濃くてバランスがとれていること。

しっかりした運命線Dがあり、ほどよい長さとカーブの感情線Cをもち、知能線Bも乱れがないです。

これで太陽線Eが太く長ければ、文句なしの相手といえるでしょう。

結婚するならこんな男性例 2

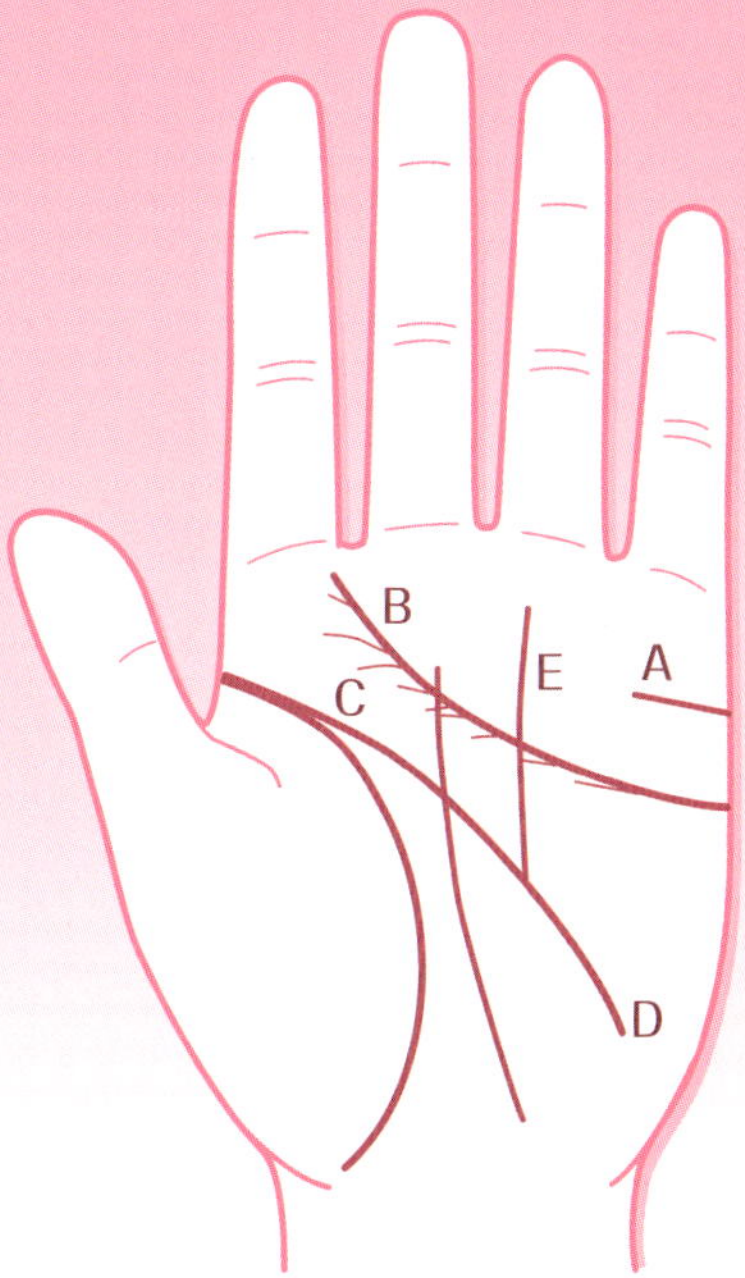

すっきりした長い結婚線Aは、結婚後の安定した幸せを意味します。

そして、感情線Bは人差し指と中指の間に入り込むマイホームパパ型、さらに、下向きの支線Cがほどよくあるので、やさしい性格です。きっと家庭を大事にするでしょう。

長い、しっかりした月丘に向かう知能線Dへと太陽線Eがはっきりと至っています。特殊な才能を仕事にしているか、講師や教師に向いている相。その才能を活かして、仕事も順調です。

結婚には注意すべき男性

結婚には注意すべき男性例 1

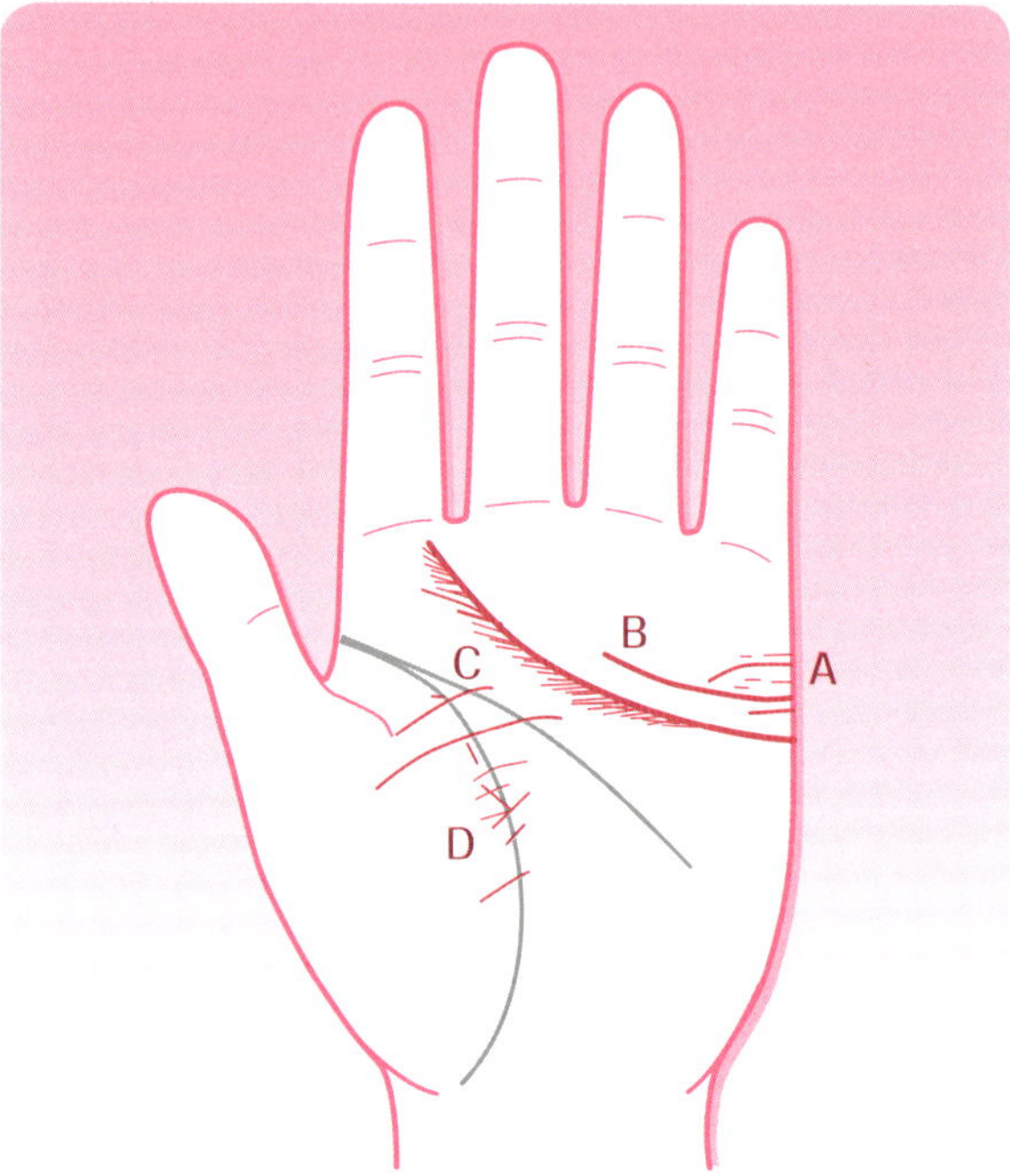

結婚線Aが複数あり、線が乱れているのは、恋愛関係が派手なしるし。しかも、二重感情線Bがあるので、結婚は1回ではなく、2回以上するタイプです。

乱れた感情線Cは、熱しやすく冷めやすい、恋多き人。さらに、多くの恋愛線Dが目立ちます。このような手相の男性は、まちがいなく浮気性です。

結婚した後も、次から次へと愛人をつくるなどして、妻は心が休まりません。やがて離婚へと向かうでしょう。

結婚には注意すべき男性例 2

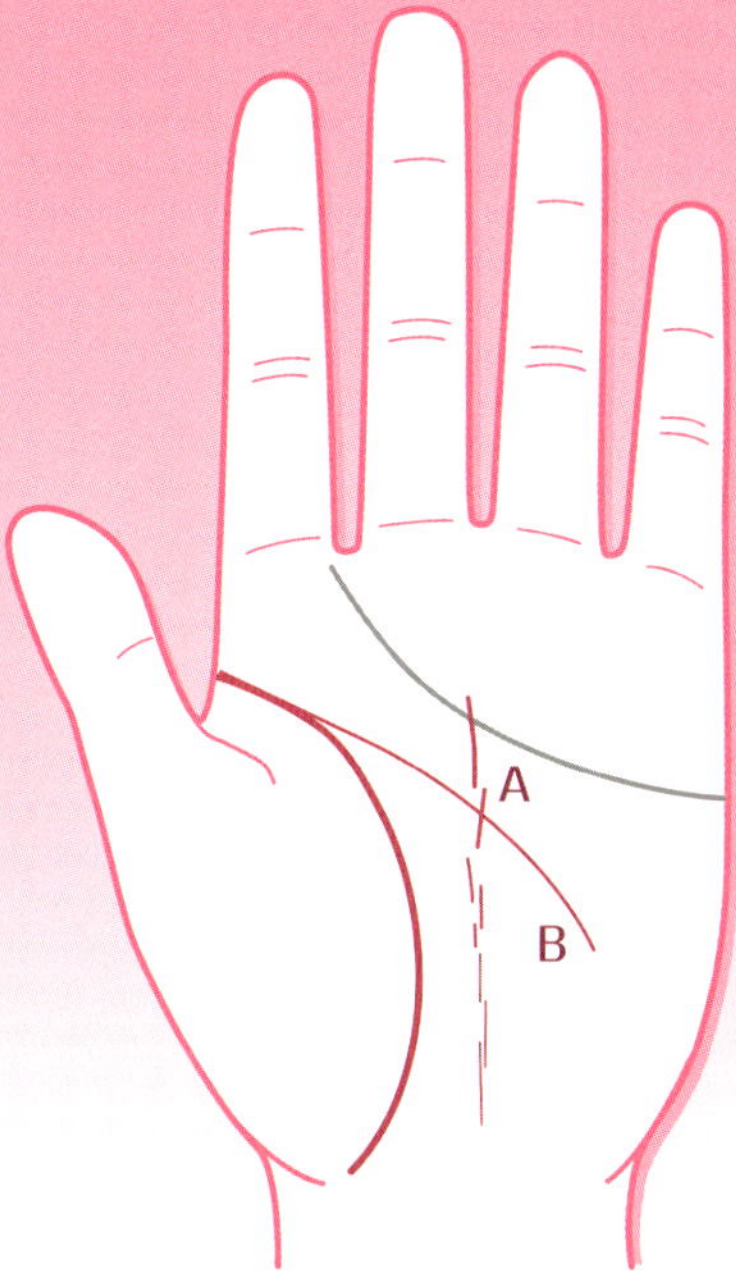

運命線Aが細くて弱々しく、切れ切れになっています。

このような男性は、仕事をちょっとしたことですぐに辞めるので、次々に転職するタイプです。自分の人生に対して満足感も低く、やる気もあまりないため、がんばりがききません。

さらに、知能線Bが細く薄いので、ひとつのことをじっくり考えることが苦手で、意志が弱い相。才能を仕事に活かすことができないので、生活力も乏しいでしょう。

結婚するならこんな女性

結婚するならこんな女性例 1

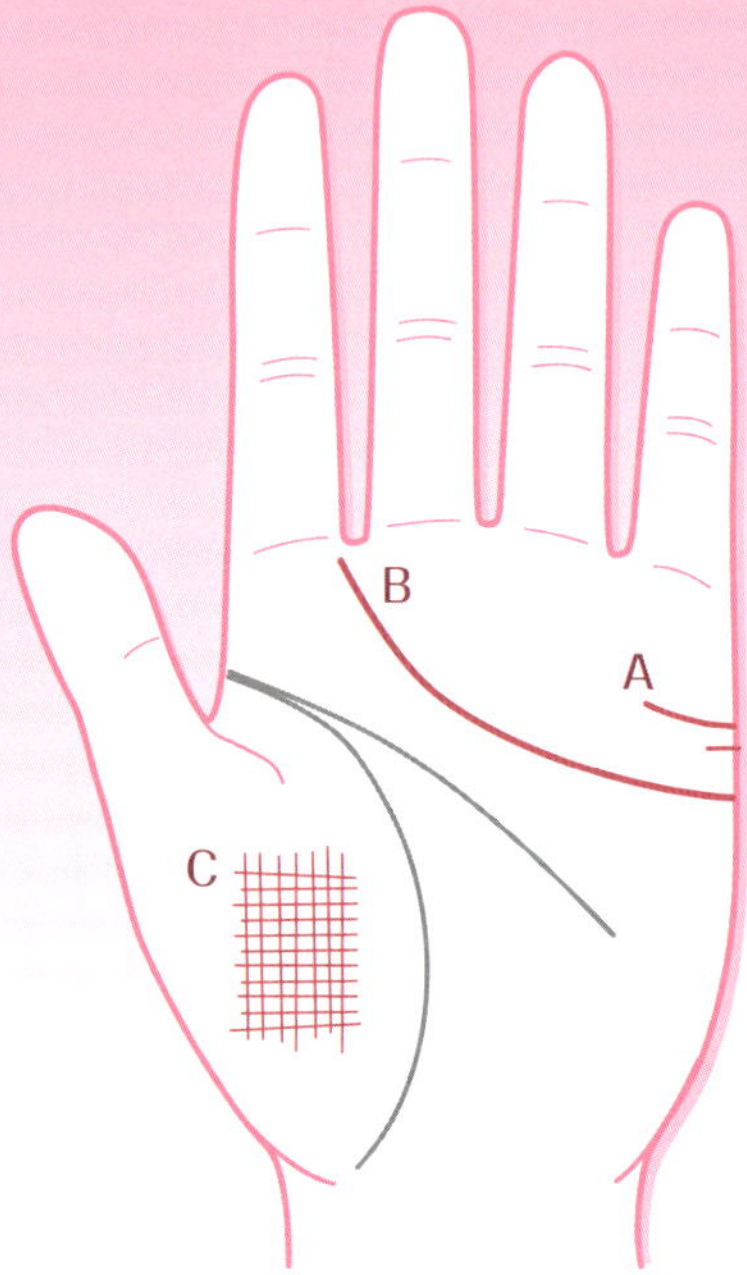

結婚線Aが乱れず、上向きにすっと伸びています。これは、安定した幸せな結婚生活を送ることを意味しています。

また、感情線Bの先は、人差し指と中指の間に流れ込んでいるため、夫に尽くす良妻賢母型。感情のバランスがとれているので、友達も多く、誰からも愛されます。

金星丘にある格子Cは、愛情表現の豊かさをあらわします。肉厚で盛り上がった金星丘は、さらに意味を深めます。こういう相は、良き妻であり良き母となります。

結婚するならこんな女性例 2

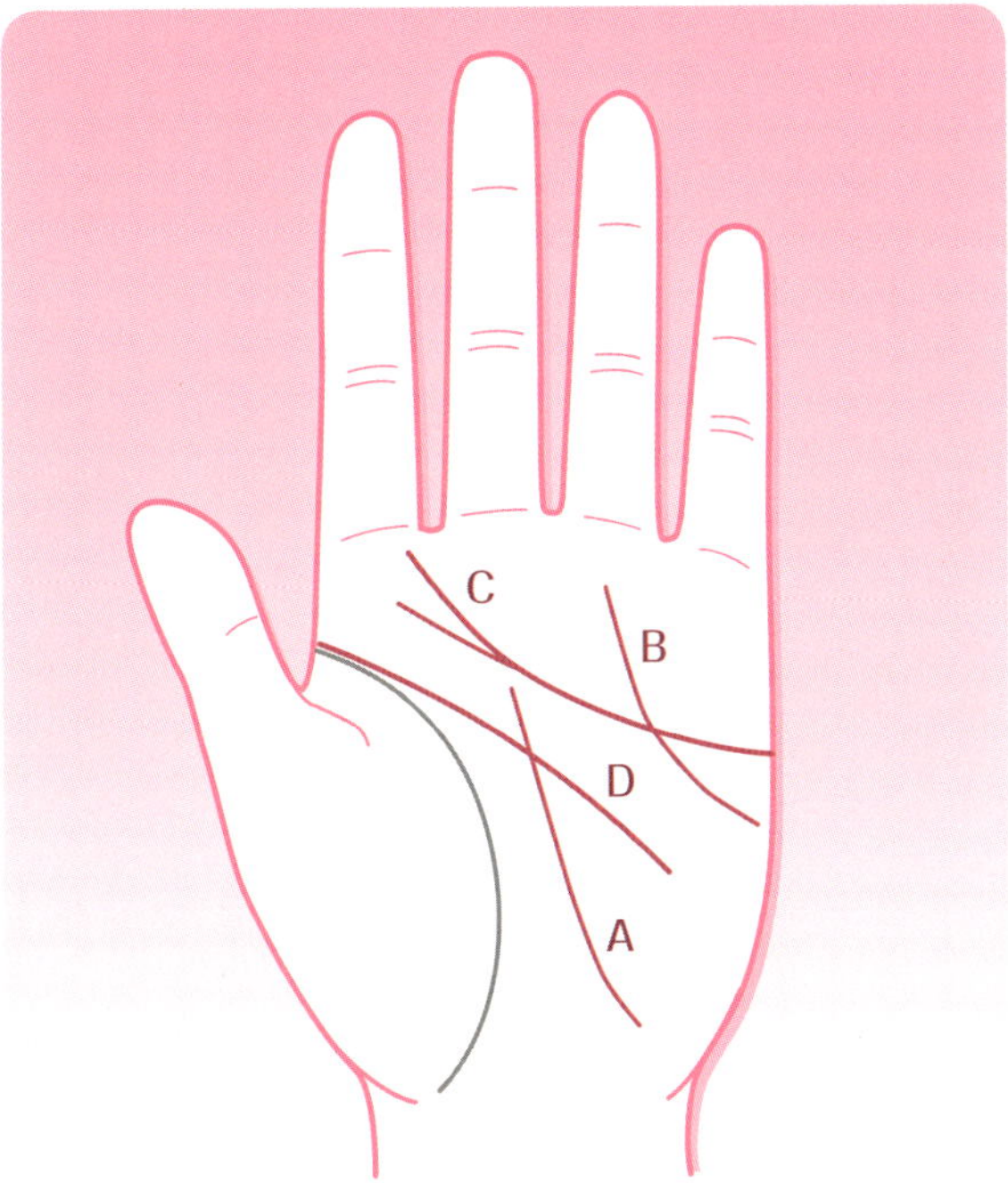

月丘から昇る運命線Aは、周囲の人に愛される人気型運命線。さらに、明るさと人気を示す太陽線Bが、まじめさを示す第二火星丘へと太く長く向かっています。

このような人は、とても人あたりがよく、明るくてまじめな性格。誰からも信用され、愛されるので、良き妻であり、母となることができるでしょう。

感情線Cも先端がふたまたなので誠実でバランスよく、知能線Dもしっかりしていて感情表現が豊か。しっかり自分をもっている人です。

結婚には注意すべき女性

結婚には注意すべき女性例 1

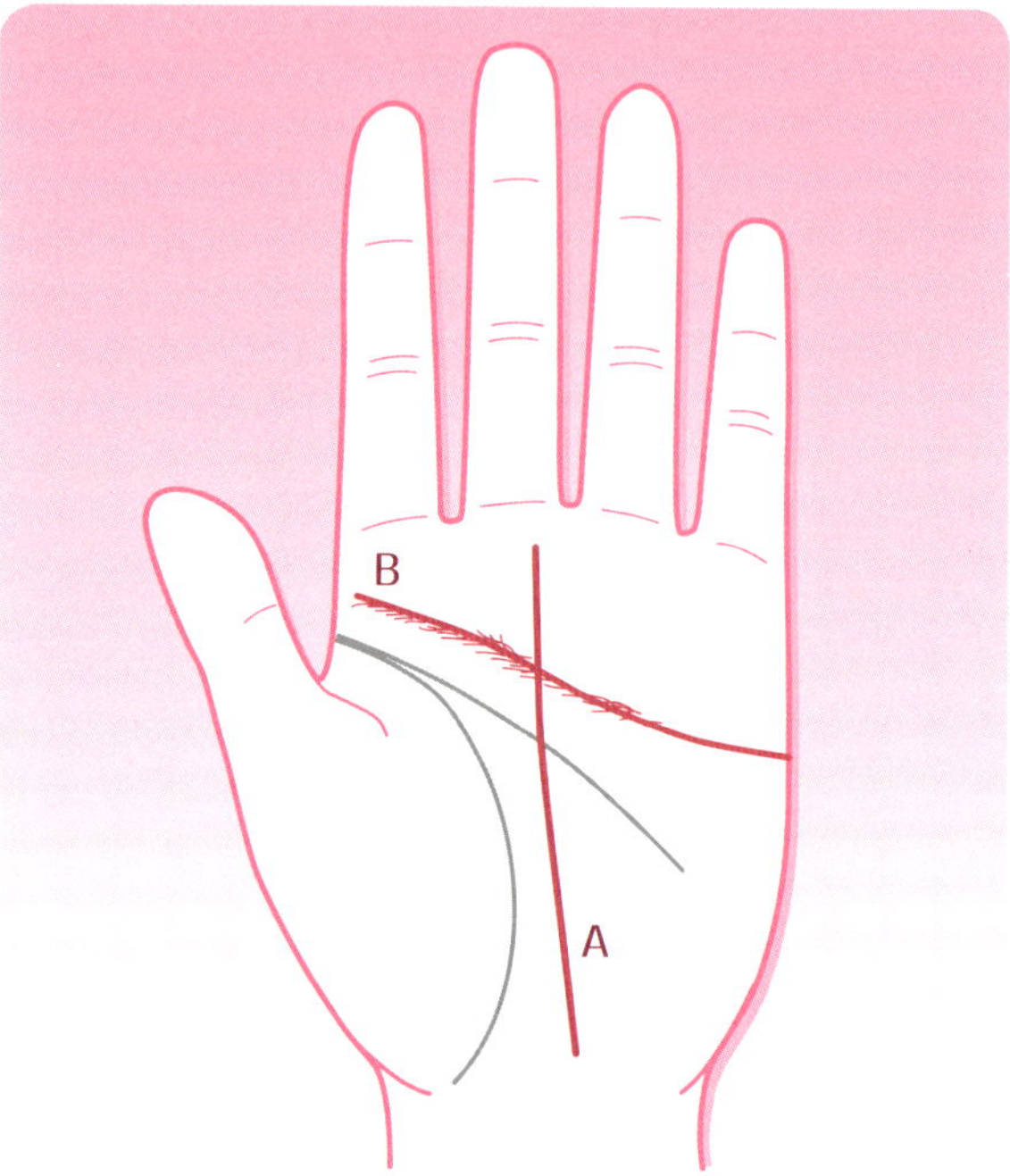

太く長い、力強い運命線Aは、昔から後家相とされていて、男性の運気を食ってしまう相。この線をもつ女性は、専業主婦には向いていません。仕事や没頭できる趣味をもちましょう。家庭以外でエネルギーを発散できれば、家庭は安定します。さらに、夫をつねに立てて、ヨイショすることも肝心です。

あるいは、自分より圧倒的に強いエネルギーをもつ男性と結婚するのもおすすめ。

長すぎる感情線Bは、嫉妬深く、独占欲が強いので、夫は大変です。

結婚には注意すべき女性例 2

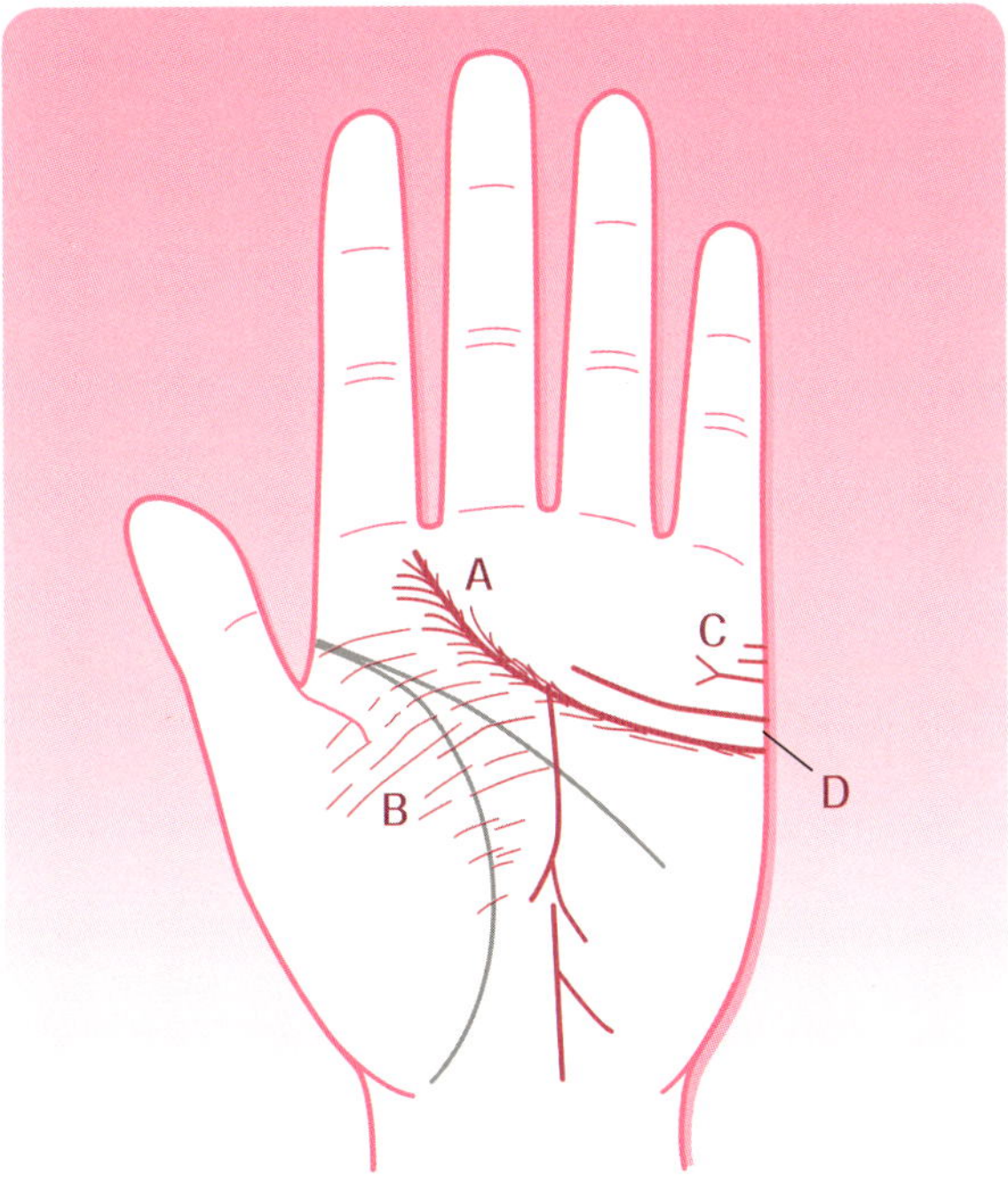

乱れた感情線Aは、感情表現が派手で、熱しやすく冷めやすいことを意味します。また、恋愛線Bの多さが目立ちます。

こういう人は恋愛依存症で、たくさんの恋愛をしていくタイプ。結婚後も、夫以外の男性と恋愛を繰り返すでしょう。

また、先端が二股に分かれた結婚線Cは、別れや離婚を意味します。

さらに、二重感情線Dがあるため、結婚が一度ではおさまらず、2回以上の結婚をすることになるでしょう。

Column
コラム

手相における「婚期」とは？

よく「婚期を逃がしたから結婚できなかった」などというように「婚期」という言葉が使われることがあります。この場合の婚期は、結婚適齢期のことをさしている場合がほとんどです。

では、手相的に見た場合の「婚期」について見てみましょう。

●手相にあらわれる年齢は？

流年法を駆使して手相を見ると、その人の婚期がわかります。

現代の女性の場合、10代後半から30代後半ぐらいまでに、何回かの婚期があることがしるされていることが多いです。

男性では、20歳前後から40代半ばぐらいの間に、何回かの婚期があることが示されています。

この年齢幅を見てみると、出産や子育てなど、それらをふまえた生理的、肉体的な条件に合致していることがわかるでしょう。さらに、社会性や経済性を考慮した、現実的な婚期とも一致した年齢幅です。

この手相が示す婚期とは、恋愛をして結婚する可能性がある人と出会うということを示しています。ですから、深いつきあいになる相手の数だけ、婚期として刻まれているケースが多いのです。

●婚期以外の結婚はある？

これらの手相が示す婚期の年齢以降に、恋愛や婚期が刻まれていないからといって、絶対に恋愛や結婚がないということではありません。

また、婚期の相はもちろん変化することもあります。しかし、大きな恋愛や婚期の流年は、子供のころからかなりはっきり刻まれていることが多いのが事実。つまり、生まれもった未来のシナリオが、ある程度あることを意味しています。

そのシナリオが現実になるかどうかは、環境と本人の自由意志によるところが大きいといえるでしょう。シナリオはあくまで予定であり、あらたに自分で新しいシナリオを書いていくことも可能。
そして、シナリオにないことも起こりえるのです。

●過去に示された婚期には……

手相の婚期は、前もって知っておいたほうが断然お得です。

よく40代以降の年齢の女性が「婚期を教えてください」と私のところを訪れるのですが、過去にはいくつかの婚期があっても、未来に婚期として刻まれていることはあまりありません。

そして、話を聞いてみると、過去に婚期として刻まれている時期には、つきあっていた人がいたのですが、残念ながら結婚には至らなかったケースがほとんど。

結婚しなかった理由はいろいろです。でも、その多くは、結婚に対する現実的な認識が甘く、理想が高すぎるため、いつか自分の理想の相手が自然にあらわれ、幸せな結婚ができると考えていたようです。

●早めに婚期を知っておこう！

20代なかばまでの人が私のところに来たときは、婚期を伝えると同時に、何歳までは理想を追ってもよく、リミット年齢もはっきり伝えます。そして、そのリミットを過ぎれば過ぎるほど、結婚に妥協が求められることと、自発的な行動（合コンやお見合いなど）が必要なことを伝えています。

手相上での婚期が過ぎてしまった人や恋愛の機会がない人で、出会いを求めている人は、自分の結婚観や恋愛感を現実的に客観視したうえで、一度、見直すことが大切です。

そして、大きな妥協と、積極的に行動をすることができれば、未来を変えることができるでしょう。実際、そのように行動して、手相をくつがえして幸せな未来を作った人がたくさんいます。希望をもって未来を創運していきましょう！

Column
コラム

女性の恋愛・結婚運を占うときは運命線をチェック!

現代の日本では、女性の経済的自立に伴い、独身女性が増え、離婚率も増加傾向にあります。「私は結婚した方がよい？」という疑問を抱いている人も多いのではないでしょうか。

そこで、手相で結婚の向き、不向きを判断するポイントを紹介します。実際は、総合的に鑑定する必要がありますが、一番のポイントは運命線です。運命線の濃さ、太さ、長さをチェックしてください。

①運命線が薄い・細い

誰かに寄り添って生きていくタイプです。独身で生きていくのは少し大変なので、結婚するのが向いています。結婚後は、共働きより専業主婦として生きていくことが多いでしょう。また、離婚する場合は、経済的にやっていけるかどうかが、最大のポイントです。

②運命線が標準的な濃さ・太さ

中くらいの運命線の人は、男性と肩を並べてバリバリ働くタイプではありません。どちらかというと、結婚をしたほうがよいタイプ。

結婚後は、主婦業だけではなく、パート、アルバイト、派遣、趣味を活かした副業などで収入を得るとよいでしょう。経済的に働く必要がない場合でも、趣味など主婦業以外でエネルギーを消費したほうがうまくいきます。離婚する場合は、現実的に判断すれば問題ありません。

③運命線が濃く・太い

運命線がしっかりしている人は、男性と肩を並べてフルタイムで仕事などをして、エネルギーを消費したほうがよいタイプ。結婚が向いていないことはありませんが、結婚後も、しっかり働いて家計を支えていく人が多いでしょう。後家の相なので、離婚しやすい傾向があります。ただし、離婚しても、一人で生きていける要素があるので、現実面で頑張れば大丈夫。本人が結婚を望まなければ、それでもよいでしょう。

これらは、あくまで手相の上でのこと。実際は時代の流れとともに、結婚後も働く女性が増えていく社会になっていくでしょう。

part 3

気になる未来を占う②

仕事運・金運

仕事運

3大重要線・運命線・太陽線などをチェック！

手相で見る仕事運とは？

「自分にはどんな仕事が向いているのか?」誰でも一度は悩んだことがあるのではないでしょうか。実際、自分に合わない仕事をしていると、能率も悪く、ストレスもたまります。自分にぴったりの仕事を見つけることができれば、毎日を楽しく生きていくことができるでしょう。

手相からは、その人に合った職業はもちろんのこと、独立に適した時期などもわかります。手相で自分の適性を知り、仕事運を占ってみましょう。

どんなことがわかる？

仕事運は、いろいろな要素から判断します。

まず、手の形や知能線の向き、運命線の起点などから大まかな適職傾向がわかります。旅行線やタレント線などの特殊線も、仕事運を見るときに使います。

さらに、いつごろが独立、昇進などの勝負どきなのかを知りたいときは、生命線や運命線をチェック。

また、太陽線からは、総合的にこれらの線が意味することが、お金に結びつくかどうか、自分自身が納得や満足できるのかなどがわかります。

仕事運はここを見て占う

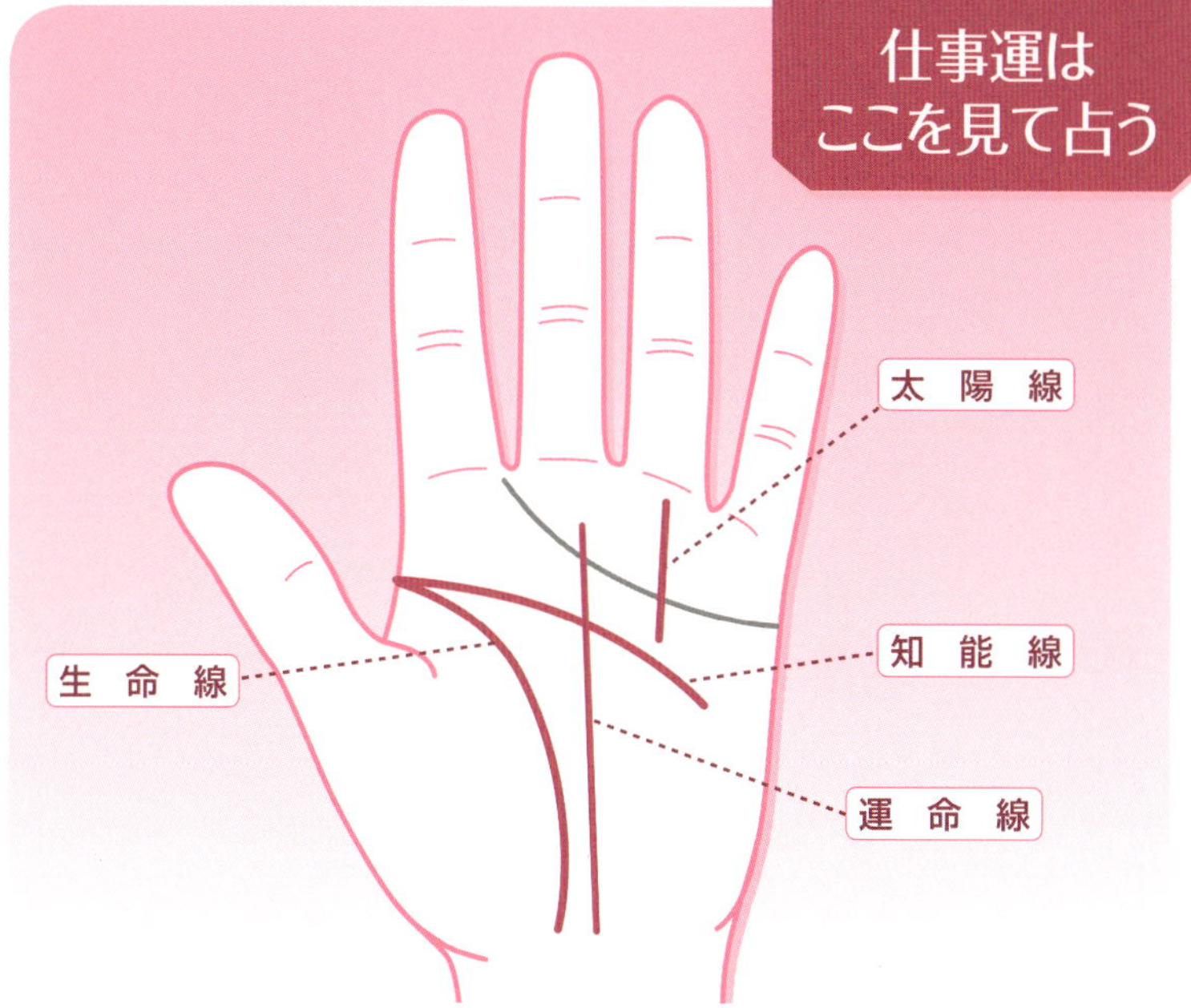

仕事運の見るべきポイント

ひとつの線だけで判断せず、総合的に見ていくことが大切です。

●手の形
手の形から適した仕事の傾向を見ます。

●知能線
知能線の向きで適職がわかります。

●運命線の起点
運命線が始まる位置によって、向いている仕事の傾向がわかります。

●特殊線
個性をあらわす特殊線は、仕事の傾向を示しています。しっかりチェックを。

●生命線と運命線の流年
生命線から昇る向上線や開運線、運命線の分岐や合流、食い違いなどから、転機や独立の時期がわかります。

●太陽線
転機や開運の時期、その後の成功についてわかります。

仕事運
CHECK
1

手の形は？

大まかな適職の傾向がわかる

手の形から、どんな仕事が向いているのか、だいたいの傾向がわかります。あなたの手や指は、どんな形になっていますか？

ＰＡＲＴ５の手の形（Ｐ138〜139）の項目も参照してください。

尖《せん》頭《とう》型

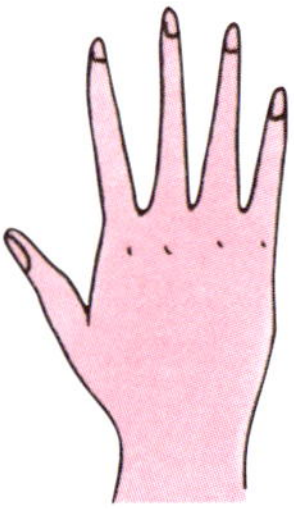

理想が高くロマンチックな傾向があります。体を動かす仕事は向きません。興味がもてる趣味の分野を仕事にするといいでしょう。

円《えん》錐《すい》型

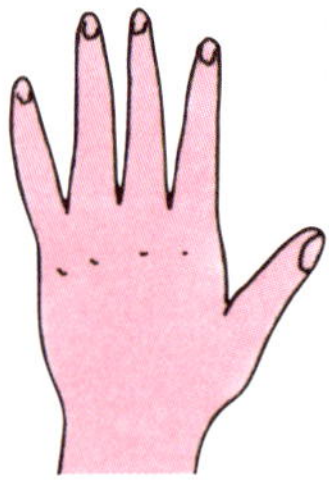

明るく、みんなの注目を集めるタイプ。直感力がすぐれているので、芸術的な分野が向いています。マスコミ関係やサービス業もいいでしょう。

結《けっ》節《せつ》型

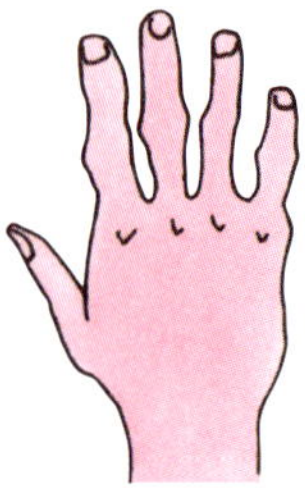

知的なことを深めていくのが好きな人です。学者、研究者、哲学者などに多いタイプ。教師やエンジニア、技術職などが向いています。

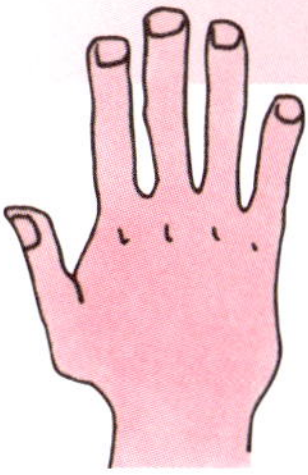

四角型

常識を重んじるまじめで素朴な人です。ねばり強く努力するタイプ。会社員など組織で力を発揮します。商売も向いています。

へら型

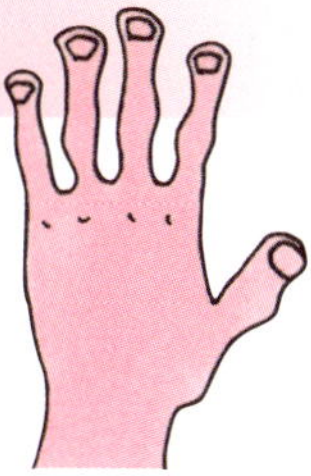

じっとしているのが苦手な活動家。発想力があるため、企画や技術職が向いています。手先も器用なので職人や商売もいいでしょう。

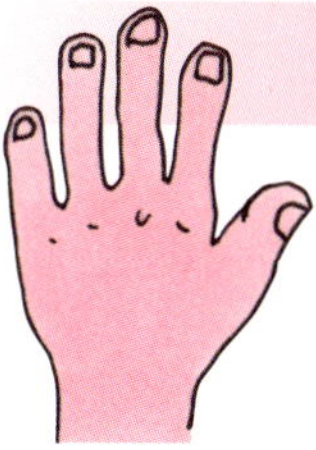

原始型

体力に自信があり、素朴な温かいタイプ。難しいことやめんどうなことは嫌いです。体を使う仕事が向いています。

混合型

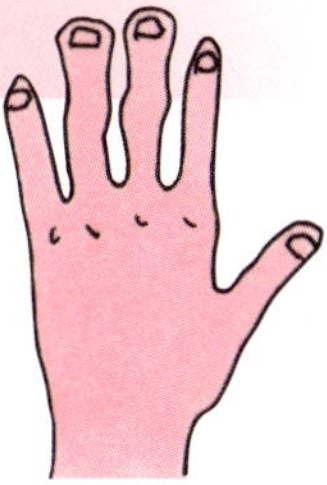

環境に合わせていくことが得意なので、要領がよい人です。サービス業など、人と接する仕事で能力を発揮する人が多いでしょう。

仕事運 CHECK 2

知能線の向きや枝分かれは？

大まかな適職の傾向がわかる

知能線の向きなどから、その人に適した職業の傾向がわかります。あなたの知能線は、どの方向へ向かっているでしょうか？

ＰＡＲＴ６の知能線（Ｐ172～180）の項目も参照してください。

営業や商売タイプ

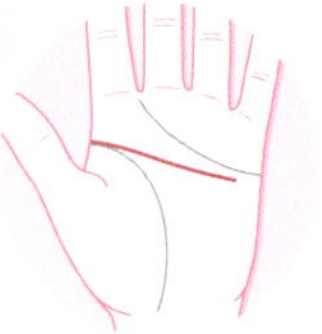

第二火星丘か水星丘に向かう知能線をもっている人は、このタイプです。

数字や財務、現実感覚、流行感覚にすぐれています。お金を儲けることに対して、ビジネスライクに割り切ることができる人。

自営業、営業職などをはじめとした、商売色の強い分野で働く人には、ぜひほしいタイプの知能線です。

また、流行に敏感なので商業的アーチストも向いています。知能線の先端が上にいくほど、お金など現実的な傾向が強まります。

アーチストなど ロマンを追う仕事向き

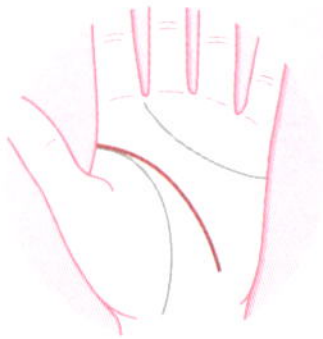

月丘に向かう知能線をもっている人は、このタイプです。

精神的な分野に興味があり、ロマンチックな芸術家。月丘へ向かう線が長ければ長いほど、緻密にじっくりと取り組んでいく要素が強まります。たとえば、長編小説家、研究職などは適職です。

知能線が手首に向けば向くほど、非現実的な傾向が強まります。芸術、芸能、映画、ロマンチックな事がら、音楽、宗教、神秘的な事がらに適性があります。

バランスがとれたオールラウンド型

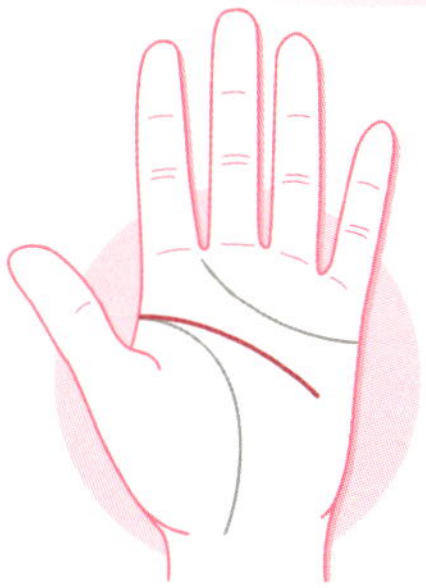

第二火星丘と月丘の間あたりに向かう知能線をもっている人は、このタイプです。

現実的な感覚と、精神的な感覚を、バランスよくもっています。いろいろな分野で力を発揮できるオールラウンド型。

会社員や公務員など、組織の中で活躍できるでしょう。

知能線が短い人は、ヒラメキ直感型。じっくり考えるのが苦手です。発想力にすぐれているので、企画や開発のようなジャンルが向いています。

一人で2業、3業をかねるタイプ

知能線が2本ある二重知能線の人や、枝分かれの多い人は、このタイプです。

知能線が複数あるということは、その本数だけマルチな才能があるということ。

たとえば、水星丘へ向かう知能線と、月丘へ向かう知能線がある人は、両方の傾向をもっているという意味です。

二重知能線や知能線が分岐している人は、本業以外に副業をしたり、一人で違う分野の仕事を複数こなすことができるでしょう。

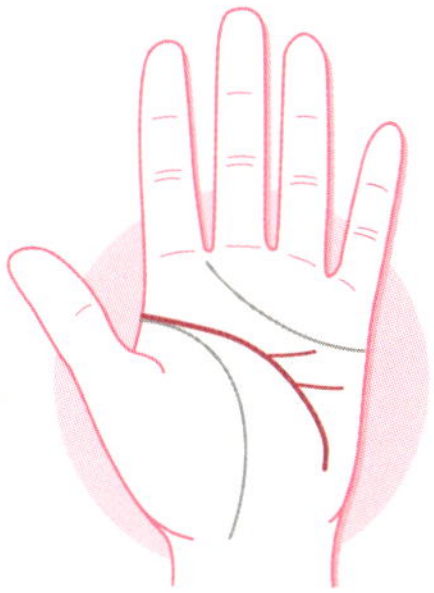

特殊な分野に向くタイプ

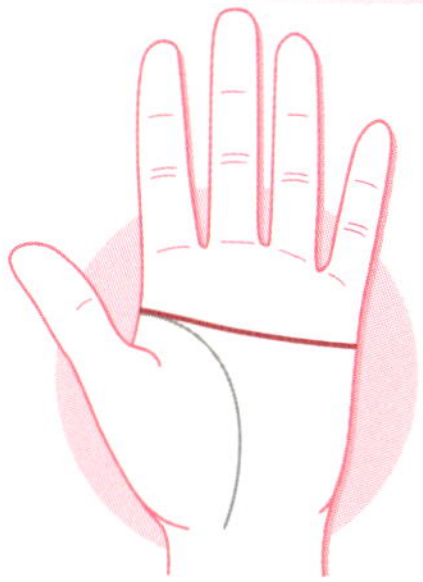

感情線と知能線が1本になっているマスカケ線の人は、このタイプです。

マスカケ線の持ち主は、人の下で働くのは向きません。自分で道を切り開くタイプといえるでしょう。

自分で「これだ！」と思えるものが見つかれば、成功できる可能性は高いでしょう。夢を大きくもつことがポイントです。

分野はなんでも適性があります。強く興味がもてるジャンルを見つけることが大切です。

仕事運
CHECK 3

運命線の起点は？

適職の傾向を見る

運命線がどこから始まっているかによって、仕事の傾向はある程度チェックできます。PART6の運命線（P194〜195・起点）の項目も参照してください。

ワンマン社長タイプ

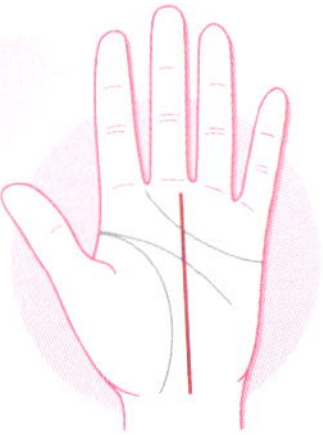

冥王星丘から始まる運命線の持ち主は、自分の意志で運命を切り開いていく人。ワンマン社長タイプで、権力志向です。

人気商売タイプ

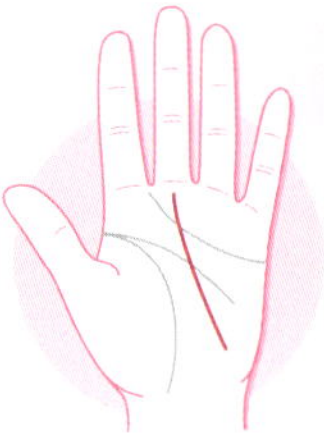

月丘から始まる運命線の持ち主は、周囲の人だけでなく、多くの人から好かれる人気者です。芸能界の人にはどうしてもほしい線でしょう。

家族運が強いタイプ

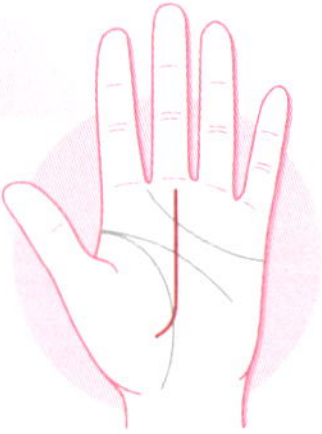

金星丘から始まる運命線の持ち主は、親や親戚、配偶者などの援助で開運する人。親の援助で独立したり、親族の会社に入る人もいます。

才能を活かすタイプ

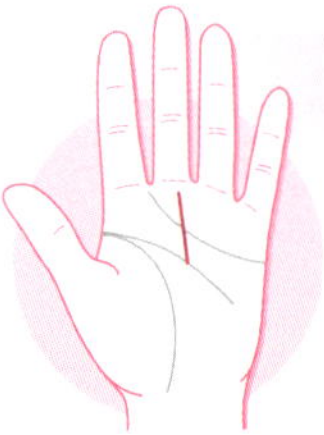

知能線から始まる運命線の持ち主は、自分の才能で運を開くタイプ。教師、マスコミ、ファッション関係などジャンルは多彩です。

仕事運 CHECK 4

特殊線を見る

▼

個性がわかる

特殊線は、その人の個性、特殊性を意味します。仕事と大きく関係するので、ぜひチェックしてください。

旅行線（海外流出線）

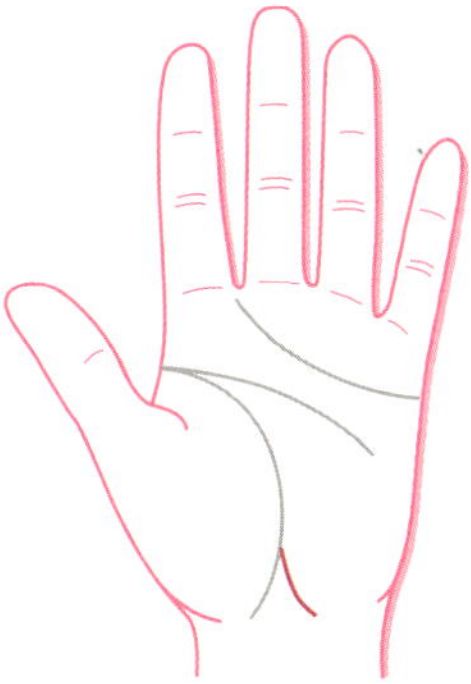

この線の持ち主は、海外に縁のある人が多いです。活動的に動き回ることで運勢が開ける傾向があります。

じっとしているデスクワークには向きません。

海外に関係した仕事、商社、外資系、旅行関係、バイヤーなど、全国を忙しく動き回るような仕事に向きます。

タレント線（自己顕示欲線）

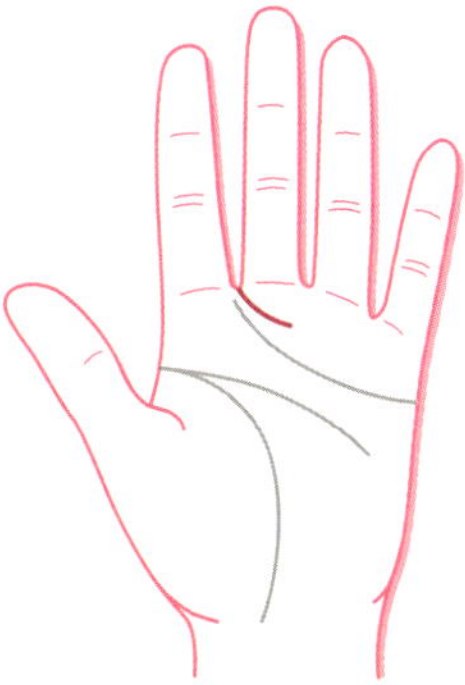

よくも悪くもアクが強いので、タテ型組織で人の下にはおさまりにくいでしょう。

何か「これだけは人には負けない!」というものがあるかどうかが、成否のカギ。

自分の興味がある分野のスペシャリストがおすすめです。また、エンターテイメント系も向いています。

開運線&運命線の変化は?

昇進や独立の時期を見る

生命線や運命線の流年から、昇進や独立の時期がチェックできます。あらかじめそれを知り、備えることが成功の秘訣です。

PART6の生命線(P164)、運命線(P198)の項目も参照してください。

生命線上に出る向上線や開運線

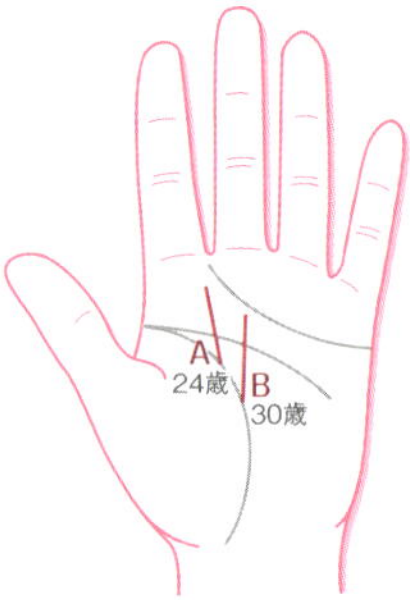

生命線から昇るタテ線は、開運のサインです。人差し指に向かう向上線は、目標に向かってがんばるしるし。中指に向かう開運線は、昇進や独立など、開運を意味します。開運線は、仕事だけでなく、結婚などの喜びごとをあらわすこともあります。

イラストでは、24歳に向上線A、30歳で開運線Bです。

運命線上にあらわれるサイン

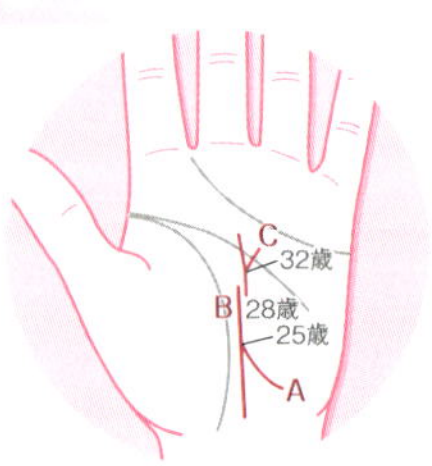

運命線にあらわれる合流、食い違い、支線を要チェック。

運命線に沿って走る影響線の合流は、仕事や恋愛のパートナーなどがあらわれるしるしです。運命線の食い違いは、環境の変化があるという意味。転職、昇進、独立、結婚などをあらわします。薬指や親指側に向かう支線は、大きな開運のサイン。昇進、独立、名声を得る、結婚などを意味します。

イラストでは、25歳で影響線の合流A、28歳で食い違いB、32歳で支線Cです。

仕事運 CHECK 6

太陽線を見る

転機の時期や満足度がわかる

人生には、転職をしたり、独立するなど、いくつかの転機があります。積極的な行動に出るには、いつが適しているのか。そして、自分はその行動に納得や満足がいくのか？

手相では、転機に適したタイミングをチェックできます。PART6の太陽線（P200〜205）の項目も参照してください。

生命線に至る太陽線

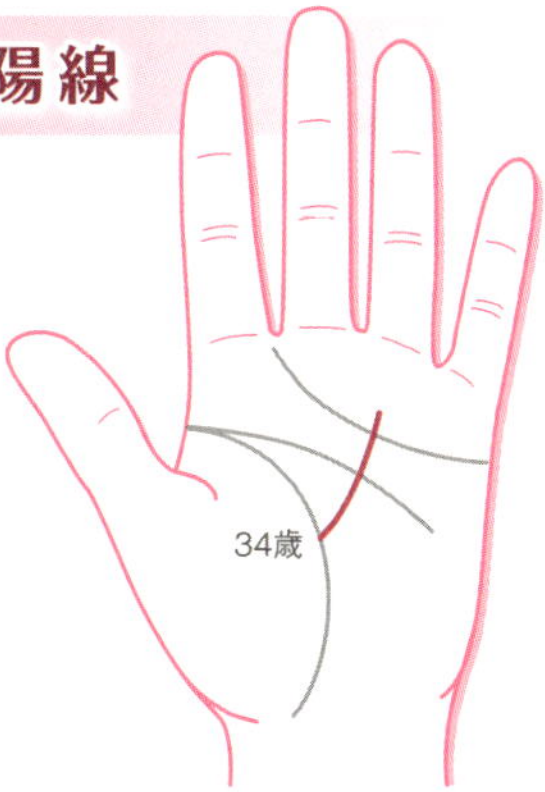

薬指から生命線に至る太陽線は、地位や名誉を得る、独立して順調にいくなどのラッキーなしるし。

イラストでは34歳です。

運命線に至る太陽線

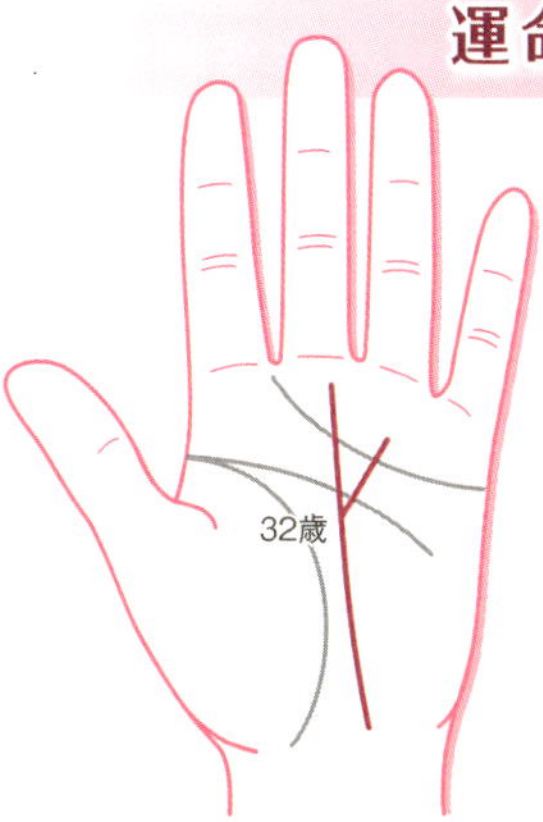

太陽丘から運命線に至る太陽線は、開運をあらわします。独立、昇進、成功など、とても幸せな相。

イラストでは、32歳の開運です。

鑑定例 1

体力で勝負系

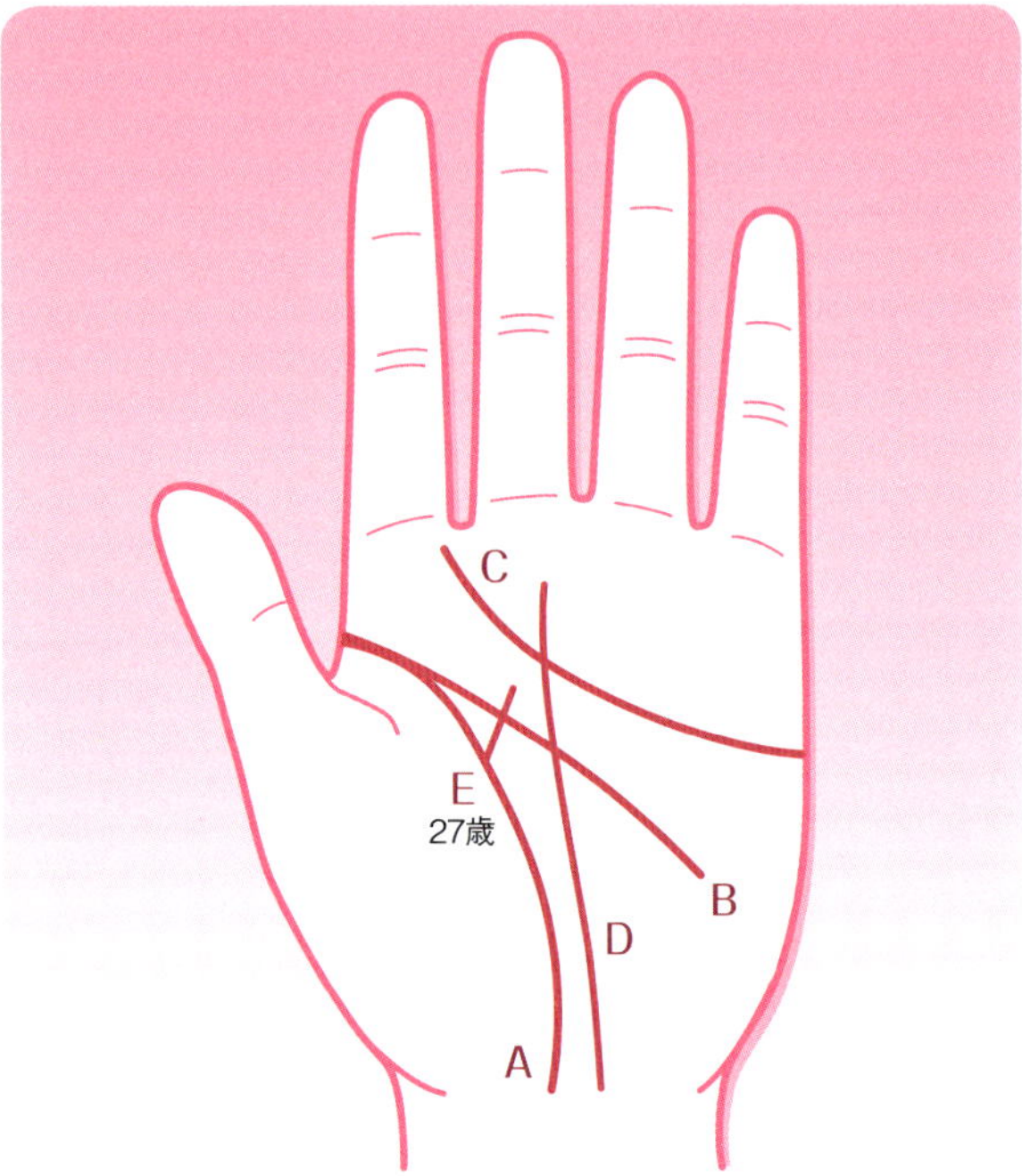

手は肉厚で、細かい線がないすっきりした男らしい相。スポーツマンなど体を資本に生きていく人によく見かける相です。

太く張り出した生命線Aは、体力やバイタリティがあるしるし。しっかりした知能線Bは、豊かな生活力を示します。感情線Cのバランスもよく、意志が強く、軽はずみな行動による失敗は少ないでしょう。がんばっているかを示す運命線Dも太く刻まれています。

27歳に開運線Eがあるので、独立。これに太い太陽線が加われば、いうことはありません。

(30歳・男性・運送業)

鑑定例 2

アーチスト系

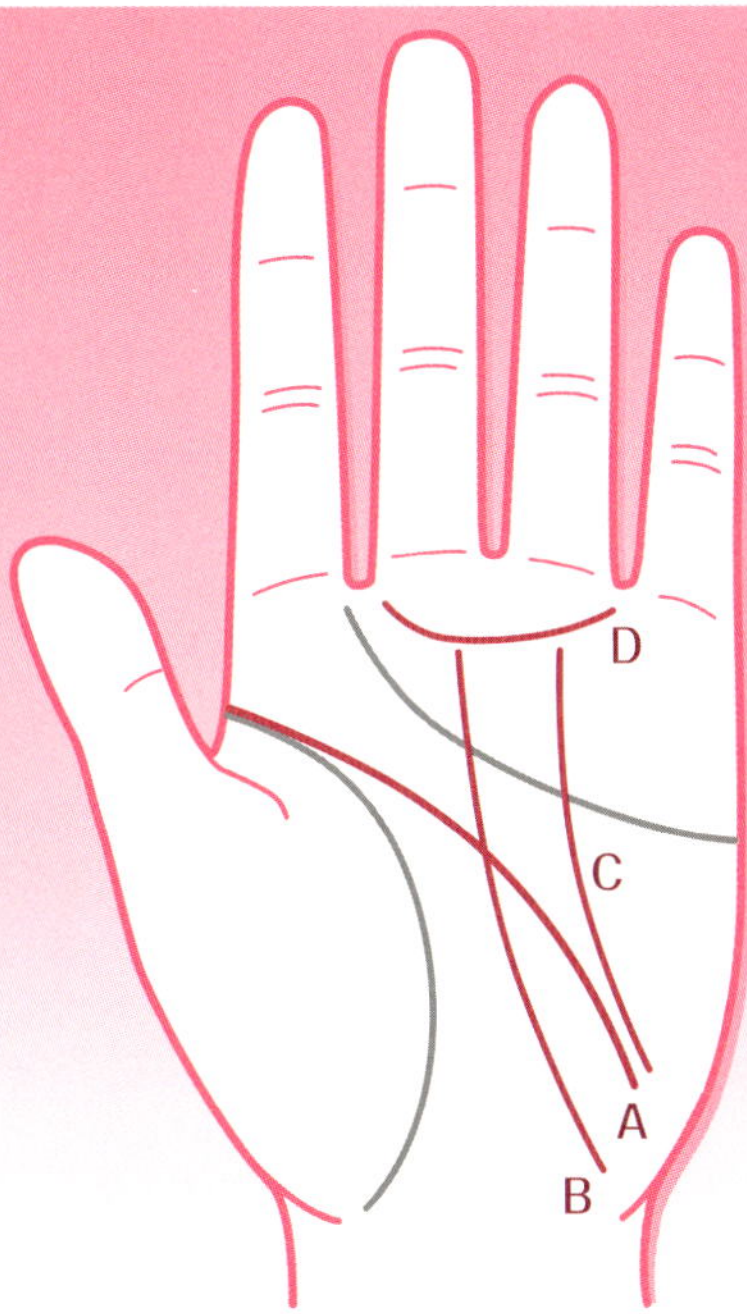

長く月丘へと向かう知能線Aは、ロマンや空想、感性、非現実性を示します。

アーチストには、なくてはならないタイプの知能線です。

また、月丘から昇る運命線Bは、別名「人気型運命線」とも呼ばれます。大衆からの支持や人気を示す線です。月丘に向かう長い太陽線Cは、若い時期から、世間に自分の感性や作品が認められることを示しています。

感受性の豊かさをあらわす金星帯Dもアーチストによく見られる特殊線です。

（36歳・女性・音楽家）

鑑定例 3

商売系

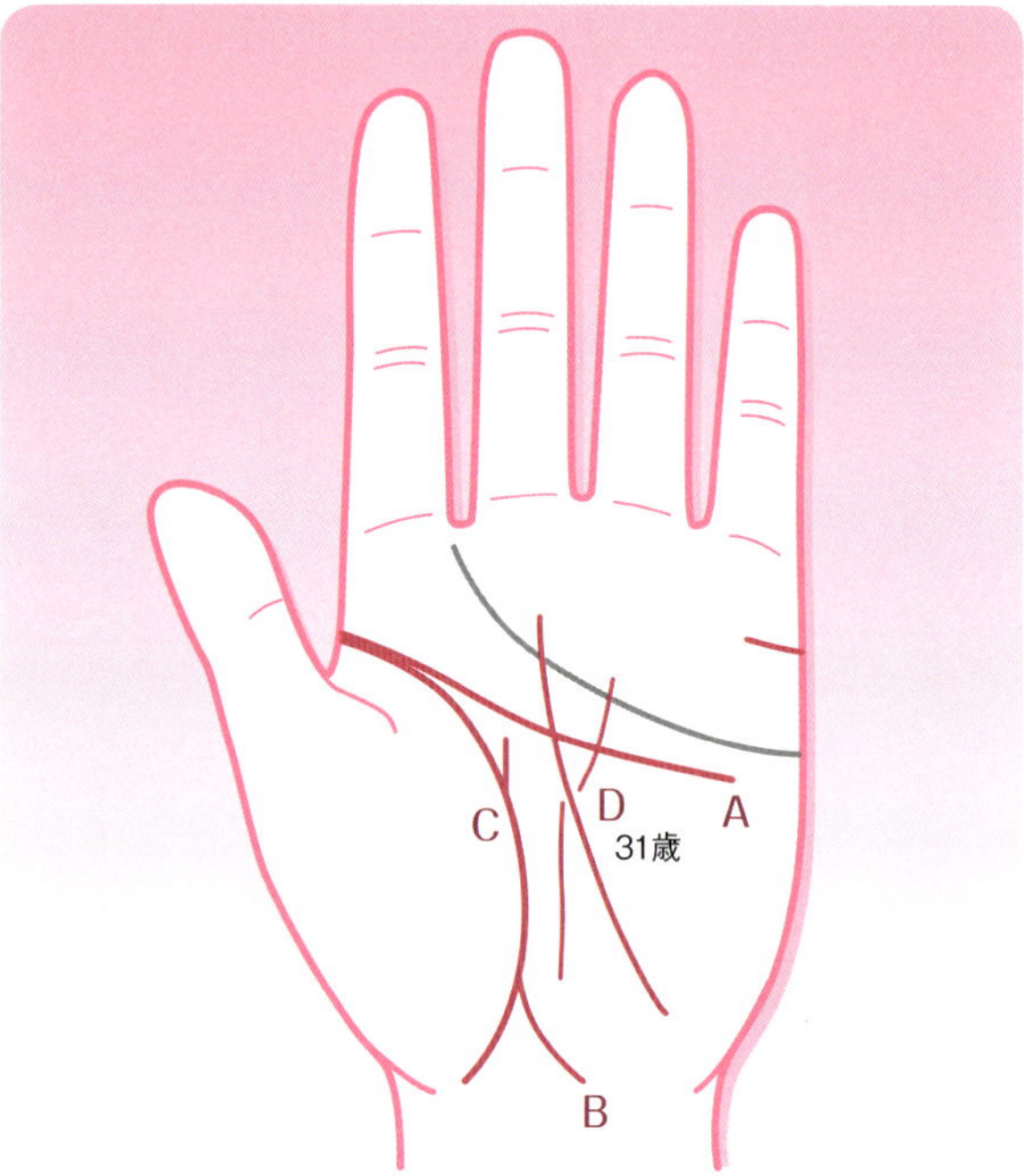

第二火星丘に伸びる知能線Aは、現実感覚にすぐれ、実務や数字に強い、経営者に必要な線。この知能線は、流行を敏感に察知し、それをお金に結びつける才能を示します。

海外や国内を活動的に動き回ることを示す旅行線Bは、攻めの営業やバイヤーなどの職種にはなくてはならない特殊線。生命線から昇る開運線Cは、自分の努力によって運命を切り開くという意味。運命線に至る太陽線Dは、それが成功するしるし。31歳で独立して会社を起こし、成功している相です。

(45歳・女性・会社経営)

鑑定例 4

マルチ系

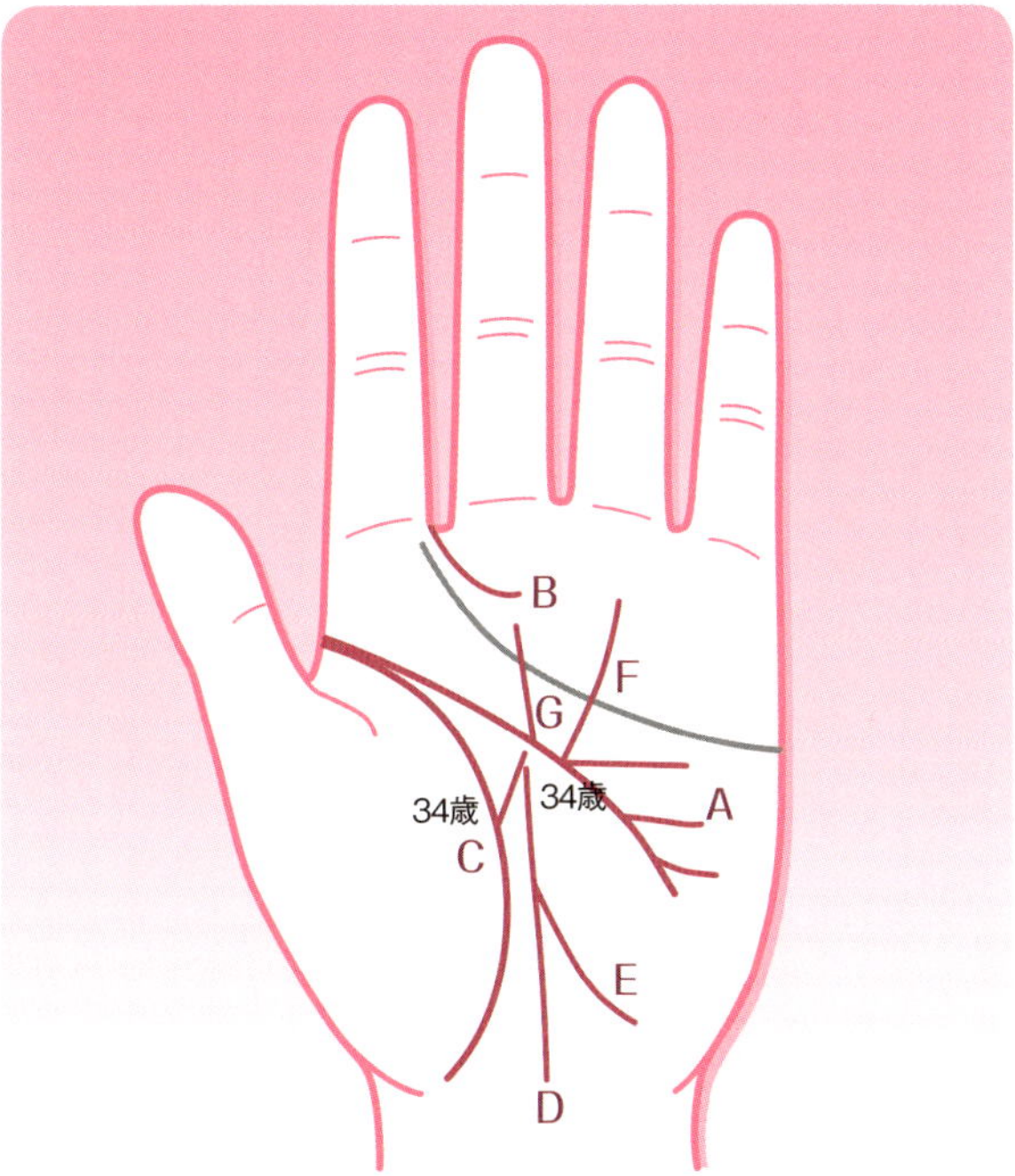

途中で枝分かれする知能線Aは、さまざまな才能や複数の仕事を暗示。強い個性を示すタレント線Bは、押しの強さをあらわします。生命線から昇る運命線Cと冥王星丘から出る二重運命線Dは、生きていくうえでの柱が２本あるサイン。月丘からの影響線Eは、他人の引き立てを受けたり、よき協力者の出現などを示します。運命線が34歳で食い違い、知能線から運命線Gと太陽線Fが出現。こういう相の人は違う分野の会社を2つ3つやって、どれも成功させるようなタイプです。
(38歳・男性・青年実業家)

金運

太陽線・財運線・水星丘などをチェック！

手相で見る金運とは？

手相で金運を見るときは、つぎのことを踏まえて判断することがポイントです。

それは、手相には、その人がどう思っているかが相としてあらわれるということ（P126参照）。つまり、金運でよい相が出ている人は、現在の経済状況や生活に、本人がある程度、納得しているという意味なのです。たとえ社会的に成功して、世間からお金持ちだと思われていても、本人が「こんなのは当然で、まだまだ足りない」と思っていれば、金運のよい相は出ていないこともあります。

100
5
10
1
1000
1
1
10

金運の見るべきポイント

1本の線だけでなく、複数の線や、手のひらの丘など、総合的に判断してください。

太陽線で長期的な金運を、財運線で短期的な金運を、運命線や知能線、丘なども合わせてチェックします。

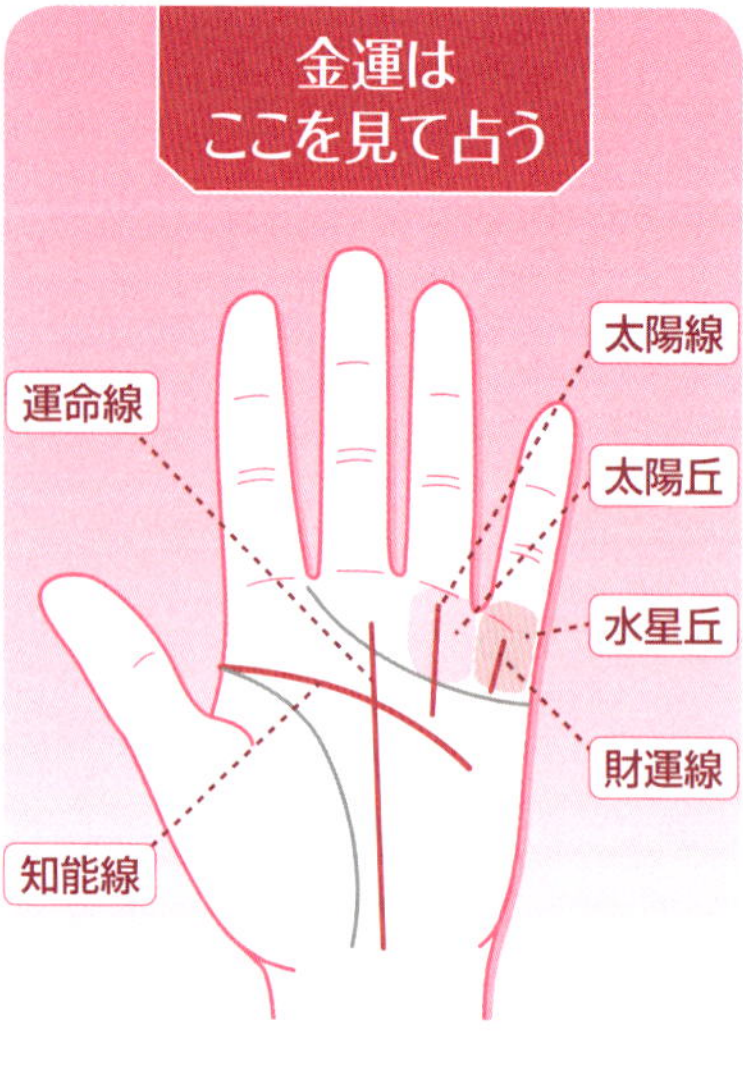
金運は
ここを見て占う
太陽線
運命線
太陽丘
水星丘
財運線
知能線

太陽線を見る

長期的な金運がわかる

太陽線では長期的な金運を見ます。太陽線が長く太ければ、それだけ恵まれているというサイン。PART6の太陽線（P200〜205）も参照してください。

安定タイプ

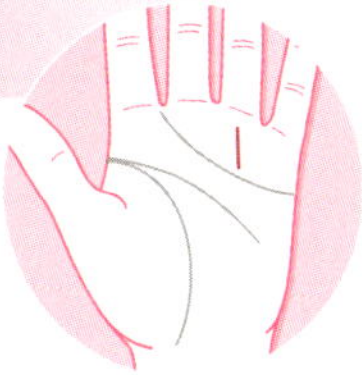

太陽丘に短く出る太陽線は、いちばん多い相。平均以上の生活を送ることができる安定タイプ。晩年もおだやかに過ごせます。

散財タイプ

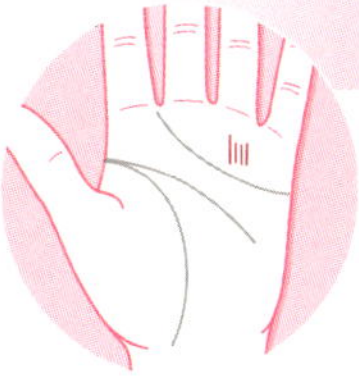

太陽丘に短い太陽線が複数出ているときは、幸運の分散をあらわします。お金が入ってきても、すぐに出ていってしまうタイプです。

成功タイプ

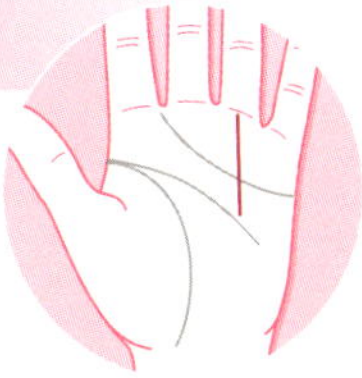

長くてしっかり刻まれた太陽線は、成功や名声を得ることを意味します。金運もよいでしょう。線がどこで終わっているかによって、どの方向で成功するかがわかります（P202）。

大成功タイプ

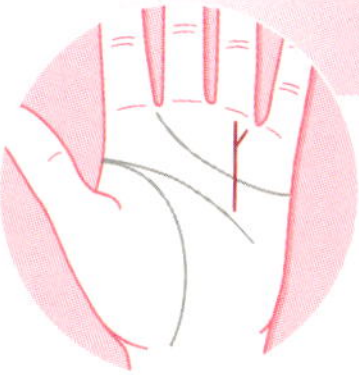

太陽線の先が分かれているのは、とてもラッキーな相。成功のうえに、さらなる成功や名声を得ることができるでしょう。

金運
CHECK
2

財運線を見る

現在の金運をチェック

財運線は、水星丘に出るタテ線です。これは短期間の財運をあらわし、とくに現在の金運を見るときに使います。財運線（P222）も参照してください。

金運良好タイプ

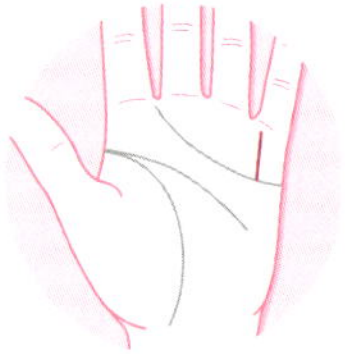

太くまっすぐな線があれば、金運はよいといえます。なかには4～5本ぐらいある人もいて吉相です。

お金に苦労するタイプ

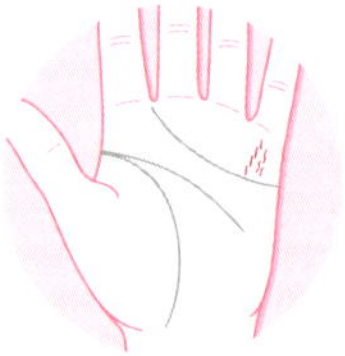

財運線が切れ切れであったり、蛇行しているときは、金運がよくないサイン。お金を稼ぐのに苦労していたり、なかなか貯まらない状態を示しています。

金運
CHECK
3

ほかの線や丘を見る

金運の傾向をチェック

運命線や知能線、丘などをチェックして、全体的な金運を見てみましょう。

運命線&知能線

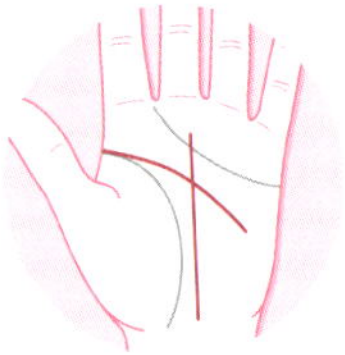

運命線は、自分が何かに対して努力、忍耐していくエネルギー量に比例します。太くまっすぐな運命線Aは、金運を築いていくための土台となります。太くしっかり刻まれた知能線Bは、豊富な知恵と生活力の強さのしるしです。

太陽丘&水星丘

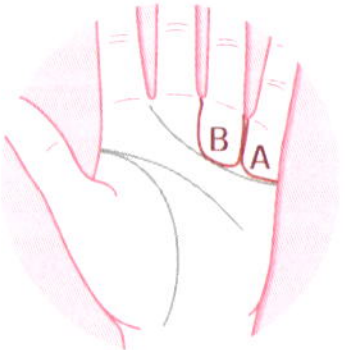

成功をあらわす太陽丘Bと、金運をあらわす水星丘A。どちらの丘も、ふっくら発達していれば、金運をつかんでいく先天的な要素があります。

鑑定例 1

金運がよい人

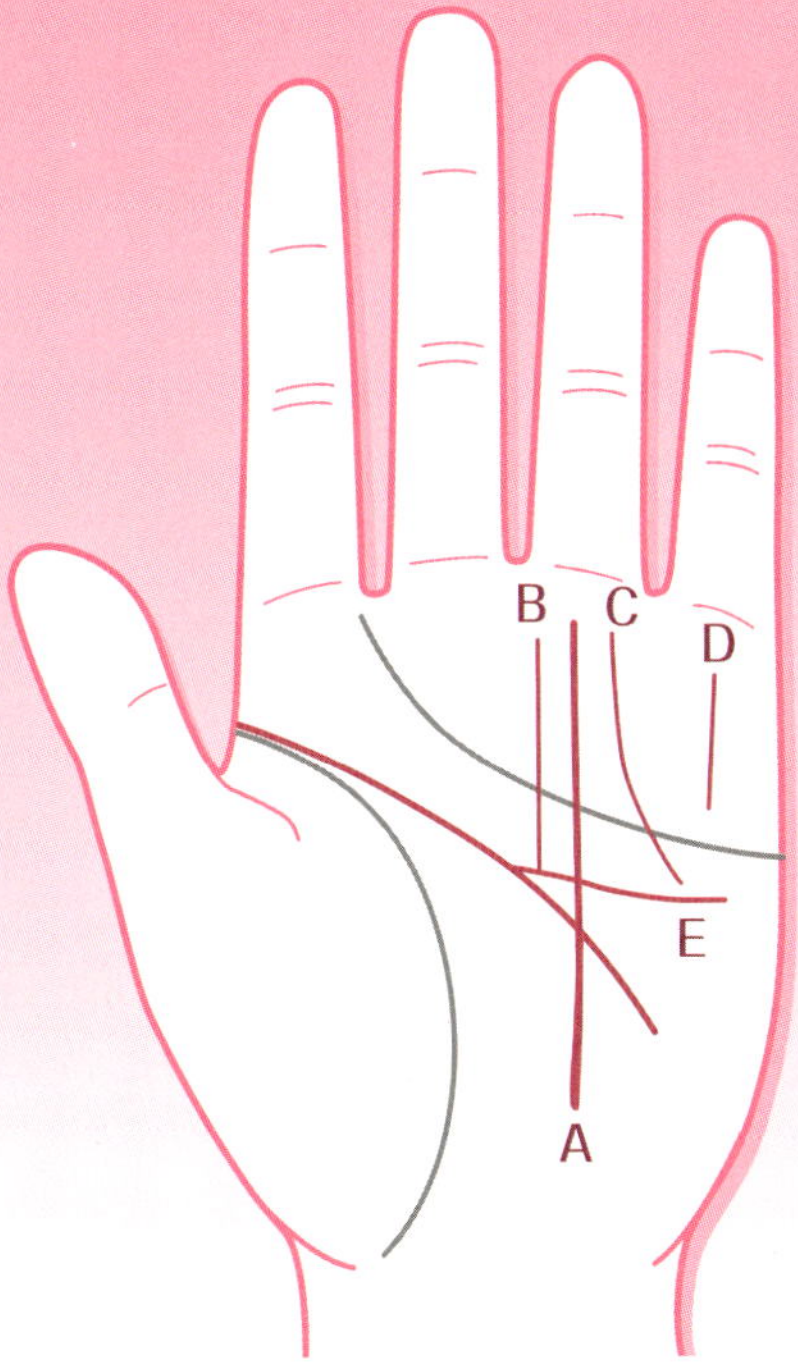

太い太陽線Aは下部に向かっているため、若い時期からの成功を示します。太陽線BCは、ふたつの分野での成功を暗示。太陽線は、1本でもあればラッキーな線。それが3本もあるので、すごく恵まれています。

財運線Dは、現在の金運を示すので、金運は良好です。知能線Eは二重知能線で枝分かれしているので、本業のほかに副業でもお金を稼いでいます。

（43歳・男性）

鑑定例 2

金運が悪い人

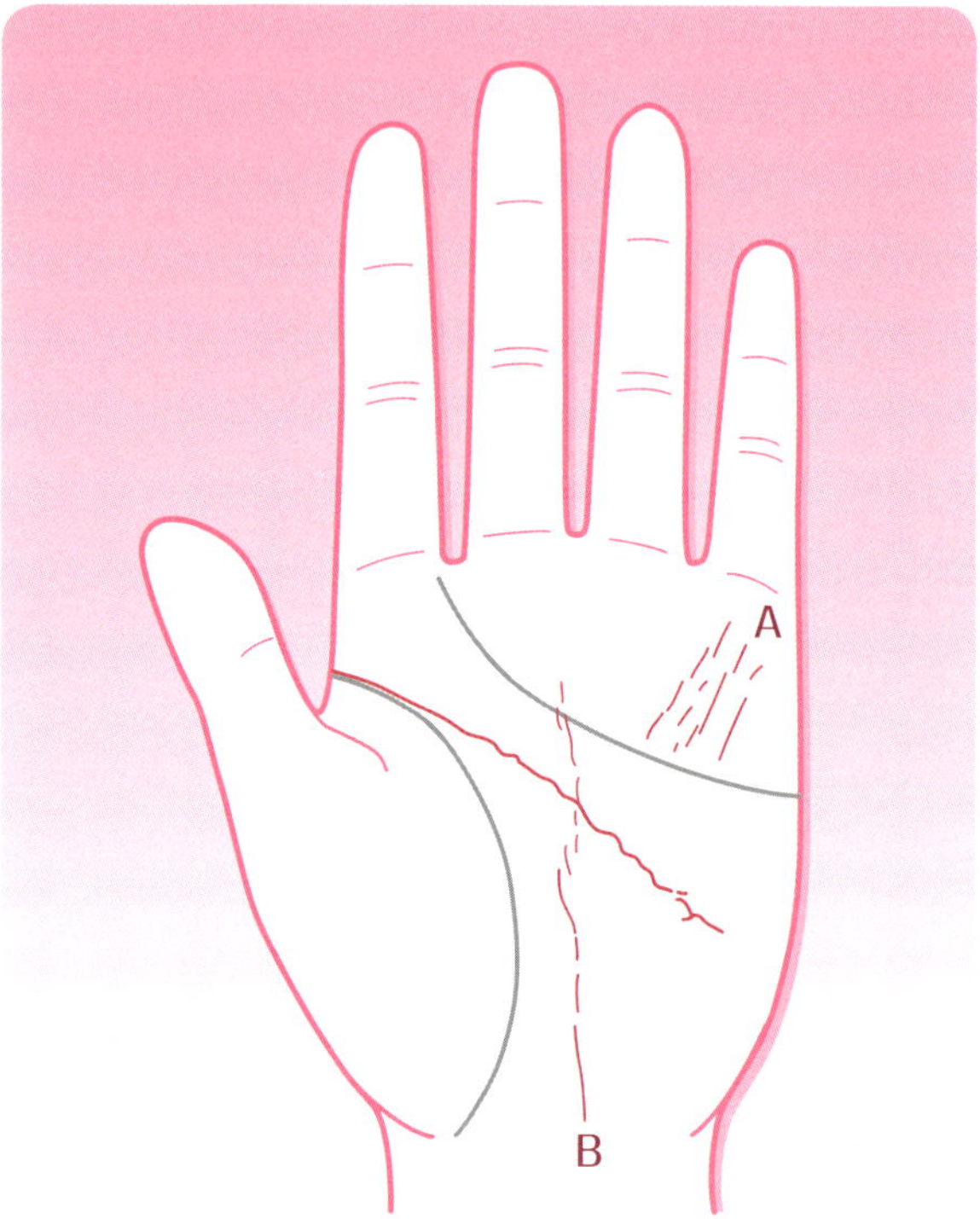

太陽線がありません。これは、自分の中で、成功度や満足度、生活レベル、金運などに物足りなさを感じているという意味。

財運線Aは、切れ切れで、くねくねしています。これは現在、お金を稼ぐのに苦労しているしるしです。

運命線Bも薄くて、切れ切れ。これは、仕事を転々としたり、がんばりが効かないことをあらわします。

(28歳・男性)

part 4

健康運

気になる未来を占う❸

健康運

健康線・生命線・ツメ・気血色などをチェック！

手相で見る健康運とは

健康運を見るときは、まず生命線をチェック。生命線の太さや勢いから、基本的な体力がわかります。つぎに、健康線をチェック。体のどのへんがもともと悪いのか、どの程度悪いのかを見ていきます。さらに、生命線の流年などから、いつ頃、発病する恐れがあるのかなどを判断。

手相で健康運を見るときは、生命線や健康線だけではなく、各指やツメ、色つや、ほかの線など、全体的にバランスよく見ることがポイントです。

自分の悪いところをあらかじめ知り、早期発見と予防につとめれば、病気は未然に防ぐことができます。

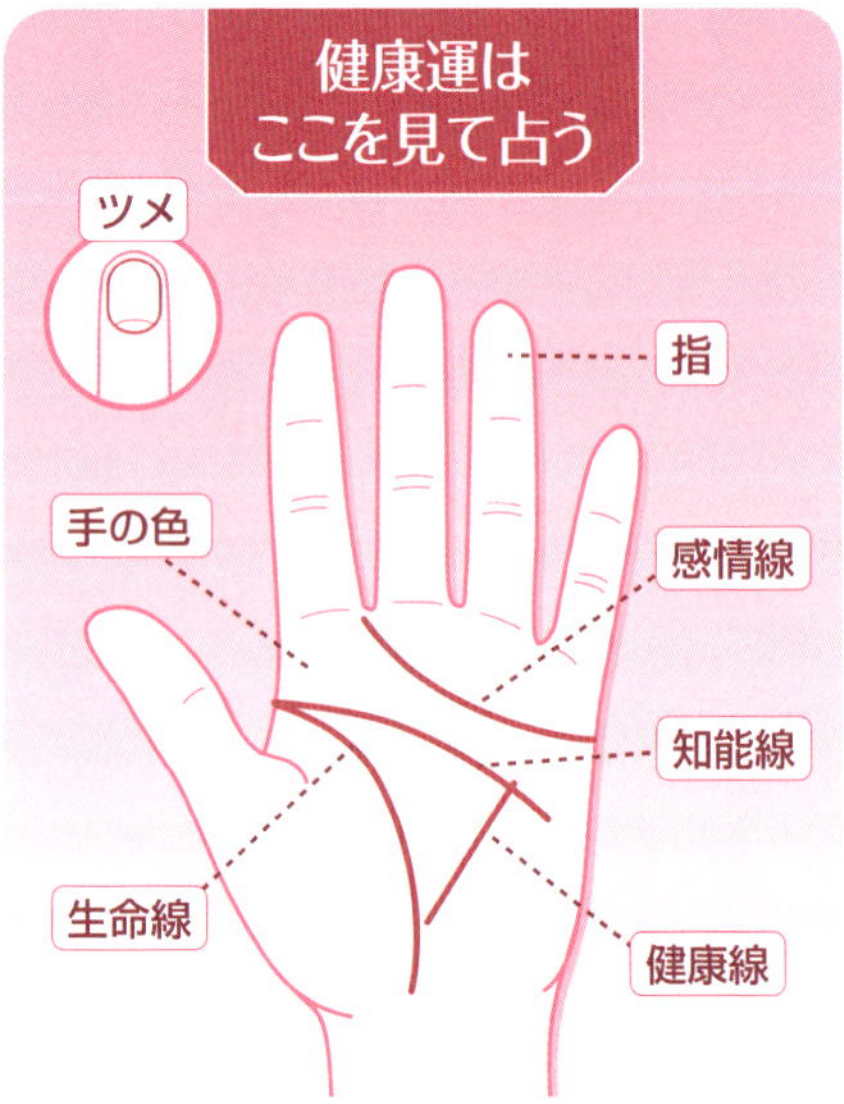
健康運は
ここを見て占う
ツメ
指
手の色
感情線
知能線
生命線
健康線

生命線を見る

体力やスタミナなどをチェック

太さ・カーブ

生命線が太く、カーブの張り出しが大きいほど、体力やスタミナがあることを示します。Aは太く、カーブが大きく、長い生命線。Bは薄く、カーブがゆるく、短い生命線。

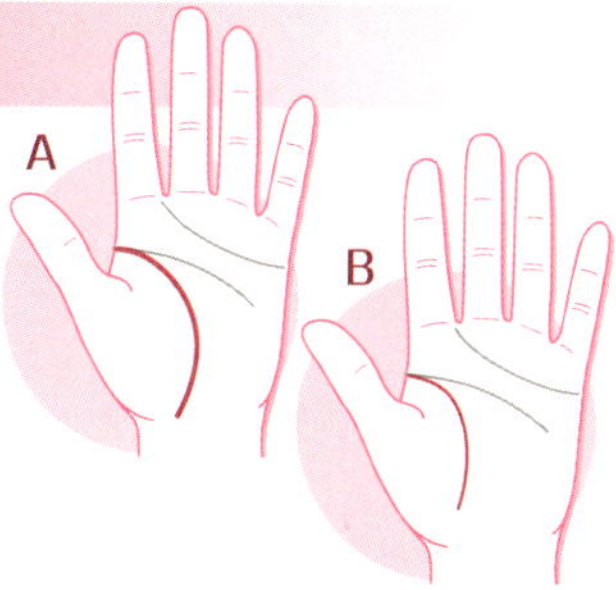

長さ

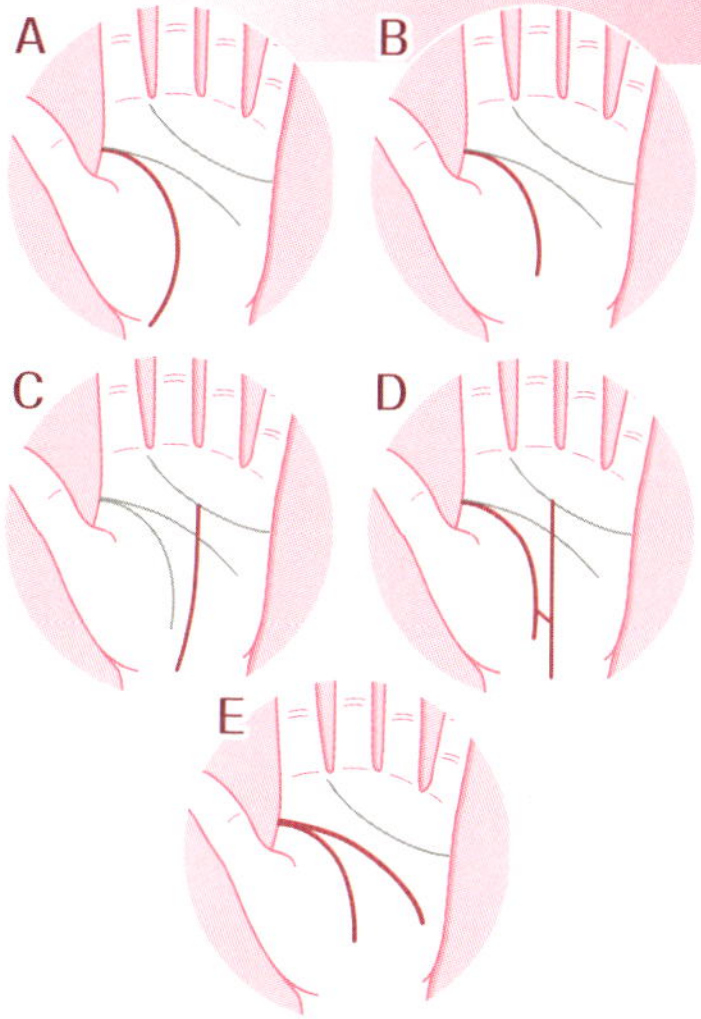

長い生命線Aは、長寿を示します。短い生命線Bでも、Cのように下部の運命線が太く、生命線に沿っているか、Dのように生命線と運命線をつなぐ支線があれば心配いりません。また、Eのように知能線が長くしっかりしている場合、生命線をカバーします。

本数

生命線は1本の人が多いですが、なかには2本ある人もいます。

生命線が2本ある二重生命線の人は、タフで丈夫。病気をしても回復力があります。

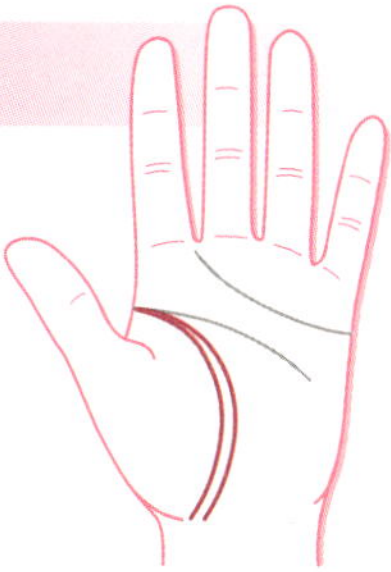

健康運
CHECK
2
健康線を見る
内臓の弱い部位を知る

胃腸系が弱い

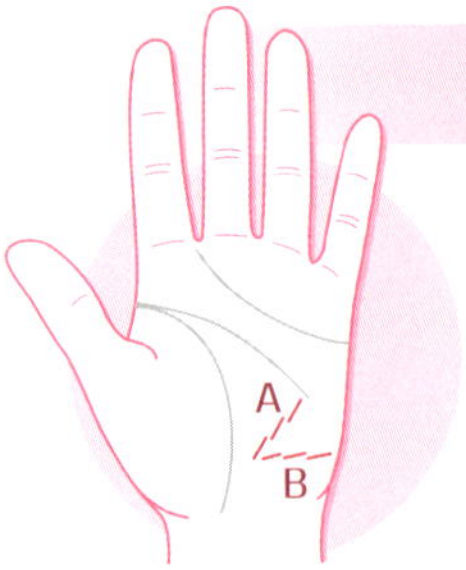

切れ切れの線が斜めに横切るAや、月丘を横切る線Bは、胃腸系統が弱っているサインです。

肝臓・腎臓が弱い

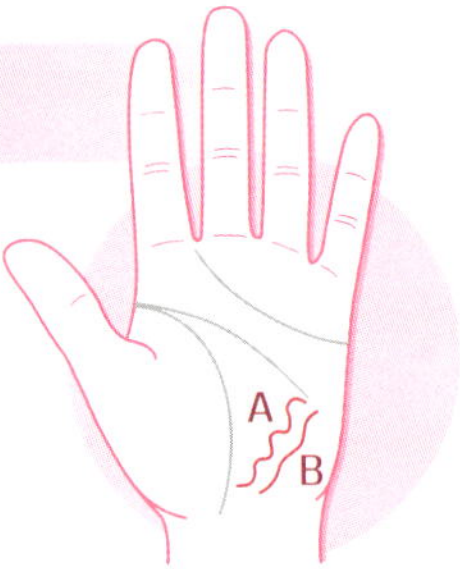

くねくねと蛇行する健康線Aや、ゆるやかに蛇行する健康線Bは、肝臓や腎臓が疲れているという意味。

呼吸器系が弱い

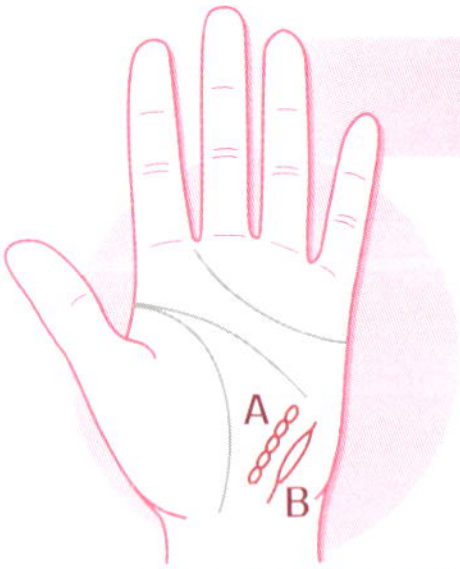

鎖Aや島状の健康線Bは、気管支や肺などが弱いしるしです。

婦人科系が弱い

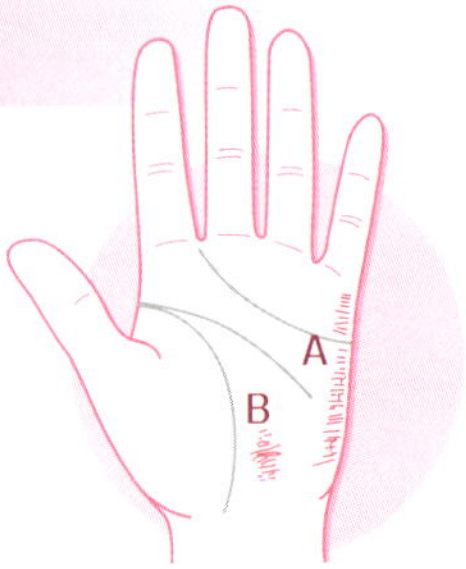

小指の下の水星丘から月丘の下にかけてのラインに細かいヨコ線Aがある人は、婦人科系統が弱いことを示します。また冥王星丘の上あたりに細かい線Bがある場合も同様です。

健康運 CHECK 3

色を見る

健康状態をチェック

顔色を見ても体調や健康がわかるように、手の色からも健康についてわかります。

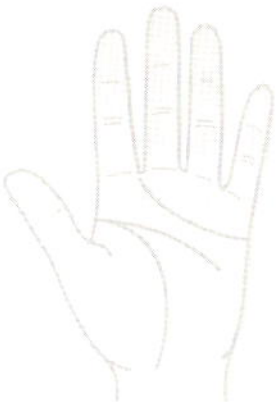

青

循環器系統と便秘など腸の調子が悪いことを示します。

ピンク

一番理想的な色。
健康な状態を示します。

黄

肝臓、胆のう系が弱っていることを示します。

赤

高血圧、心臓系の病気にかかりやすい人です。

黒

腎臓、副腎が弱っていることを示します。

白

低血圧、貧血、肺が弱い傾向があり、体力不足です。

気血色《きけっしょく》

ガンなどは、手のひらの悪い部分が土色で、薄くグレーがかった印象です。集中して鑑定していると、その色から発する独特のイヤな感じなど、感覚的なものからも判断することができます。

赤白まだら

一番理想的な色。
健康な状態を示します。

健康運

CHECK 4

島などの乱れと流年は？

病気や事故の内容と時期を見る

病気は、いたずらに恐れるのではなく、前もって知ることが大切です。あらかじめ、病気の種類や時期を知っていれば、予防して対処することで防ぐことができます。

いつ起こるかは、生命線の流年で判断します。病気なら10年、5年前から気をつければ確実に予防可能。3年でもほとんど防げます。1年でもなんとか予防OK。知らなければ、防ぐことは難しくなります。

事故などに注意したり、その期間、運転をしないようにすれば防げることが多いです。

生命線の乱れ

島

島がある流年の期間、心身の不調やスランプを示します。Aは18歳〜21歳。下部に大きな島Bができるときは、晩年の慢性的な病気を示します。

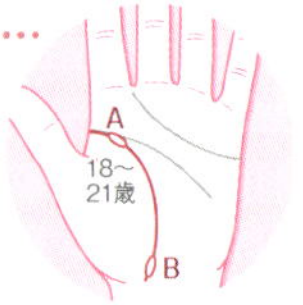

鎖

鎖がある流年の期間、消化器系統の不調をはじめとした体調の不調を示します。イラストでは15歳〜19歳。

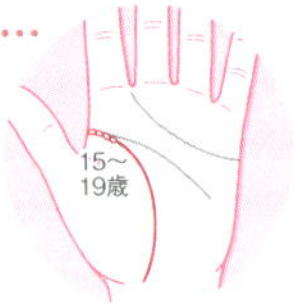

点

生命線上の赤、青、黒の点は、その流年の年に慢性的な病気が急変して悪化したり、急病にかかることを示しています。

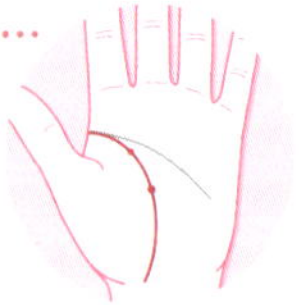

蛇行

蛇行がある流年の期間、循環器系統が弱り、体力が消耗するという意味。33歳〜40歳。

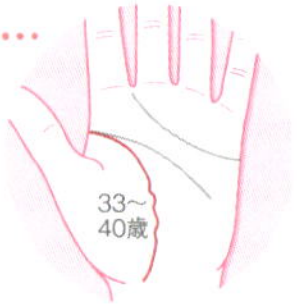

支線

このように下部に出る細かい支線は、体力の分散と衰弱を示します。

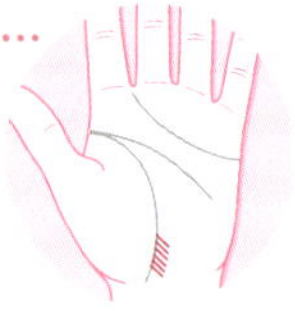

知能線の乱れ

島

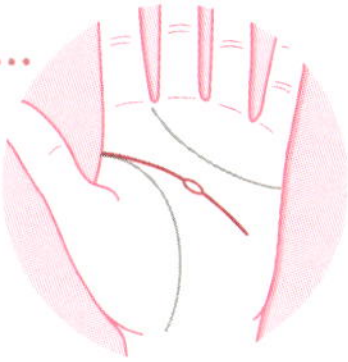

知能線の島は、ノイローゼや神経症を示します。

鎖

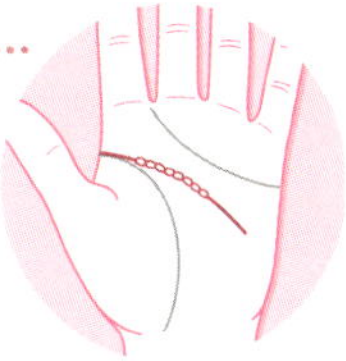

知能線の鎖は、ノイローゼぎみになるか、人生の哲学的問題やあることにこだわりそればかり考えている場合です。

点

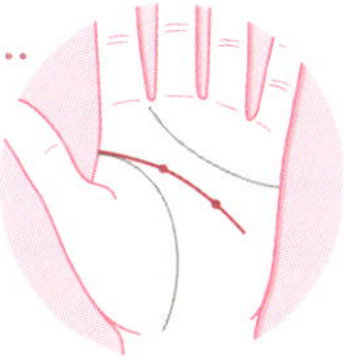

知能線上の赤、青、黒点は、脳や神経系の急病や、そのことによるトラブルを示します。

感情線の乱れ

島

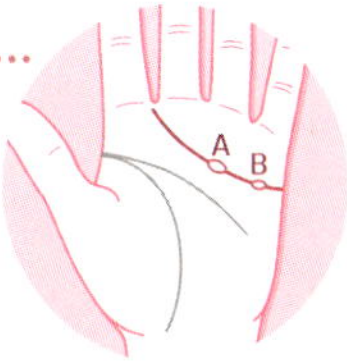

薬指下の島Aは、視力低下や目の病気のサイン。小指下の島Bは、産婦人科や生殖系の病気を示します。

乱れ

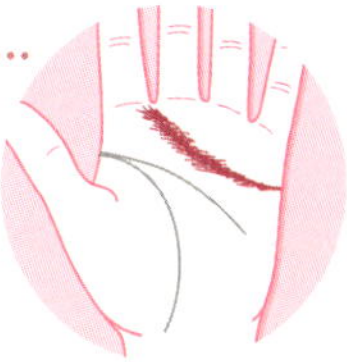

感情線が乱れている人は、心臓や血圧系の病気にかかりやすいので注意しましょう。

生命線の流年を見る

A

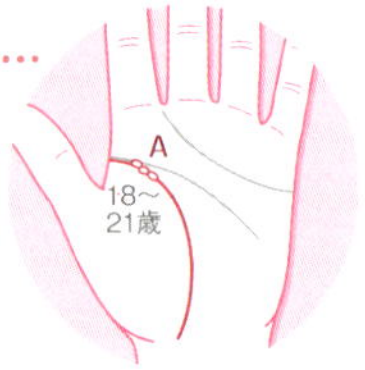

18歳から21歳までの鎖は、消化器系統や心身の不調を示します。

B

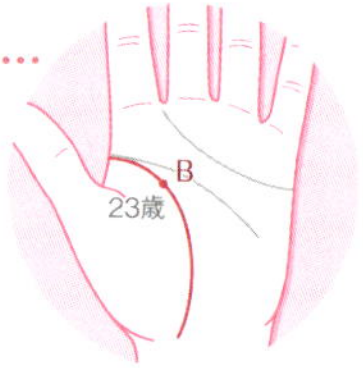

23歳、黒点で急性の病気に注意します。

C

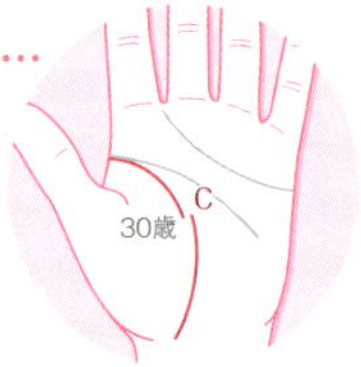

30歳、このように生命線下部が外側に食い違っている場合は心配いりません。

D

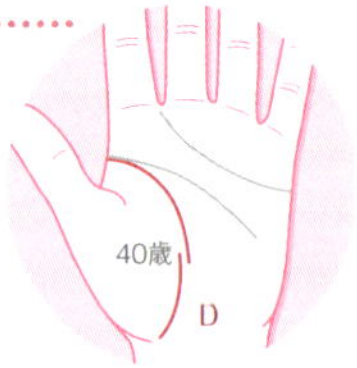

40歳、このように生命線下部が内側に食い違っている場合は、そのときに生命の危機に遭遇することが予想されます。線の重なり部分の長さと広さにその危険度は比例します。

E

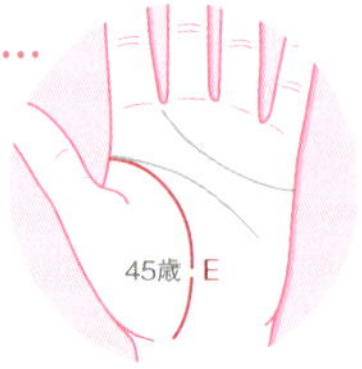

45歳、このような切れも病気や怪我、災難の危機があります。

健康運 CHECK 5 ツメを見る

健康状態を知る

三日月

ツメの下部にある白い部分（三日月）が大きければ、それだけ胃腸が丈夫な人が多く、病気をしたときも回復が早いです。三日月がない人は、回復力が不足しがちです。

ツメのタ波、ヨコ波

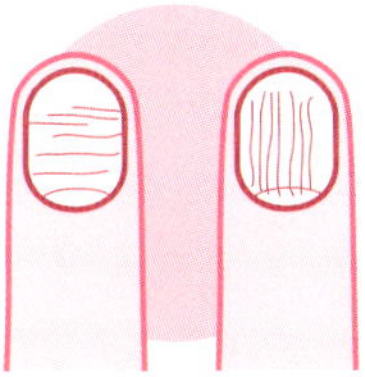

タテ波、ヨコ波ともに、心身の調子が悪いことを示します。

健康運 CHECK 6 指を見る

弱い場所を知る

指の長さから、先天的に注意すべき部分がわかります。長ければ丈夫で、短ければ弱いという意味。また、ツメに黒点が出た場合も、その部分に注意が必要です。

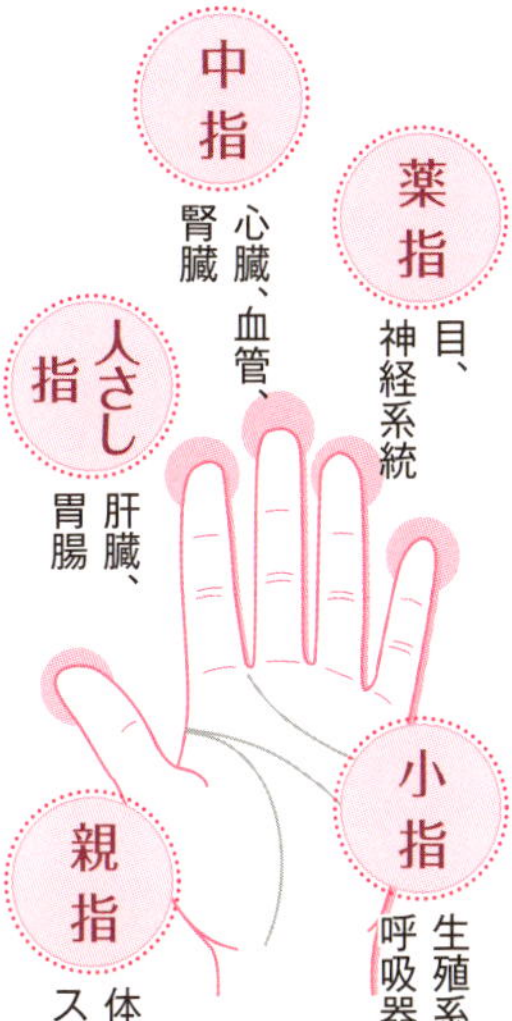
中指
心臓、血管、腎臓
薬指
目、神経系統
人さし指
肝臓、胃腸
小指
生殖系、呼吸器系
親指
体力、スタミナ

鑑定例 1

循環器系が弱い相

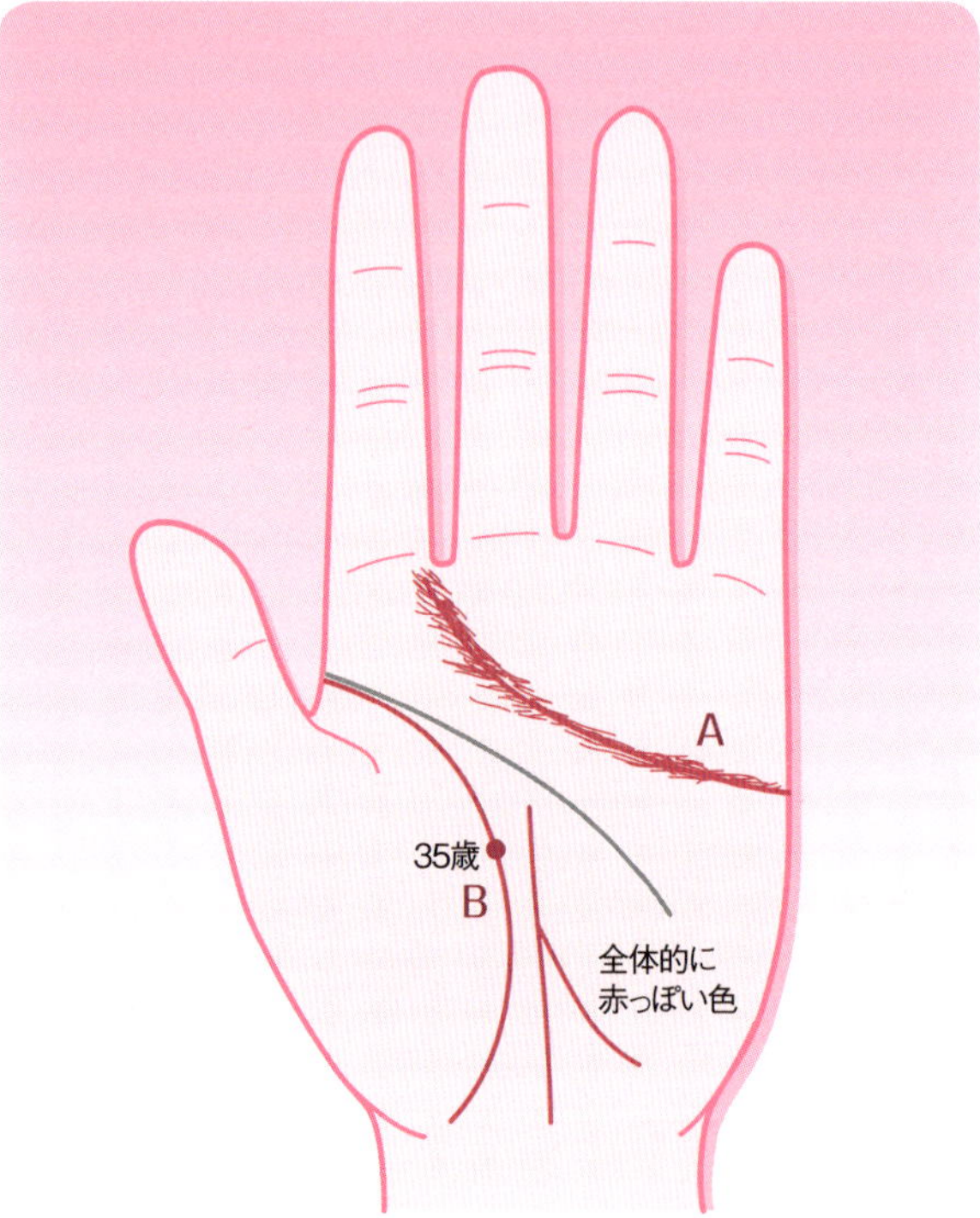
A
35歳
B
全体的に
赤っぽい色

中指が短めの人は、心臓や血管系の病気にかかりやすい人です。また、感情線Aが乱れすぎているので、心臓系に気をつけないといけません。手のひらは赤っぽい色をしています。高血圧や心臓系に注意が必要です。

このような相は、循環器系が悪いことを示しています。血圧が高く、心臓が弱っているしるしです。

生命線上35歳に赤点Bがあり注意が必要。

鑑定例 2

交通事故と胃腸の病気に注意したい相

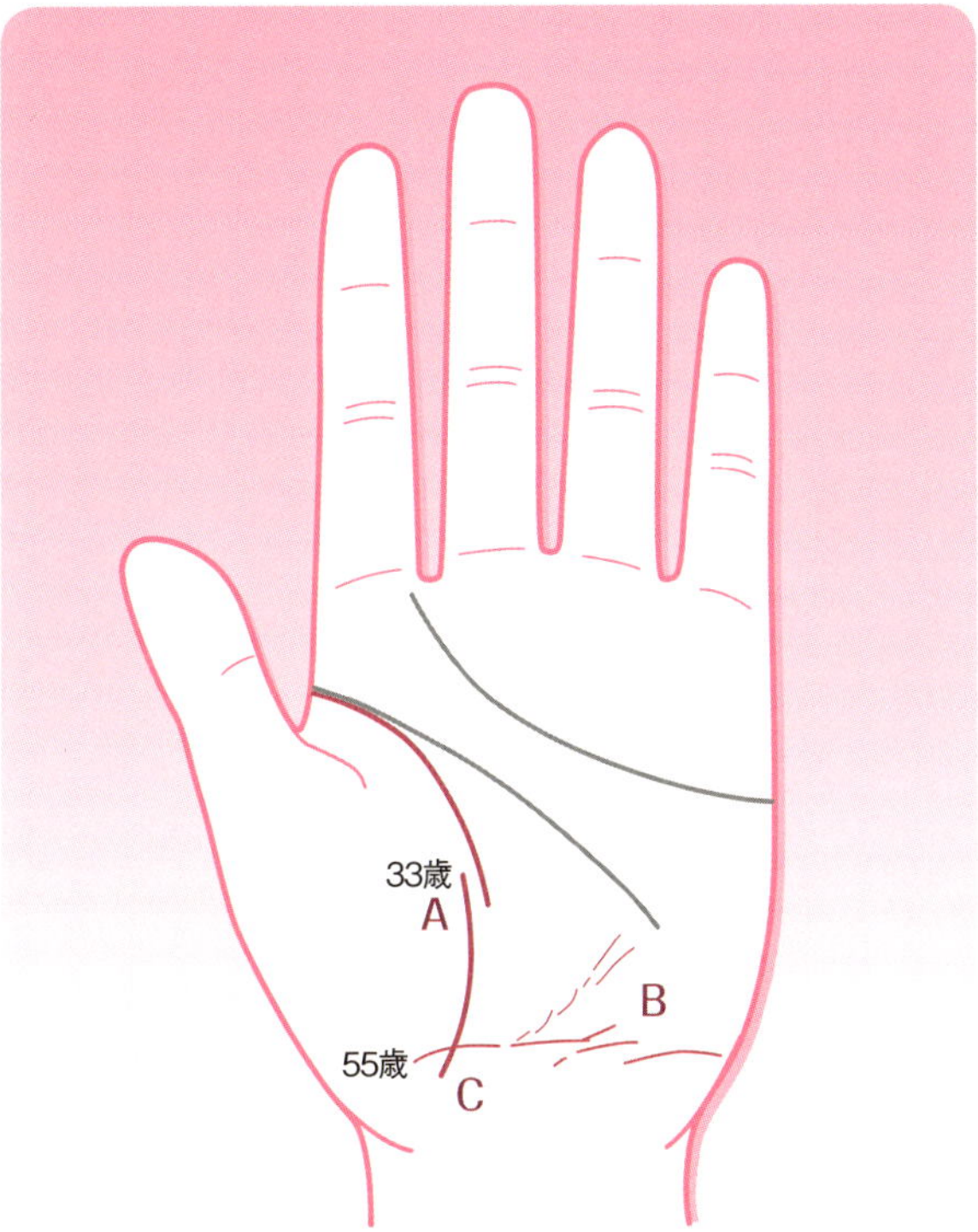

生命線が途中Aで食い違っています。流年から判断すると、33歳。このような食い違い方は、交通事故などで重傷を負っても、一命をとりとめる相。

さらに、胃腸が弱いことを示す切れ切れの健康線Bが月丘に出ています。この健康線が生命線を横切るのが、Cの55歳。胃腸系統の病気で手術をするサインです。事前に注意することで防ぐ努力をしましょう。

Column
コラム

手相を記録してみよう!

手相は、その人の心のあり方、気持ちや環境の変化などによって、どんどん変わっていきます。

でも、記録をとっておかないと、どこがどう変わったのか、なかなかわからないものです。

そこで、ときどき自分の手相を記録しておくことをおすすめします。記録をとっておくことで、手相が変わるものだということを実感できるはずです。

●デジカメやコピーで記録

昔は、手に朱肉やインキを塗って、手形をとることが多かったと思います。でも、いまはデジタルカメラや携帯電話の写真機能があるので、簡単に手形を記録しておくことができますね。また、デジカメなどがない人は、コピーでもいいでしょう。

記録をとる間隔は、1年に1回くらい。右手と左手をそれぞれ記録しておきます。

人によって変化はまちまちです。何年もあまり変わらないこともあれば、急に大きく変わることもあるでしょう。変化が多いときほど、その期間の精神的、環境的変化が大きかったという意味です。

また、手相を記録することは、手相を勉強する人には必須条件。自分の手だけではなく、友達など多くの人の手を記録させてもらいましょう。記録した手相は、貴重な生きた教材になるでしょう。

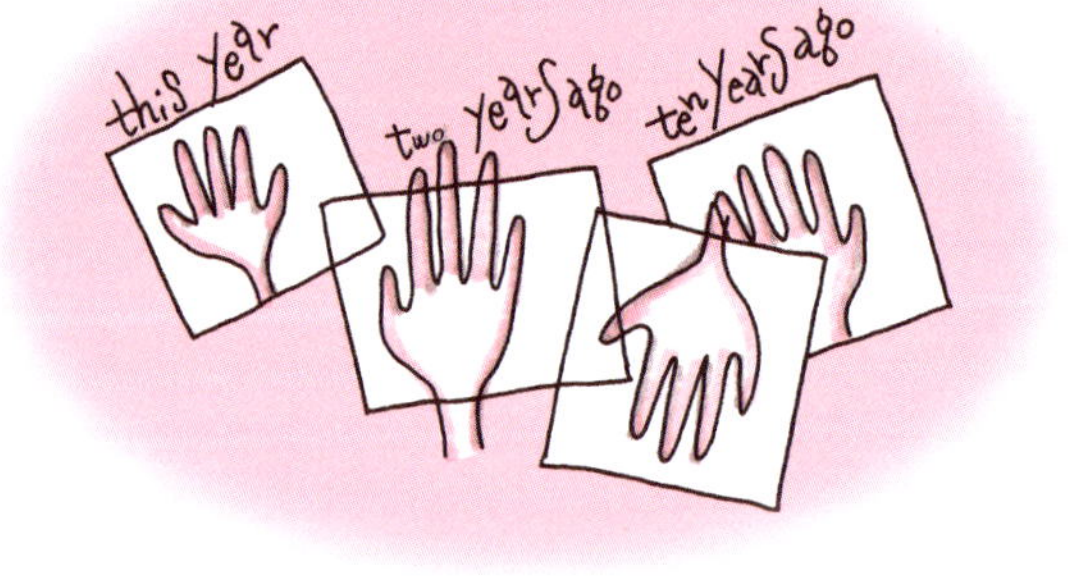

part 5

手相の基礎知識

手が示す運命のシナリオとは

手相には過去や未来が刻まれている

しかし、手相は「手の相」という字のごとく、手全体を見て占っていきます。

生命線などの3大線をはじめとした、さまざまな手のひらの線のほか、木星丘や土星丘といった手の特定の場所、手の出し方、手の形や大きさ、指の形、ツメなども、鑑定には欠かせない要素。

手をあらゆる面から見て、そこからいろいろな情報を読み取っていくのが「手相占い」なのです。

手のひらの線は胎児にもすでにある!

みなさんは、生まれたばかりの赤ちゃんの手を見たことがありますか?

手のひらの線は、生まれたての赤ちゃんでも、すでにくっきりと刻まれています。生命線、知能線、感情線などの3大線はもちろん、ほかのラインもすでに存在しているのです。

変化しつづける運命のシナリオ

手相には、いろいろな情報があふれています。その人の性格はもちろん、過去や未来までも刻まれているのです。いわば手相には、運命のシナリオが隠されているといえるでしょう。

また、手相は変化します。

手を開いたり閉じたりといった運動的なものによって手相が変化することもありますが、それよりも、精神的、心理的な変化のほうが、手相に大きな変化を与えると考えられています。

手のひらの線や丘など手全体を読む

手相というと、手のひらの線だけに意味があると思っている人が多いと思います。

いるのです。

赤ちゃんに比べて、大人の手相のほうが濃くしっかりと刻まれているかというと、じつはそんなことはありません。

手相の線の濃さは個人差がありますが、大人になっても薄い線の人は、子どものころから薄い線のことが多く、逆に、濃く太い線の人は、子どものころから太い線をもつことが多いのです。

この手の線は、母親の胎内にいるときから、すでに刻まれていることがわかっています。実際には、妊娠3か月くらいから3大線があらわれ始めるといわれています。

このことからも、手の線は、手を開いたり閉じたりする運動によってできるのではなく、先天的に刻まれているということがわかるのです。

手相も遺伝する

手相には、遺伝も大きく関係していることを知っていますか？　手相は、両親をはじめとした祖先からの遺伝子によって刻まれるものと、生まれてからのその人の精神的、心理的状況などによって刻まれるものがあると考えられています。

ためしに、両親や祖父母、きょうだいがいる人は、自分の手相と比べてみましょう。双子をはじめとして、親子やきょうだいの手相は、実際によく似ているケースが多いのです。とくに、マスカケ線（P177）などの特殊な相の人は、ほとんどが両親や祖父母にマスカケ線の人がいることが知られています。

世界でたったひとつの運命の縮図

手相は指紋と同じように、世界にまったく同じ手相というのは存在しません。つまり、あなたの手相は、この世でたったひとつの相なのです。

さらに、手相は定まったものではなく、変化していくのも大きな特徴。世界にたったひとつの相が、よくも悪くも変化する。そんなところが、手相占いの大きな魅力といえるでしょう。

手相は変化していく

気持ちしだいでどんどん変わる！

手相は、ずっと変わらないと思っている人はいませんか？　実際は、手相は変化します。生まれたときの相が、死ぬまでまったく変化しないということは、まずありません。人によって変化の大小はありますが、どんな人でも時間とともに手相は変化するのです。

手相には心の「想い」があらわれる

まず知っておいてほしいのは、手相には、心の想いがそのままあらわれているということです。

たとえば、手相で金運を見るときは、太陽線や財運線を中心に見ますが、これは社会的に成功している人にかならずあるかというと、そうではありません。

たとえ世間的に成功し、お金をたくさんもっていても、本人が「これくらいの成功では足りない！」と思っていると、太陽線や財運線がない場合があるのです。

逆に、社会的に見ると裕福な暮らしをしているとはいえなくても、本人がその状態に満足している場合は、太くて立派な太陽線や財運線が出ている人もいます。

手相の変化は心の変化

手相にはその人の気持ちや考え方があらわれるので、想いが変化すれば、当然、手相も変わります。

たとえば、子どもは運命線がはっきり出ていない場合がありますが、成長のある段階で、「自分はこの道で生きる！」と強く決心したとしましょう。するとその翌日に、運命線がはっきり刻まれているということがあります。

また、そのときリアルタイムで変化を感じなくても、時が過ぎて過去の認識や思い入れなどが変化すると、不思議なことに流年《りゅうねん》（P156）の過去の相が変化したりもします。

このように、考え方や生き方、心理状態、精神的な変化によって、相は変化するのです。

また、引越しや転職といった環境の変化でも、相は変わります。しかし、環境の変化があっても、本人がたいした変化だと思っていない場合は、相はあまり変わりません。

よく変わる人、あまり変わらない人

手相の変化の度合いは個人差があります。よく変わる人は、それだけ現実的な変化や心の変化が多い人といえます。

逆に、主婦などで悠々自適で生活の変化があまりない人などは、何年もの間、ほとんど変わらないことも多いようです。

よく「手相はどのくらいの期間で変化しますか?」ということを聞かれますが、人によって千差万別なのが事実。変わる場合は1日で変わるし、変わらない場合は何年にもわたってたいして変わらないとお答えしています。

自分の意思で手相は変えられる!

もし、現在、悪い相が出ていても、生き方や心のもち方を変えることで、確実に相は良相へと変化していきます。

また、悪相が完全に消えなくても、大難が小難に、小難が無難に変わるものです。

逆に、現在、よい相が出ていても、傲慢《ごうまん》になったり、怠惰《たいだ》で不摂生な日々を送り、未来に向けた前向きな心や生き方がおろそかになると、良相は薄くなり、消えて、やがて悪相に変化していきます。

手相は、自分の心と生き方で良相をつくっていくことのできる占いなのです。

手相の歴史を知ろう！

古くから伝わる手相占い

手相は一般的な占いとして、多くの人々に知られています。手相占いは、いつごろ、どのようにして発展してきたのでしょうか。手相の起源と発祥の地はインドといわれていますが、じつは中国やアラビアなど諸説あり、くわしいことはわかっていません。

古代インドから伝わった手相

古代インドでは、バラモン教の「サムドリカ」という学問がありました。サムドリカは、人間の体つきと運命との関係を考える思想で、それが手相へと発展していったようです。これが中近東へ伝わり、やがてギリシャに伝わりました。

古代ギリシャの哲学者であるアリストテレスは、手相の研究者としても知られています。

また、旧約聖書には、手相について書かれていると思われる一節があります。

「神は人の手に符号もしくは印章をおきたまえり。それは、これによりすべての人に彼らの職分を知らしめんがためなり」（旧約聖書ヨブ記37章）

「その右手には長寿あり、その左手には富と尊貴あり」（旧約聖書箴言書3章）

これらの文章は、解釈しだいでは手相のことを書いていると考えることもできるのです。

中国では「観相」として発達した

中国では、手相は観相（おもに人相）の一環として発達してきたのが特色です。

中国で最初に観相を試みたのは、周の時代の姑布子卿《こぶしきょう》といわれています。戦国時代の儒家である荀子《じゅんし》の著書には、「昔は姑布子卿、いまは梁の国に唐挙《とうきょ》というものがいて彼らは人の相を見てその吉凶を知る」と書かれています。姑布子卿は孔子の相を見たといわれる人物。唐挙は、趙の宰相や秦の宰相の相を見たとされています。

これらの観相を発展させたのが、漢の許負《きょふ》や宋の陳希夷《ちんきい》、明の袁忠徹《えんちゅうてつ》などです。陳希夷の方法をもとに袁忠徹が「神相全編」を改訂してまとめていますが、これには観相の一部としての手相が紹介されています。これが、東洋手相術へとつながっているのです。

日本へ伝わった手相

では、日本へは手相はいつごろ伝えられたのでしょうか。はっきりとはわかっていませんが、平安時代には伝わっていたようです。しかし、当時は特権階級など一部の人の間だけで行なわれていました。

手相が広く一般大衆に広まったのは、江戸時代。「神相全編」の注釈書など、手相について書かれた本も広く読まれていました。水野南北という江戸時代末期の観相家が著した「南北相法」が有名です。

これらの本を見ると、日本では、明治時代までは中国から伝わった観相術の一環としての「東洋手相術」が一般的でした。

しかし、現在、日本で広まっている手相の多くは、西洋を起源とする「西洋手相術」です。西洋手相術が日本に紹介されたのは、大正から昭和時代のこと。

欧米の手相術は、18世紀以降、大きく発展してきました。18世紀のアリストテレス手相術を皮切りに、19世紀から20世紀にかけてフランスのデバロール、ダルパンチーニをはじめ、イギリスのキロなどが手相についての研究を深め、著作を発表しました。それらの本のなかで、キロの著書が日本に翻訳されたのが昭和初期のこと。中村文聰《ぶんそう》や大和田斎眼《おおわださいがん》らが、西洋手相術を広く日本に紹介したのです。

現在の日本の手相は、キロの本をもとにした西洋手相術の流れを伝えるものが多数を占めています。そんな中、昭和末期に西谷泰人が発表した流年法により、日本の手相は大きく発展しました。

現在では、手相は多くの人々の中に広がっているといえるでしょう。

手相を上手に見るために

たくさんの手を見ることが大切

いろいろな人の手を見て占おう

手相を上手に見るようになるためには、たくさんの人の手を見て、経験を積み重ねていくことが大切です。本書で手の丘や線などについて、基本的なことをおぼえたら、あとは実践あるのみ。周りの人の手をどんどん見せてもらいましょう。

実際にたくさんの人の手を見ていくと、さまざまな手の形や大きさの人、手の線が多い人、少ない人など、いろいろな手相があることがわかります。

多くの人の手を真剣に見ることで、だんだんと手相を見るコツがつかめてくるはず。手相の不思議と楽しさもわかってきます。みなさんもがんばってください。

インスピレーションが湧くと上級者

手相を見ることになれると、手の深い部分を読んでいくようになります。線の勢いや気血色《きけっしょく》（色つや）を見て、いろいろなことが判断できるようになってくると、かなりの上級者です。

線を深く集中して見ていると、線がどういう状態にあるのかがわかるようになります。

たとえば、「この線は、現在生きているのか、死んでいるのか」「このあと、この線がよくなっていくのか」といった、線の勢いなどです。

ときには、言葉では説明できないようなインスピレーションがふーっと沸きあがることもあるでしょう。

気血色は、手のひらの微妙な色つやのこと。病気や体調などを占うときは、重要なポイントです。

色についてはＰ115でくわしく紹介しています。簡単にいうと、透明な肌色やピンクは大変な吉兆です。暗蒙色《あんもうしょく》（暗いくもった色）は凶で、病気の場合は要注意のサイン。

この気血色についても、線の勢いと同じように、誰でも見てすぐにわかるようなものではありません。多くの手を見ていくうちに、だんだんとわかってくるものです。そのためには経験を積むことが大切です。

手相を見てあげるときは

手相の勉強のためには、多くの人の手を見ることが大切。ただし、そのとき注意してほしいことがあります。それは、不用意にマイナスの情報を伝えないこと。「寿命が短いかも」「結婚線がないから結婚できそうにない」などです。ちょっと手相を勉強した程度で、人にそういうことを伝えるのはやめましょう。

手相は、運を開くための占いです。手相を見てあげた人が、もっと幸せになるような占いをするように心がけましょう。

Column
コラム

西洋占星術と手相

西洋占星術と手相は、関係がないと思っている人もいるかもしれません。しかし、古くから占星術と手相の関連性を研究している人は多く、実際、手相は西洋占星術とともに発展を遂げてきました。

手相では、各指と丘には、金星、木星、土星、太陽、水星、月、火星といった古典占星術の天体の名前がつけられています。

1781年に天王星に続いて海王星、冥王星が発見され、現代占星術ではこれらの3惑星はなくてはならないものになっています。手相では、西谷泰人氏が手相上で冥王星の場所を発見し、その意味の位置づけを確かなものにしました。

このように、手相と西洋占星術は、似ている部分もたくさんあります。ホロスコープが示す運勢と、手相が示す運勢が、一致することが多いのも事実です。

手相で解明されていないことはまだ数多くありますが、手相は奥深く、神秘的な占いといえるでしょう。

手相占いは手のどこを見るのか？

手のひらの線、丘、色つやなど総合的に判断

手相というと、生命線、知能線、感情線など手のひらに刻まれた線だけを見て占うものだと思っている人が多いようです。

手相は「手」からいろいろな情報を読み取る占い。たしかに、手のひらの線はさまざまな事がらをあらわしています。しかし、手のひらの線のほかにも、手にはいろいろな情報がつまっているのです。

手の出し方、手の形、手の大小、かたさやわらかさ、指、ツメ、丘など。これらの手が教えてくれる情報に加えて、手のひらの線があらわす意味を総合的に判断するのが手相占いなのです。

●手全体

手の出し方、手の形、手の大小、かたさやわらかさ、指の長さ、丘などからは、その人の基本的な性格、どんな職業が向いているか、向いていないかなどがわかります。

●ツメ

ツメからは、健康状態やかかりやすい病気、性格、吉兆や凶兆などがわかります。

●色つや

手の色やつやからは、健康状態やかかりやすい病気などがわかります。くわしいことはＰＡＲＴ４の健康運（Ｐ112〜121）を参照してください。

●手のひらの線

手のひらに刻まれた生命線、知能線、感情線、運命線などからは、性格、健康、適職、転機、恋愛、結婚、病気などがわかります。

それぞれの傾向や時期など、くわしくはPART6（P160～227）を見てください。

Column
コラム

線を読むときは全体のバランスが大切

手相の本では、生命線や知能線など、それぞれの線について説明してあります。本書でもPART6では各線について解説しました。しかし実際は、手のひらの線は、お互いに影響しあい、作用しています。

手相は、1本の線だけで判断するのではなく、全体を見て、ほかの線とのバランスを見ることが重要です。

手相占いにおいては、マクロからミクロへ、すなわち大から小へ見て、判断していくこと。木を見て森を見ず、なんてことにならないように気をつけましょう。

手相を見ることに慣れてくると、現在、手にあらわれていることだけなく、いろいろなことがわかるようになってきます。たとえば、その線が生きているのか死んでいるのか、今後伸びていく線なのか？　などです。また、手から発する気や色つやからも、線にはあらわれていないサインを読み取ることができるようになるものです。相を見て相にとらわれないというようになると、達人レベルといっていいでしょう。

それには、たくさんの人の手を見て、経験を積むことが大切です。

プロの技を伝授! 占いの手順

全体↓細かい部分へと見ていこう

手相占いは、手のひらの線以外にも、いろいろな情報を判断する占いです。では、実際に手相を見るときの「占いの手順」を簡単に紹介しましょう。

●全体のイメージをチェック

まず、手のひらの出し方と広げ方をチェックします。次に手の形を見ます。そして、体の大きさと比べて手が大きいか小さいか、指の太さ長さ、シワ、手のかたさややわらかさ、ツメなどを確認します。

以上の項目を、手のひらが出されたら、すぐにつかんでいきます。

そして、このとき何より大切なことは、手のひらを見た瞬間の第一印象、イメージや感覚です。

たとえば、誰かとはじめて会うときのことを考えてみてください。人は相手の第一印象から、無意識のうちにその人のことを判断してイメージ化します。

「神経質そうな人」「やさしそうな人」、「すごく怖そうだけど、本当は気が弱くて繊細な人かもしれない」などなど。

手相もそれと同じです。手のひらにもさまざまな印象や表情があります。それをつかむことが重要です。

●丘と手のひらの線をチェック

全体のチェックをしたら、次は丘の状態を見ます。丘の発達や色つやをチェックしましょう。

そして、いよいよ手のひらの線を見ていきます。生命線、知能線、感情線の主要3大線をはじめ、運命線、太陽線、結婚線、特殊線やそれぞれの流年《りゅうねん》（P156）などを読んでいきます。そのあと、手相を見てもらう人が知りたいことについてチェック。その事がらと関係がある部分を深く見ていきます。

手相を見るときの手順

手全体を見る

手の出し方・手の形を見る (P136-138)

↓

手のほかの部分を見る (P115・140-145)
（大きさ、指、シワ、かたさ、ツメ、色つやなど）

↓

丘を見る (P146-151)

↓

手のひらの線を見る

3大基本線を見る (P160-189)
〈生命線・知能線・感情線〉

↓

その他の重要線を見る (P190-219)
〈運命線・太陽線・結婚線・健康線〉

↓

その他の特殊線を見る (P220-227)
〈財運線・タレント線・人気線・神秘十字線など〉

↓

全体の情報を総合的に判断

手を出すときの指の広げ方などで性格がわかります。無意識に自然に手を出したときにチェックしましょう。

人差し指と中指の間が広がっている

独立心が旺盛な野心家タイプで、理想主義的な面があります。我が強く、協調面で問題のある人が多いようです。自分ひとりでやる仕事が向いているでしょう。

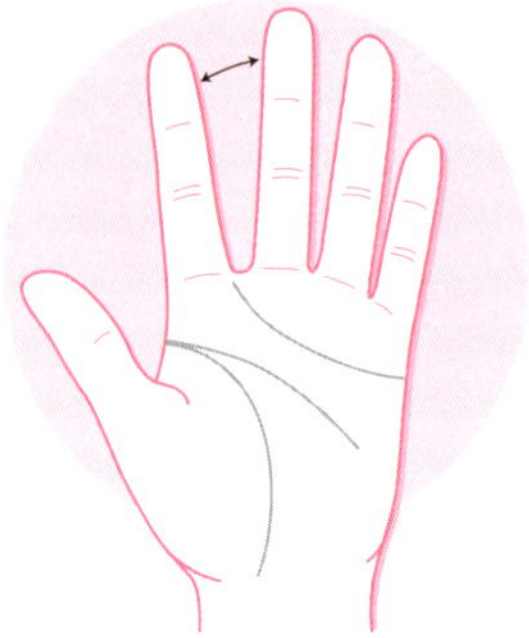

中指と薬指の間が広がっている

わが道を行く独立独歩タイプ。自分は自分、人は人と割り切った人生観の持ち主で世間からは変わり者に見られることもあります。全体の中では少ないタイプです。

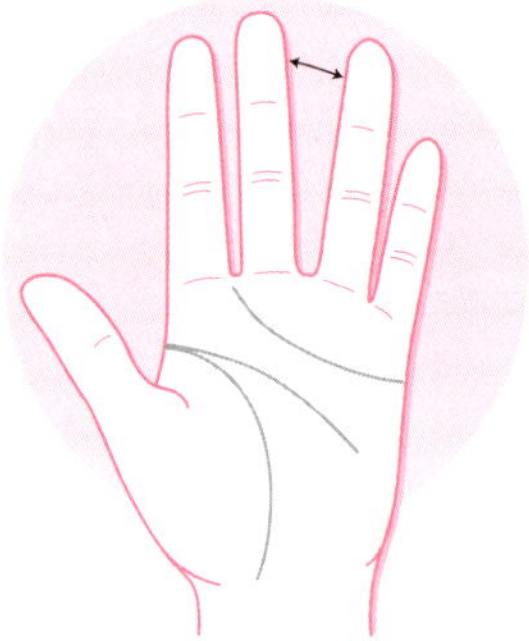

小指と薬指の間が広がっている

お金が貯まりにくく、貯蓄やお金の運用に計画性がないので注意しましょう。また、子宝に恵まれにくいか、親に心配をかけるような子に育ててしまいがちです。

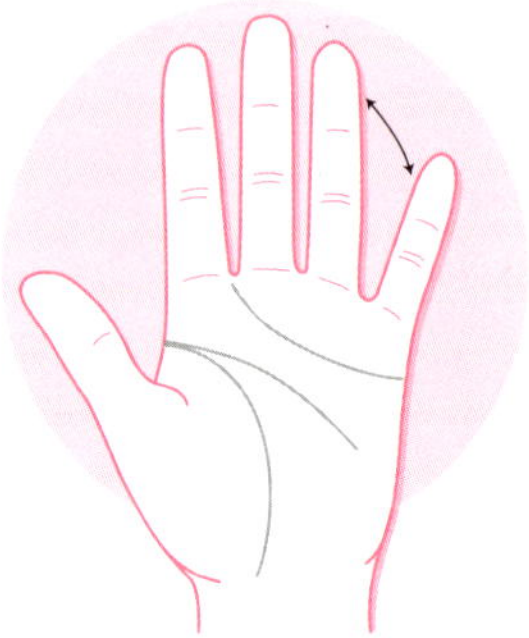

親指が開き、あとの4本がくっついている

意志のしっかりした独立家タイプ。理屈っぽく口うるさい面があります。親指と人差し指が近い人（A）は節約家、親指が直角に広がっている人（B）は浪費家の傾向があります。

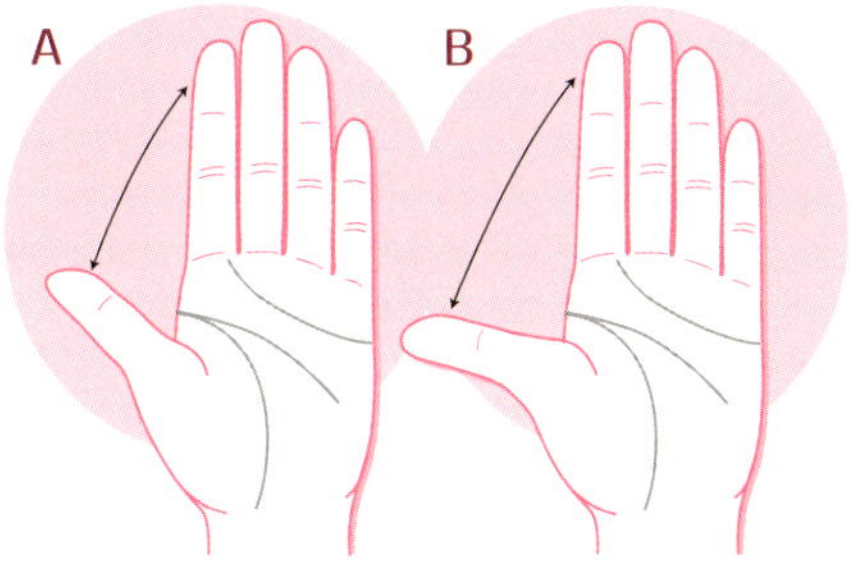

5本全部を広げている

楽天的であけっぴろげな明るい性格です。多少、自信家で向こうみずなところがあるので注意しましょう。お金は、貯めるより出ていくほうが多くなりがちです。

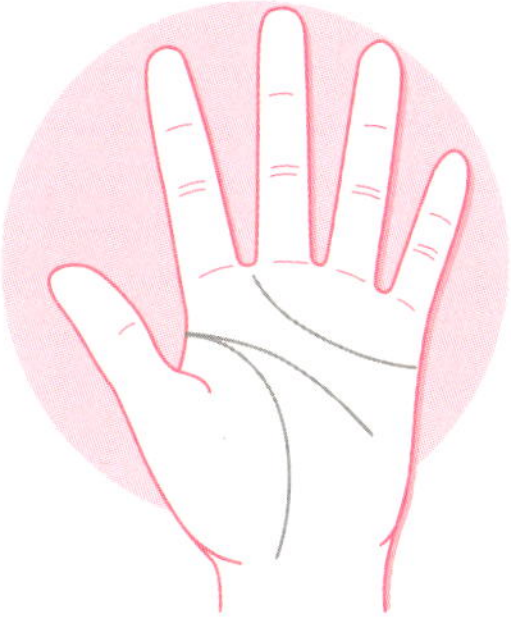

全部の指を閉じてつぼめている

秘密主義で臆病なタイプです。ムダ使いはせず、お金を貯めるのが好きですが、悪くいうとケチということに。小心な面から優柔不断に見られがちなので要注意です。

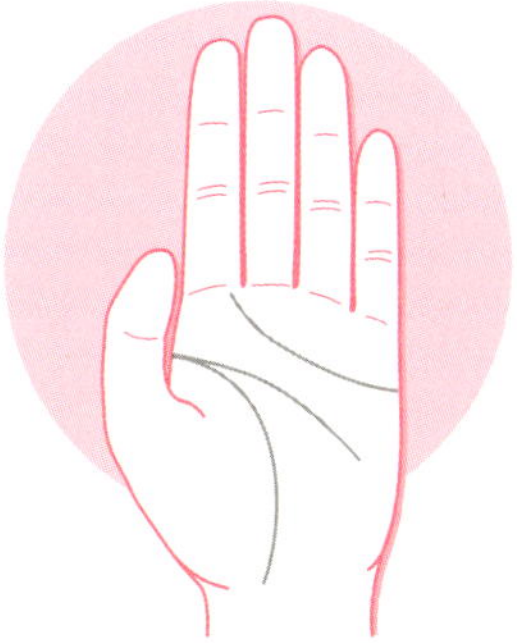

手の形

手の形をチェックします。形を見るときは、手のひら側からではなく、手の甲の面から見るようにしましょう。

❶ 尖頭(せんとう)型

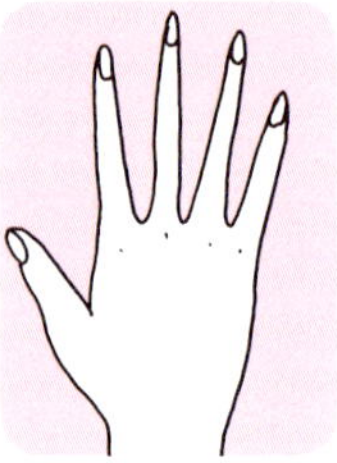

手全体がほっそりしていて、指先が細くなっているのがこのタイプ。色は白く、とても繊細な印象。手はやわらかいです。

性格

社交的で華やかな雰囲気をもっているのが尖頭型。霊的な現象や非現実的なものに興味を示す傾向があります。その反面、理想が高すぎてロマンチックなところがあるため、現実的な問題を対処するのが苦手です。

また、だまされやすく、傷つきやすいので気をつけましょう。体力にはあまり自信がない人が多く、消化器系統と呼吸器系統の病気に注意が必要です。

❷ 円錐(えんすい)型

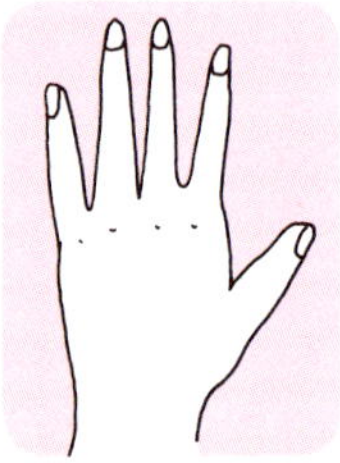

手全体がふっくらして指先や手全体が丸く、指の関節は目立ちません。甲側にえくぼがあるようなタイプ。

性格

円錐型の人は、明るく、人から注目を集めるタイプです。情緒が豊かなので喜怒哀楽が激しく、芸術的な才能や直感力にすぐれています。

頭ではいろいろ考えるのですが、行動力がともないにくく、計画倒れになりやすい傾向があります。自分の思いどおりにならないと他人のせいにする傾向があるので、わがままで子供っぽい行動をとらないように注意しましょう。

❸ 結節(けっせつ)型

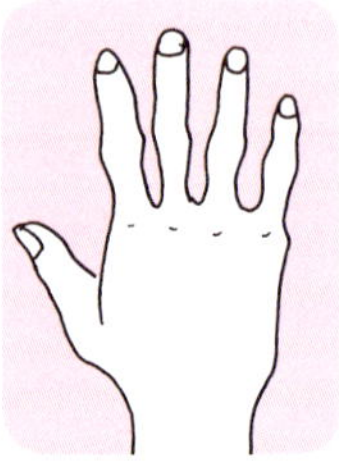

全体的に骨っぽい手で、関節が目立ちます。静脈が浮き出るような感じで、色は青白く、ツメは長いのが特徴です。

性格

精神面や知的な探求を重要視するので、研究者、学者、哲学者などに多いタイプ。商売にはあまり向きません。知識欲や探究心が旺盛で、忍耐強い理論家です。

孤独にも強いため、少ない友人関係で満足する傾向があります。このタイプの人は、自分の道をきわめるあまり、頑固で独善的になりがちです。自分の殻にこもりすぎないように気をつけましょう。

④ 四　角　型

全体的に四角で、見た感じがごつごつして角ばっています。指はつけ根から指先まで同じ太さ。男性に多い形です。

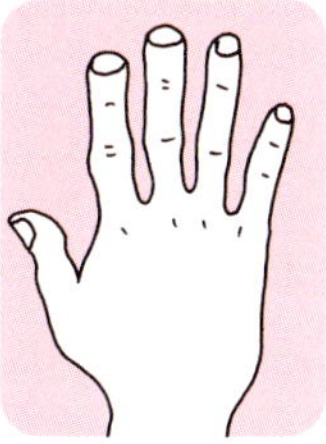

性　格

外観より実質を重んじ、理想より現実を選ぶまじめで素朴なタイプです。常識を大切にし、合理的にねばり強く、ものごとに取り組みます。社交性はやや欠ける傾向がありますが、会社員や商売などに向いています。

家庭を大切にするので、生活は安定的。ただし、保守的で頑固、融通の利かないところは注意が必要です。

⑤ へ　ら　型

指先がヘラのように広がっている形で、タイプとしては少ない手形。手が大きく、指も長く、親指も発達しています。

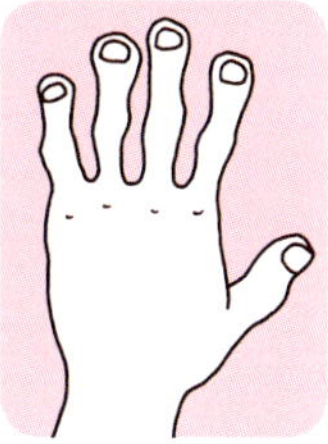

性　格

活動的で、じっとしていることが嫌いなタイプです。努力家でセンスもよく、発明家や技術者に多く見られます。

手先が器用な人が多いので、手先を使う仕事が向いているでしょう。陶芸家やパン職人、菓子職人などのほか、商売も向いています。スタミナがあり、自信家なので、いろいろなジャンルで活躍できるでしょう。

⑥ 原　始　型

手全体が厚くがっちりして、皮膚も浅黒いタイプ。指が太く短く、野生的な印象です。最近は少なくなっている手形。

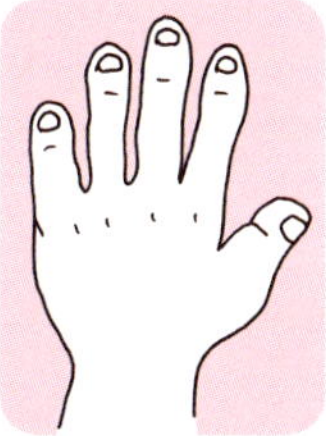

性　格

単純で素朴、温かい人柄です。難しいことや芸術的なことはあまり好みませんが、まじめに努力します。

社交性に欠けるので、人前に出るのは苦手。引っこみ思案な性格のため、商売は不向きです。体力はあり、健康には恵まれるでしょう。

恋愛をすると、その人を大切にしますが、口ベタなので損をしがちです。

⑦ 混　合　型

６種類の手形のうち、２種類以上の手や指の型が混じりあっているタイプです。全部の指が違う形の人もいます。

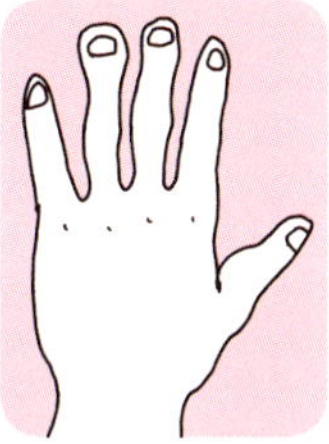

性　格

性格はさまざまなタイプが混じりあっているので、簡単には言いあらわせません。いちばん目立つタイプの手形の傾向が強いでしょう。

全体の特徴として、世渡りはわりと得意で、いろいろな環境に柔軟に合わせていくことができます。その反面、周囲からは、八方美人で移り気だと思われがち。平凡な人生を送る傾向があります。

手の大きさ

手の大きさを見るときは、その人の体格と比べてみて、大きいか小さいかを判断します。

手の大きい人

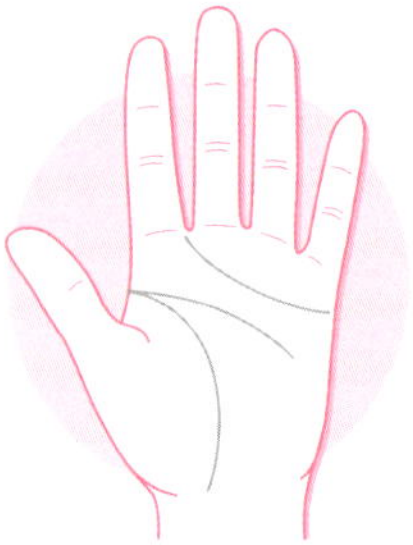

細かいところによく気がつく、やさしくて面倒見のよい人です。なにごとも慎重なので、大きな失敗はあまりしません。小心で臆病な面が前に出すぎると、リーダーシップに欠け、優柔不断に陥りやすいので要注意。

自分がトップに立つより、裏方や誰かの補佐として力を発揮するタイプです。

手の小さい人

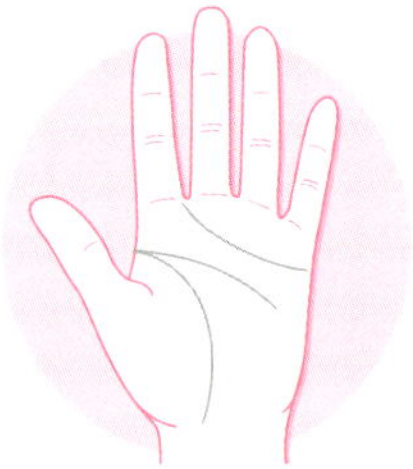

頭の回転が速く、度胸があるので、大胆で行動的な人です。ただし、緻密さや計画性に欠ける傾向があるので注意が必要です。

このタイプの人は、目立ちたがり屋でリーダーシップをとるタイプ。失敗を避けるには、計画性があり、慎重なタイプの人の意見をよく聞くことです。

指の長さ

手のひら側から見て、指のつけ根から指先までの長さと、手のひらのタテの長さを比べてみます。

指が長い人

A>B

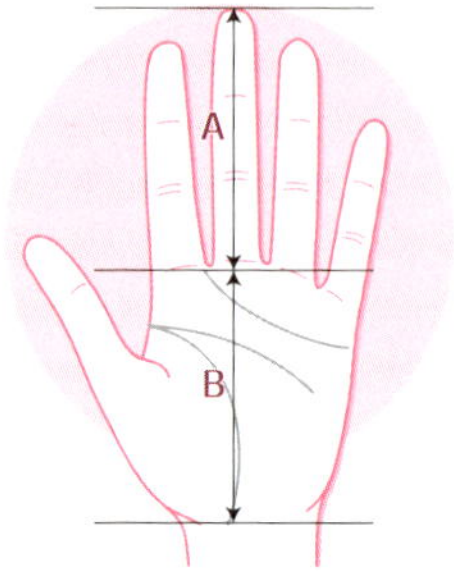

手のひらのタテの長さより指が長い人は、繊細でデリケートなロマンチストタイプ。細かい部分にまで気くばりができ、周囲との調和を大切にします。情緒的、精神的な分野が得意です。長すぎる指の人は、心配性の傾向があります。

指が短い人

A<B

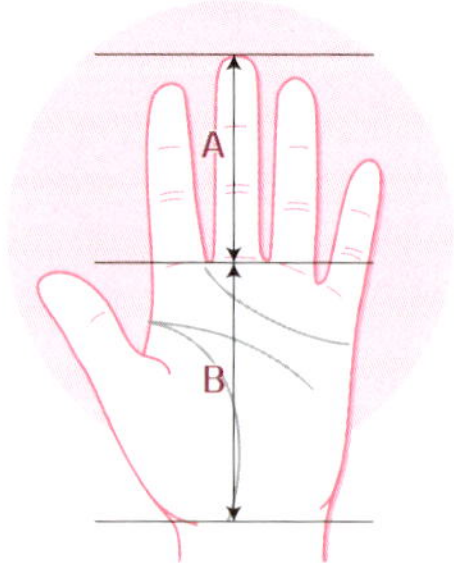

手のひらのタテの長さより指が短い人は、現実的で活動的なタイプです。大胆な行動派で、細かいことにはこだわりません。ドライな性格なため、やや情緒やムードに欠ける傾向があります。短すぎる指の人は、軽はずみな行動に要注意です。

シワの数

ぱっと見たときの印象でシワが多いか少ないか判断。

シワが多い人

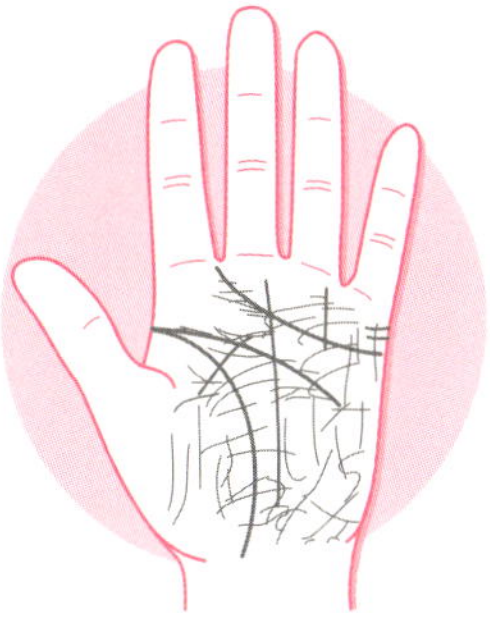

手のひらのシワが多い人は、繊細でデリケートなタイプです。細かいことが気になる潔癖な性格。心配性で、あらゆることをくよくよ考える傾向があります。

シワが少ない人

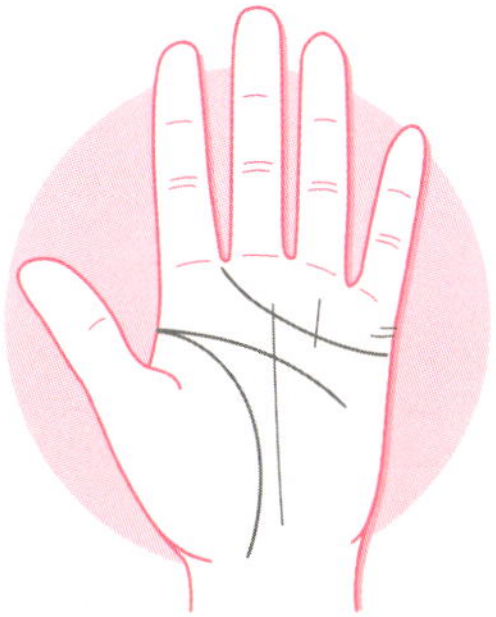

手のひらのシワが少ない人は、サッパリしたおおらかなタイプ。竹を割ったような性格で、細かいことにはあまりこだわりません。

タテ線とヨコ線

タテ方向の線が多いか、ヨコ線が多いかを判断します。

タテ線が多い人

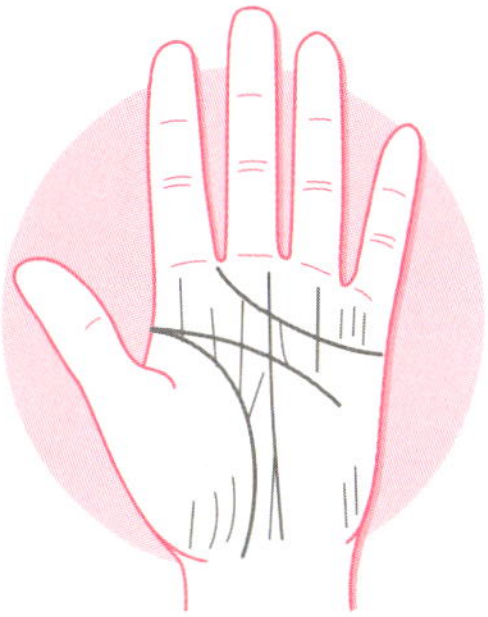

基本的に手のひらのタテ線は、その部位のよい意味を強調しています。タテ線が多い人は、今後、開運していく可能性が高い人。あるいは、すでに現在、好調な人でしょう。

ヨコ線が多い人

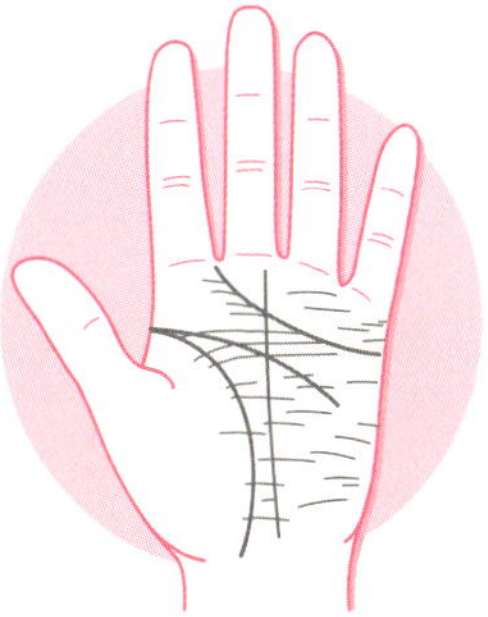

基本的に手のひらのヨコ線は、その部位のマイナス面を強調しています。ヨコ線が多い人は、ストレスを受けやすい人。精神的な疲労を感じやすいので要注意です。

かたさ・やわらかさ

手のひらがかたいかやわらかいかは、職業によっても左右されますが、基本的な傾向を紹介しましょう。

手のひらがかたい人

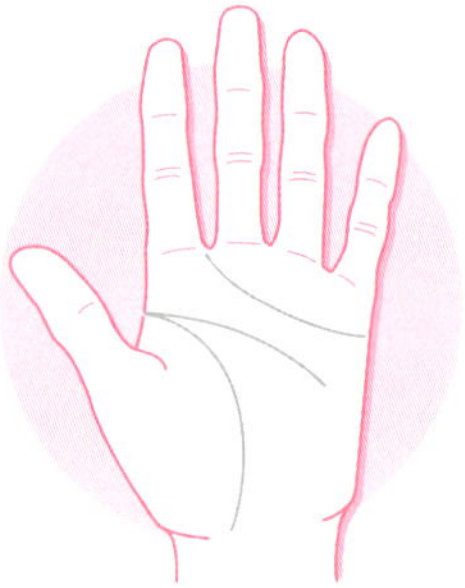

手がかたい人は、意志が強くて堅実的なタイプ。その反面、頑固で融通がきかない傾向があります。スポーツや商売、体を使う仕事が向いているでしょう。

手のひらがやわらかい人

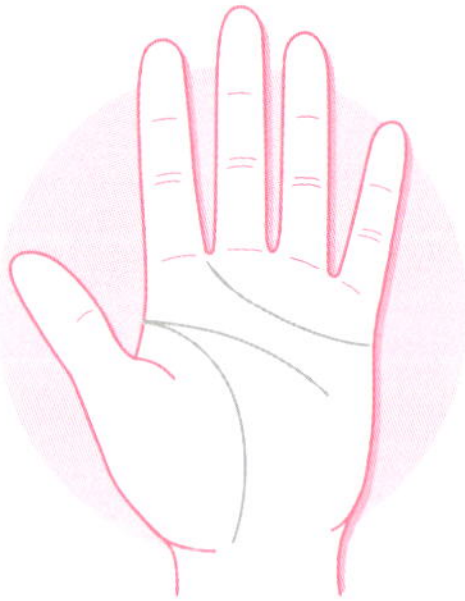

手がやわらかい人は、考え方に柔軟性があり、環境に適応していくことができるタイプ。その反面、意志が弱く、優柔不断な傾向も。デスクワークタイプです。

ツメの形

ツメからは大まかな性格がわかります。健康状態や、体のどの部分が弱いかもわかるので要チェックです。

標準タイプ

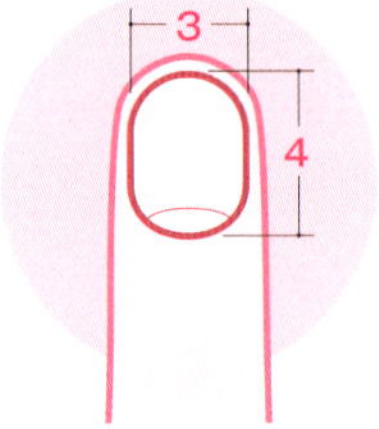

タテ4に対してヨコが3ぐらいの比率のツメが、一般的なサイズ。性格は陽気でバランスがとれていて、なにごとも中庸を心得ています。健康運もまずまずです。

大きいツメ

タテヨコともに長く、指先全部を覆うような大きいツメの人は、おだやかで静かな性格。ノドや気管支、肺など呼吸器系の病気に注意しましょう。

長いツメ

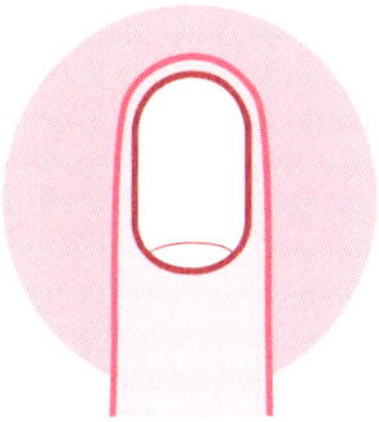

普通型に比べてタテに長いツメの人は、おとなしく、おだやかな性格。理想を追い求める楽天家です。呼吸器系と頭部の病気に注意しましょう。

短いツメ

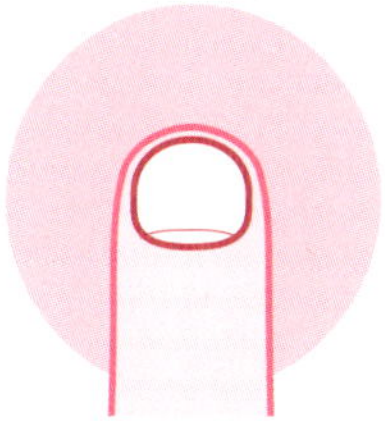

タテとヨコがほぼ同じ長さの四角いツメの人は、頭の回転が早く、理屈っぽく短気な性格です。心臓など循環器系の病気に注意しましょう。

細長いツメ

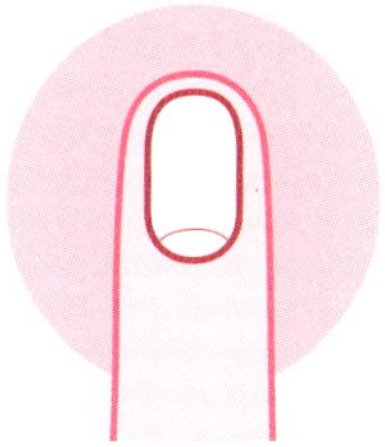

タテに長いのですが、ヨコ幅が狭いツメの人は、繊細でデリケートな性格です。芸術や霊的な分野に興味を示す傾向があります。呼吸器系と脊髄系の病気に注意してください。

ヨコ長の短いツメ

タテよりヨコが長く短いツメの人は、気が短く、落ち着きに欠ける傾向があります。義理人情に厚く、男らしい性格の人に多く見られるタイプ。循環器系の病気に注意しましょう。

ツメの三日月

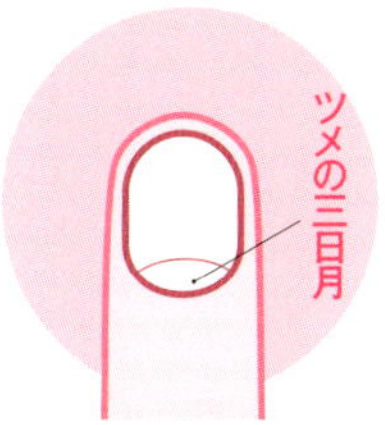

ツメの根元にある白い部分は半月ともいい、体調のバロメーター。ツメの約5分の1が標準で、全部の指に三日月があれば体調のいい証拠。1個もないときは、体力や消化器系が弱っているしるしです。

タテヨコに走る線

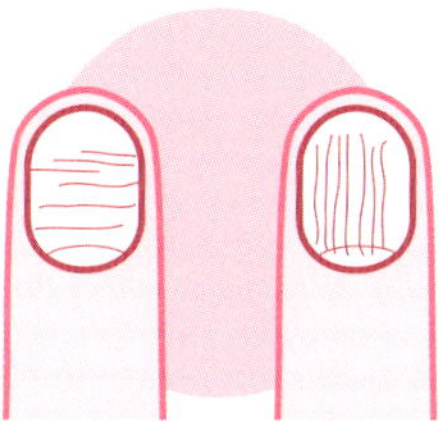

ツメにタテやヨコに走る線は、どちらも心身ともに衰弱しているしるしです。タテやヨコの線が出ているときは、食生活に気をつけて、十分な休養をとりましょう。

ツメに出る点

ツメに白や黒の点が出現することがあります。ツメの点は、いいことや悪いことが起こるサインです。

ツメに出る1～2個の白点はよいことが起こるサイン、黒点は悪いことが起こるサインです。

点がある期間は人によって個人差がありますが、だいたい2～4か月。点が出現している間は、ずっと吉凶の運が漂います。

たいていの場合、その事がらの喜びや悲しみが生じたとき、ツメにしるしが出ますが、最初は三日月の部分と重なるため、わかりにくいことが多いです。

1か月ほど経過すると見えやすくなるので、気がついたときは、過去にその事がらの吉凶があった場合がほとんど。しかし、点が出現している期間は、その運勢の継続期間中といえるでしょう。

点はツメのつけ根から出ることが多いですが、ツメの真ん中あたりに突然出現することもあります。また、指先に伸びる前に消えてしまうことも。これらの場合は吉凶のサインの出現と消失を意味します。

白点のほうが出やすいため、見たことがある人も多いはず黒点はごくまれにしか出ません。

3個以上の点が出た場合は、心身が疲れているか、病気の可能性があります。

また、外側からツメにキズがついて白くなっている場合は関係ありません。

右手のツメは、どちらかというとより具体的で現実的な喜びや悲しみを示します。左手のツメは、精神的でプライベートな事がらや、自分の心の中でかみしめるような喜びや悲しみを示します。

では、それぞれの指の点について見てみましょう。

親指

白点

恋人の出現や、愛情の喜びと充実を意味します。右手に出れば自分が想いを寄せる人が出現した場合が多く、左手は自分に想いを寄せる人が出現した場合が多いです。両方に出たら相思相愛を意味します。

黒点

愛する人とのケンカや別れ、愛する人の身に降りかかる災いの知らせです。

人さし指

白点

仕事上の喜びや、利益、希望がかなうなどのサイン。

黒点

仕事上の失敗や、損失、迷いなどのサイン。

中指

白点

旅行に関する喜び。精神的援助者の出現などのサイン。

黒点

旅行に関するトラブルや事故のサイン。

薬指

白点

地位や名誉を得る、昇進、配偶者の喜びなどのサイン。

黒点

スキャンダル、性の過ち、愛情破綻、名誉失墜などのサイン。

小指

白点

思いがけない収入、儲け、不動産や子供に関する喜びなどのサイン。

黒点

子供に関する災い、生殖器系の異常、思いがけない出費などのサイン。

手のひらの丘

手のひらの丘には、場所によっていろいろな意味があります。丘の名称と意味をおぼえておきましょう。

手相占いでは、手のひらのふくらみを「丘」、へこんだ部分を「平原」と呼んでいます。丘や平原には、それぞれ木星丘や金星丘など、惑星の名前がついていて、それぞれあらわす意味が違います。

手相では、手は宇宙の惑星の波動やエネルギーの影響を受けていると考えられています。惑星からのエネルギーを貯蔵する場所を意味するのが、手のひらの丘。そして、惑星からのエネルギーを受信するアンテナを意味するのが指だとされています。

丘が、適度に発達しているか、タテ線（ヨコ線の場合もあり）があると、その丘のよい意味が強調されます。丘が発達していない場合は、丘の意味合いが弱まることに。また、丘が異常に発達しすぎている場合は、その丘の意味が強くなりすぎて、凶の意味をもちます。

丘の発達の状態は、生まれたときにほぼ決まっているようです。しかし、丘に出るタテ線（ヨコ線）は、後天的なもの。つまり、その人の心のもち方や努力によって、出現したり消滅したりするのです。

各丘の場所は、左のイラストを見てください。木星丘、土星丘、太陽丘、水星丘の位置は、各指の真下だけでなく、左右にズレているのが正しい位置です。ちなみに、東洋的な解釈として、八卦《はっか》の後天定位盤《こうてんじょういばん》を手のひらにあてる方法もありますが、本書では、簡単に対応丘を紹介するだけとします。また、西洋占星術における12ハウスを手のひらにあてはめるやり方もありますが、実際には、そのままぴたりとあてはまるとは考えられないため、本書では紹介しません。

では、つぎのページから、それぞれの丘についてくわしく見ていきましょう。

丘の名称と位置

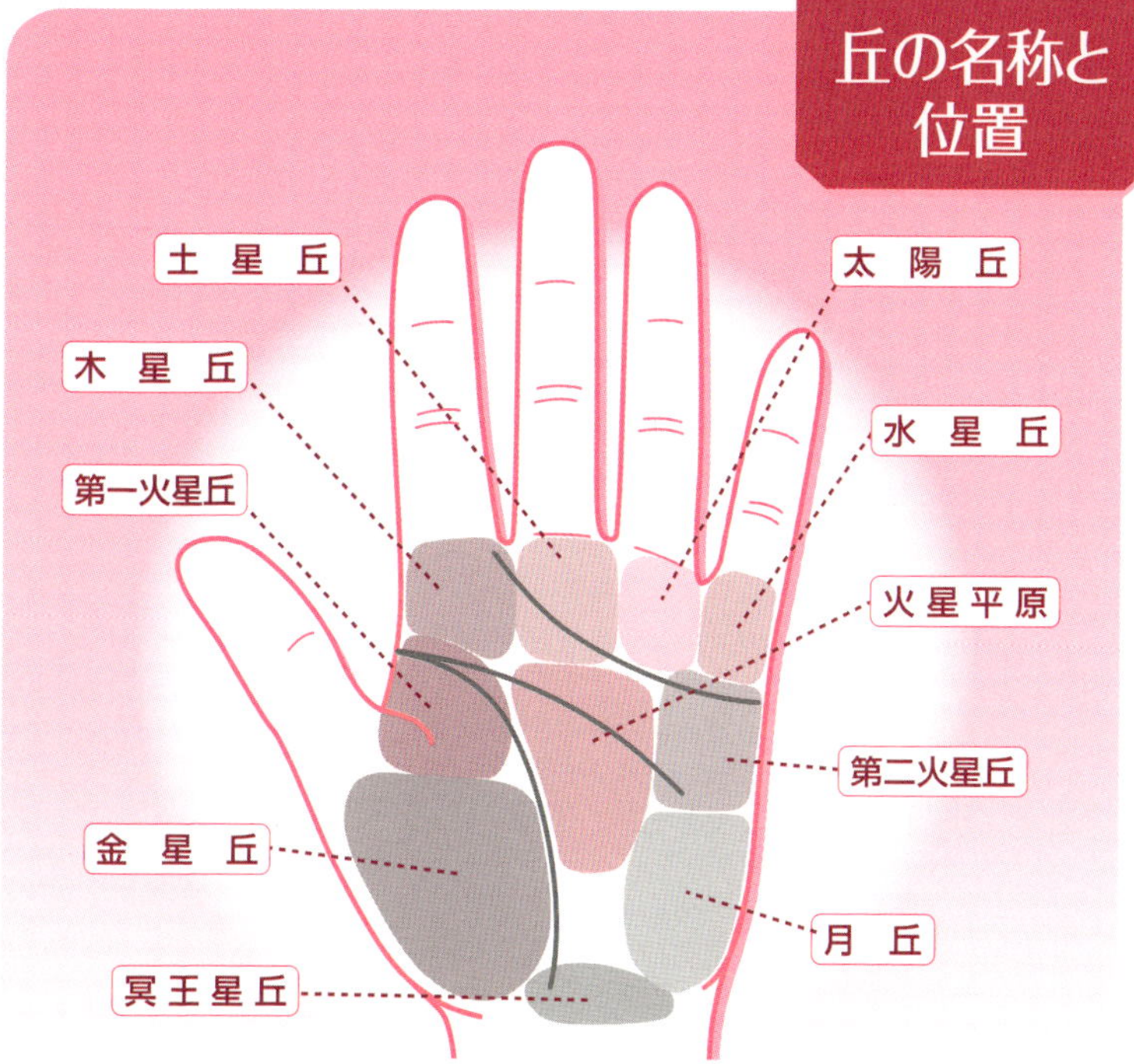

後天定位盤の対応丘

東洋手相術や気学でおなじみの後天定位盤を西洋手相術の丘にあてはめると、このようになります。

木星丘	→	巽宮（そんきゅう）
土星丘・太陽丘	→	離宮（りきゅう）
水星丘	→	坤宮（こんきゅう）
第二火星丘	→	兌宮（だきゅう）
月丘	→	乾宮（けんきゅう）
冥王星丘・月丘・金星丘の間	→	坎宮（かんきゅう）
金星丘	→	艮宮（ごんきゅう）
第一火星丘	→	震宮（しんきゅう）
火星平原	→	中宮（ちゅうぐう）または**明堂**（みんどう）

木星丘

木星丘が適度に発達しているか、タテ線がある人は、権力、野心、向上心、独立心、指導力、名誉など、木星丘がもつよい意味が強まります。

理想が高く、夢と希望をもつリーダータイプ。人に指図されるのは苦手です。積極的に社会に出て、自信をもってねばり強く努力します。

木星丘の発達が少ないか、タテ線がない人は、向上心やリーダーシップに欠ける傾向があります。社会で勝負に出る気力が乏しい人です。

ここが異常に発達している場合は、野心や権力志向が強すぎます。周囲からワンマンで鼻もちならない、傲慢な人間だと思われがちです。

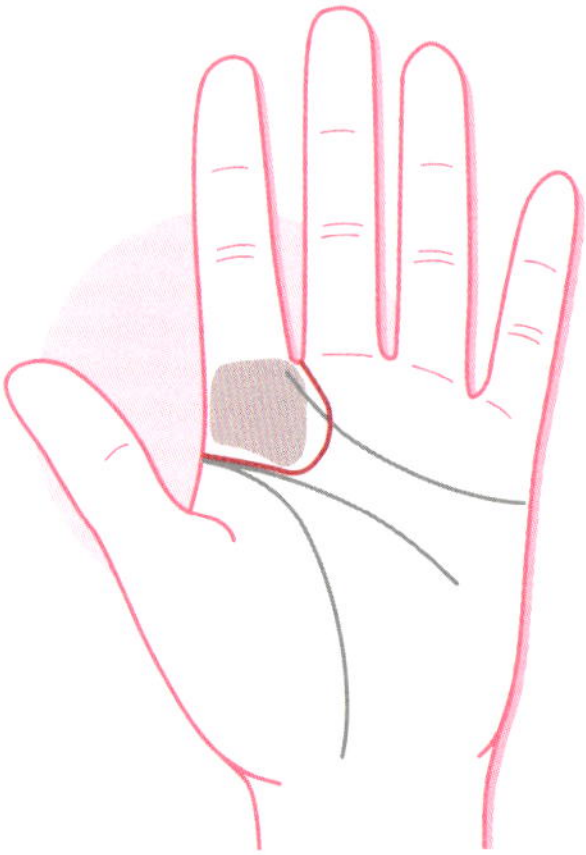

土星丘

土星丘が適度に発達しているか、タテ線がある人は、忍耐力、思慮深さ、努力、抑制力、修養心、信仰心、現実性など、土星丘がもつよい意味が強まります。

晩年も現役で活躍する人が多く、この現実社会を忍耐と努力でしっかり形にしていけるタイプです。

土星丘の発達が少なく、タテ線がない人は、忍耐力や抑制力に欠けます。自己本位で投げやりになりやすい傾向があるでしょう。社会環境などが厳しいと、挫折したり、中途挫折になりやすいので注意が必要。

異常に発達している場合は、孤独を愛し、隠遁的。頑固で融通がきかない傾向があるため、ひとりよがりな人生を送りがちです。

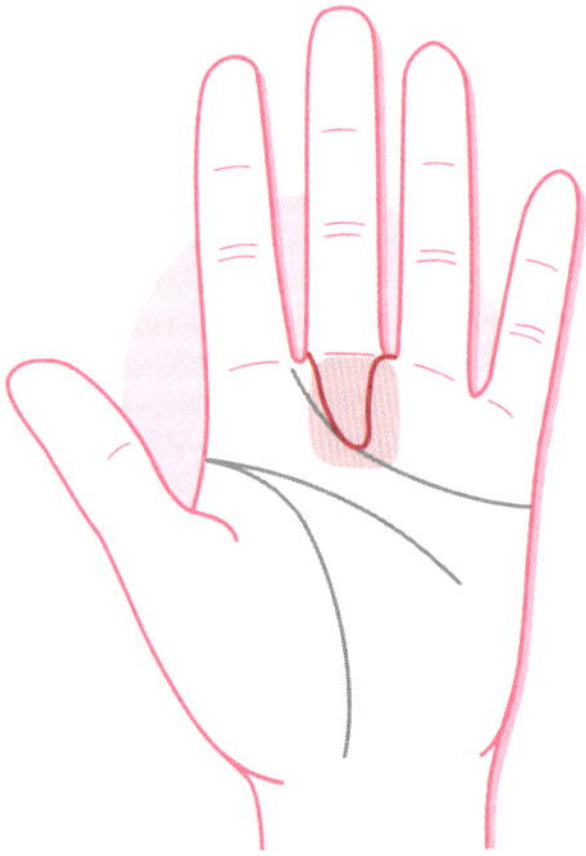

太陽丘

太陽丘が適度に発達しているか、タテ線がある人は、人気、名声、成功、芸術性、長期的な金運など、太陽丘がもつよい意味が強まります。芸術や何かをつくる分野で活躍するでしょう。この丘は成功や名声、金運などのバロメーターなので、かなり重要な部分です。

太陽丘の発達が少ないか、タテ線がない人は、自分が考えていることを実現しづらく、満足感を得るのが難しい傾向にあります。また、人からの信用や人気も薄くなりがち。感謝することを心がけましょう。

異常に発達している場合は、自尊心が高く高慢で、見栄っぱりの傾向が強まります。自分さえよければよいというエゴイストにならないよう注意しましょう。

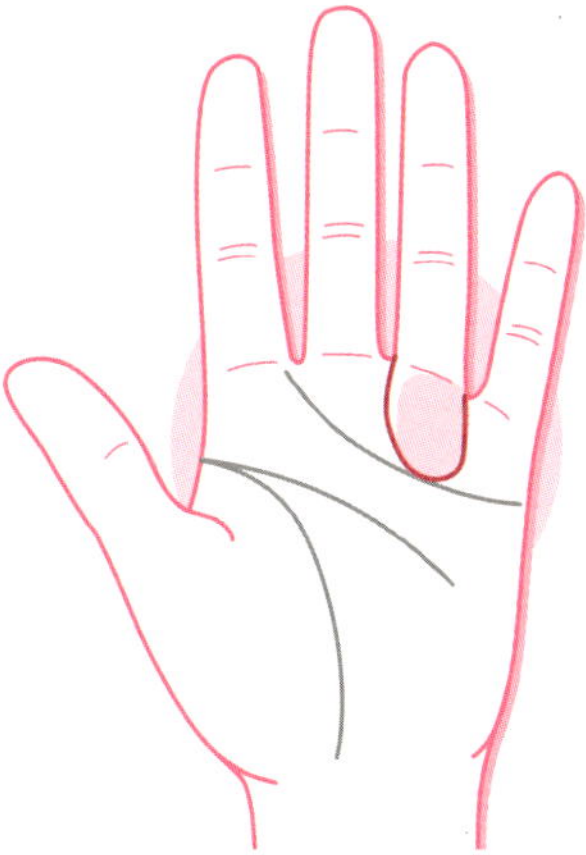

水星丘

水星丘が適度に発達しているか、タテ線がある人は、知的能力、言語能力、判断力、コミュニケーション能力、情報収集力、分析力など、水星丘がもつよい意味が強まります。商才にすぐれ、文才もあり、何かを表現することが得意です。

水星丘の発達が少ない、タテ線がない人は、判断力やコミュニケーション能力が弱いため、実社会において有能な仕事をするのが難しいでしょう。表現力が乏しく、対人関係に広がりが欠ける傾向があります。社会生活に支障が生じやすいので要注意です。異常に発達している場合、批判力が強く、知識におぼれる傾向が強まります。お金に執着する人もいます。

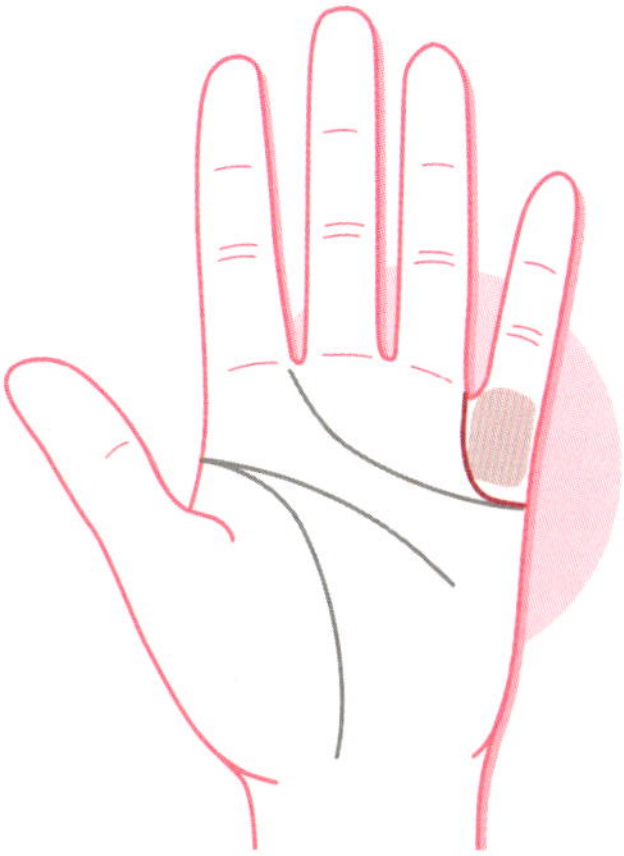

第一火星丘・第二火星丘・火星平原

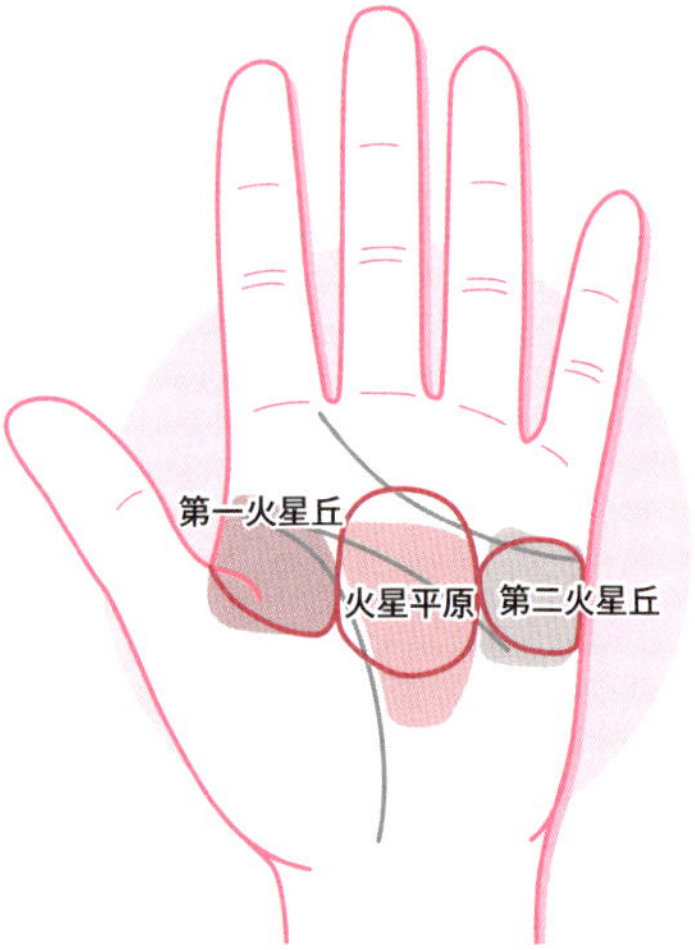

第一火星丘が適度に発達しているか、タテ線やヨコ線がある人は、闘争心、活動力、意志力など、火星丘がもつよい意味が強まります。

第一火星丘の発達が少ない、タテ線やヨコ線がない人は、気力が乏しく消極的で小心なため、目前にあるチャンスを逃がしがちです。

ここが異常に発達している人は、プライドが高く我が強いため、ケンカっ早いので注意してください。

第二火星丘が適度に発達しているか、タテ線やヨコ線のある人は、正義感、義侠《ぎきょう》心、反骨精神、ライバル意識など、第二火星丘がもつよい意味が強まります。

第二火星丘の発達が少ないか、タテ線やヨコ線がない人は、正義感や反骨精神に欠けるので、間違ったことにも反対できず流されやすい傾向があります。切磋琢磨《せっさたくま》していくようなよい意味のライバル意識に欠けます。

異常に発達している人は、義侠心や反骨精神が悪い方向に出やすく、自暴自棄になる傾向が強まるので注意しましょう。

火星平原は、逆に適度にくぼんでいるほうが良相です。適度にくぼんでいるか、タテ線のある人は、感情と知性と体力のバランスがよく、ホルモンや神経の分泌や流れがスムーズ。環境への適応能力や身体調整機能にすぐれているので、安定性があり素直な性格です。また30代から40代の運勢が良好な傾向にあります。

火星平原がほかの丘のように発達していたり、極端にくぼんでいる場合は、ちょっとしたことで心身のバランスをくずしやすく、神経の病気になりやすい傾向があります。火災や刃物のトラブルにも気をつけましょう。

金星丘

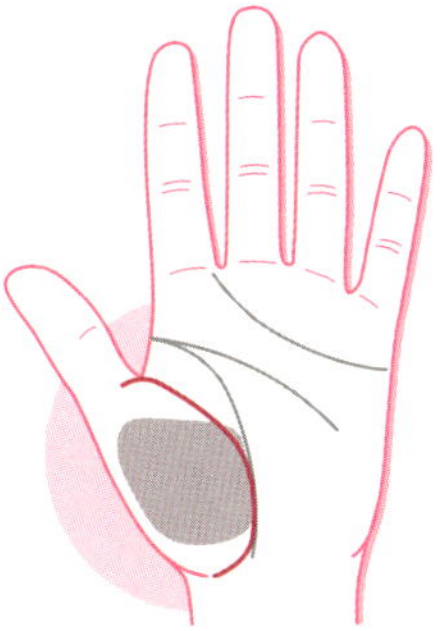

金星丘が適度に発達しているか、タテヨコの格子状の線がある人は、美意識、人生を楽しむ能力、愛情運、身内運、スタミナなど、金星丘がもつよい意味が強まります。

金星丘の発達が少ない人やタテヨコ、格子状の線がない人は、美意識や人生を楽しむ能力に欠けがち。愛情表現が乏しく、スタミナ不足の傾向があります。

異常に発達している人は、享楽的な傾向があるため、不摂生に注意してください。

月丘

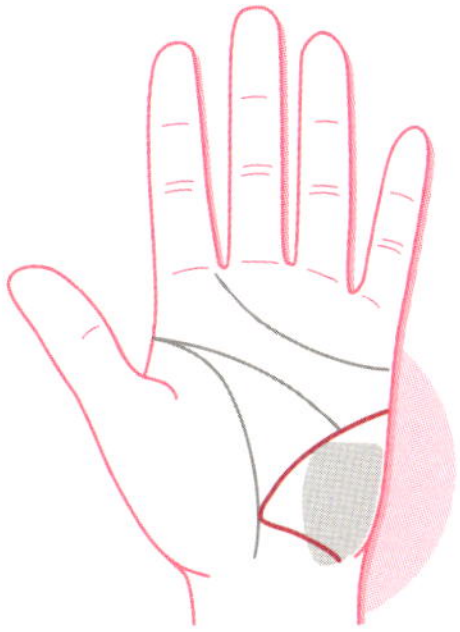

月丘が適度に発達しているか、タテ線がある人は、人気、想像力、霊感、他人からの援助や引き立てなど、月丘がもつ意味が強まります。

月丘の発達が少ない人やタテ線がない人は、現実的すぎてロマンに欠ける傾向あり。周囲から、おもしろみがない人だと思われがちなため、他人からの援助や引き立てを受けにくいでしょう。

異常に発達している人は、誇大妄想的になったり、欲望の虜《とりこ》になりやすいです。

冥王星丘

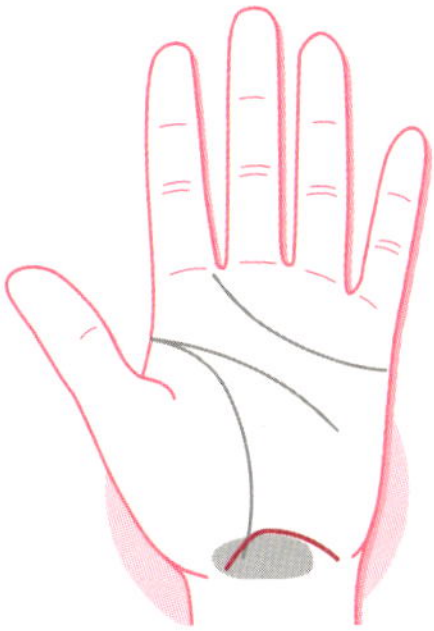

冥王星丘は丘ではなく、手首の上にある場所のこと。ここにタテ線がある人は、洞察力、探究心、徹底性、念力、先祖との関わりなど、冥王星がもつよい意味が強まります。

冥王星丘にタテ線がない人は、一度の失敗や挫折でくじけてしまいがち。再起しようという気力が欠けるため、徹底性や探求心、根気が乏しいでしょう。

3大基本線を見る

生命線・知能線・感情線を見れば、性格や仕事の傾向、人生の転機などがわかります。

生命線、知能線、感情線の3本は、3大基本線と呼ばれ、すべての人に見られる線。基本的な性格や適職、転機などがわかります。

●生命線

親指と人さし指の間からスタートし、親指のつけ根を囲み、手首のほうへ向かって伸びる線。

もっとも重要な線で生命線がない人はいません。体力やバイタリティ、健康、大まかな寿命、開運期、結婚、恋愛、独立、悩み、障害の時期などがわかります。

●知能線

親指と人さし指の間からスタートし、手のひらの中央を通り、小指の下の方向へ向かって伸びる線。

性格や適職の方向性、才能、考え方、発想力、神経や精神、頭部の病気などがわかります。

●感情線

小指のつけ根の下からスタートし、中指や人差し指のつけ根の方向に向かって伸びる線。

喜怒哀楽といったその人の感情、心のやさしさ、恋愛のタイプ、目や循環器系の病気などがわかります。

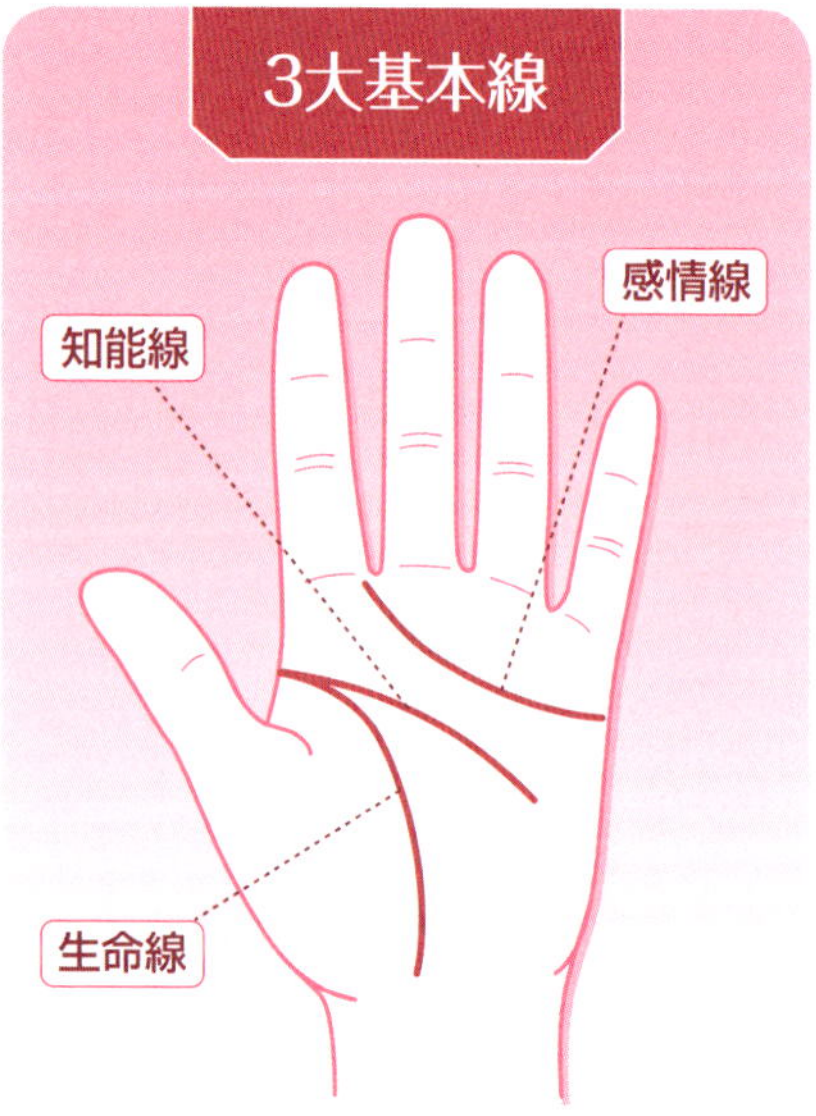

その他の重要線を見る

3大基本線を見たら、運命線、太陽線、結婚線、健康線など、その他の重要線を見ていきます。

●運命線

中指のつけ根に向かって伸びるタテ線。線がどこからスタートしているかによって、運命の傾向が違ってきます。人生の転機、運勢の流れ、結婚、出会い、不運期、自分自身のエネルギー消費度などがわかります。

●太陽線

薬指のつけ根に向かって伸びる、タテ線。誰の手にもある線ではなく、あっても変化が激しい線です。名声、知名度、人気、金運、人生の満足度などがわかります。

●結婚線

小指のつけ根にあるヨコ線。結婚を考えるような深い縁、大まかな結婚適齢期、結婚相手に対する心の状態、結婚生活の満足度、別居、離婚などがわかります。

●健康線

小指のつけ根の下のほうに出ている線。健康状態や病気になりやすい系統などがわかります。健康線以外でも、健康についてはさまざまな見方（P112～121）があります。

●その他の線

このほかにも、いろいろな線があります（P220～227）。細かい線は、その人の個性をあらわす重要な線です。しっかり読み取っていきましょう。

その他の重要線

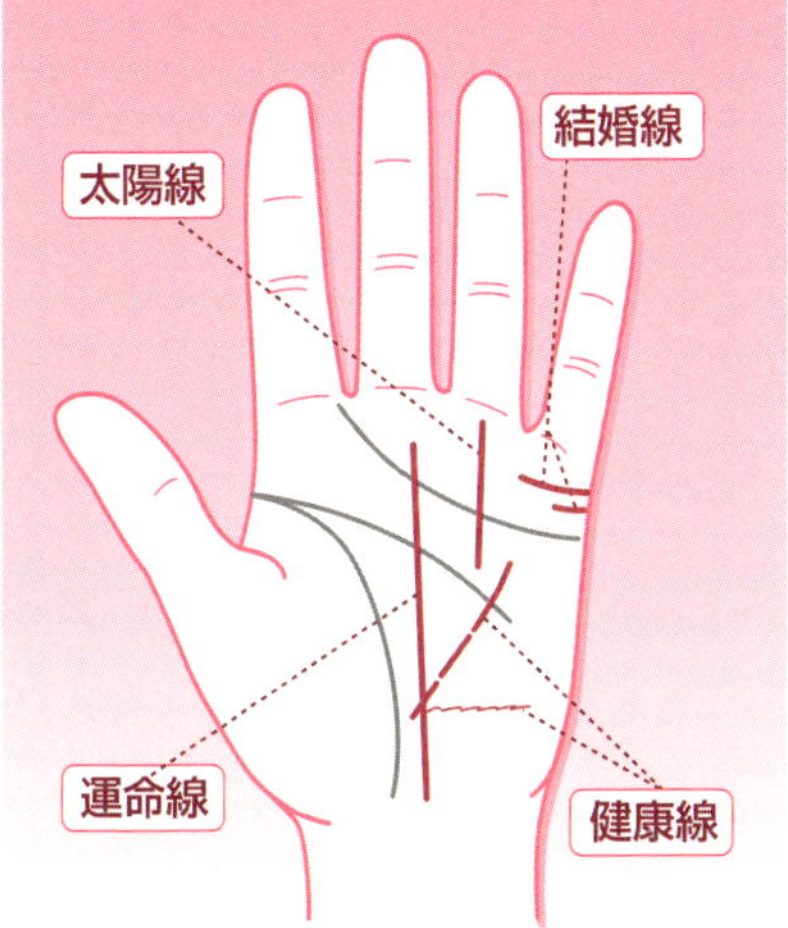

マークの特徴と意味

手のひらには線のほか、鎖や島、点などいろいろなマークがあります。それらの意味を知っておきましょう。

鎖や島、マーク（紋）などは、それだけで判断するものではありません。マークだけを見て悪いきざしだと思ってしまう人も多いのですが、本来は、全体のバランスを見て判断することが大切です。

本書では、とくに重要な特徴やマークについて紹介します。

鎖状線

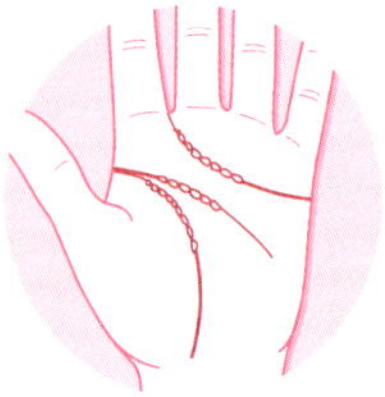

鎖の目のような線。感情線は感情の豊かさをあらわしますが、それ以外は線の意味が弱まります。

断続線

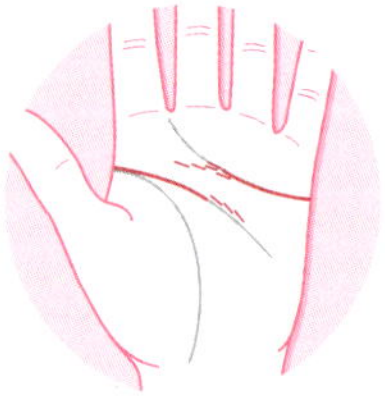

切れ切れになった線。線の意味を弱くします。

波状線

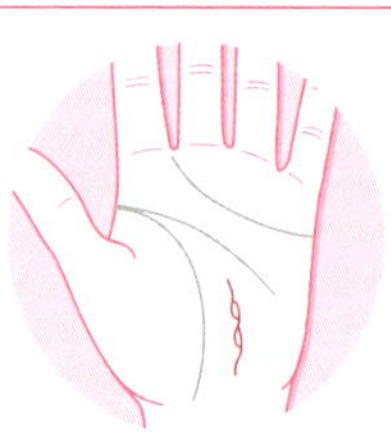

波状にくねくね、うねる線。線の意味を弱め、運勢のうねりを示します。

島

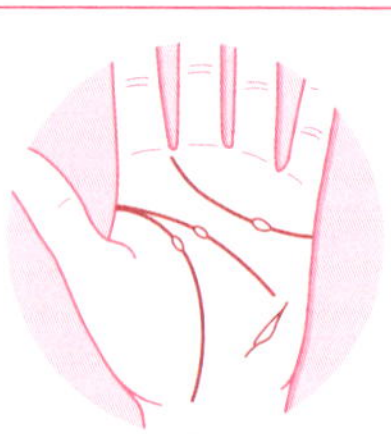

線の一部がふたつに分かれ、再びひとつに結ばれた島の形のような線。線の意味を弱くします。スランプなどを意味します。

枝線・支線

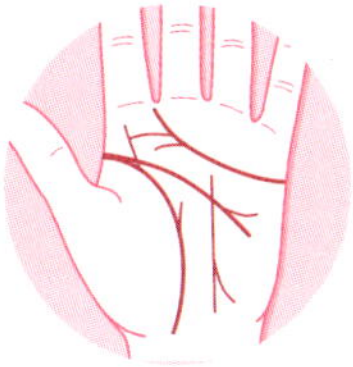

主線から出る枝分かれや支線。基本的には運勢の広がりを示すマーク。場所や出方によっては、線の意味を弱めて分散させます。

ふたまた線

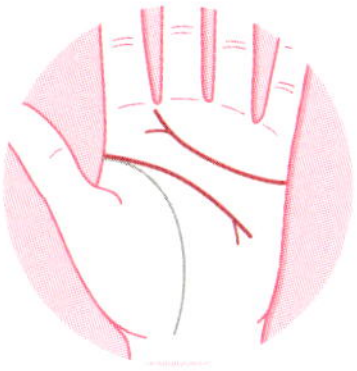

先端がふたまたに分かれている線。基本的には線の意味を強め、運勢の広がりをあらわしますが、場所によっては意味を弱める凶暗示です。

格子線

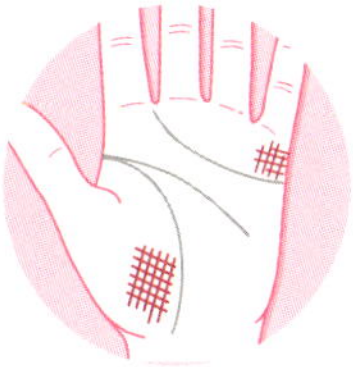

タテヨコの線が格子状に出る線。金星丘以外の場所は、その部位の意味を弱めます。

姉妹線

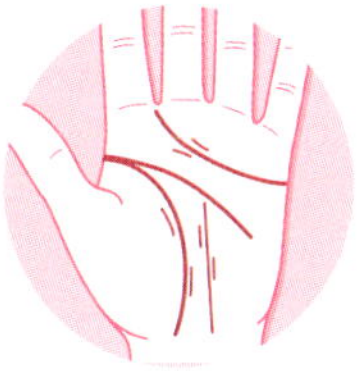

主線に平行に走る線。基本的に線の意味を強める補助線。

井形線

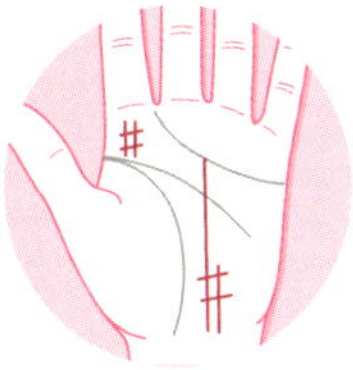

4つの線が井形になる線。主要線上であれば災難から救われる意味。丘に出る場合は基本的に吉暗示です。

十字線

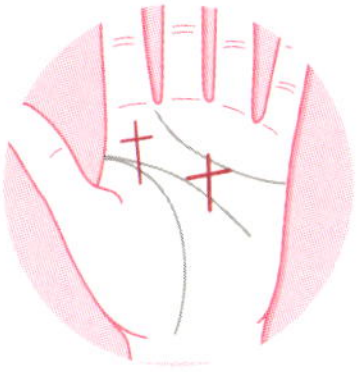

タテヨコの線が十字にクロスする線。木星丘、火星平原以外は、その線や部位の凶暗示。

ホクロ・黒点・赤点

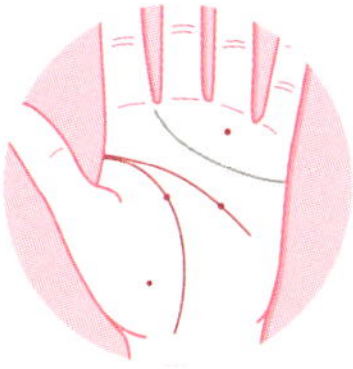

どこに出てもその部位の意味の凶暗示ですが、致命的な凶ではないのでそれほどの心配はいりません。ただし、生命線上の黒点や赤点はその年齢の病気の注意が必要です。

星形線

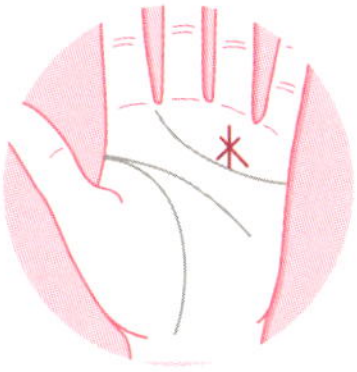

3本以上の線が交わり、星のように見える線。太陽丘、木星丘は吉暗示、生命線、運命線、知能線、感情線上は凶暗示、それ以外の丘に出た場合は、その丘の意味をその人が求めているが満足していないしるし。

何歳に何が起こるかわかる流年法

恋愛や結婚、転機、障害などの時期を知るためには、流年法をおぼえておくと便利です。

生命線や運命線には、それぞれ、いつごろ、どんなことが起こるのかがわかる、年齢の目盛りがあります。その目盛りから、結婚や転機、障害などの時期がわかるのです。

何歳ごろどんなことが起こるか？　また、過去にどんなことがあったかを読む行為を「流年法《りゅうねんほう》」といいます。

ここでは流年法の中心になる、生命線と運命線の流年を紹介しましょう。

実際の鑑定では、90％を生命線と運命線の流年で読み、それ以外に結婚線の流年（P208）、知能線や太陽線の流年も使用します。

なお、左手と右手の流年が1～2年ずれていることがあります。これは、実際にことが起きた時期と、心理的にその事がらが実感された時期とに、タイムラグがあるというしるしです。

●生命線

第一火星丘のスタート地点を15歳とします。そして、人差し指のつけ根幅を生命線上に取った地点が21歳です。その等間隔で31歳、47歳、68歳となります。年をとるほどに1年の幅が短くなるのが特徴です。

これは、子供や若いころほど1年の経過が長く感じられ、年をとるほどに1年の経過が早く感じられるため、このようになります。そして、流年のポイントは、生命線と運命線の流年をあわせて判断し、個々人に合った流年をとることが大切です。

なお、二重生命線は外側の生命線で流年をとります。

●運命線

手首の線の一番上のスタート地点を0歳とし、中指のつけ根を100歳とします。その中間点が29歳。その中間点をそれぞれ19歳、52歳とします。

生命線・運命線の流年

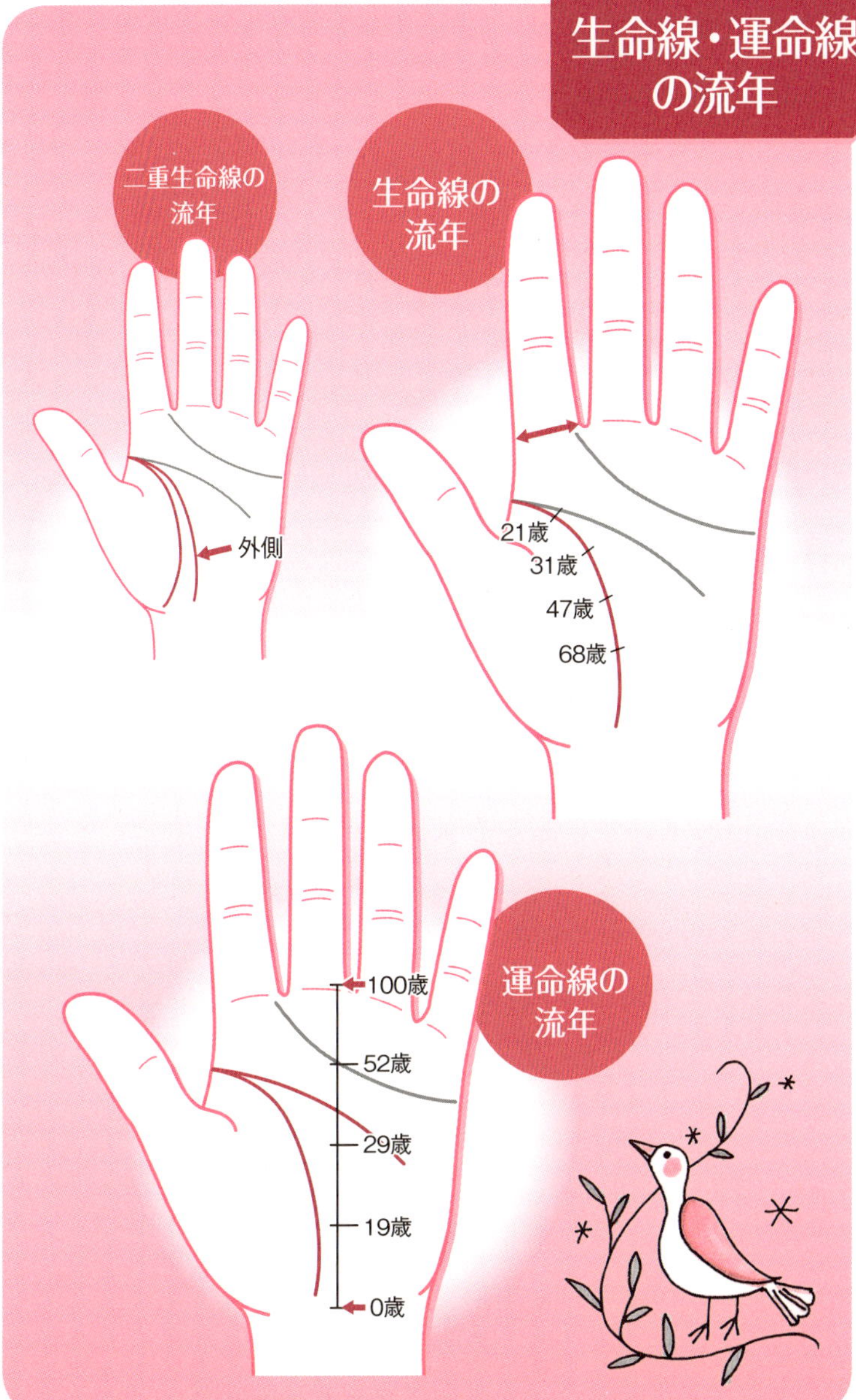

二重生命線の流年
外側
生命線の流年
21歳
31歳
47歳
68歳
運命線の流年
100歳
52歳
29歳
19歳
0歳

Column
コラム

手相を見てもらうベストタイミングは?

手相は、どんなときに見てもらうといいのでしょうか。

手相は、どんどん変わっていくものだという話をしました（P126）が、よく「手相はどれぐらいで変わりますか?」とか「次はいつ見てもらったらいいですか?」といった質問を受けます。

手相は、心境や環境の変化にともなって刻々と変化するものです。しかし、変化のペースや度合いは、人によってさまざま。だから、◯か月ごとに見てもらったほうがよいというようなことは単純に言えません。

「気になることがあるときや、人生の計画を立てたいので参考にしたい」というときなどが、手相を見てもらうベストタイミングといえるでしょう。

●20代前半に見てもらうのがベスト

手相を見るのに適した時期を年齢でいうと、20代前半から半ばくらいがベストだと思います。あまりに若すぎても、運命や人生に対する認識や対応力がまだそなわっていません。しかし、もちろん若いうちに見てもらってもOKです。

40代以降の人は、結婚や仕事上の転機など大きなイベントの年齢が過ぎてしまっていることがほとんどです。せっかくの流年法を駆使した鑑定が過去を占うことになるケースもあります。

手相は、恋愛や仕事など、自分が何かに悩んでいて、答えがほしいときなどに、定期的に活用することをおすすめします。

part 6

3大線と重要線を読み解く

生命線

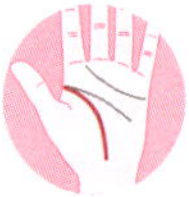

人生の方向性を総合的にあらわす重要な線

生命線とはどんな線か

生命線は、親指の根元と人差し指のつけ根の間（第一火星丘）からスタートし、親指のふくらみ（金星丘）を囲むようにカーブを描き、手首の真ん中あたり（冥王星丘）へと向かう線です。

生命線の起点である第一火星丘は、情熱や意志力、活動力、闘争心、積極性、精力など、現実的な社会でのエネルギーを意味し、金星丘には、身内、スタミナ、愛情、健康、平和などの意味があります。そして、冥王星丘は始めと終わり、死と再生、生まれ変わり、性、霊界、先祖との関わり、宿命などを意味します。

これらの丘があらわす意味からもわかるように、生命線は「生存」という根本的な事がらを示します。

人によって、長さや濃さ、太さ、張り出し、向きなどが違いますが、生命線のない人はいません。

生命線から何がわかるか

生命線からは、体力、生命力、スタミナ、健康状態などがわかります。それ以外にも、転職や独立などの転機、そして障害やスランプ、病気などもわかるのです。さらに、恋愛や結婚、妊娠、出産も生命線からわかります。

寿命も生命線で見るのですが、「短い＝短命」と判断してはいけません。生命線が短くても、たいていは運命線や知能線でそのぶんを補っているものです。また、左右どちらかの手の生命線が長いこともあり、これらの場合、あまり心配する必要はありません。万が一、短い生命線を補うものがなくても、後天的な努力でカバーすることもできます。

逆に、生命線が「長い＝長命」と判断してもいけません。たとえ生命線が長くても、天寿を全うせずに短命で終える人も多いのです。また、食生活をはじめとした生活習慣や周囲の環境などでも寿命は当然、変わっていきます。

生命線（丘の位置）

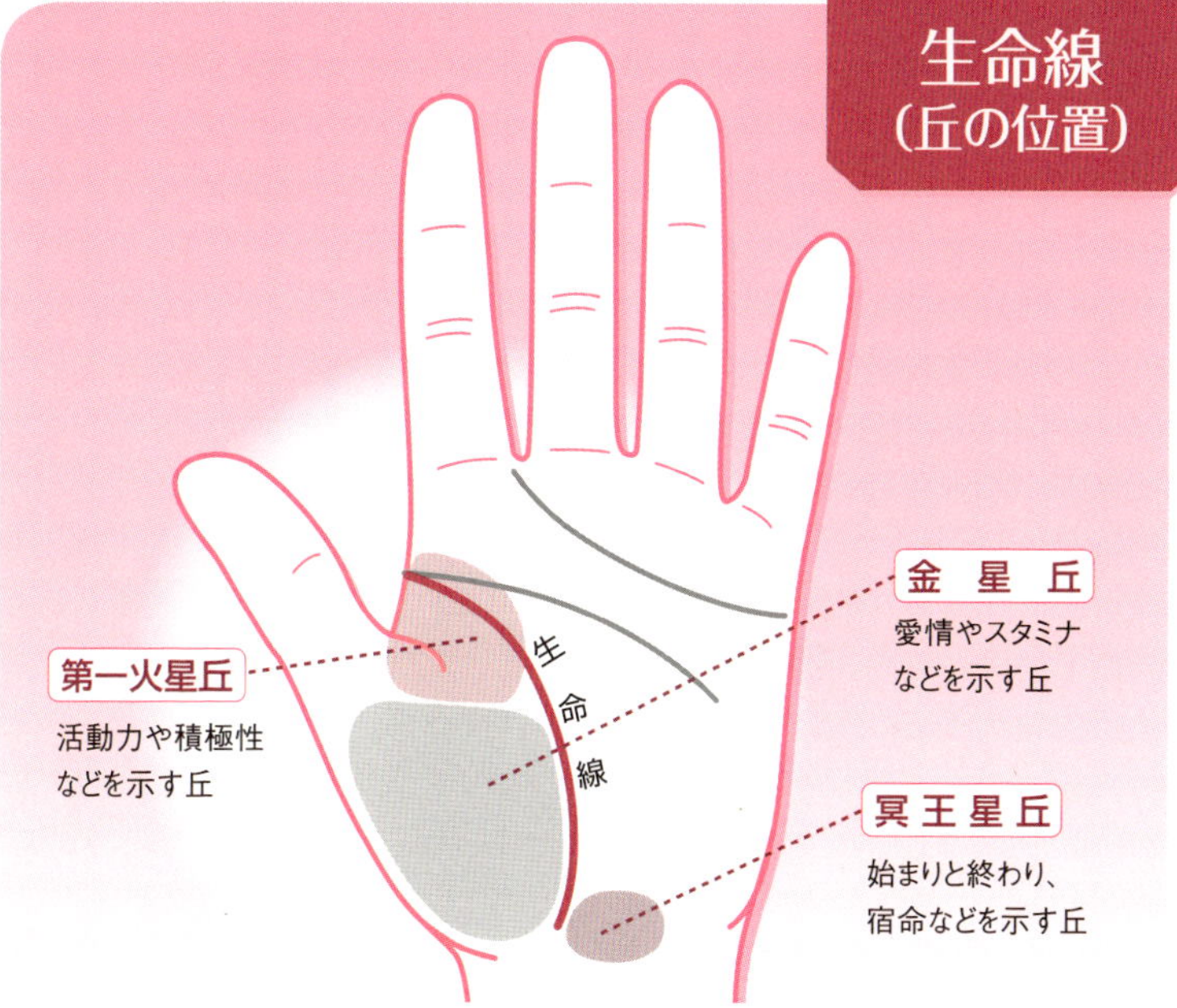

金星丘
愛情やスタミナなどを示す丘
第一火星丘
活動力や積極性などを示す丘
生命線
冥王星丘
始まりと終わり、宿命などを示す丘

生命線の見るべきポイント

●太さ

生命力の強さや体力を見ます。太い人は体力があり、頑張りがきくタイプです。

●長さ

寿命の大まかな傾向を見ますが、長いから長命というわけではありません。手相全体のバランスを読むことが大切。

●カーブ

スタミナやバイタリティをチェック。カーブが大きいほど体力があると判断します。

●向き

手首の中央へ向かうか、親指側に向かうか、月丘へ向かうかなどを見ます。

●本数

1本の人が多いですが、2本の人もいます。

●支線や横切る線

生命線から出る線や、生命線を横切る線も、いろいろな意味をもちます。角度や位置、線のタイプや島などをチェックしましょう。

CHECK 1 生命線の太さは？ ▶ 基本的な体力を見る

太くて濃い

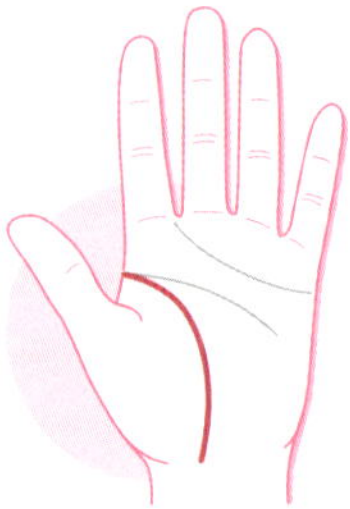

生命力が強く、体力があり、体は丈夫です。多少の無理をしても平気なので、がんばりがきく人。病気にもなりにくく、たとえ病気やケガをしても、すぐに回復するでしょう。

普通

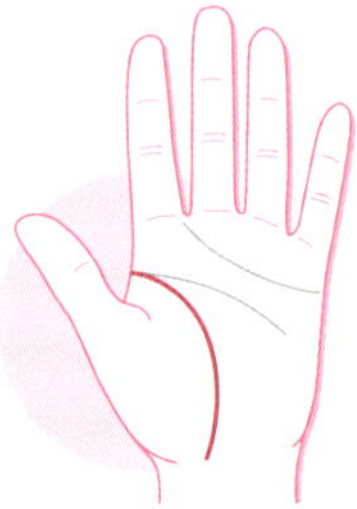

生命力は標準的です。無理はききませんが、人並みの体力があるので、問題なくやっていけます。

細くて薄い

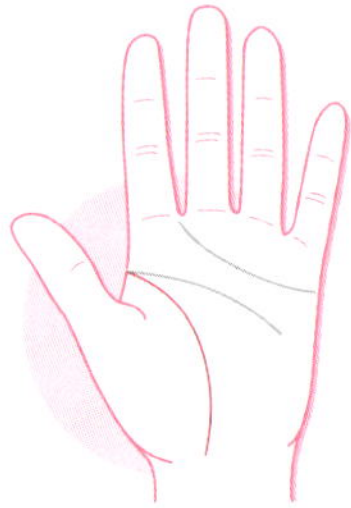

生命力が弱く、体力が乏しく、体は丈夫ではありません。女性に多く見られますが、無理をしなければ大丈夫。スタミナや体力に欠けるので、積極性や気力、情熱も不足しがちです。でも、細かい心くばりのできる人です。

CHECK 2 生命線の長さは？ ▶ 寿命の傾向を見る

長い

生命線が長い人は、長命の傾向があります。しかし、生命線の長さがそのまま寿命をあらわすわけではありません。生命線の太さや、それ以外の総合的な判断が必要です。

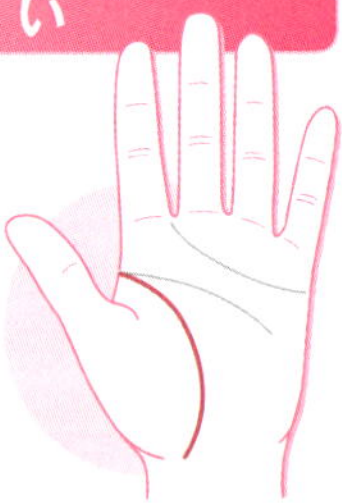

普通

平均寿命なみの傾向があります。ただし、生命線の太さや、それ以外の線や丘など、全体のバランスを見ることが大切です。

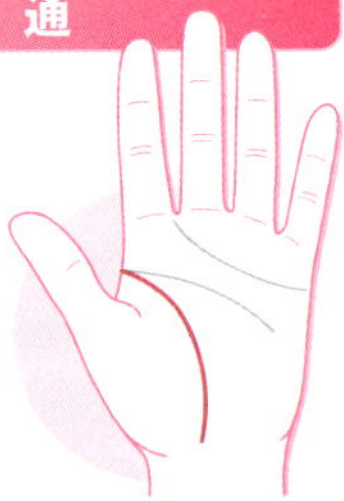

短い

短命の傾向がありますが、運命線Aがすぐそばにあったり、長く太い知能線Bがあれば補えます。また、左右どちらかが長いなら、あまり心配ありません。生命線が短くても、長生きをしている人はたくさんいます。

左右ともに短い人は、健康に留意して不摂生を控え、食生活や生活習慣に気をつけましょう。また、徳を積むことや少食にすること、名誉や地位を得ず、お金、豪邸などをもたないことも、寿命を伸ばすことにつながるといわれています。

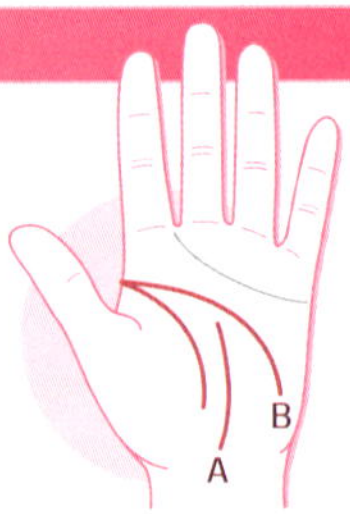

CHECK 3 生命線の張り出しは？ ▶ スタミナやバイタリティをチェック

大きい

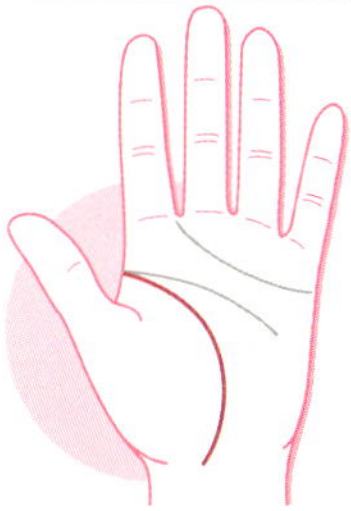

生命線のカーブが大きく、線が張り出している人は、スタミナがあり、体力や精力が強い人です。疲れにくく、バイタリティも豊富です。ただし、健康を過信しないことも大切。体を動かすことが大好きです。

普通

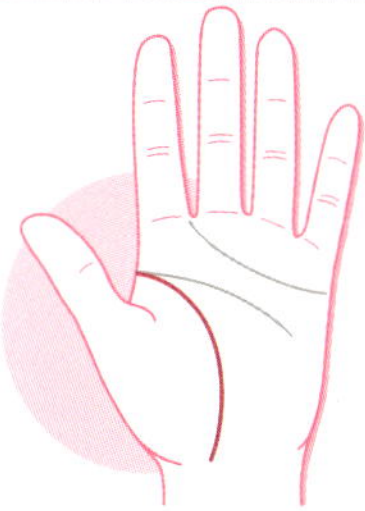

標準的な体力です。普通にバイタリティがあるので、無理をしないかぎり、元気に生活できるでしょう。

小さい

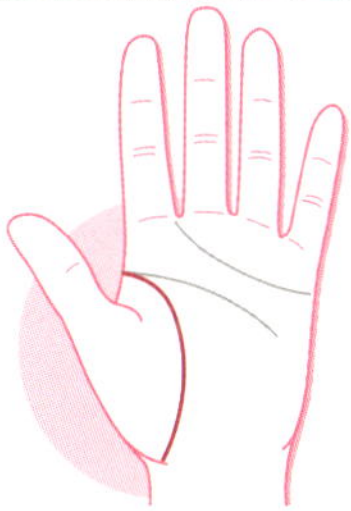

生命線のカーブが小さい人は、スタミナや体力、精力が不足ぎみ。女性に多く、疲れやすく、無理がききません。くよくよする傾向もあります。しっかり睡眠をとり健康に気をつけて行動するようにしましょう。

CHECK 4 生命線の向きは？ ▶ ライフスタイルの傾向をチェック

月丘に向かう

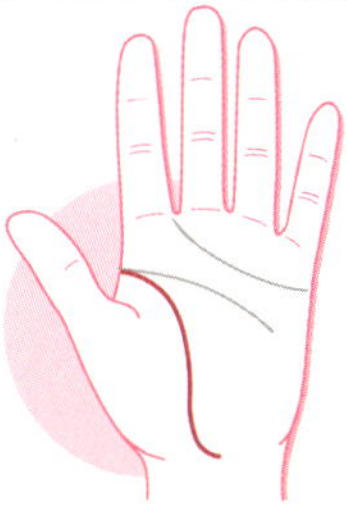

生命線が月丘のほうに向かっている人は、活動的であちらこちらと動き回るのが大好きなタイプ。旅行や海外とも縁が深いでしょう。将来的には、生まれ故郷を離れたり、海外で生活する人も多いようです。友だちもたくさんいて、華やかな恋愛を多くする傾向があります。

冥王星丘へ向かう

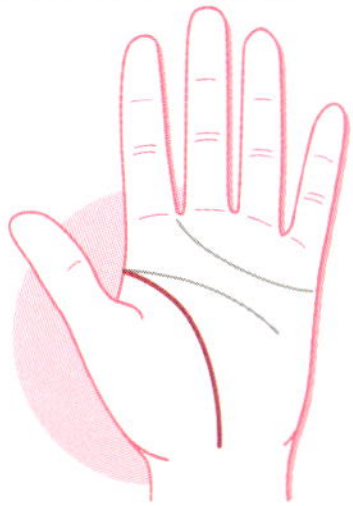

生命線が手首の真ん中の冥王星丘に向かっていると、天寿をまっとうする人が多いです。晩年、身内や周りの人に手厚く介抱されながら、幸せにあの世に旅立っていけるでしょう。

金星丘へ向かう

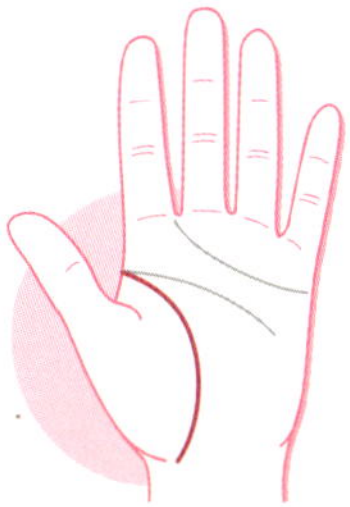

生命線の終わりが親指側の金星丘に向かう人は、快楽を好む傾向があります。自分の健康を過信するあまり、食生活などが偏り、太りやすい面もあるようです。不摂生を慎み、健康に留意することが大切。このタイプの人は、生まれ育った土地で安定して生活することが多いでしょう。

CHECK 5 生命線の本数は？ ▶ 体力や忙しさを見る

2本の生命線

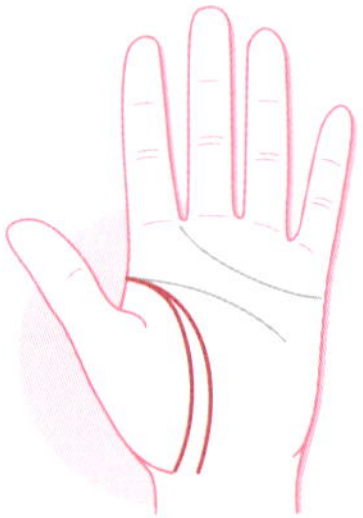

生命線が2本ある場合は、二重生命線と呼びます。生命力があり、タフで強靭な体力がある人です。

たとえ体力がなさそうに見えても、疲れ知らずで、多少の無理も大丈夫。病気にかかっても回復が早いでしょう。

知能線まで伸びる二重生命線

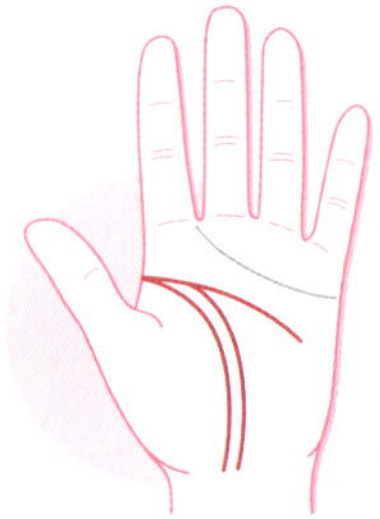

生命線の外側にある二重生命線で、太く木星丘に向かって知能線まで出ている場合は、二重生命線の意味をもちつつ、さらに運命線的な意味合いもかねることになります。

途中から枝分かれした生命線

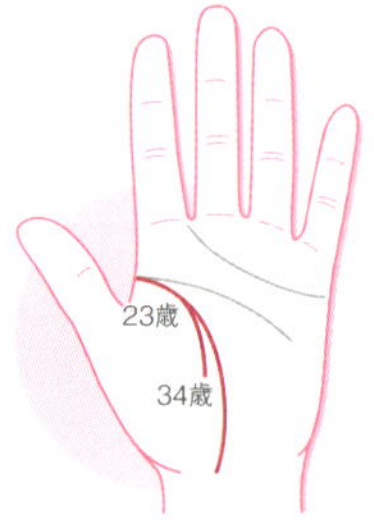

枝分かれした流年の年から終わるまでの間、多忙を極め、がんばることを示します。体力があり無理もきくので、その間、体を壊すようなこともないでしょう。左のイラストでは、23歳から34歳が多忙で活動的。

CHECK 6 向上線があるか？ ▶ 目的に向かって努力できるか

生命線から木星丘（人差し指のつけ根）に向かって出るタテ線を向上線と呼びます。

この線がある人は、自分で目標を見つけて、夢や希望に向かって努力することのできる人。努力して幸せをつかむためには、とても重要な線です。いまは線がなくても、努力しだいで出てきます。結婚や婚約の年に出ている人も多いです。

短い向上線

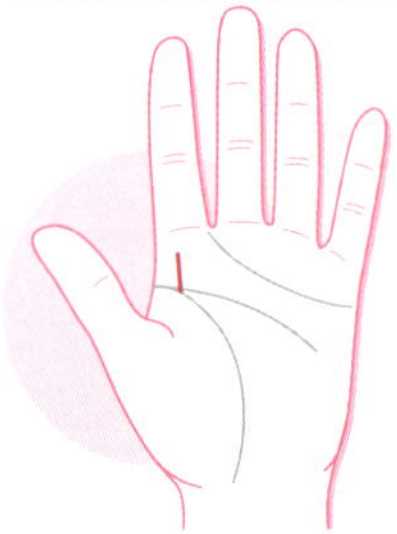

短い向上線がある場合、その流年の年に何か目標を見つけて一生懸命がんばることを示します。大学入試やクラブ活動、就職したときなどによく出ます。

長い向上線

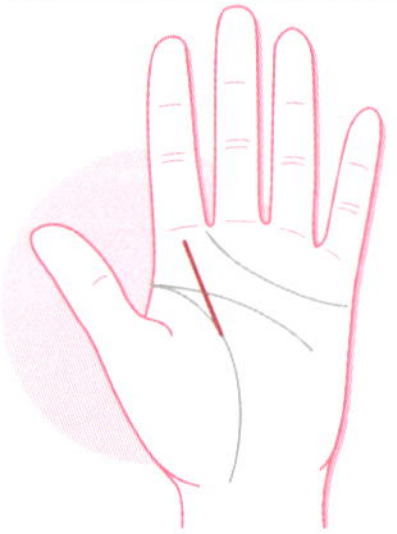

長い向上線があるときは、会社設立や大切な資格試験など、大きな目標や希望に向けてがんばることを示します。

CHECK 7

開運線があるか？

開運する時期を見る

生命線から土星丘（中指のつけ根）や太陽丘（薬指のつけ根）に向かう線を開運線といいます。向上線と似ていますが、向きが違うので注意。独立開業や結婚、昇進、新居の購入など、運が好転する位置から開運線が出ます。

土星丘に向かう

開運線が土星丘に向かう場合は、その流年の年に独立や昇進、開店、婚約、結婚、出産、家を建てるなどの喜びごとがあるしるし。Aは、25歳で昇進などの開運を意味します。

失恋や離婚などをあらわす障害線（P168）が、開運線と重なって出る場合があります。それは別れのあと、一人でがんばらざるを得ない状況になる、別れをバネに現在の状況を乗り切るために何かに打ち込んでがんばるなど、別れが本人にとって開運につながることを示します。Bは、34歳で困難を乗り越えてがんばるという意味。

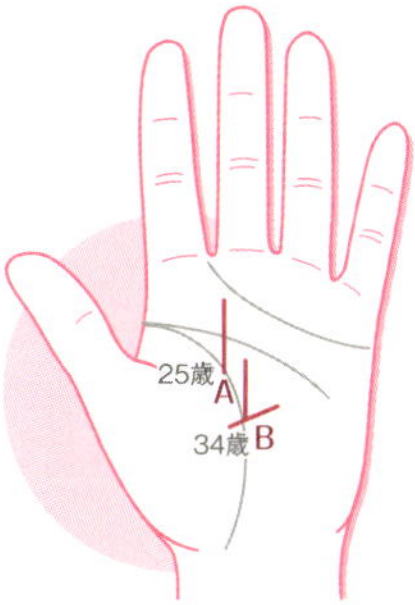

また、ショッキングなことや病気などがあり、「こんなことには負けない！」と必死にがんばっている場合にも開運線は出現。

線の長さや太さは、その喜びや困難、がんばり度合いに応じて長く太くなります。

太陽丘に向かう

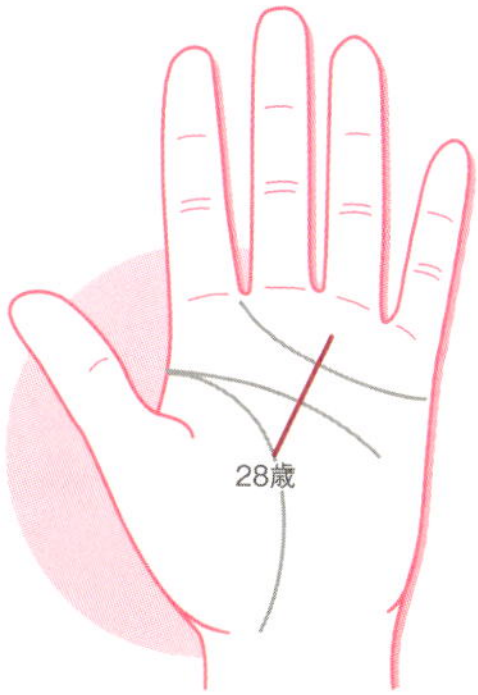

太陽丘に向かう開運線は、本人または配偶者が、その流年の年に地位や名誉や富といった喜びごとを得ることを示しています。イラストは28歳です。

金星丘から昇る

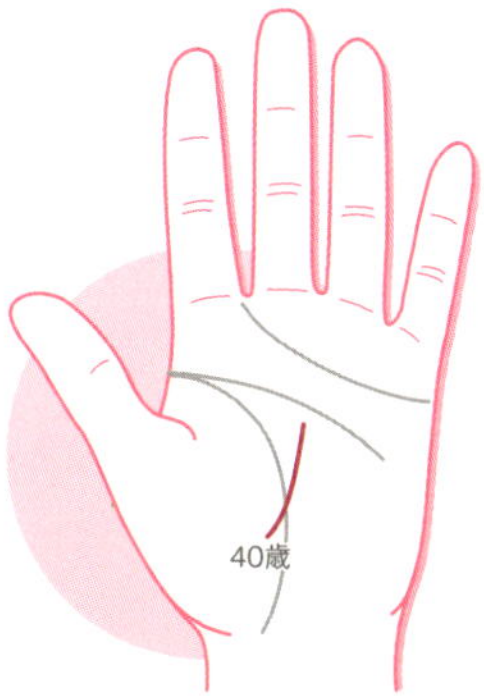

生命線の内側である金星丘から昇る開運線は、身内の援助や引き立てによる開運のしるし。遺産相続の場合もあります。イラストは40歳の開運です。

CHECK 8 恋愛線があるか？ ▶ 恋愛や結婚の時期を見る

生命線を感情線側からゆるやかなカーブを描いて横切る線を恋愛線といいます。

恋愛線が生命線を横切る流年の年は、相手に対して強い想いを抱く年。線の長さや太さにその恋愛の大きさが比例します。大恋愛をして結婚というような場合には、恋愛線が刻まれていることが多いです。

ただし、この線は片想いでも出るので、注意が必要。たとえば、芸能人に熱烈に恋をしても出るのです。同じ相手を片想いで何年かおきに熱烈に想って数本出るなど、さまざまなパターンがあります。

イラストのAは18歳、Bは24歳。Bのほうが大恋愛をあらわしています。

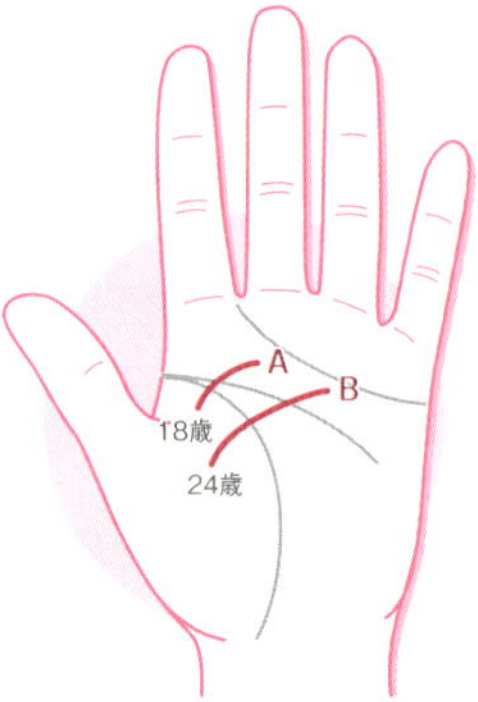

右手にある？　左手にある？

基本的に右手は自分の想い、左手は相手の想いを意味します。

Aのように、左右の手の生命線の同じ流年に恋愛線があれば、相思相愛になる可能性が高いでしょう。しかし例外もあるので、絶対ではありません。

また、Bのように左手だけの場合、他人が勝手に想いを寄せて、本人が気づいていない場合もあります。

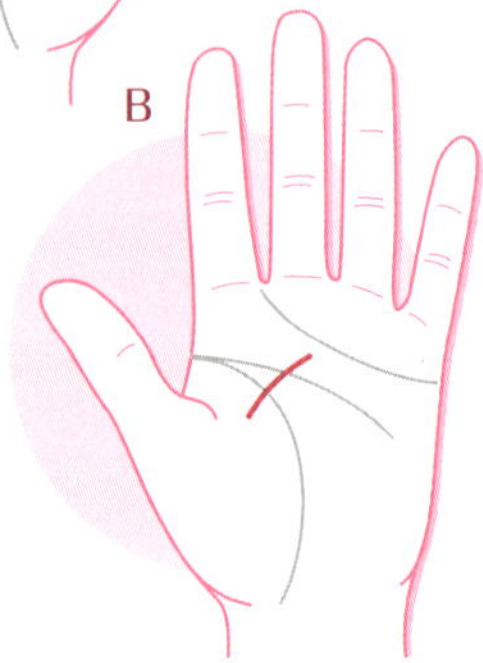

交際中に出る場合

恋愛や結婚をしているときに恋愛線が出る場合は、その相手との関係に変化が生じることを意味します。同棲や婚約、結婚が決まる、新しい恋愛相手が出現する、別れるなどです。

また、結婚後の場合は、妊娠や出産、流産などで出る場合もあります。

これらが、すべて同時に起きることも。妊娠と浮気が同時であるとか、できちゃった婚、新しい恋人が出現してそれと同時に前の相手との間に別れ話がもちあがるなどです。

Column コラム

恋愛線があるのに恋愛してない？

ごくまれに、恋愛線があるのに何も思いあたることがなかったという人がいます。

その場合、学校や勤務先では出会いがなく、学校や会社と家の往復だけしていたという人が多いようです。出会いが少ない環境にいる人は、出会いのために積極的な行動をしましょう。

また、実際に手相を見ていると、理想が高すぎることが恋愛の障害になっていることも意外に多いのです。ときには、自分の恋愛感について考えてみることも必要かもしれません。

CHECK 9

障害線があるか？

▶ いつごろ危機が訪れるかを知る

生命線に対して直角またはそれに近い形で、生命線を横切る線が障害線です。

人生にはよいことだけではなく、苦しみや悲しみも起こります。精神的なショック、別れ、離婚、倒産、ケガ、病気など、それを前もって教えてくれるのが障害線。どうしても避けられない災難もありますが、回避したり、大難を小難に、小難を無難にすることも可能です。それには、あらかじめ障害が起きる時期を知って、前向きに対処することが大切。

障害線の太さや長さに、その障害や苦しみのダメージは比例します。

若い年代に出る短い障害線

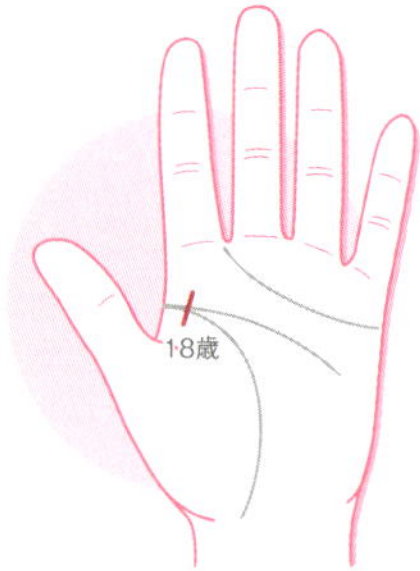

10代の思春期の頃に出る短い障害線は、失恋を意味することが多いです。また、友人関係のトラブルでひどく傷ついた場合などもあります。イラストでは18歳。

弓形の障害線

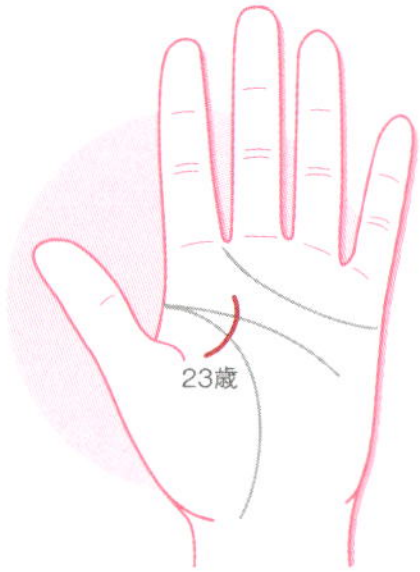

20代の若い時期に出ることが多い障害線。失恋や失業のほか、家族や大切な人を亡くすケースが多いです。このように障害線が知能線も横切る場合は、精神的ダメージがとても大きいことを示しています。イラストでは23歳。

生命線の切れ目に出る障害線

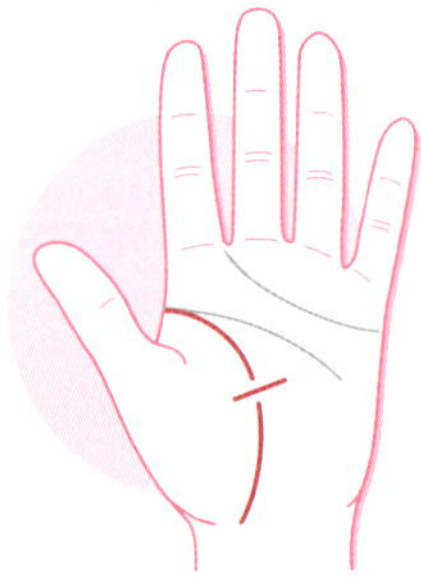

事故や災害、病気などが原因で、体に障害が出ることを示すしるし。生命線のズレが大きいほどダメージは大きくなります。危険なスポーツをしない、運転を控えるなど、前もって注意することで予防しましょう。

短い障害線

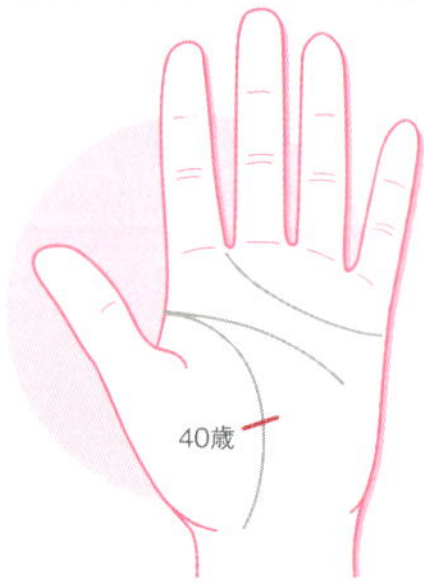

このような障害線は急な病気をあらわすことが多く、ちょっとした手術などのケースがほとんど。食事や規則正しい生活をすることで予防しましょう。イラストでは40歳です。

金星丘から出る障害線

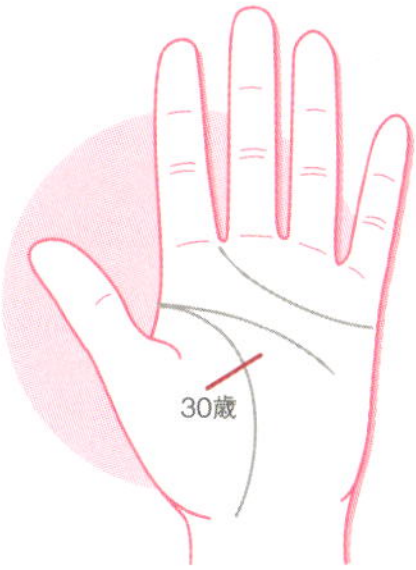

生命線の内側の金星丘から障害線が出ているときは、家族に不幸があったり、親戚など身内に関することで苦しむしるし。イラストでは30歳です。

Column
コラム

恋愛線と障害線はどう違う?

恋愛線と障害線は似ているため、見間違える人も多いようです。

基本的には、感情線側からゆるいカーブを描くように横切る線が恋愛線で、直角に横切るのが障害線。

ただし、恋愛はトラブルや苦しさをともなうことが多いため、恋愛線が障害線をかねて出るケースも多いのです。その場合、恋愛線か障害線かの見極めは難しいですが、生命線をより直角に横切るものは、苦しみを伴う恋愛線といえるでしょう。

CHECK 10 生命線に島・鎖はある？ ▶ スランプや体調をチェック

島

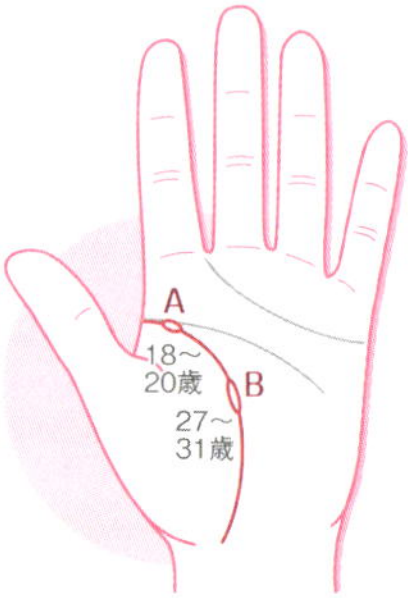

生命線上に出る島は、その期間のスランプや悩みを意味しています。大学受験の浪人生や国家試験などの浪人中に出ることも。Aは18～20歳です。

また、慢性的な病気で体調がすぐれなかったり、精神的にとても疲れているときなども出現します。Bは27～31歳。

生命線の島は、あまり心配ありません。過ぎ去ってしまえばいい試練だったと思えるはずです。

鎖

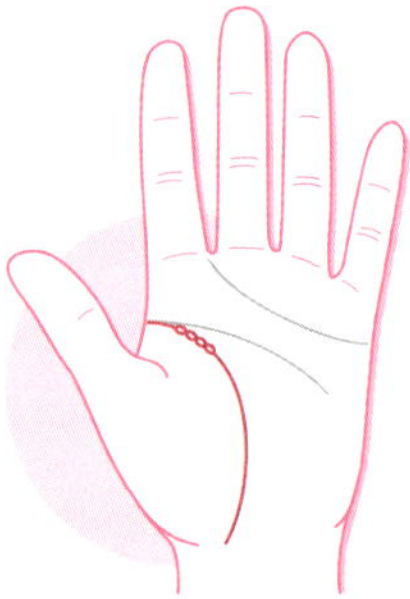

生命線が部分的に鎖状になっている場合は、その期間、体調がすぐれないしるし。風邪をひきやすかったり、胃腸が弱いなど、体力が低下するため、気力もあまり出ません。

CHECK 11 生命線に切れはあるか？ ▶ 事故や病気をチェック

内側に重なるとき・大きく切れるとき

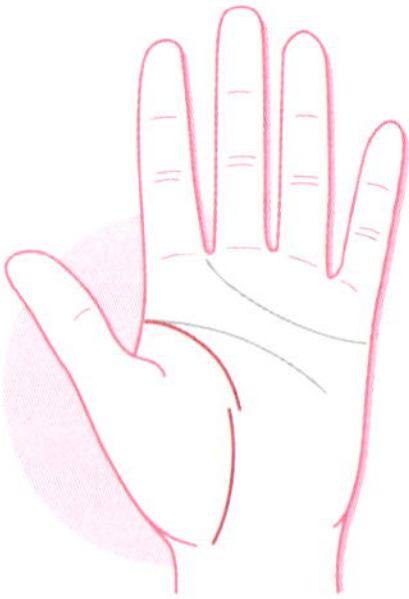

生命線が切れて離れているとき、切れた線が内側に重なるときは、その切れ目の年に事故や病気などの災難に見舞われる可能性があります。危険度が高いスポーツなどは避け、慎重に生活するなど、十分な注意が必要です。

外側に重なって切れるとき

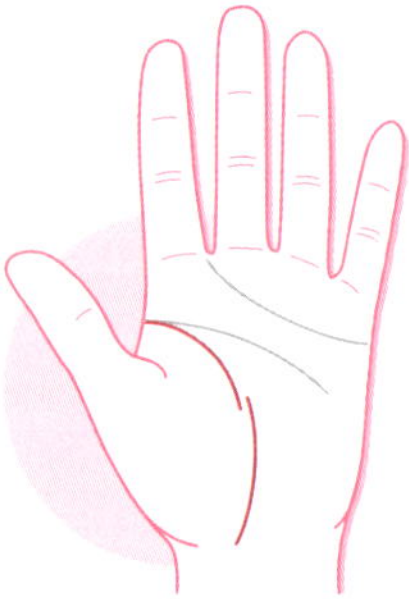

生命線が外側にカバーする形で切れている場合は、あまり心配はいりません。その時期から環境が大きく変わるなど、活動的になることを示します。

Column
コラム

あれ？ どの線なのか迷ったときは……

手相は一人ひとり違うので、線の位置や長さ、太さなども、人それぞれです。

手相を見ることに慣れていない人は、「あれ？ この線はなんの線だろう……」と迷うことも多いでしょう。

ここでは、まちがえやすい線の例についていくつか紹介します。

迷ったときは、その線がどこから出て、どこへ向かっているかをチェック。線にはあらわれていなくても、線の方向を想像することで、その線がどの線をあらわすか、わかってくるはずです。また、なかには1本の線が2つの意味をもつこともあります。

手相を読むときは、固定観念にとらわれず、想像力を働かせて読むことも大切といえるでしょう。

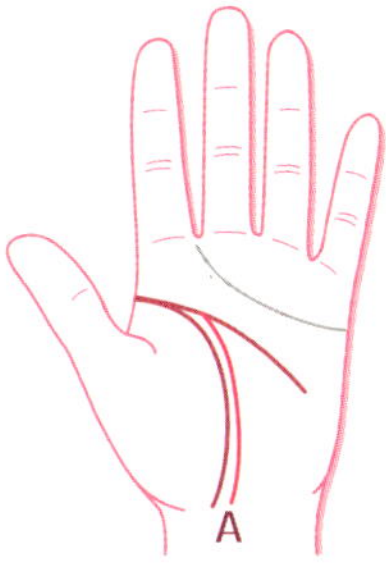

Aは一瞬、運命線に見えます。でも、運命線はあくまで土星丘に向かう線のこと。これは、生命線の外側にある二重生命線と判断します。しかし、運命線的な要素も含んでいると見て、占っていきます。

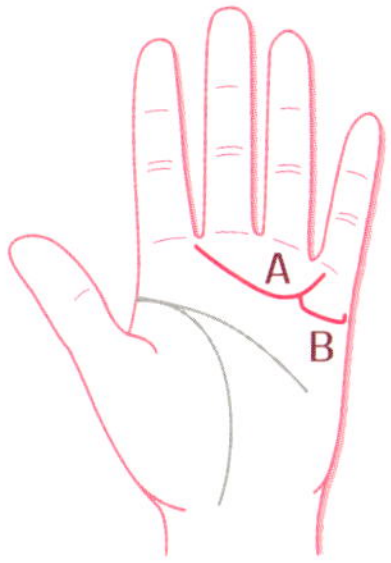

Aは金星帯に見えますが、感情線です。そしてBは、反抗線のように見えますが、これも感情線。二重感情線ということになります。厳密にいうならAは金星帯の意味合いを含んだ感情線、Bは反抗線の意味合いを含んだ感情線です。

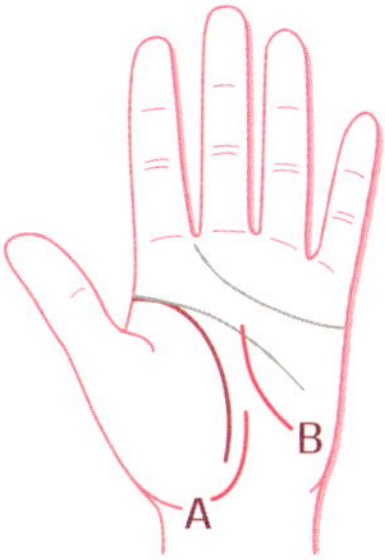

Aは運命線ですが、短い生命線をカバーする意味もあります。だから、生命線の意味ももつ運命線です。Bは、月丘から昇る運命線。

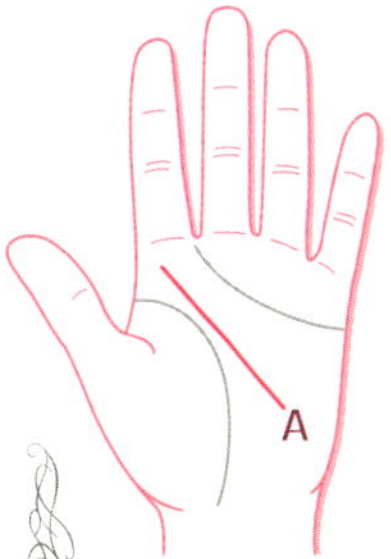

Aは離れ型の知能線。木星丘からスタートして、月丘に向かっているので、理想が高く、正義感が強いタイプ。夢とロマンを追う人です。

知能線

性格や適職がわかる大切な線

知能線とはどんな線か

知能線は、親指と人差し指の間にある第一火星丘（あるいは木星丘）からスタート。線は手のひらの中央にあるくぼみ、火星平原を横切り、小指と手首の間にある第二火星丘（あるいは水星丘）、その下の月丘へと向かいます。

知能線の起点は、生命線と同じ第一火星丘ですが、生命線と知能線の起点はくっついている人と、離れている人がいます。第一火星丘は、情熱や意志力、活動力、闘争心、積極性などを意味し、火星平原は感情・知性・体力のバランスを意味する部分。第二火星丘は正義感や現実性などをあらわし、人気・想像力・他者からの引き立てなどをあらわすのが月丘です。

知能線は頭脳線とも呼ばれ、頭脳の傾向をあらわす線。得意な分野やひらめき度、適した職業、生活力、寿命などがわかります。

知能線から何がわかるか

知能線からは、性格、適職の方向性、才能、考え方、発想力、神経や精神、頭部の病気などがわかります。知能線を見るときは、長さやどの丘に向かうかをチェック。それによって個性が決定します。

よく「知能線が短い＝頭が悪い」と思いこんでいる人がいますが、そうではありません。知能線の長さは思考のタイプをあらわします。長い人はじっくり型、短い人はひらめき型というわけです。

知能線は、職業や後天的な努力によって、変化していく線といえるでしょう。

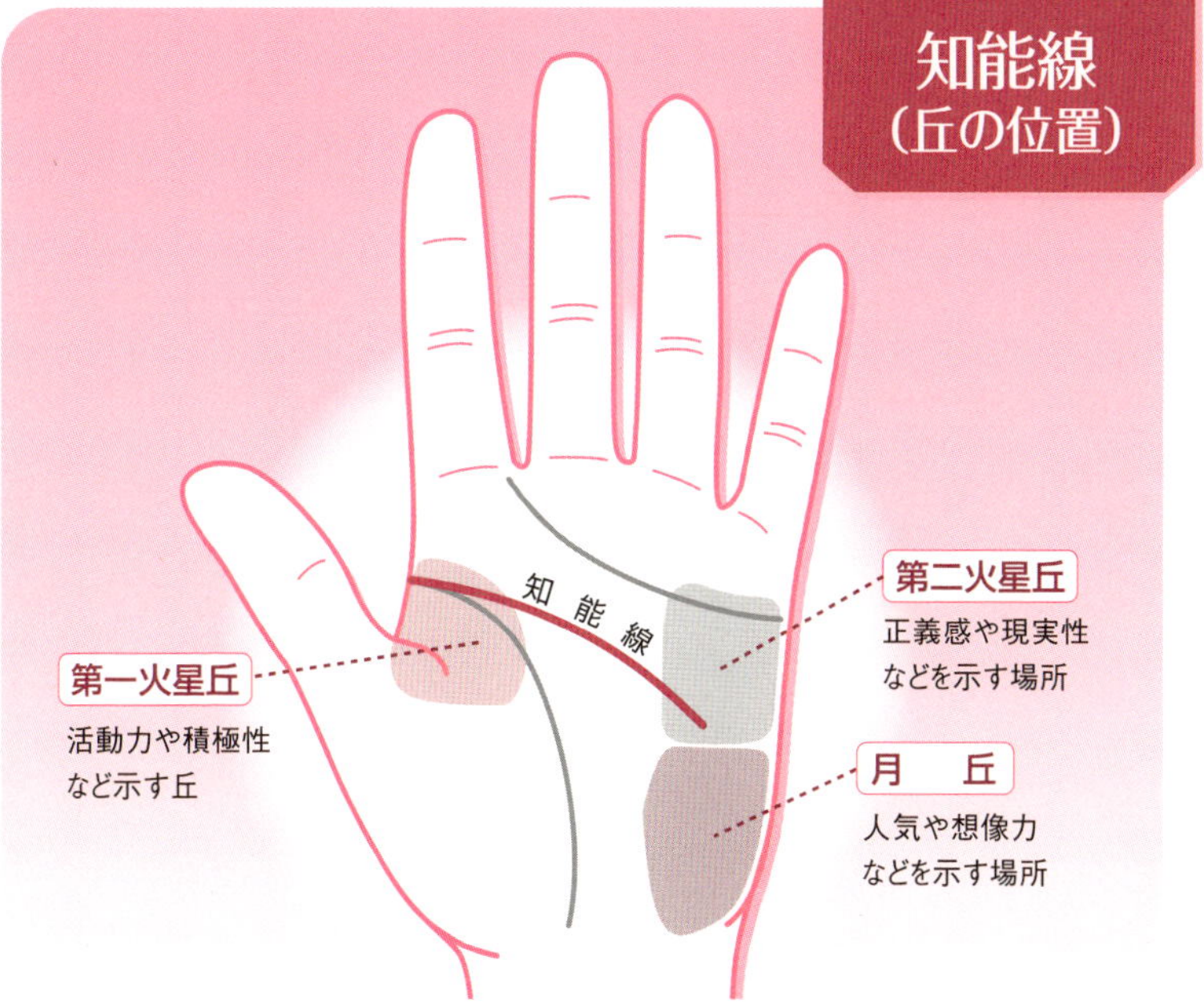
知能線
（丘の位置）
知能線
第一火星丘
活動力や積極性
など示す丘
第二火星丘
正義感や現実性
などを示す場所
月　丘
人気や想像力
などを示す場所

知能線の見るべきポイント

●長さ

思考のパターンを見ます。短い人はひらめき型、長い人はじっくり考えるタイプです。

●カーブ

まっすぐ直線的な知能線は現実主義の理系タイプ。カーブを描く人は空想家です。

●起点

知能線のスタート位置で、だいたいの性格がわかります。生命線と離れた人は大胆な行動派、生命線の途中からスタートしている人は消極的なタイプです。

●向き

適職がわかります。真横に走るタイプの人は、金融関係や商売派。下方に下がる人は、ロマンチックな芸術家です。

●枝分かれ

知能線が複数に分岐している人は、たくさんの才能をもつ多芸多才タイプ。努力によっても、この線はあらわれます。

CHECK 1

知能線の長さは？ ▶ ひらめき型？ じっくり思考型？

長い

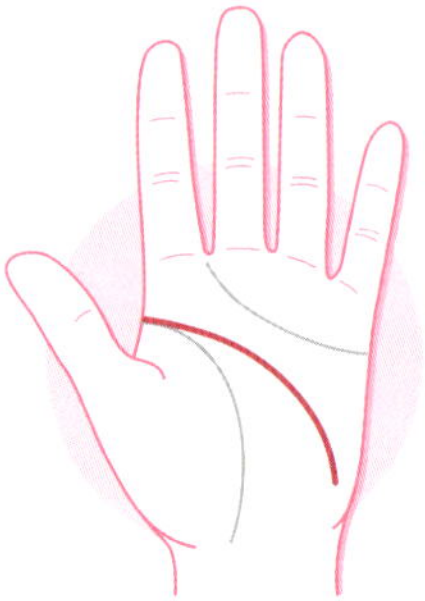

ものごとをじっくり慎重に考えるタイプ。たとえば何か品物を買う場合でも、A、B、Cとしっかり比較検討してから購入するようなところがあります。周囲からは考えすぎや優柔不断に見られることも。

このタイプの人は、ものごとをねばり強くやり抜くことができます。長い時間をかけて計画的に考える必要がある職業が向いているでしょう。

標準

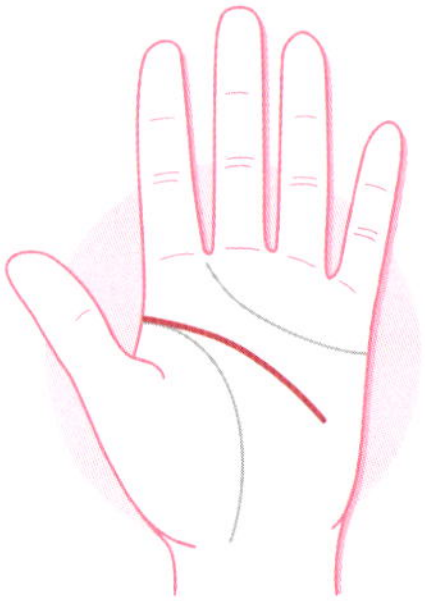

この長さが標準的な知能線で、心の中のことや頭で考えたことを普通に表現するタイプ。

過不足なく、ものごとを処理していくことができます。オリジナリティに欠ける傾向はありますが、順応性が高く、あらゆる職場で活躍できるでしょう。

短い

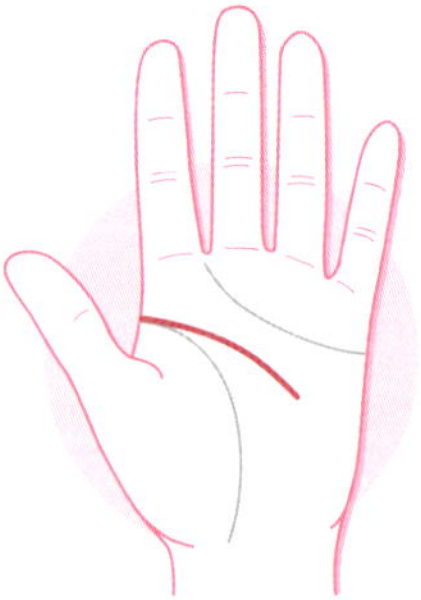

短い知能線をもつ人は、ひらめき型で即断即決タイプです。行動力にすぐれ、考えても仕方ないことをクヨクヨ悩んだりしません。気持ちの切りかえが早いさっぱりした性格。

じっくり考えるのが苦手なので、思慮が足りないとか、よく失敗をする人などと見られがち。しかし、発想力や決断力は抜群です。

CHECK 2 知能線のカーブは? ▶ 理系? 文系?

直線的

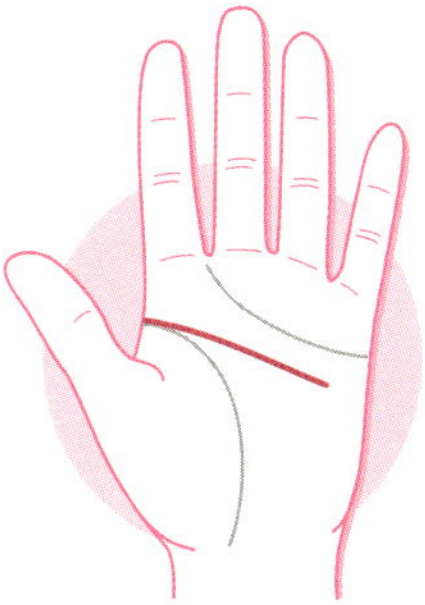

まっすぐに伸びる知能線は、理科系の分野が向いているタイプ。計算や実務能力もすぐれています。なにごとも現実的なので、自分に損になるようなことはしません。

カーブを描く

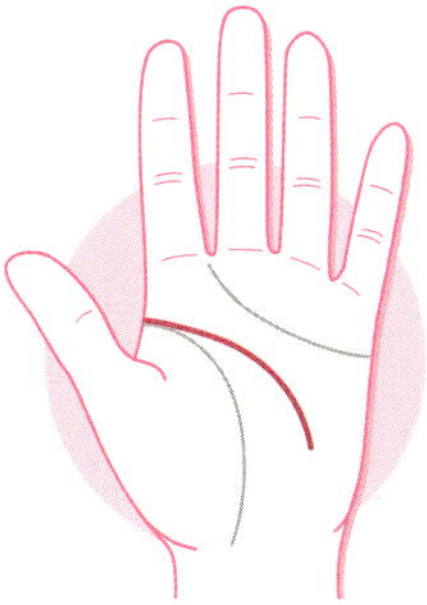

知能線がカーブを描いている場合は、文科系の分野が向いているタイプ。表現力や想像力がすぐれています。周囲の人の気持ちの変化を読み取るのも得意です。

Column コラム

知能線の太さは?

知能線が濃くて太い人は、ストレスに強い人。過酷な状況にあっても考え方を工夫し、ものごとをやりとげる信念と意志をもつ強いタイプです。

逆に、知能線が細く薄い人は、神経が細い人。ストレスに弱く、考えて行動することが苦手で、集中力や根気にも欠けるタイプです。しかし、知能線はがんばっている人は濃くなってくる線なので、薄い人もあきらめないでください。

CHECK 3 知能線の起点は？ ▶ 大胆な行動派？ それとも慎重派？

離れ型

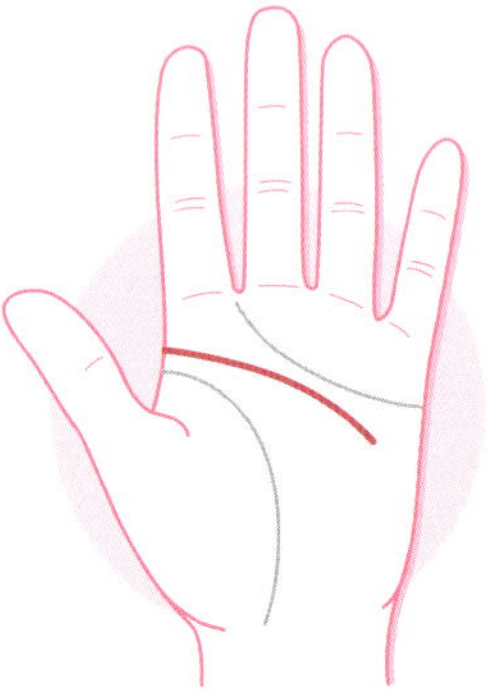

知能線の起点が生命線から離れて木星丘から出ている人は、大胆で行動的な人が多く、面倒見のよい指導者タイプ。逆境にあっても希望を忘れない楽天家です。

生命線からの離れ幅が大きくなるほど楽観的な性格が強まり、悪く言えばずぼらに。現在の日本人では、約10人に1～2人がこの離れ型の知能線の持ち主です。

標準型

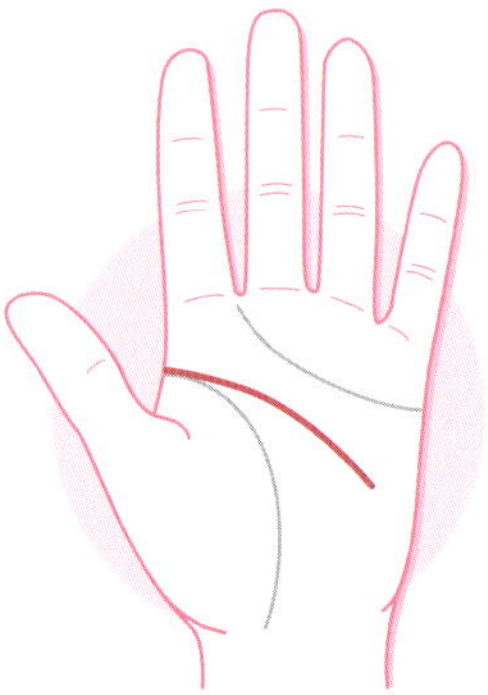

知能線の起点が生命線上にある知能線は、一般的で常識があるタイプ。約10人のうち8人はこの標準型です。協調性があり、人間関係もスムーズにいくので、組織の中で上手にやっていくことができます。

下　型

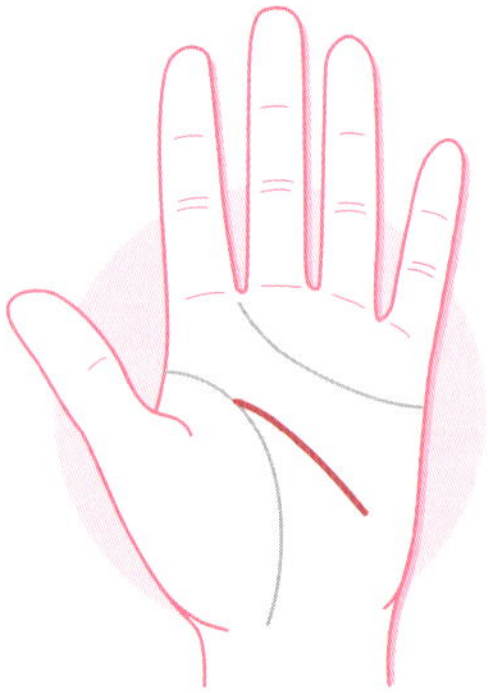

知能線の起点が生命線のやや下からスタートする人は、石橋をたたいて渡る慎重タイプ。消極的、内向的な人が多く、子供の頃は、引っこみ思案だった人がほとんどです。約15人のうち1人が、この下型の知能線をもっています。

Column
コラム

知能線と感情線が重なる
マスカケ線

知能線と感情線がひとつになり、手のひらをヨコにまっすぐ走る相を「マスカケ線」といい、俗に百握りなどと呼ばれる特殊な相。徳川家康は、この相の持ち主だったといわれています。

マスカケ線をもつ人は、エネルギーがとても強いタイプで、性格は個性的。ある意味、頑固でアクが強い気質の持ち主といえるでしょう。才能はあるのですが、性格が個性的なため、浮き沈みの激しい人生を送る人が多いようです。

この相の人は仕事やライフワークで「これだ!」と思えるようなことを見つけ、それに邁進《まいしん》できるかどうかが、成功者と転落者の分かれ目。普通の会社員などでは不満がたまるので、そのぶん努力が必要です。

日本では、100人に2~3人の割合で見られますが、マスカケ線の持ち主は、両親か祖父母がマスカケの持ち主であることがほとんどです。

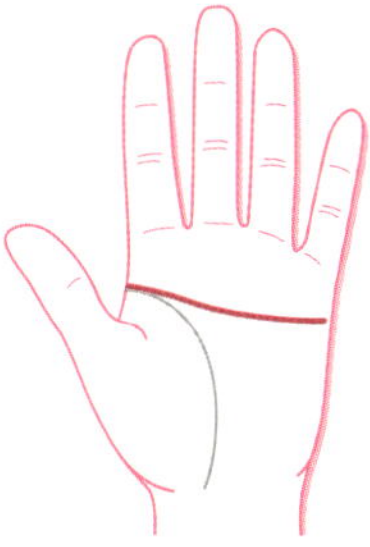

標準型 マスカケ線

知能線と感情線が1本になっているマスカケ線の標準タイプ。

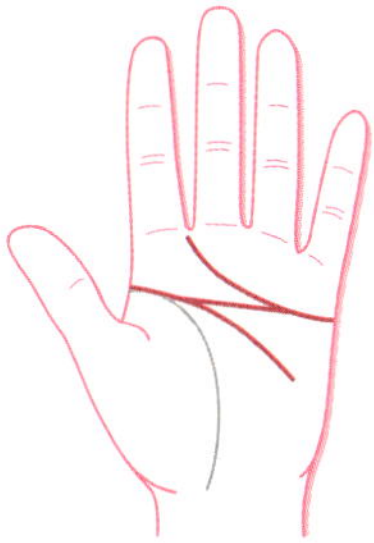

変形 マスカケ線①

マスカケ線に加えて、二重感情線(P187)、二重知能線(P179)の意味がプラスされる。

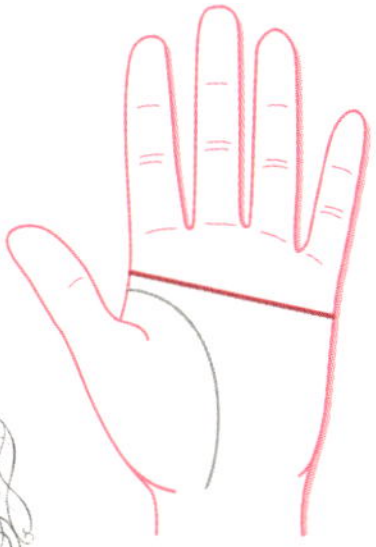

変形 マスカケ線②

マスカケ線に加えて、生命線と知能線が離れているので、離れ型(P176)の意味がプラス。

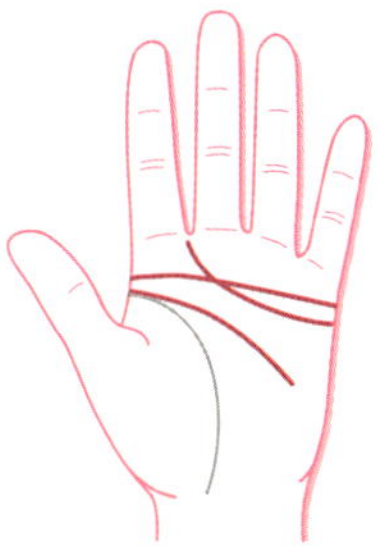

変形 マスカケ線③

マスカケ線に加えて、変形マスカケ線①②の意味がプラスされる。

CHECK 4 知能線の向きは？

▶ 自分に合う職業を見る

ヨコに走る型

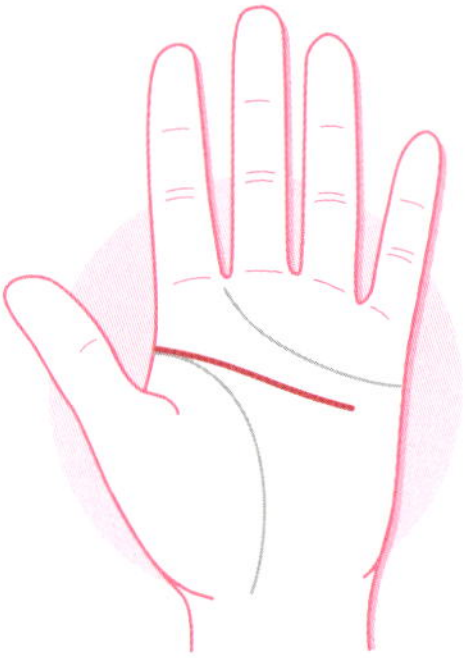

知能線が手のひらをヨコに走り、第二火星丘に向かう人は、ものごとを現実的に考え、実行力もあるタイプ。数字に強いので、経理や税務、銀行など金融関係で能力を発揮します。商才にもたけているため、商売や事業をやる人は、このタイプの知能線があると有利です。

上方型

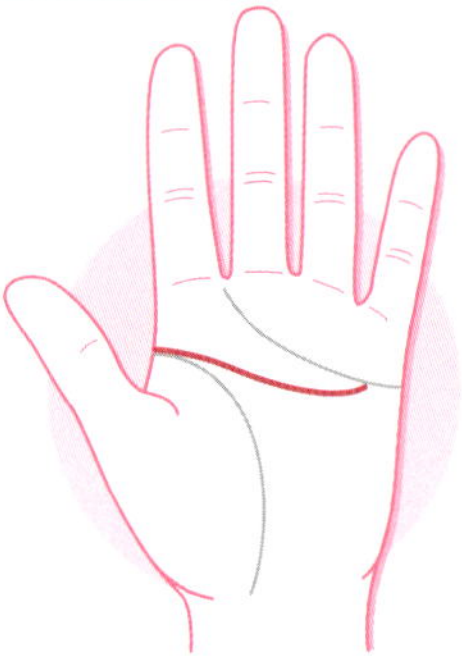

知能線が手のひらを横切るため、ヨコに走る型と似たタイプです。先端が小指のつけ根にある水星丘に近くなるほど金銭感覚にすぐれ、お金儲けが得意になります。金のためなら手段を選ばないがめつさも出てくるので要注意です。

下方型

知能線の先端が月丘に向かって下がるAの人は、ロマンチックで夢を追い求める空想家タイプ。月丘は、空想、ロマン、想像力、文学、霊感などを意味するので、月丘の下部に知能線が向かうほど、この傾向が強くなります。

このAのような相の人は、現実的なお金儲けや実務には向きません。芸術的な分野、文系のジャンル、趣味的な分野を仕事にするとうまくいくでしょう。

下方型で、生命線側に極端に向く知能線Bの人は、非現実的すぎる傾向があります。誇大妄想を抱きやすく、この世離れしたお姫様タイプです。作家や占い師などに向いています。

A

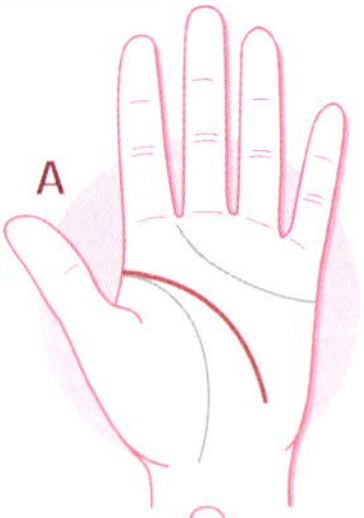

B

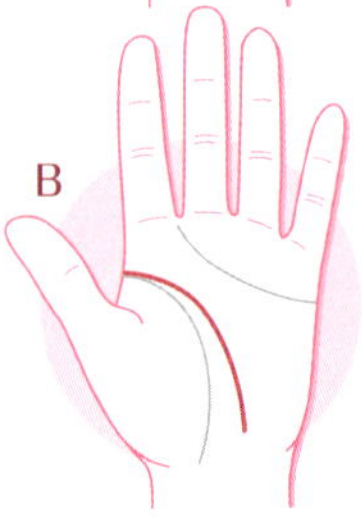

バランス型

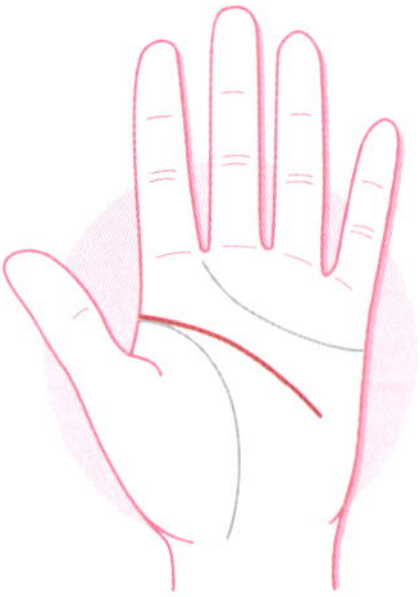

第二火星丘と月丘との中間あたりに向かう知能線は、もっとも一般的なバランスタイプ。現実的な感覚と、夢やロマン的要素をほどよくもち合わせているので、オールラウンド型といえます。

CHECK 5

知能線の本数と枝分かれは？ ▶ 複数の才能があるか見る

知能線が１本だけでなく、２本、３本ある人や、枝分かれした知能線をもつ人がいます。これらの場合は、基本的に知能線のもつ意味合いが強まることになるのです。知能線の本数と、それぞれの長さに比例した、複数の才能をもつ有能な人物といえるでしょう。

二重知能線

ＡとＢ、２本の知能線をもつ人は、Ａの離れ型（＝大胆で積極的）の面と、Ｂの下方型（＝慎重で臆病）の面をあわせもつタイプ。

実際、このような相の人は、多芸多才で有能な人が多いです。二重知能線をもつ場合、線が太くて長いほうが、特徴も強くあらわれます。

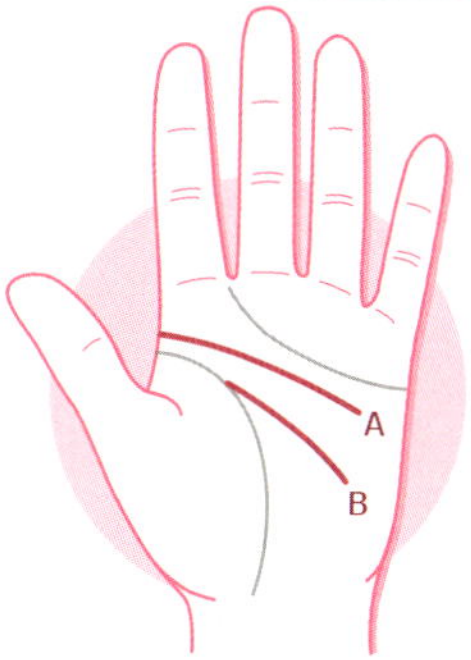

枝分かれ型二重知能線

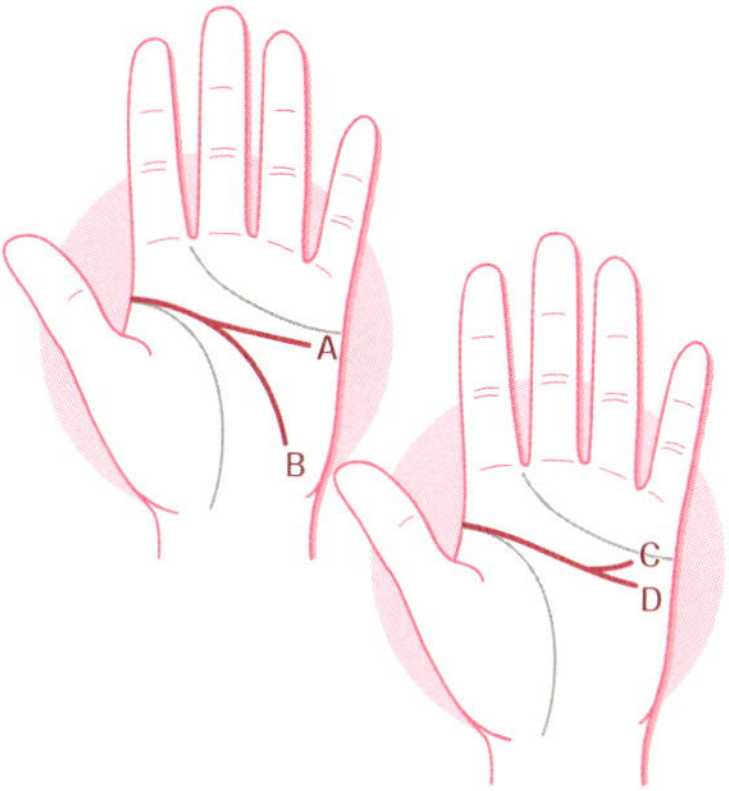

1本の知能線が、途中からAとBに枝分かれしているケースです。この場合も、二重知能線と同じように、Aの現実的かつ合理的な感覚と、Bのロマンチックな空想型をあわせもつ、一人二役をこなす有能なタイプ。

また、CとDのように、枝分かれした線が水星丘に向かう場合は、Dの現実的な面に加えて、Cの金銭感覚にすぐれた面をかねそなえることに。数字的なノルマを着実に達成していく経営者や営業マンタイプです。

支線型

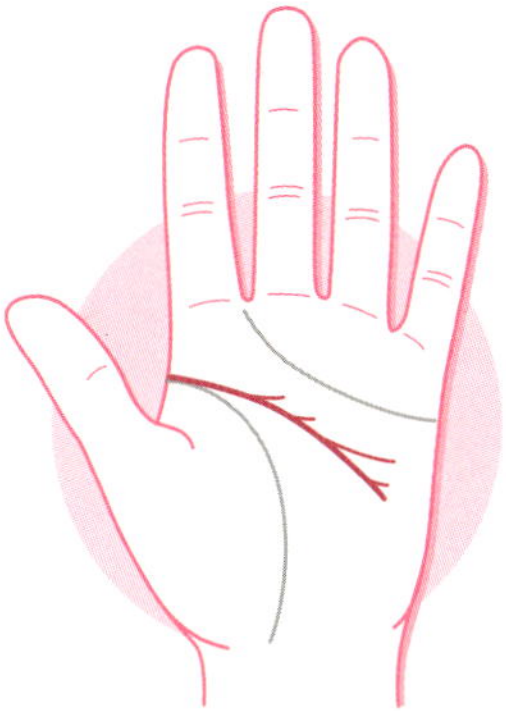

枝分かれした線は、たとえ短くても知能線の意味を強めます。その1本1本には、才能が秘められているのです。ただし、枝分かれの線が出ていても本人が努力やチャレンジをしない場合、才能は開花しないで終わってしまう場合もあります。枝分かれがある人は、興味のあることには迷わずチャレンジしましょう。

また、知能線は後天的な努力によっても、線が出現したり長く伸びたりします。やりたいことがある人は、どんどん挑戦してみましょう。

CHECK 6 知能線に島や乱れはあるか？ ▶ スランプ・ケガ・病気を予測

島

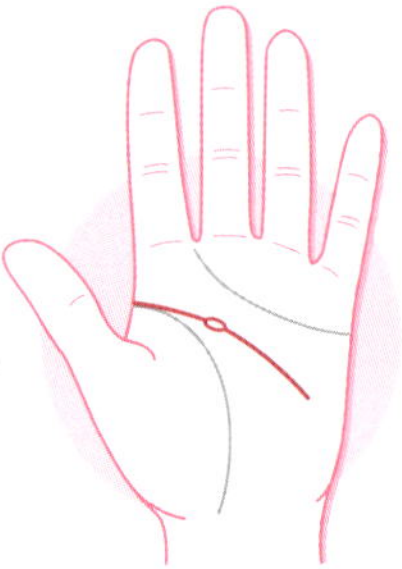

知能線の島は、精神的なスランプや神経症、ノイローゼなどを意味します。島の相をもつ人はまじめな場合が多いようです。「人生とは?」とか「悟りとは?」といった哲学的なことを深く考えて追求し、悶々《もんもん》としていると、その期間に島ができることも。リラックスして明るく生活していると、島は消えていきます。

鎖

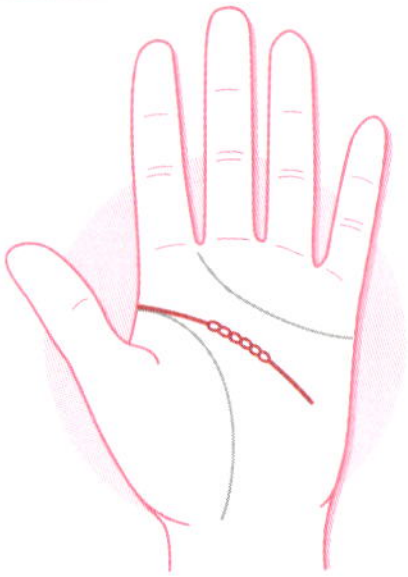

知能線の鎖は、集中力に欠けることを意味します。気が変わりやすいので、長くひとつのことをやり続けることができません。飽きっぽい傾向があるでしょう。落ち着いた環境でのんびり生活すると、鎖が改善されます。

切　れ

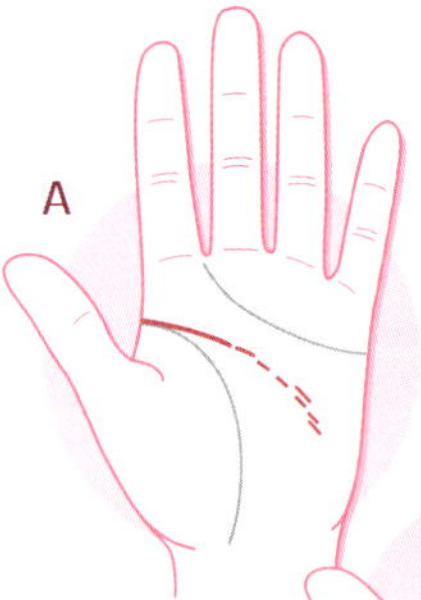

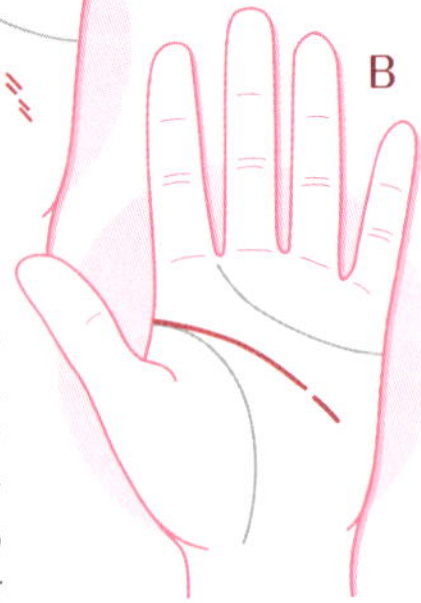

知能線がAのように切れ切れの人は、集中力や忍耐力に欠けます。壁にぶつかるとすぐに方向転換してしまうため、何かを実現するのが難しいタイプです。頭痛もちの人もいます。

Bのようにぷっつり切れている場合は、自分の判断ミスからケガをしやすいので要注意。危険なスポーツや車の運転をするときは、細心の注意を払ってください。生命線や運命線の流年とあわせてチェックします。

乱れなど

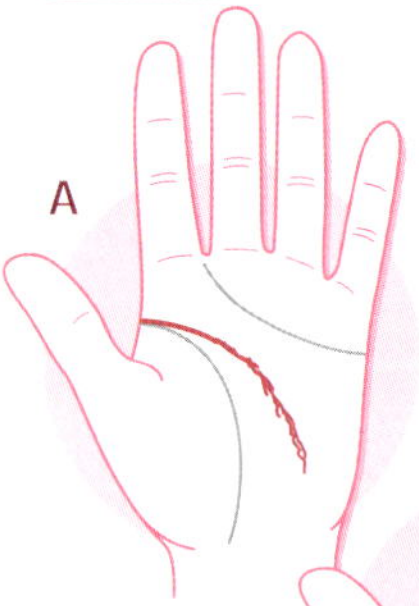

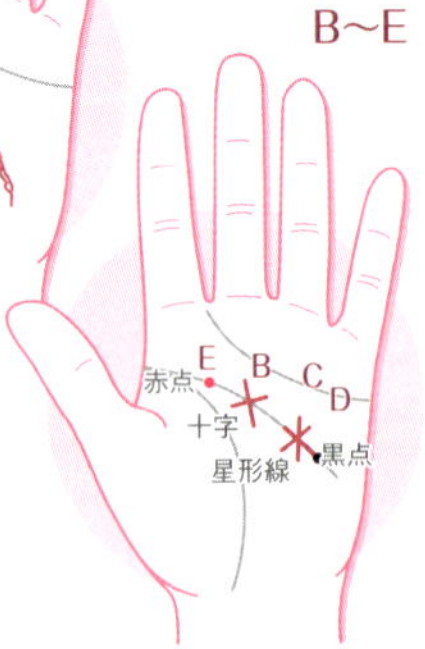

知能線の乱れや十字、星形線、黒点や赤点は、頭部や脳に関係する病気やケガが考えられます。

Aのような乱れは脳軟化症などのような病気の可能性があります。十字（B）や星形線（C）、黒点（D）、赤点（E）は、突発的な外部から受ける外傷や、脳溢血や脳卒中などの病気に注意が必要。疲れているときは、車の運転などはやめたほうが無難です。

Column
コラム

指輪で開運しよう!

各指のつけ根の丘には、惑星の名前がついています。指は、それぞれの惑星からの波動を受信するアンテナの役目があると説明しました（P146）。

指輪をつけることで、アンテナとしての指の感度を高くすることができます。

左手はキャッチする意味合いを強め、右手は自分から動く意味合いを強めます。

指輪には、いろいろなパワーストーンを併用するとより効果的です。

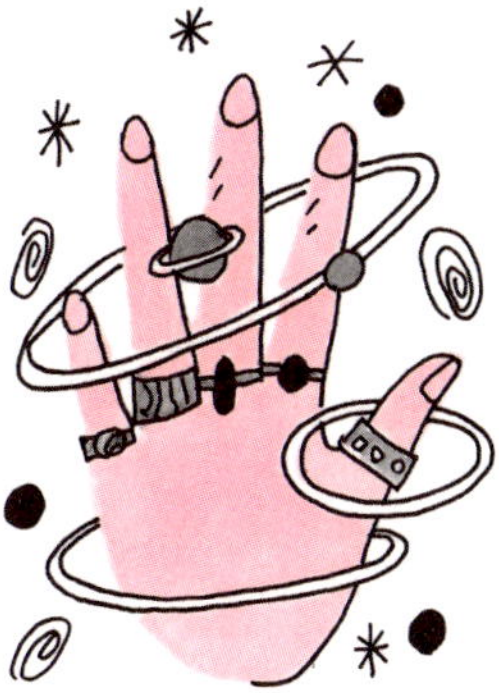

●指の役割と適した指輪の種類

親　指 →	金星のアンテナ的役割があります。金星は恋愛や家庭運などを示すので、親指にローズクオーツやムーンストーンの指輪をすると効果的でしょう。
人差し指 →	木星のアンテナ的役割があります。木星は仕事運やリーダーシップなどを示すので、人差し指にトルコ石やラピスラズリの指輪をすると効果的でしょう。
中　指 →	土星のアンテナ的役割があります。土星は自制心、信仰心、思慮深さなどを示すので、中指にシルバーやメノウの指輪をすると効果的でしょう。
薬　指 →	太陽のアンテナ的役割があります。太陽は金運、人気、成功などを示すので、薬指にゴールドやサンストーンの指輪をすると効果的でしょう。
小　指 →	水星のアンテナ的役割があります。水星はコミュニケーション、商才、子供などを示すので、アクアマリンやプラチナの指輪をすると効果的でしょう。

感情線

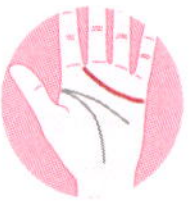

感情のタイプや恋愛の傾向を見る線

感情線とはどんな線か

感情線は、小指の下（第二火星丘と水星丘）からスタートして、人差し指の下（木星丘）、中指の下（土星丘）、親指の根元（金星丘）などの方向に向かう線です。

感情線の起点である第二火星丘は正義感などを、水星丘はコミュニケーション、子供、契約などをあらわし、木星丘は野心や向上心を、土星丘は努力や忍耐力など、金星丘は愛情や家族運などを意味します。

感情線からわかるのは、おもに人間の喜怒哀楽といった感情面。感情線は変化しやすい線です。心の変化とともに、感情線も変わっていきます。

感情線から何がわかるか

感情線からは、心のやさしさや温かさのほか、クールか情熱家かといった性格の傾向がわかります。見かけは冷静沈着そうでも、心の中では、感情が渦巻いていることも多いはず。そんな傾向は、感情線で判断可能です。

また、性格がわかるので、どんな恋愛をするタイプかもわかります。恋にのめりこむタイプか、落ち着いた恋愛をするのかなどは、感情線でチェックしましょう。

健康面では、感情線から心臓系や目、神経の病気などを読み取ることができます。

感情線（丘の位置）

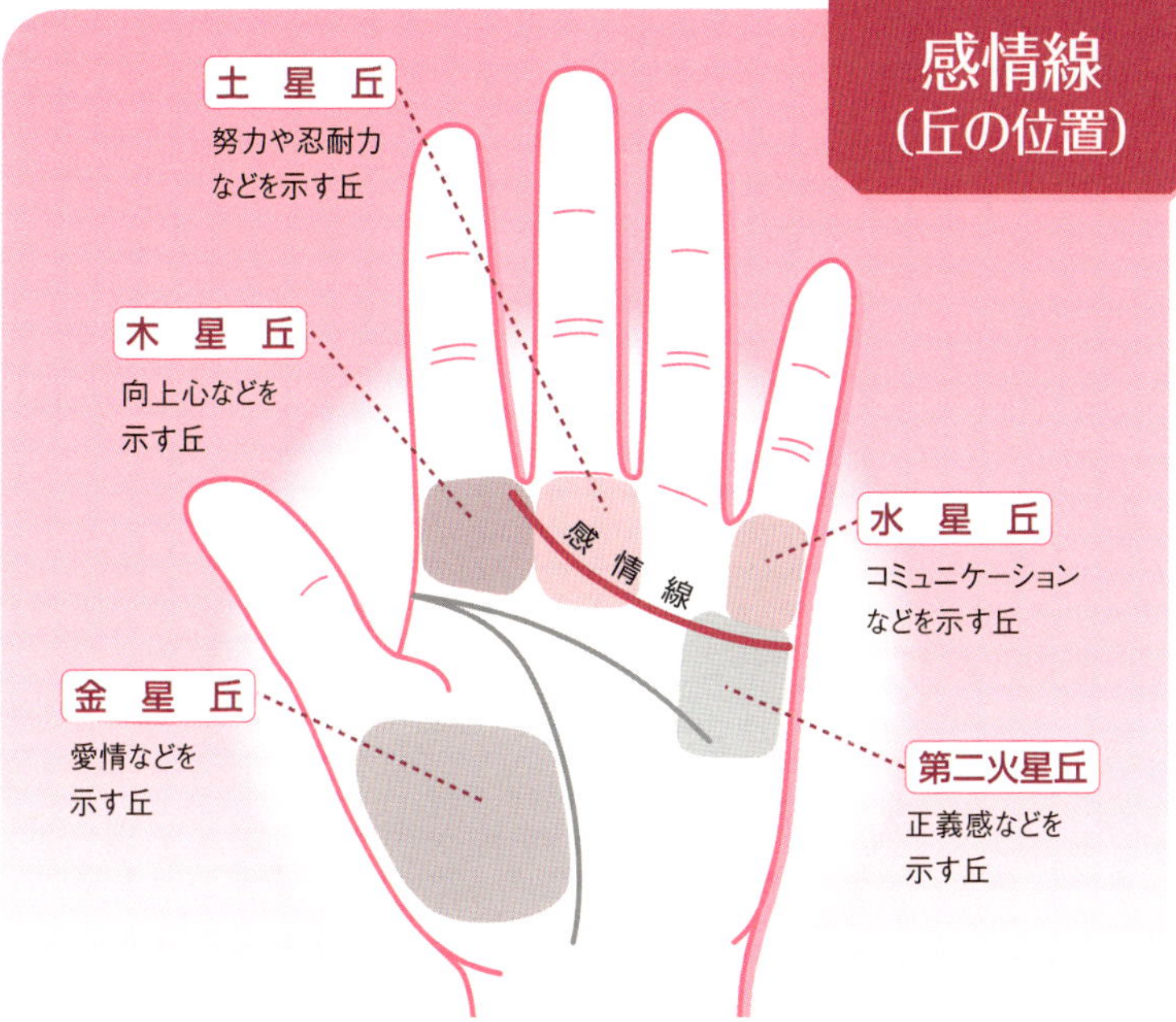
土 星 丘
努力や忍耐力などを示す丘
木 星 丘
向上心などを示す丘
水 星 丘
コミュニケーションなどを示す丘
金 星 丘
愛情などを示す丘
第二火星丘
正義感などを示す丘
感情線

感情線の見るべきポイント

●長さ
長い感情線は情熱家、短い感情線はクールなタイプです。

●向き
感情線の先端がどこに向かっているかによって、性格と恋愛の傾向がわかります。

●カーブ
直線的な感情線なのか、カーブを描いている感情線なのか。カーブが強いほど、感情の動きも激しくなります。

●分岐
末端の分かれ方をチェック。周囲の人に対する配慮などを読み取ります。

●本数
2本の感情線をもつ人は情熱的で、結婚を2回以上する傾向があります。

●起点
感情線はどこからスタートしていますか？ 線の位置で性格の傾向がわかります。

CHECK 1 感情線の長さは？ ▶ 情熱家？ クール派？ 性格を見る

長い

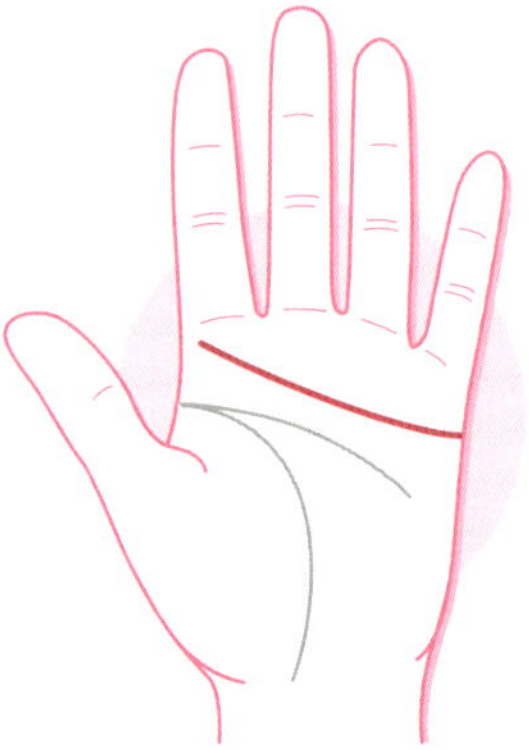

長い感情線をもつ人は、感受性が豊かな情熱家。ひとつのことに夢中になると、わき目もふらず、まっすぐに突き進むタイプ。線が長ければ長いほど、情が深くなるので、長い感情線の人は激情型といえるでしょう。

恋愛では、独占欲が強く、嫉妬深い傾向があります。不倫をする人も多いです。

普通

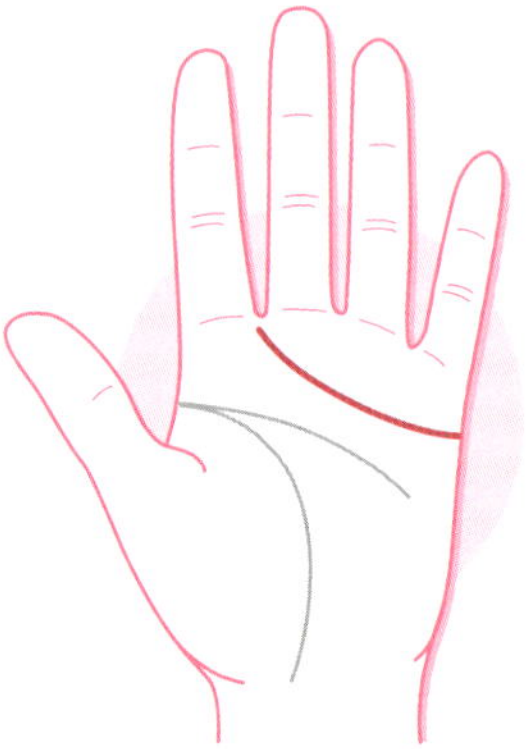

人差し指と中指の間くらいの長さの感情線は、標準的です。感情を豊かに表現する部分と、冷静に自分を見る面をあわせもつ、バランスがとれた感情の持ち主といえます。

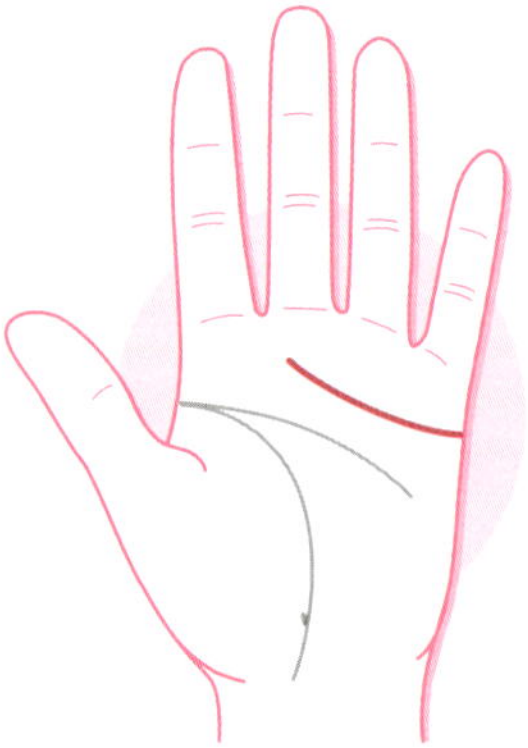

短い

短い感情線の人は、クールで冷静沈着です。客観的にものごとを見ることができ、感情の動きも少ないでしょう。ただし、周囲からは冷たい人、計算高い人などと思われがち。理知的な態度は人をがっかりさせることもあります。ときには、素直に感情を表現しましょう。クールで落ち着いた恋愛を好みます。

CHECK 2 感情線の向きは?

▶ 性格と恋愛の傾向をチェック

人差し指と中指の間に向かう

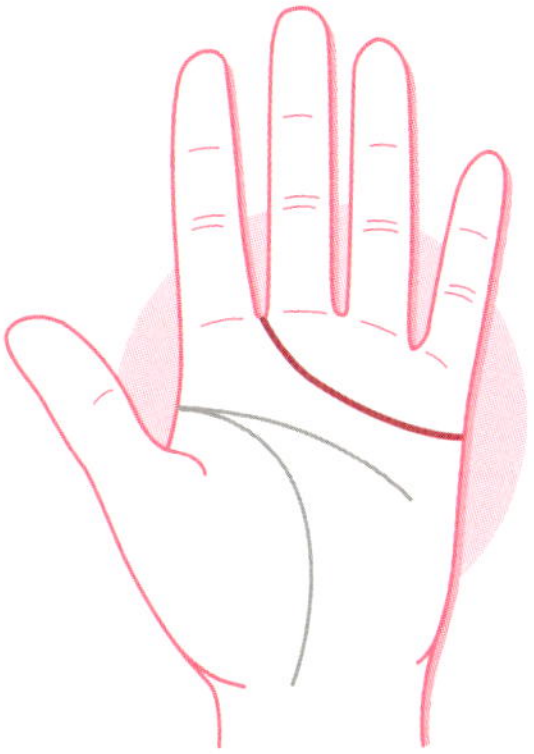

人差し指と中指の中間に向かう感情線をもつ人は、好きになった人に対して献身的に尽くす愛情深いタイプです。

女性は良妻賢母、男性はマイホームパパに多い相。恋愛＝結婚と考えるので遊びで恋愛はあまりしません。

人差し指に向かう

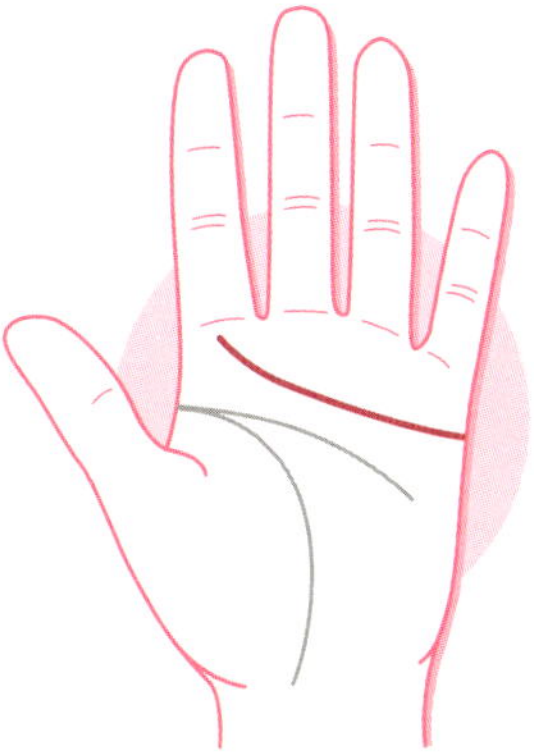

感情線が人差し指に向かうのは、標準的なタイプ。誰に対しても公平、平等に接することができるので、対人関係は良好です。

感情面のバランスがとれているので、軽はずみな行動はしません。恋愛はじっくり育てていくタイプです。

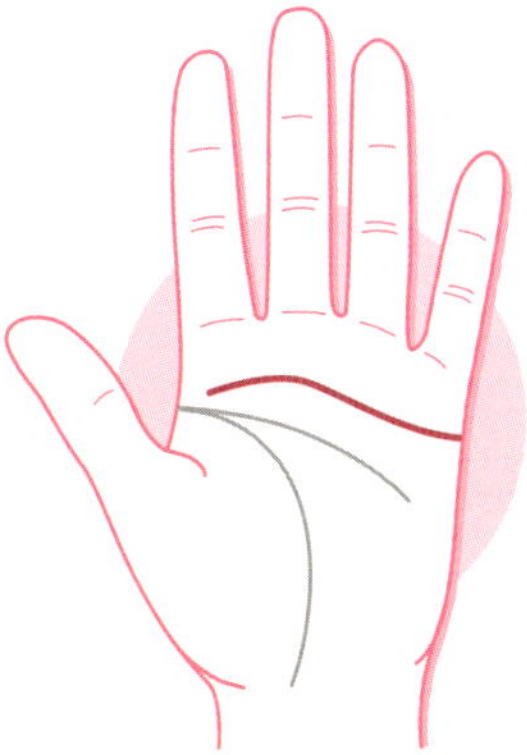

金星丘に向かう

感情線の先端が親指の根元にある金星丘に向かう人は、情に厚い人情派。困った人がいると放っておくことができないやさしい人です。

素朴で涙もろく、純情なところもあります。人から頼まれると断ることができないので、ときには「ノー」と言うことも大切。恋をすると盲目的にのめりこむタイプです。

CHECK 3

感情線のカーブは？ ▶ 理性派？　それとも激情派？

まっすぐ直線的

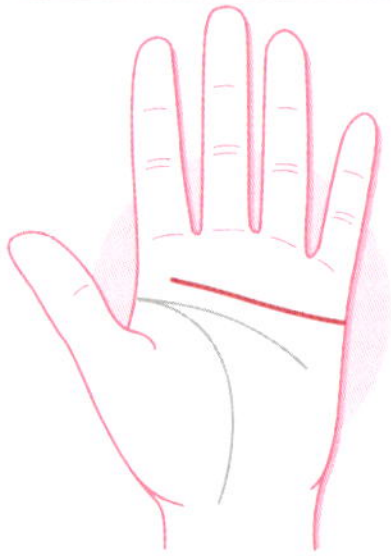

一直線の感情線をもつ人は、感情も単調でクールな理性派。まわりくどいことが苦手な直球タイプです。落ち着いた雰囲気があるのですが、周囲からは、しらけた人とも見られがちです。

大きくカーブ

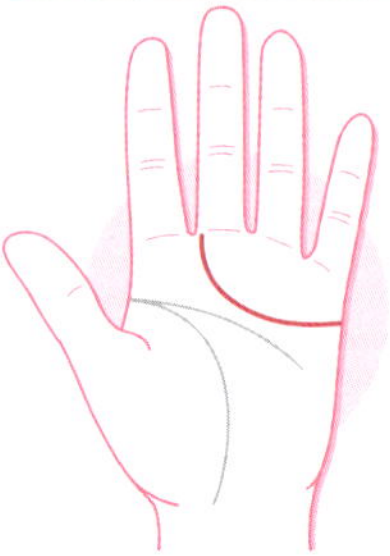

このように激しくカーブしている感情線の持ち主は、感情の動きが激しい激情型。 何かに火がついたら誰にも止められない激しさがあります。恋愛も、一度好きになると、盲目的にのめりこむタイプ。不倫は要注意です。

ゆるやかなカーブ

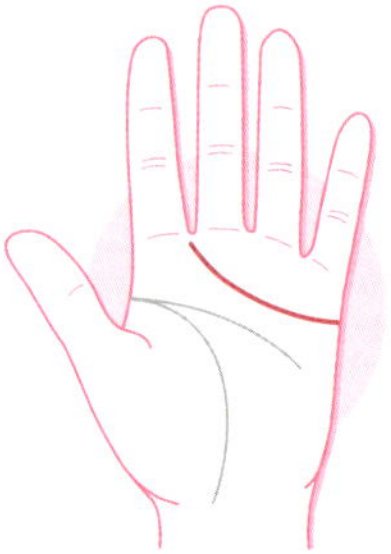

ゆるやかな曲線を描く感情線は、バランスがとれた感情をもつ人。親しみやすく、明るいムードを大切にします。恋は情熱的で、積極的にアプローチをするでしょう。

CHECK 4

感情線の末端の分岐は？ ▶ 人間関係に細やかな配慮ができるか

2　本

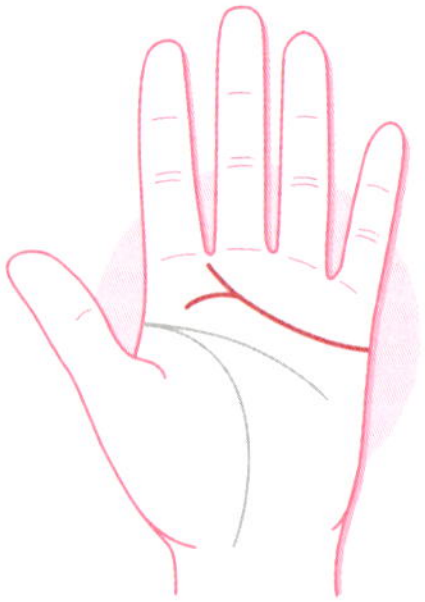

感情線の先端がふたまたに分かれている人は、自分に対して正直なだけでなく、他人に対しても誠実な態度で接する人。人間関係がスムーズで、周囲の人から慕われる存在です。

3本以上

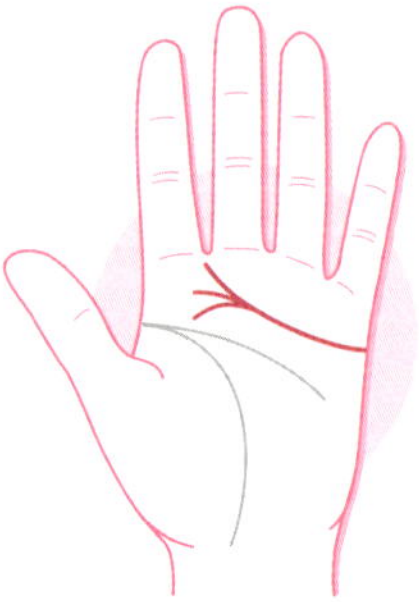

感情線の先が三股以上に分かれている場合は、誰にでも愛想がよく、相手に合わせていくことができる人。感情も細やかで、誰にでも好かれるのですが、周囲から八方美人ととられることも多いです。

CHECK 5 感情線の本数は? ▶ 性格と結婚の傾向を見る

二重感情線

感情線がイラストのＡＢのように２本ある人は、二重感情線といいます。２本目の感情線は、後天的に出現することが多いです。

二重感情線は、明るくて逆境に強いことを意味します。感情線が２本あるので、あふれる情熱の持ち主といえるでしょう。また、不倫をしやすいのもこのタイプ。二重感情線の人は、結婚を２回以上する傾向があります。

また、Ｃのようにマスカケ線の人で、二重感情線をもつ人は多いです。この場合、マスカケ線と二重感情線と両方の意味あいをもちます。

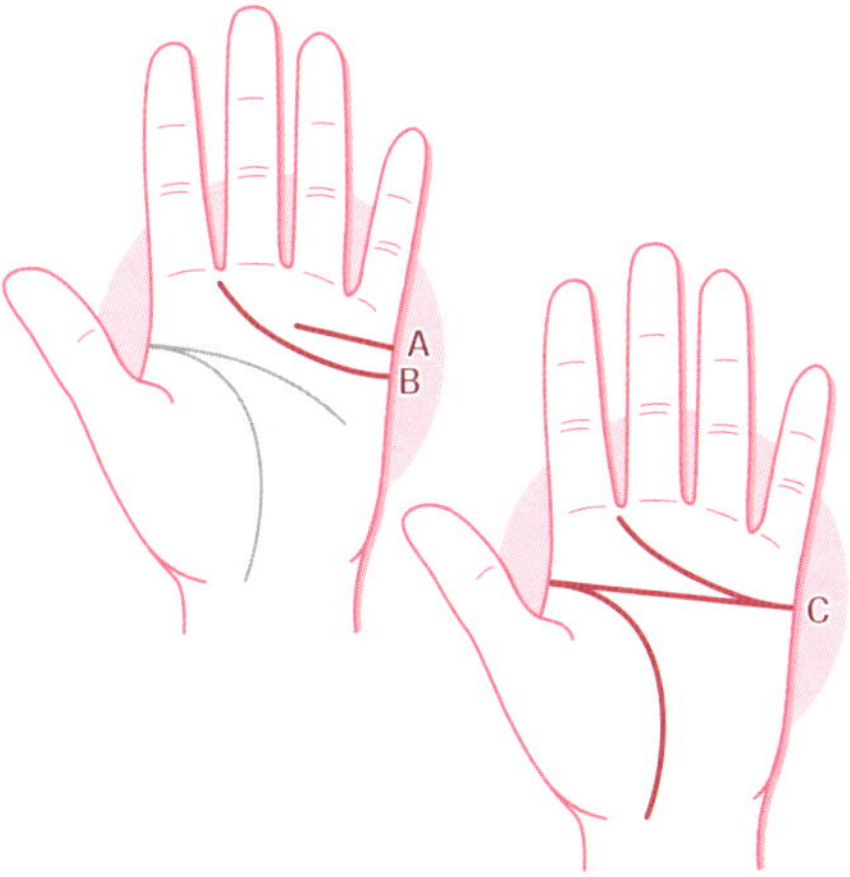

CHECK 6 感情線の起点は? ▶ 現実を重視するタイプか？

上 側

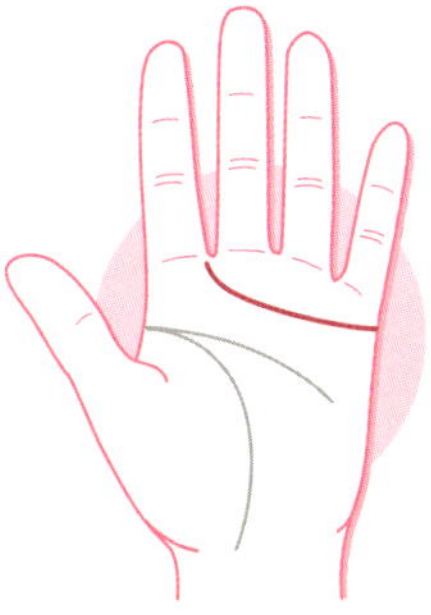

感情線の起点が、小指側に寄っている人は、水星丘がもつ現実的な意味合いが薄まり、月丘がもつ精神性が強まります。感情的に行動しやすく、自分をおさえるのも苦手です。

下 側

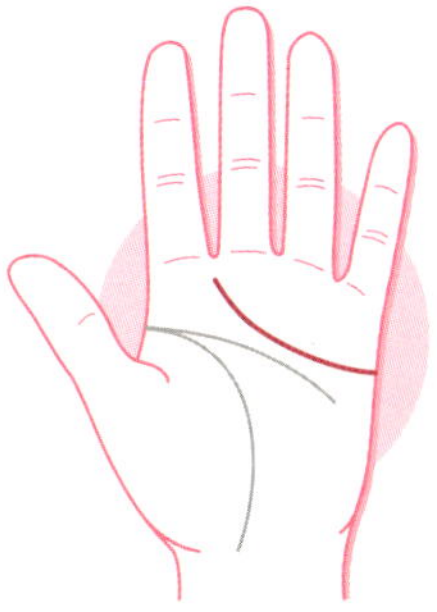

感情線のスタート位置が、下側にある人は、現実的なタイプ。クールで客観的にものごとを見ることができるので、トラブルなどが起こってもあまり動揺しません。

CHECK 7

感情線の乱れと支線は？ ▶ 感受性ややさしさを見る

乱れ

感情線は、ほかの線と違ってイラストのAのように適度に乱れているほうが吉相といえます。

適度に乱れた感情線は、感受性が豊かなことを意味するからです。感情線は、乱れれば乱れるほど線の意味を強めます。

しかし、イラストのBのように乱れすぎた感情線は多情多感をあらわし、恋多き人。浮気もしやすいです。熱しやすく冷めやすい傾向もあるでしょう。

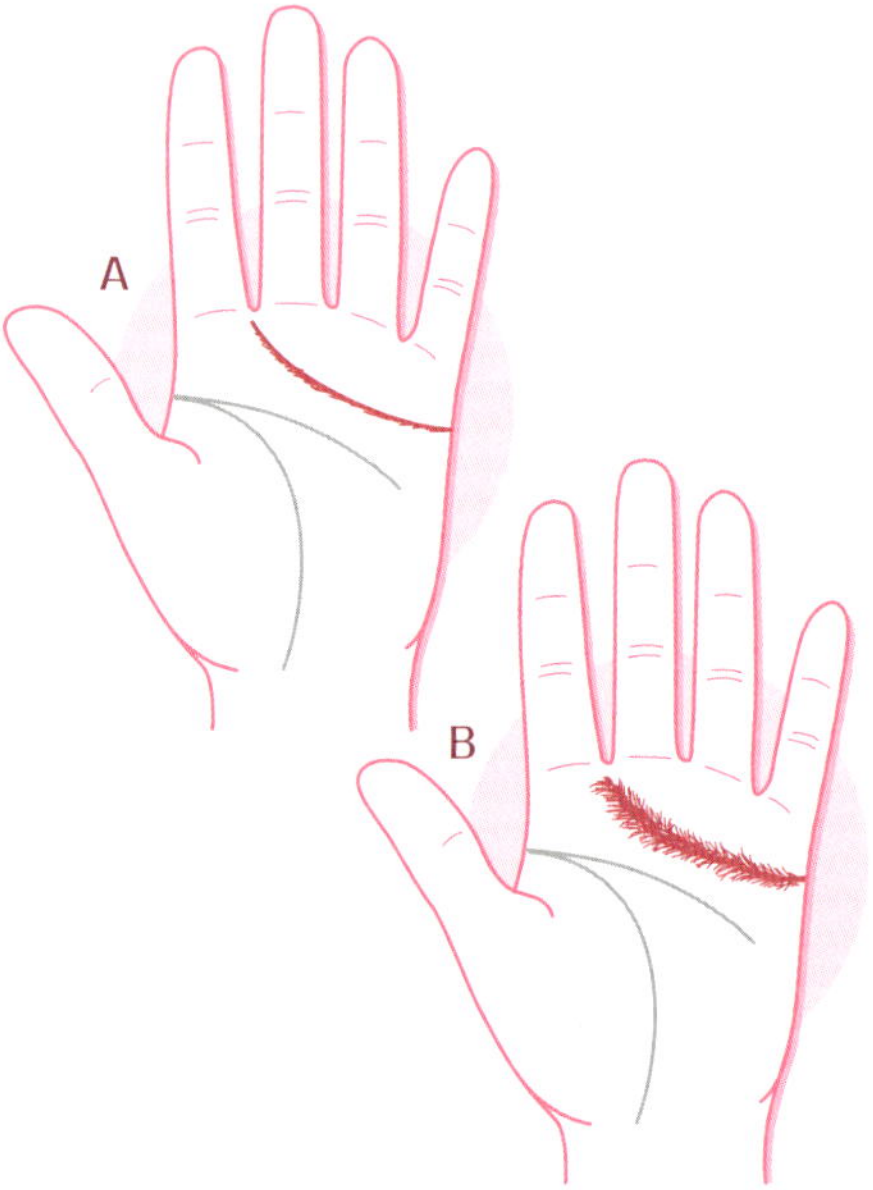

支線

感情線から伸びる下向きの支線は、やさしさをあらわします。人間らしい温かさをもつ人に出る線といえるでしょう。最初はなくても、人にやさしく接していると出てくる線です。

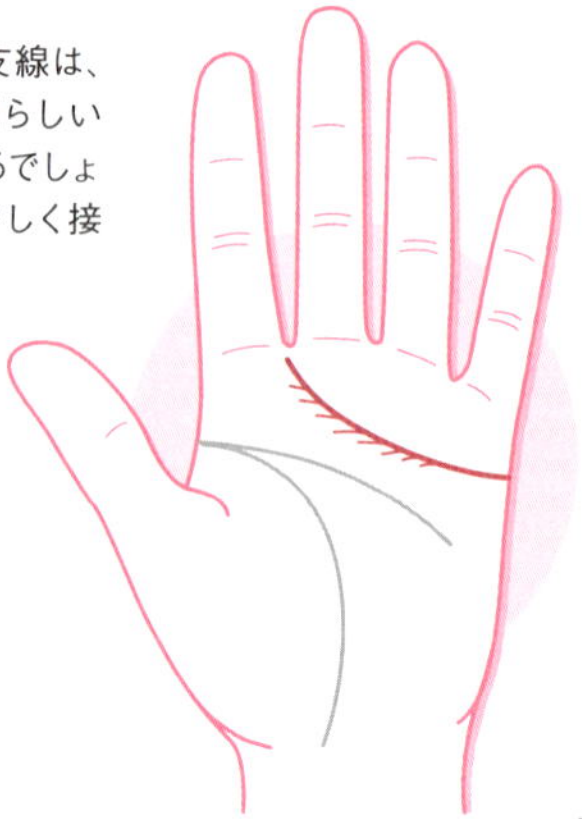

CHECK 8 島・鎖・切れがある? ▶ 病気や執着心、別れの予感

島

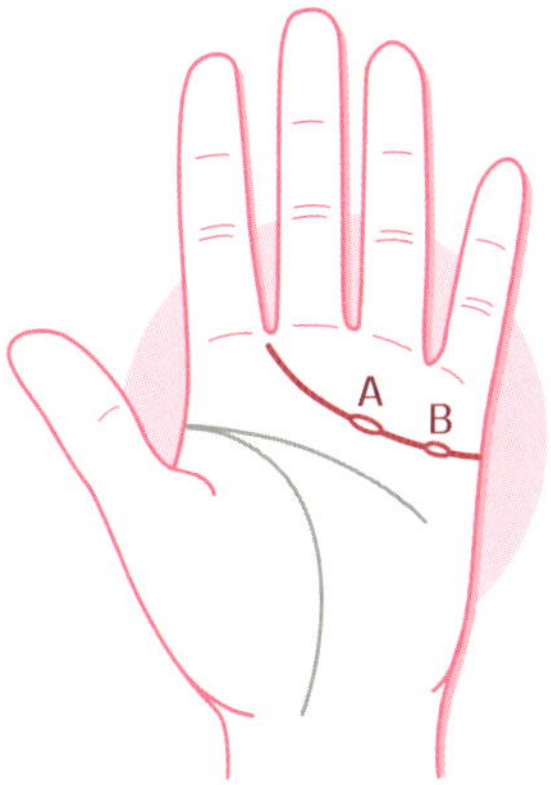

　感情線の薬指の下にある島Aは、目の不調を意味します。視力の低下、あるいは眼精疲労、目の病気などです。
　小指の下にある島Bは、産婦人科系統の不調や病気を示します。

鎖

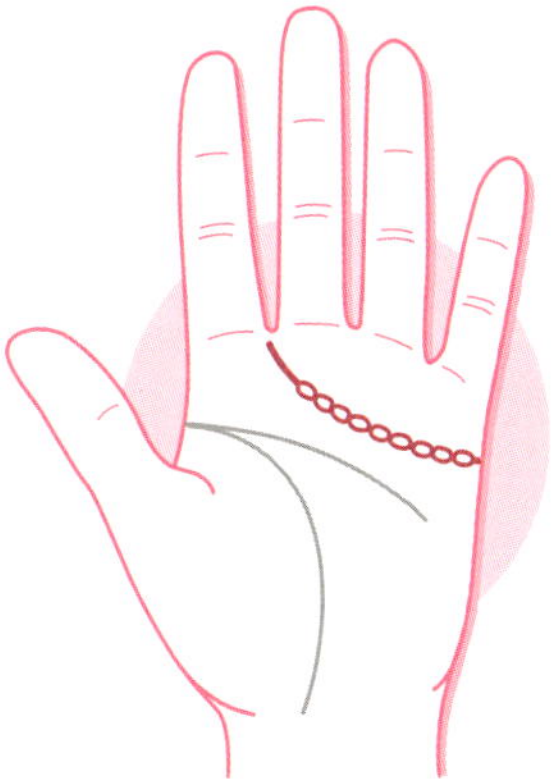

　感情線が鎖状になっている人は、感情線の意味が強まります。ものごとに対して執着心が強く、簡単にはあきらめません。周囲からは、しつこくて、あきらめが悪い人と見られることもあります。

切　れ

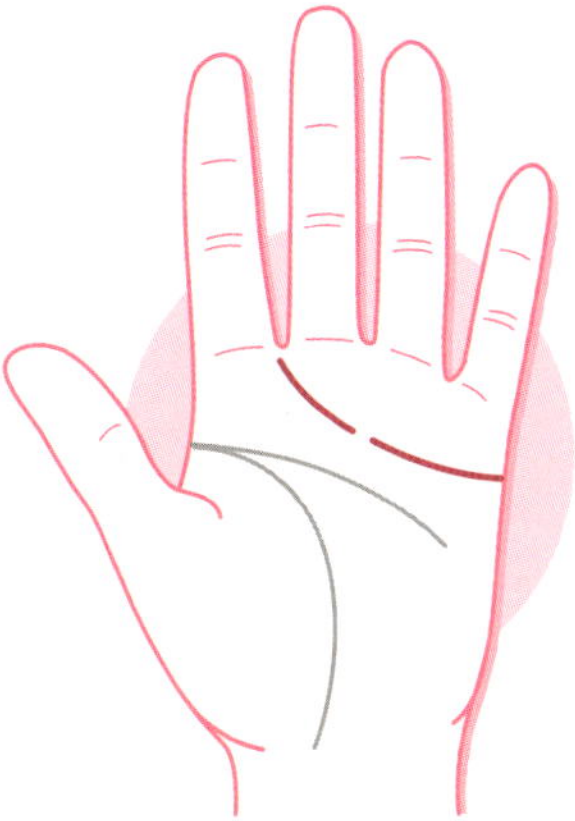

　感情線の切れは、愛する人との別れを意味します。切れが破局をあらわす場合、本人に原因があることが多いようです。自己中心的なわがままな行動をとっていないかどうか、自分を見つめ直してみましょう。

運命線

人生の困難や満足度、転機などを示す線

運命線とはどんな線か

運命線とは、中指のつけ根の土星丘に向かうタテ線のこと。土星丘は、忍耐、試練、努力、制限、現実性などの意味をもっています。丘が示唆するように、運命線は、目的を達成するための本人のエネルギー量を示すバロメーターのような線です。

運命線は、手のひらのいろいろな場所からスタートしますが、中指に向かっていれば運命線と判断します。そして、その起点によって、線の意味合いはさまざまです。

運命線は1本だけとは限らず、何本もある人が多く、また、長い人、短い人とまちまち。線が濃い人、薄い人、まっすぐな人、切れ切れの人などがいて、それぞれ意味があります。変化が多い線でもあり、運命線がない人もいます。しかし、何か目標に向かってがんばる人には自然に出てくる線です。

運命線から何がわかるか

運命線は、生命線と並んでとても重要な線です。運命線からは、その人の人生にかかわるいろいろなことがわかります。

まず、恋愛や結婚、転職、独立、引越しなど、人生のうえで転換期となる時期。また、病気やスランプ、離別などの障害も、運命線から読み取ることが可能です。

さらに、本人の社会における実力発揮に対するエネルギーの消費量などもわかります。つまり、「自分はがんばっている!」という気持ちが強い人ほど、運命線はしっかり刻まれることに。反対に、社会的に成功をおさめている人でも、その成功に値するだけの努力をしていなかったり、困難な状況に立ち向かったりしていない人は、運命線は薄いのです。

運命線（丘の位置）

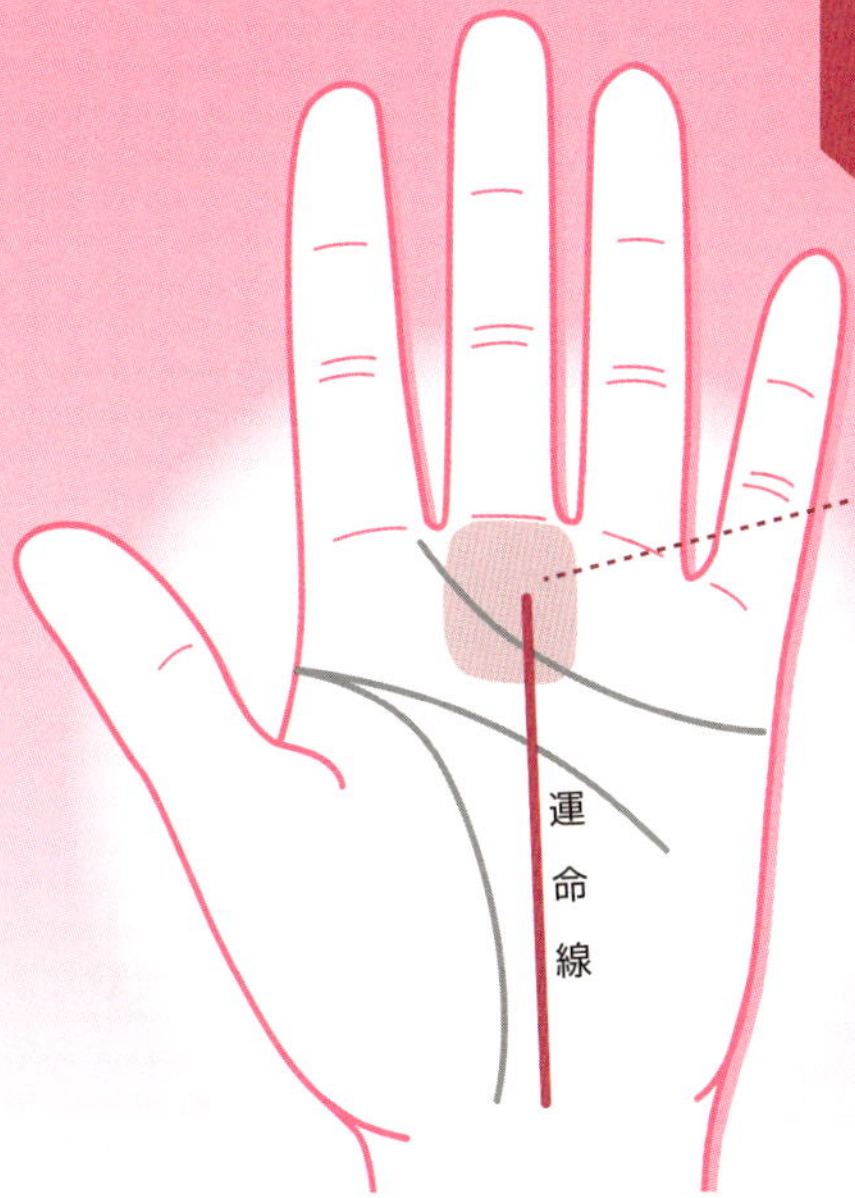

運命線の見るべきポイント

●太さ

運命線の太さは、本人が実力をどのくらい発揮しているかを測るバロメーター。がんばっている人ほど太く濃く出ます。

●長さ

運命線が出ている期間は、その人ががんばっているときです。長い運命線が続く場合は、生涯現役タイプ。

●起点

運命線がどこから始まっているかによって、人生の傾向がわかります。スタート位置をしっかりチェックしましょう。

●終点

どこで終わっているかで、晩年の傾向を見ます。

●分岐

運命線が上向きに分岐する場合、ラッキーなできごとをあらわします。どのあたりから出ているかを確認しましょう。

CHECK 1
運命線の太さは？ ▶ 目的に向かって努力しているかを見る

太　い

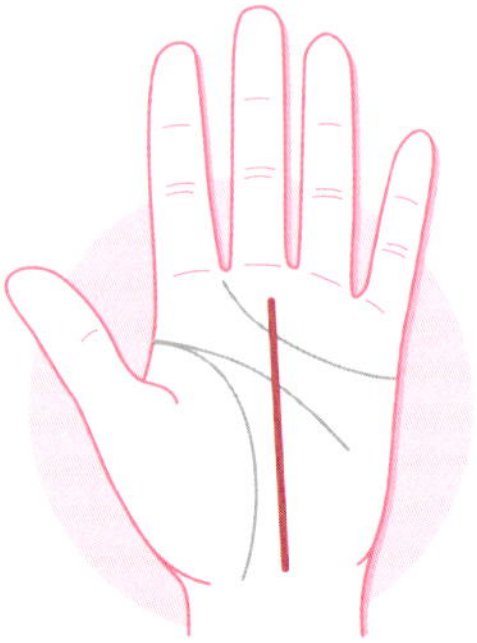

運命線は、その人が一生懸命にがんばってエネルギーを消費して生きていると、太くあらわれます。社会から見た成功、不成功とは無関係です。運命線が太くても、本人が満足しているとは限りません。運命線の太さは、信念や困難、努力の度合いと比例します。

太い運命線をもつ女性は、結婚しても主婦業だけでは満足できず、ストレスがたまりがち。結婚後も仕事をもつか、趣味など何か熱中できるものをつくると、夫婦仲は円満になります。

普　通

自分が本来もっている力の6～7割ぐらいのエネルギー消費量で生きている人です。実際は、まだまだがんばりがきくということ。しっかりした目標に向かって一生懸命努力すると、運命線は濃く太くなります。

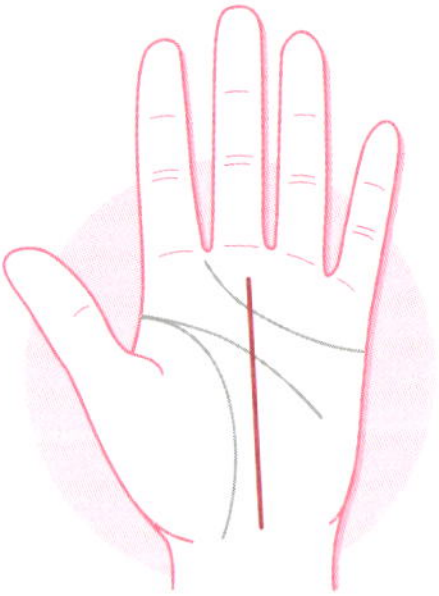

薄　い

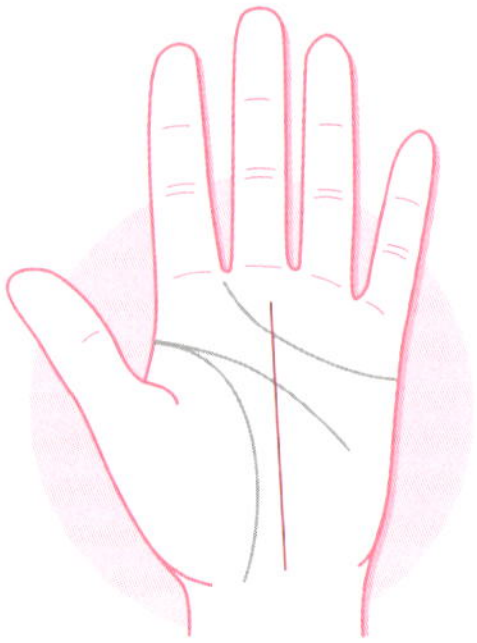

子供の頃は運命線がないことも多いもの。また、人生の目標や自分がやりたいことが明確になっていない場合は、運命線も薄くなりがちです。未知数の運命線といえるでしょう。

大人になっても運命線が薄いときは、人生の目標や仕事が定まらないしるし。意志が弱く優柔不断で、なんとなく流されて生きていることを示します。目的をもってがんばりはじめると、運命線はしっかり刻まれるでしょう。

CHECK 2 運命線の長さは？ ▶ がんばる時期を見る

長い

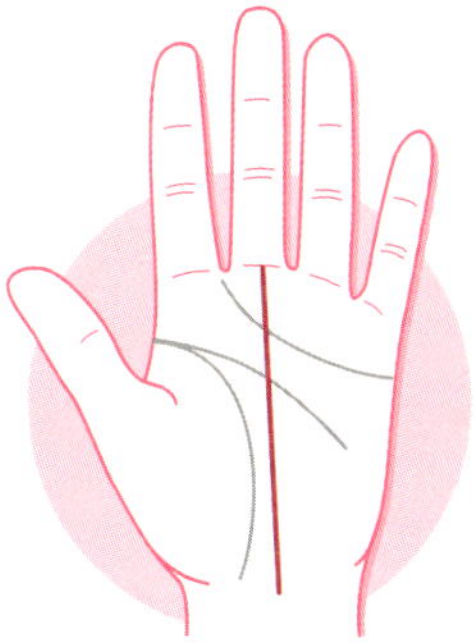

運命線が出ている流年（P156）の期間は、エネルギーを消費し、がんばって生きているということをあらわします。運命線が長ければ長いほど、生涯現役というタイプ。

短い

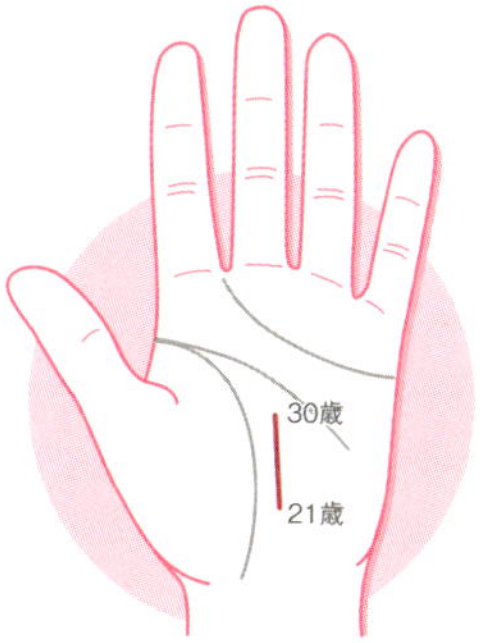

運命線が短い人でも、将来のビジョンをしっかり描き、それに向けてがんばって生きていくと、運命線も伸びていきます。イラストでは、21歳から30歳まで、がんばって仕事などをしていた時期です。

CHECK 3 運命線の本数は？ ▶ 複数のことに関わるか

複数の運命線がある

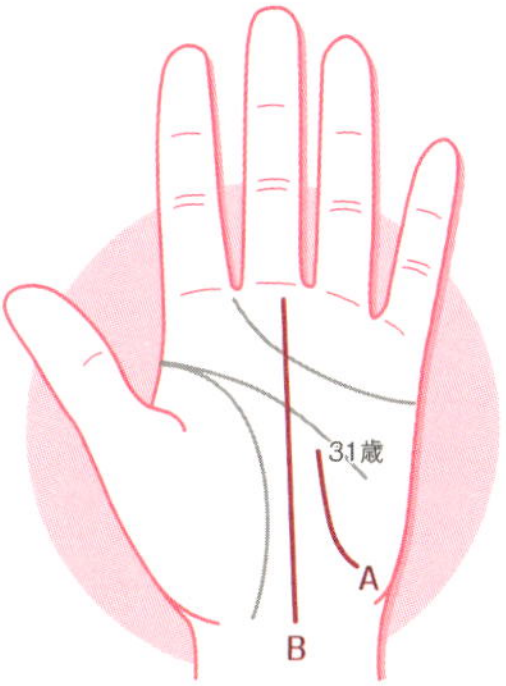

いろいろなタイプの運命線を2本、3本もつ人がいます。それは2つ、3つの仕事をする場合や、趣味や社会活動を仕事のほかにもつような人。つまり、人生の柱を何本かもっているといえます。

たとえば、Aは月丘から昇る運命線で、終点の流年は31歳。Bは冥王星丘から昇る運命線です。この場合、自力で歩んでいく運命線Bは生涯に渡って継続し、他人や大衆の引き立てによって歩んでいく運命線Aが31歳までであると判断します。

CHECK 4 運命線の起点は？ ▶ 人生の傾向を見る

生命線からスタート

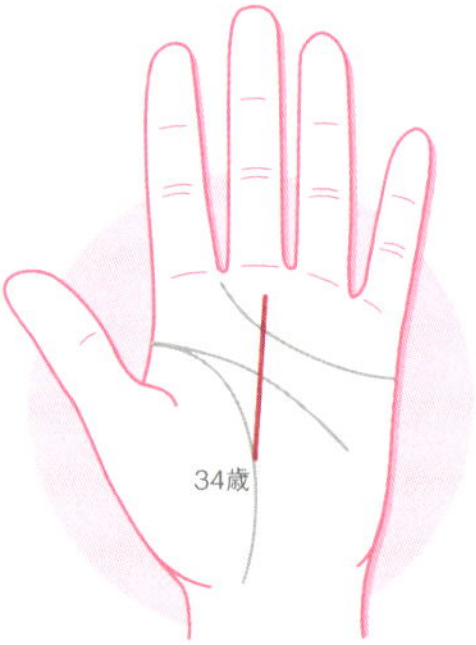

生命線の一点から昇る運命線は、開運線（P165）に入ります。生命線上の流年の年に昇進、独立、飛躍、結婚などがあり、開運と同時に多忙になり、がんばることを示しています。自分の努力によって開運するタイプです。イラストでは34歳の開運を示します。

生命線の内側からスタート

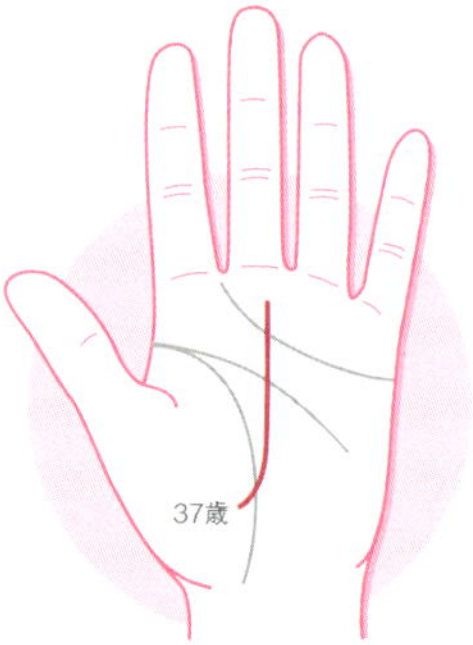

生命線の内側（金星丘）から昇る運命線は、開運線（P165）に入ります。金星丘が意味する家族や親戚に関係する事がらによる開運です。親、きょうだい、親戚、配偶者などの援助による独立、親族会社に役員として入社する、遺産によって家を購入したり起業するなど。イラストは、37歳の開運です。

生命線の下側からスタート

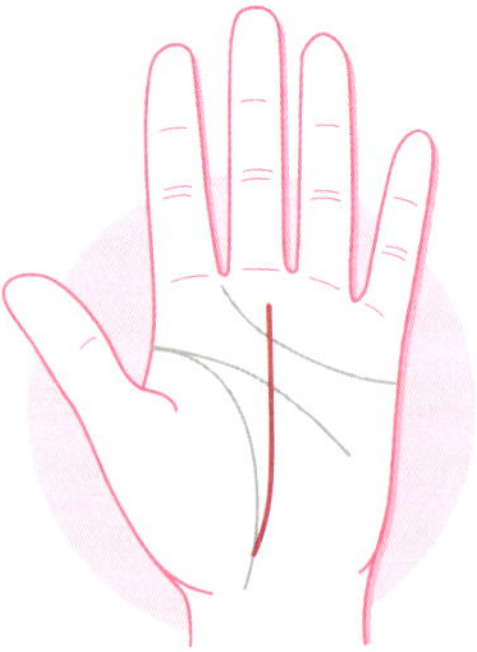

生命線の下方から昇る運命線は、自分の努力によって、精進、努力して運命を切り開いていく人です。目標に向かって、まじめに努力するがんばり屋タイプといえるでしょう。この場合は、生命線の流年は考慮しません。

生命線に沿ってスタート

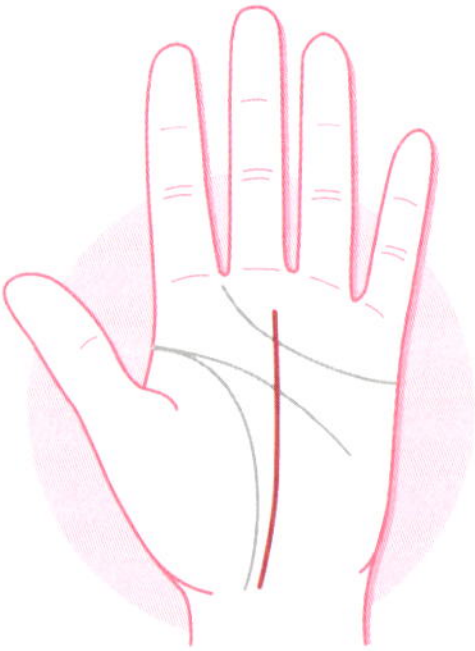

生命線に沿った形で親指側から昇る運命線がある人は、親のあとを継ぐか、親と縁が深いタイプ。長男、長女の人が多く、それ以外でも長男長女的な役割があり、将来は親の面倒を見ることになりやすいです。また、親や先祖の遺伝子を受け継ぎ、それをもとに運命を切り開いていく傾向があります。

手首の真ん中からスタート

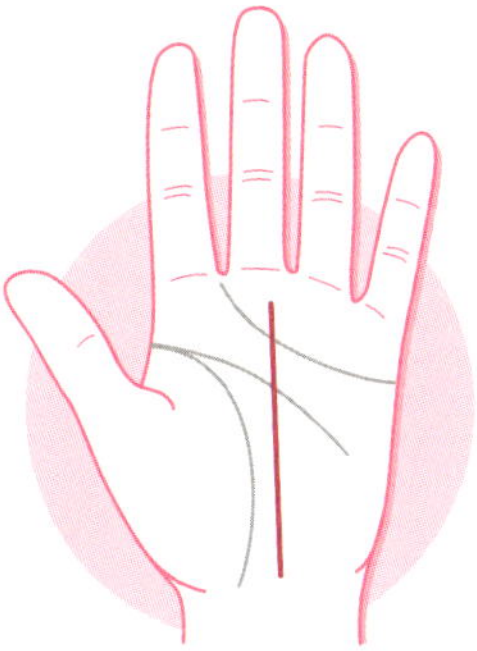

手首の真ん中あたり、冥王星丘から昇る運命線の人は、自分の意志をもとに自力で運命を切り開いていくタイプ。実力はあるのですが、ワンマン型で権力を好む傾向があります。人にまかせることが苦手なため、結局すべて自分でやるハメに。周囲の援助を受け入れるとさらに飛躍できるでしょう。

月丘からスタート

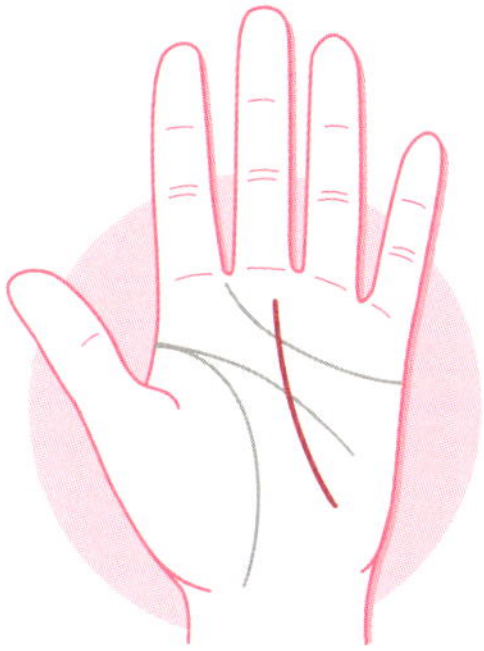

月丘から昇る運命線は、他者からの人気を得て、周りの援助や引き立てをもとに運命を歩んでいくラッキーな相。周囲の人にお願いや相談をすることで道が開けます。

芸能界や人気商売の人にはなくてはならない運命線。感謝の気持ちをもつと、さらに開運できます。

知能線からスタート

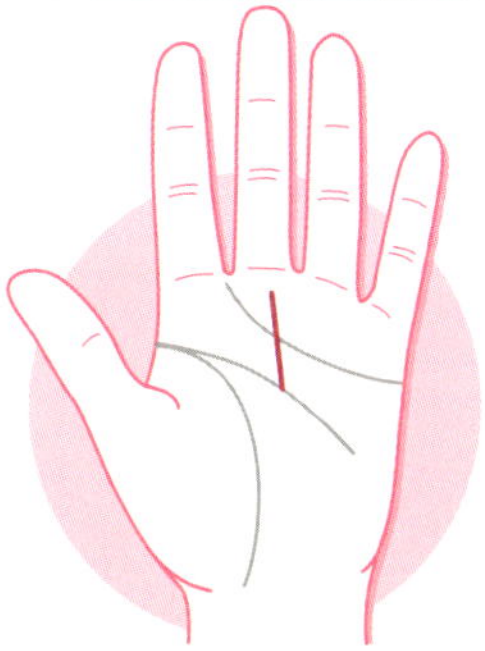

知能線から昇る運命線は、自分のもっている才能や資格によって運命を切り開いていく天才肌タイプ。教師、研究者、マスコミやファッション関係、占いなどを職業とする人が多いです。太陽丘が発達していれば、成功する可能性が高いでしょう。

CHECK 5

運命線の終点は？ ▶ 晩年の傾向を見る

中指の根元で終わる

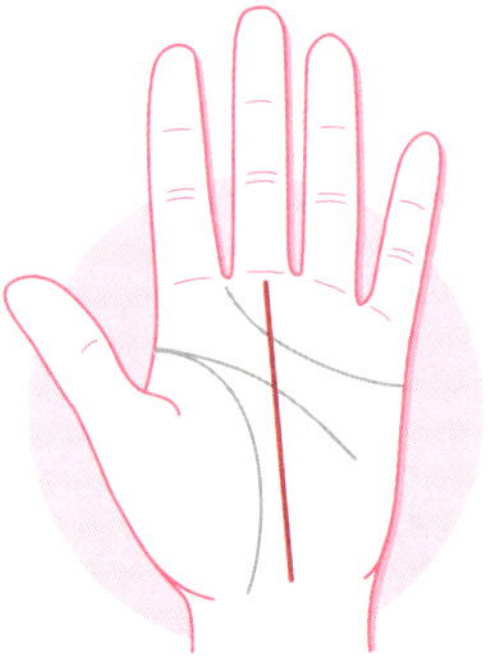

運命線の流年は、中指のつけ根に近づくほど晩年を意味します。中指のつけ根まで運命線が至るということは、晩年まで、現役として何かに打ち込んでいく傾向があるという意味です。

感情線で終わる

運命線が感情線で止まっている場合、本人の好き嫌いといった感情的なことが、開運のさまたげになることがあります。また、恋愛問題で、社会的な運を捨てる可能性も高いので、要注意です。

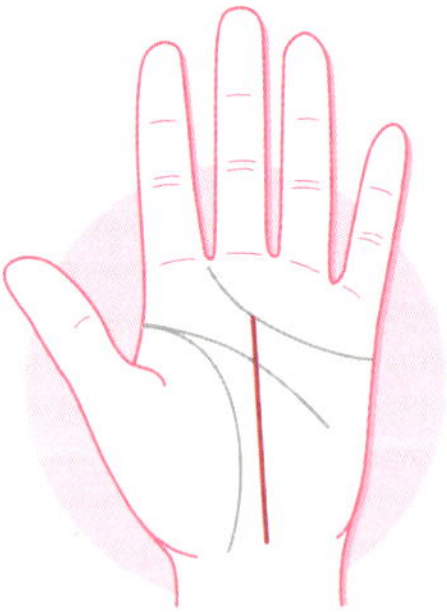

知能線で終わる

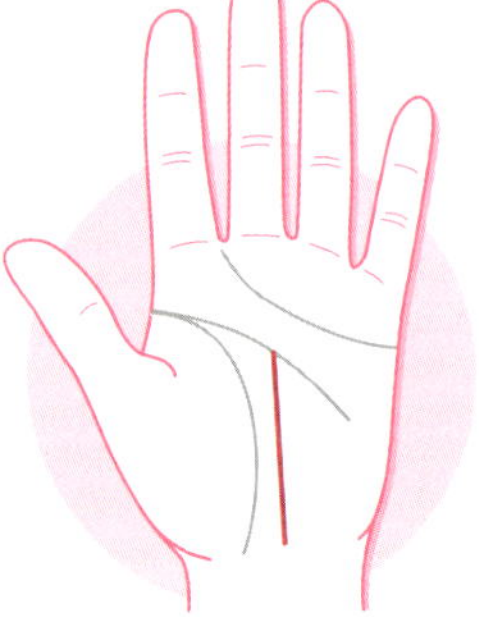

運命線が知能線で終わっている場合、本人のものの見方や考え方が、社会的な運勢をストップさせてしまう可能性があります。また、資格や技術、才能に固執することが、人生の行きづまりの原因になることもあるでしょう。

CHECK 6 障害線・島・蛇行・すき間は? ▶ 人生の波乱時期を見る

運命線を直角に横切る障害線

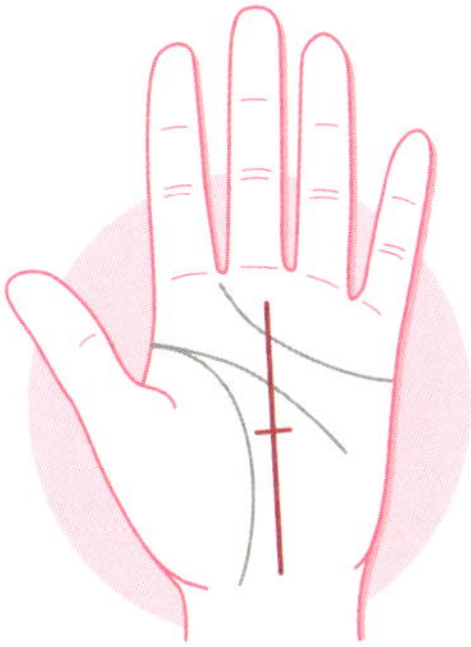

運命線を直角に横切る線を障害線といいます。障害線がある年に、精神的、肉体的な不運にあうサイン。病気やケガ、倒産、離婚などです。線の太さと長さは、そのダメージに比例します。前もって知っておくことで、大難を小難にすることも可能です。

島

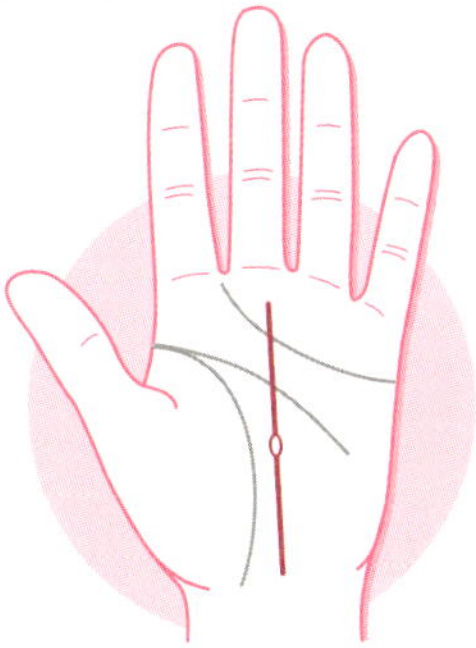

運命線にあらわれる島は、スランプを意味します。島が出現している流年の期間、心身の不調や仕事上の問題などで行きづまりを感じ、悩み苦しむことに。不倫をあらわしていることもあります。気持ちを明るくもつことで、乗り切りましょう。

蛇　行

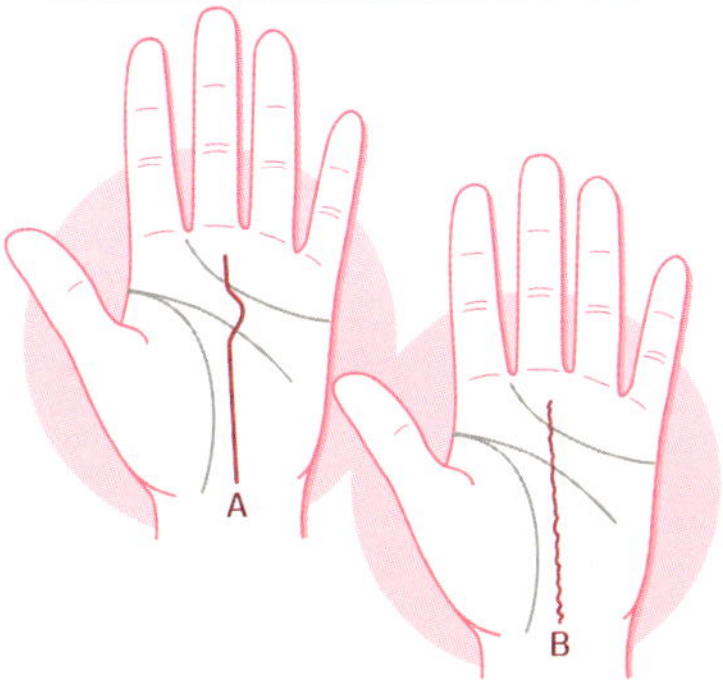

Aのように運命線が、くねくねと蛇行したり、乱れている人は、蛇行している期間中、大変な苦労をすることを示しています。

全体的に乱れているBでは、くよくよ悩む傾向があり、ひとつのことを長く続けるのが苦手。目標に向かって努力することで線は変わります。

途切れてすき間がある

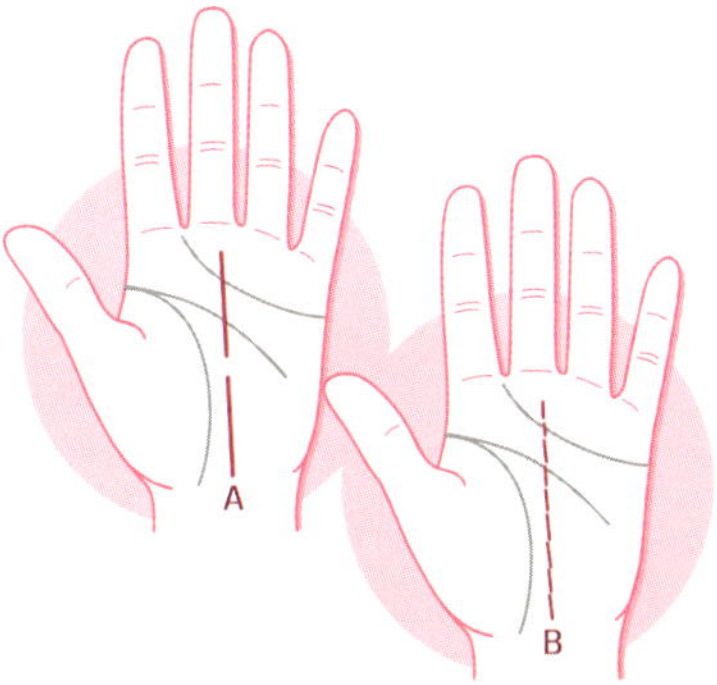

Aのように運命線が途切れてすき間がある場合、その流年の期間、空白な状態であることを示します。失業中や仕事をやめてのんびりする、空虚な時間を過ごす、何かやろうとしてもそれができない期間など。

Bのように全体的に切れ切れの場合は、転職や転居を繰り返す傾向があります。

CHECK 7 分岐・合流・食い違いは? ▶ 開運や運命的な出会いの時期を見る

太陽丘に向かう枝分かれ

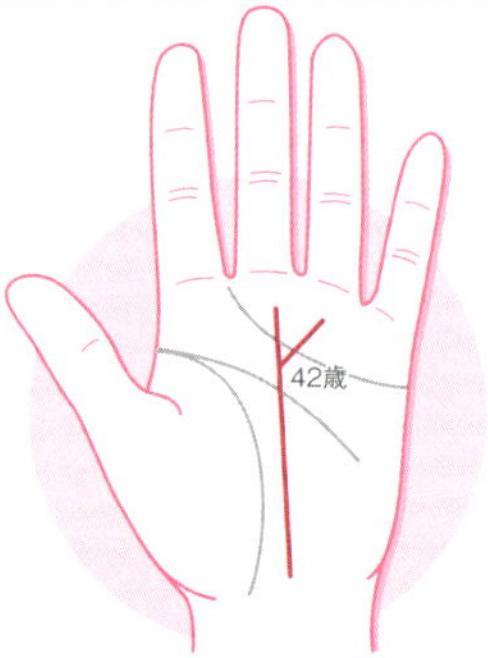

運命線上の分岐点の年に、結婚や独立、昇進、名声を得るなどのラッキーなできごとがあるしるし。支線の長さと太さに、開運の大きさが比例します。イラストは42歳の例。

親指側に出る枝分かれ

太陽丘に向かう支線と同じ意味です。運命線上の分岐点の年に、結婚や独立、名声を得るなど、大きな開運があります。イラストは27歳の開運です。

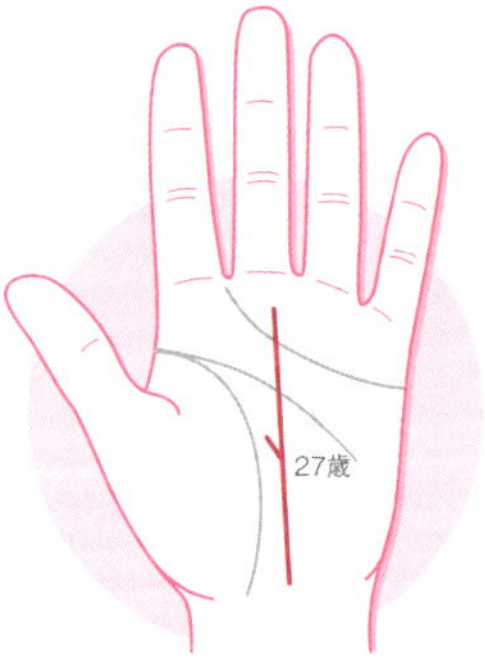

月丘からの支線（影響線）が合流

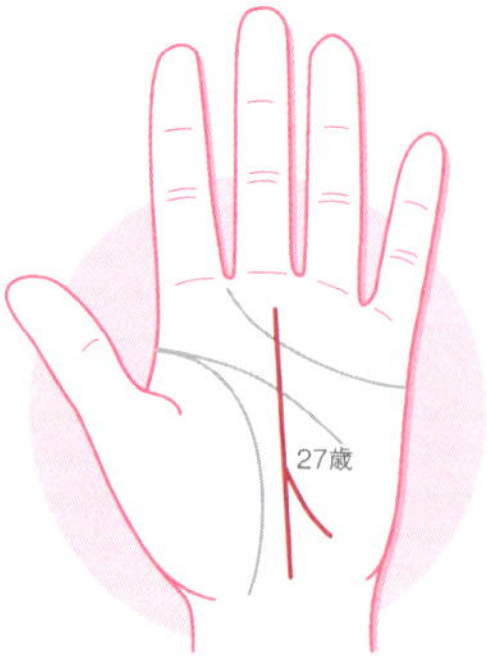

月丘からの支線が運命線上に合流している年に、恋人やスポンサー、仕事のパートナー、人生の師などと出会うサイン。結婚を意味することもあります。イラストは27歳の例です。

親指側や金星丘から始まり運命線に合流

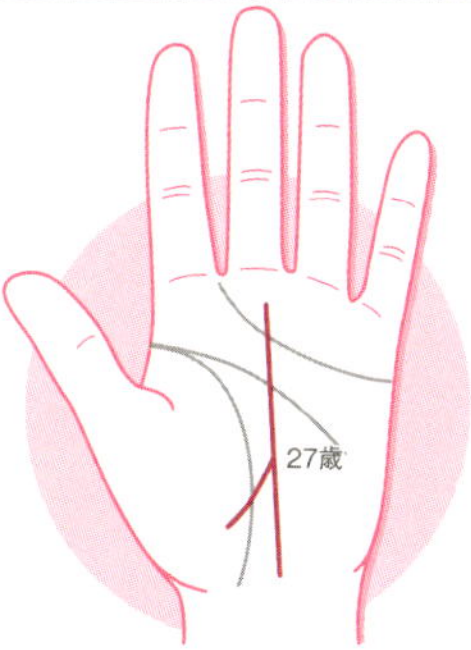

運命線上に合流している年に、身内に関係する事がらの開運を意味します。たとえば遺産相続や、親戚の紹介によるお見合い結婚など。イラストは27歳です。

運命線に平行して薄いタテ線が走る

運命線に沿って薄いタテ線が走るときは、その線がある流年の期間、パートナー的な人物がいることを示します。恋人や仕事上のパートナーなどです。イラストは27歳から33歳と判断します。

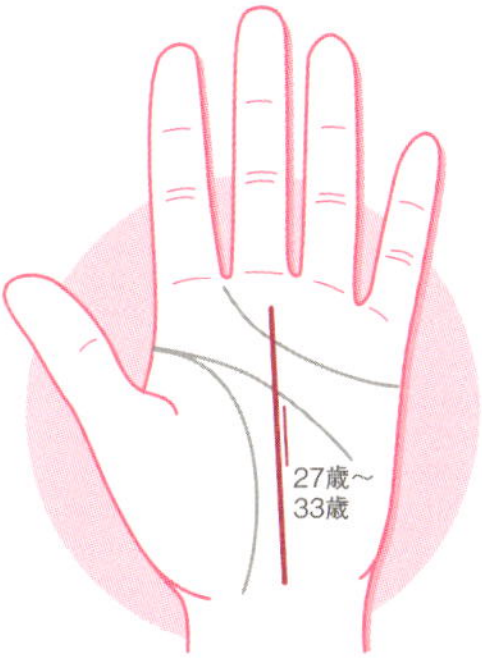

運命線が食い違う

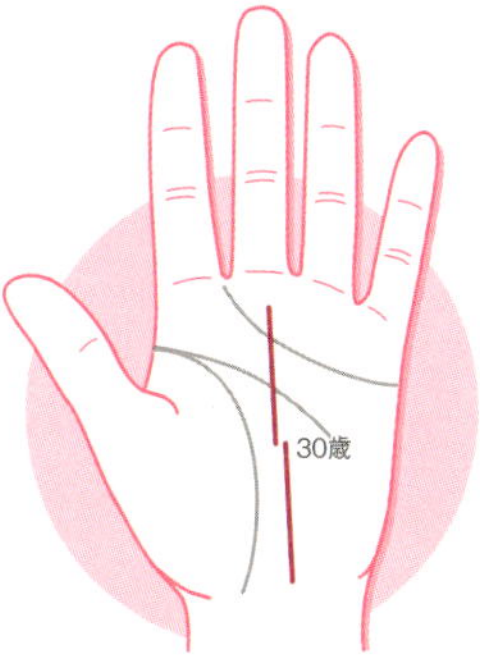

運命線が食い違っている流年の年に、転職や引越し、または精神的な変化が生じるしるし。結婚を意味している場合もあります。イラストは30歳です。

太陽線

成功や名声をあらわすラッキーな線

太陽線とはどんな線か

太陽線は、薬指の下にある太陽丘に出る線、あるいは太陽丘から走るタテ線のこと。太陽丘には、成功や人気、名声、芸術などの意味があります。その丘が示すとおり、太陽線は、成功や名声をあらわす重要な線。

　太陽線は、誰にでも出る線ではなく、あっても変化が激しい線。いまはなくても、努力することであらわれる線です。

太陽線から何がわかるか

長さや太さ、線の向きなどはさまざまで、それによって地位や名誉を得て成功することができるのかを見ていきます。

　また、社会的な成功はお金にもつながるため、金運の方向性なども読み取ることができるのです。つまり、太陽線は成功をあらわすラッキーな線といえるでしょう。

　太陽丘は人気を示す場所でもあります。この線がある人は、周囲の人から好かれるので、明るくて、まじめな性格の人が多いようです。太陽線がないからといって、社会的に成功をしていないという意味ではありません。本人が「まだまだだ」と思えば、線はないか、薄いのです。あくまで、本人が自分の人生に対してどう感じているか、ということが相としてあらわれます。

太陽線（丘の位置）

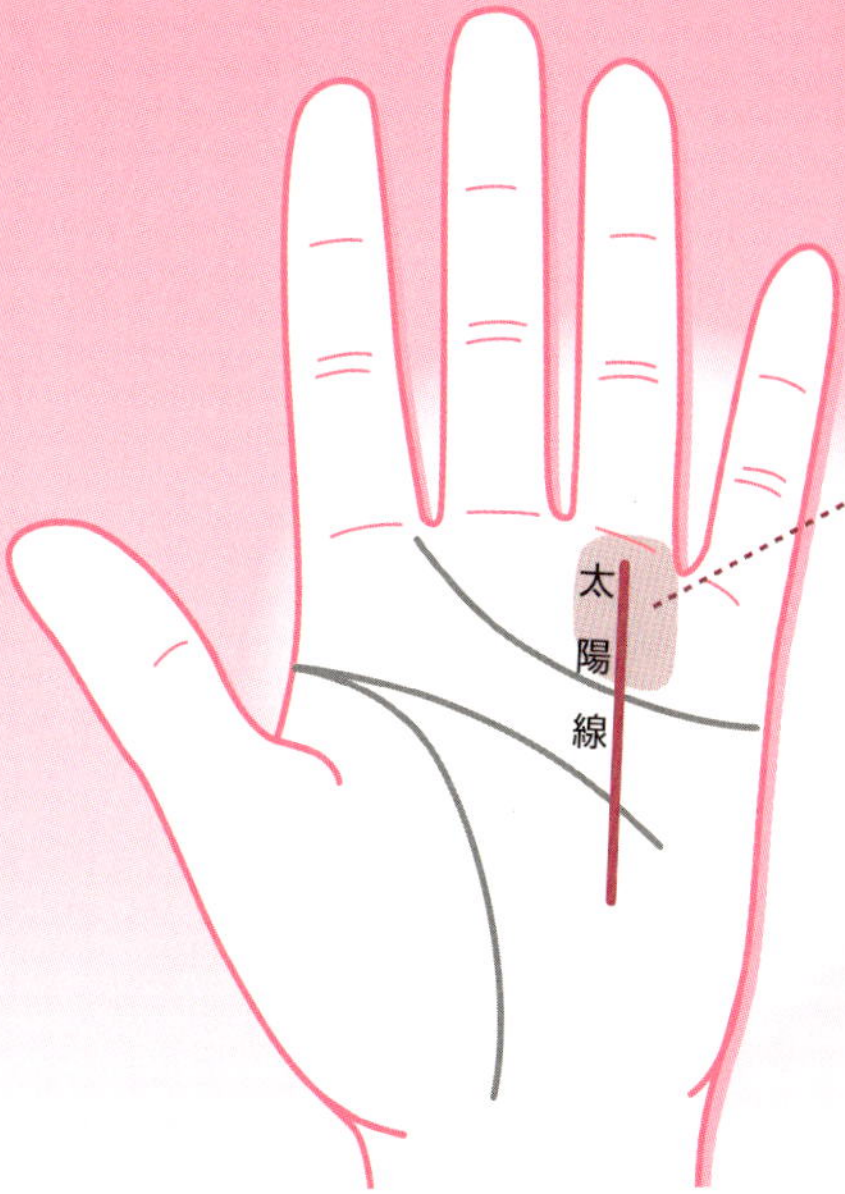

太陽線の見るべきポイント

線の向き

太陽丘から、どこへ線が向かっているのかをチェックしましょう。月丘、知能線、運命線、生命線など、太陽線が向かう場所によって、どのようなタイプの成功をつかむかを読み取ります。

太さ

太陽線の太さや長さは、そのまま成功や名声の度合いに比例します。

太陽線は変化が多い線なので、短くて薄い人や、太陽線がない人でも、心配しないでください。努力することで自然に太陽線は出現します。

本数

太陽線が複数ある人は、異なる分野での成功を意味します。１本だけ太陽線がある人は、ひとつの分野で成功するということです。

CHECK 1
太陽線の向きは？

▶ 成功のタイプを見る

太陽線は、成功や人気、金運などを示すラッキーな線。しかし、太陽線は変化が多い線です。線があるからといって、安心して努力をしなければ、線は薄くなっていくでしょう。

成功して幸せをつかむためには、努力を続けることが大切です。

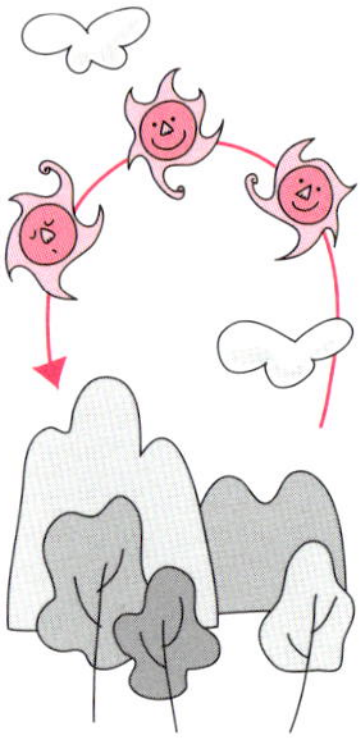

太陽線は、見た目では、手のいろいろな場所から太陽丘に向かって出ているように見えます。しかし実際は、薬指をアンテナとして、太陽丘から下に向かって出現しているのです。

第二火星丘へ向かう

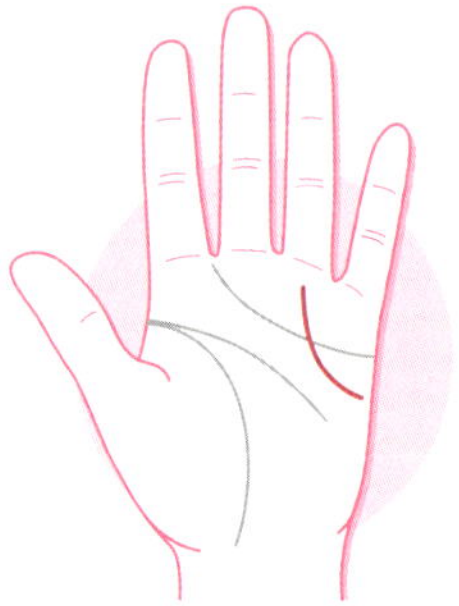

第二火星丘へ向かう太陽線をもつ人は、誰も見ていなくても、まじめにこつこつがんばる努力家です。それが人の信用を得て、結果的に金運や、成功につながるというタイプ。

人から何かを任されることが多く、30代半ばから晩年にかけて運が開けてくる人が多いでしょう。人を相手にした商売が向いています。

月丘へ向かう

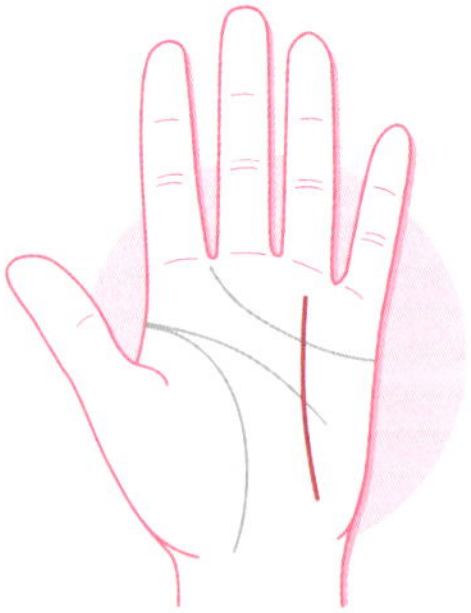

月丘へ向かう太陽線がある人は、周囲の人や大衆から人気、援助、引き立てを受けて成功するタイプ。芸能界など人気商売の人にはぜひともほしい太陽線です。この線がある人は、若いときから成功する人が多いようです。

いつも感謝の気持ちをもつことで、さらなる幸せを得ることができるでしょう。

太陽丘に短く出る

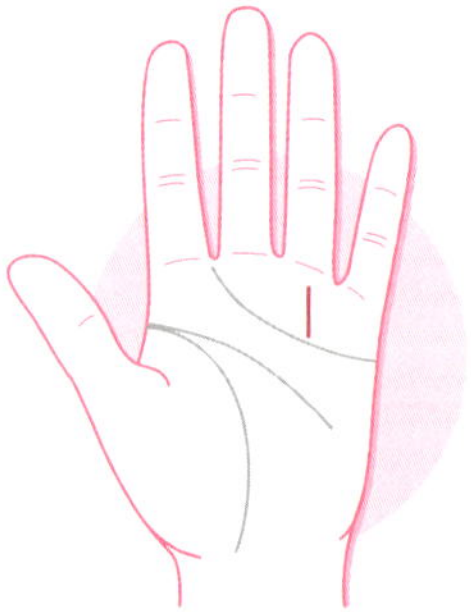

このように太陽丘に短く出る太陽線は、よく見かける一般的な相。この太陽線がある人は、生活が安定していて、平均以上の人生を送ることができます。会社員など組織の中で力を発揮するタイプ。

年齢とともに余裕が出て、晩年はおだやかに過ごせるでしょう。

知能線で終わる

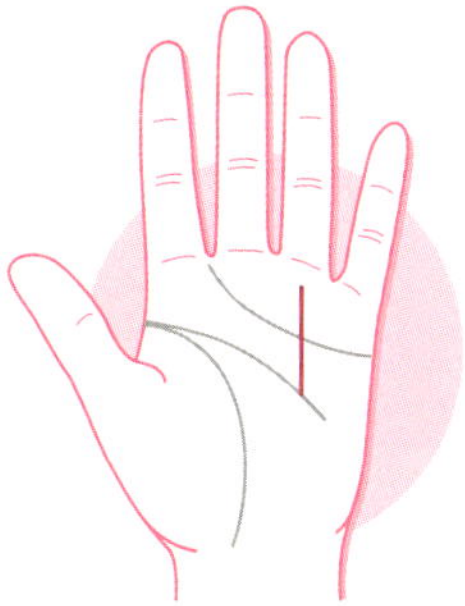

知能線へ至る太陽線をもつ人は、自分の才能を活かして成功するタイプ。特殊な才能や資格、知識、研究、アイデアなどが、名声や金運につながります。

芸術やマスコミなど、ジャンルはさまざまです。インストラクターや講師、学者、教師などとして成功する人も多いでしょう。

火星平原へ向かう

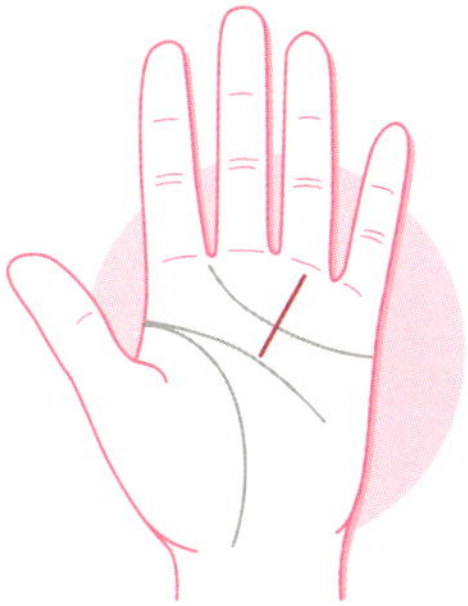

火星平原へ向かう太陽線がある人は、根性と努力で成功を勝ち取るタイプ。成功にともなって、金運もあとからついてきます。

自分で「コレだ！」と思える分野があるときは、それに向かって努力するといいでしょう。勝負やスポーツの世界で成功する人も多いです。

運命線で終わる

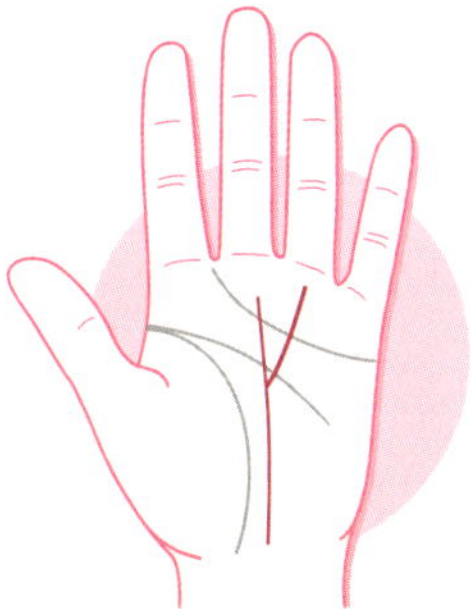

運命線に至る太陽線は、開運のしるし。運命線上の流年の年に、結婚、独立、昇進、成功など、ラッキーなできごとが起こります。

実力もあるので、目標に向かって一生懸命に生きることが成功につながるタイプです。

生命線で終わる

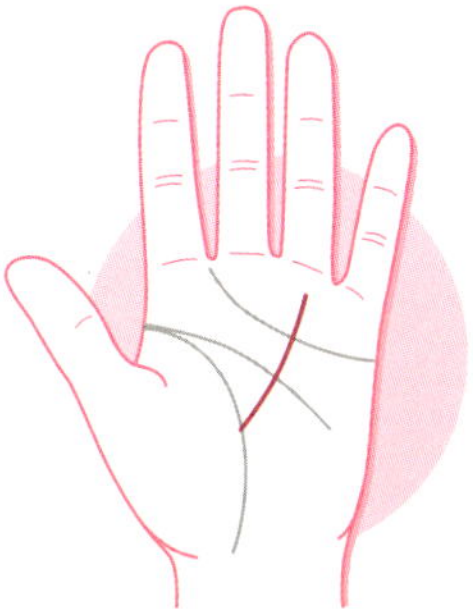

生命線に至る太陽線は、運命線で終わるケースと同様に、開運をあらわします。生命線上の流年の年に結婚、独立、昇進、成功、金運に関することで、大きな幸せが訪れるでしょう。この相は、本人の努力により名声や成功を得るタイプですから、日頃から目標に向かって地道に努力することが成功を導きます。

CHECK 2 太陽線の長さ&太さは？ ▶ 本人の満足度を見る

長くて太い

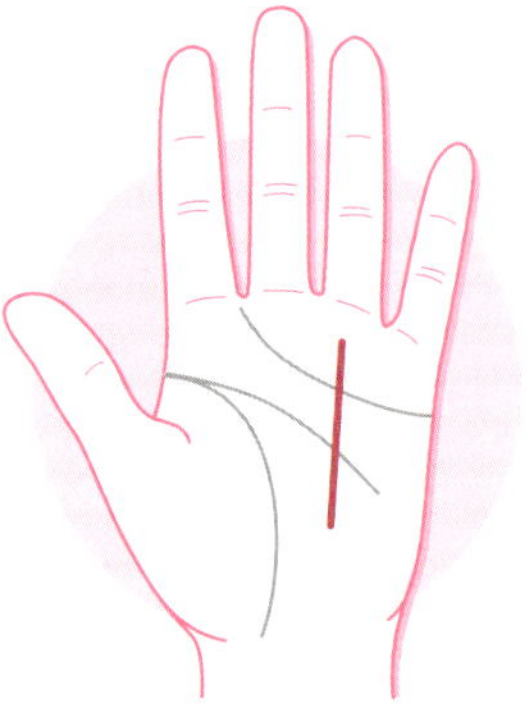

太陽線の長さと太さは、その人が受ける幸福感に比例しています。長ければ長いほど、太ければ太いほど、その人にとって成功、人気、名声、金運などがいいことを示します。

太陽線がしっかり刻まれている人は、性格が明るく誠実な人が多く、そのぶん、周囲の人から愛されるので、信用や引き立てを受けることができるのです。

CHECK 3 薄い・切れ・線がない？ ▶ 幸福感を見る

明るく前向きになると線が出現する

太陽線が薄い人（A）や切れ切れの人（B）、線がない人（C）は、自分の人生に対して幸福感をなかなか得ることができません。

小さなことやあたり前と思っていることに感謝する気持ちをもつことが大切です。

不幸の原因を他人や環境のせいにしてはダメ。明るく前向きに、将来のビジョンを描きがんばりましょう。そうすることで太陽線も出現し、太く長いしっかりした太陽線へと変わっていくでしょう。

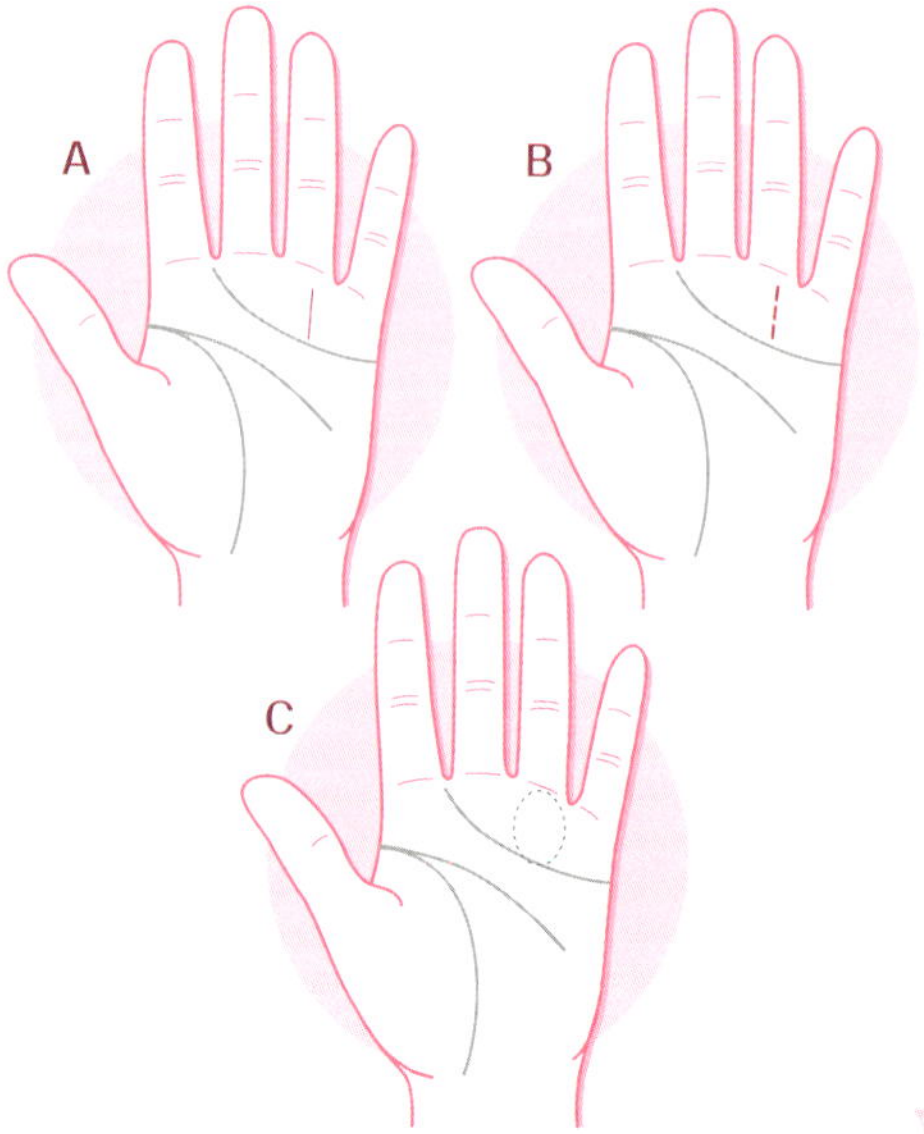

CHECK 4

太陽線の本数は？ ▶ 複数のジャンルでの成功を見る

長い太陽線が数本ある

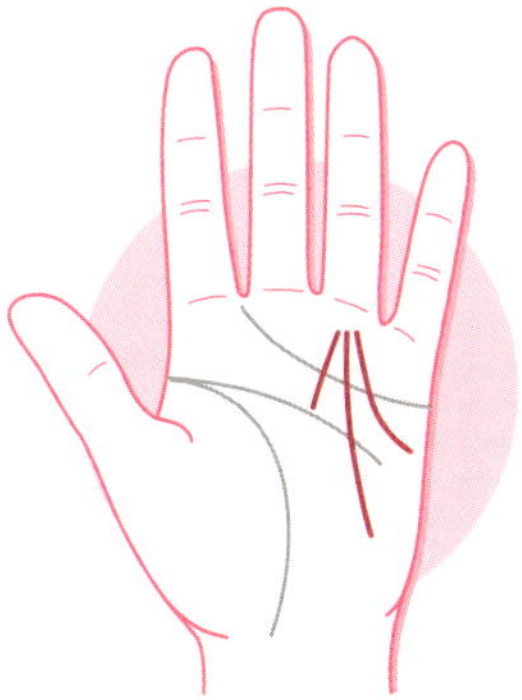

太陽線が一人で数本ある人がいます。1本の太陽線は、ひとつの分野での成功をあらわすので、複数の成功を勝ち取ることができるという意味。とてもラッキーな相です。

マルチな才能をもつことが多く、事業家で成功し、小説家としても有名になるなど、違う分野の仕事でそれぞれに成功をおさめることができるでしょう。

短い太陽線が数本ある

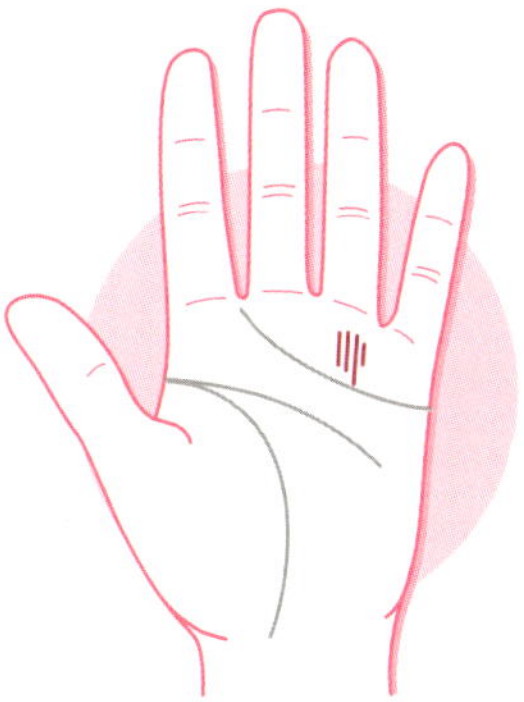

図のように短い太陽線がたくさん出る場合は、幸福の分散を意味します。いろいろな分野での才能があるのですが、器用貧乏に陥りやすい傾向あり。お金が入っても出ていきやすい、散財タイプです。

どれかひとつのことにじっくり取り組み、努力することで開運します

枝分かれ

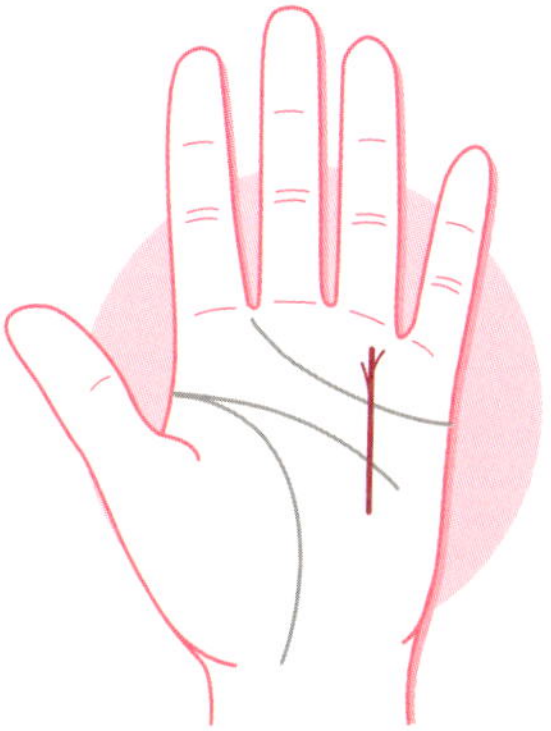

太陽線の枝分かれは吉相です。いまの成功の延長線上に、さらに運勢が広がることを意味しています。

結婚線

恋愛や結婚の傾向がわかる線

結婚線とはどんな線か

小指のつけ根と感情線の間、水星丘に出る短いヨコ線を結婚線といいます。水星丘は、コミュニケーションや契約などを意味しますが、結婚も一種の契約ごとといえるでしょう。幸せな結婚生活を送るためには、コミュニケーションも大事な要素です。

また、小指には子供や生殖などの意味もあります。結婚線がこの位置にあるのは、そんな理由もあるのです。

結婚線から何がわかるか

結婚線からは、深いつきあいになる恋愛や結婚を考えるような人との縁の数や関係の深さ、おおよその結婚の時期、結婚に対する思いなどがわかります。

さらに、結婚後の幸福度、別居や離婚、浮気、不倫の傾向などもチェック。線の向きや長さ、位置、本数などから、これらの情報を読み取っていきます。

結婚線は、変化が多い線。現在、結婚線がなかったり、悪い相が出ていても、努力することで変えていくことができるでしょう。ただし、恋愛や結婚については、結婚線だけではわかりません。結婚線に加えて、感情線や生命線、運命線なども見ることが、正しい鑑定のポイントです。恋愛や結婚についてはＰ62～90で紹介しているので、そちらを見てください。

ここでは、結婚線の見方についてくわしく紹介します。

結婚線（丘の位置）

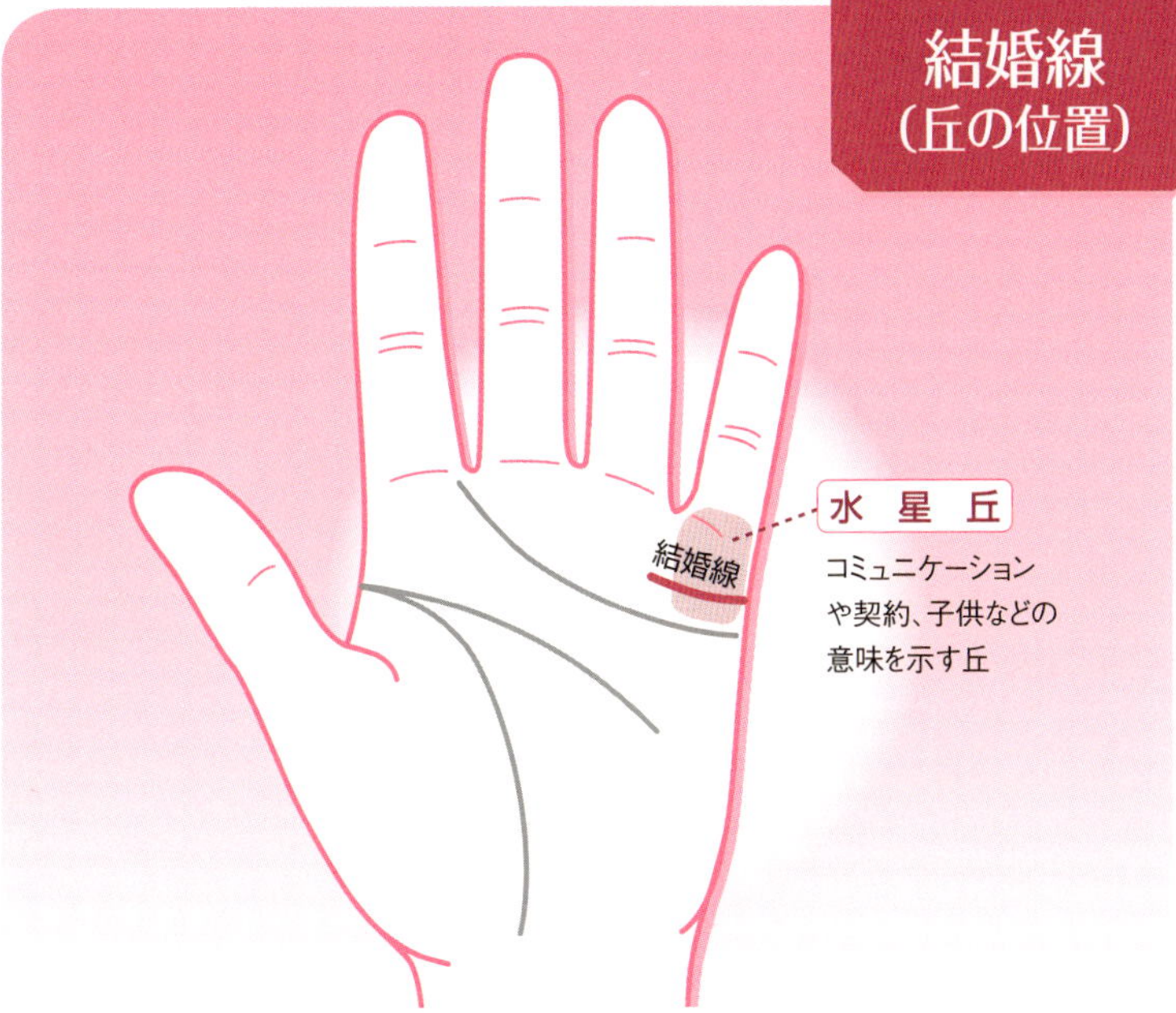
水星丘
コミュニケーションや契約、子供などの意味を示す丘
結婚線

結婚線の見るべきポイント

●長さや太さ

結婚線の長さや太さは、相手との縁の深さをあらわします。

●位置

結婚線がどの位置にあるかによって、だいたいの結婚する時期がわかります。感情線に近いほど早婚です。

●本数

深いつきあいの恋愛や結婚の回数を見ます。本数が多い場合は、多くの恋愛をするという意味です。

●向き

結婚線が上向きか、下向きかで、結婚生活の満足度を読み取ります。

●複線

結婚線の上や下に短い線があるときは、結婚相手のほかに浮気をするしるし。

●分岐など

先端の分岐や乱れは離婚などを意味します。

CHECK 1 結婚線の長さ&太さは？ ▶ 相手との縁の深さを見る

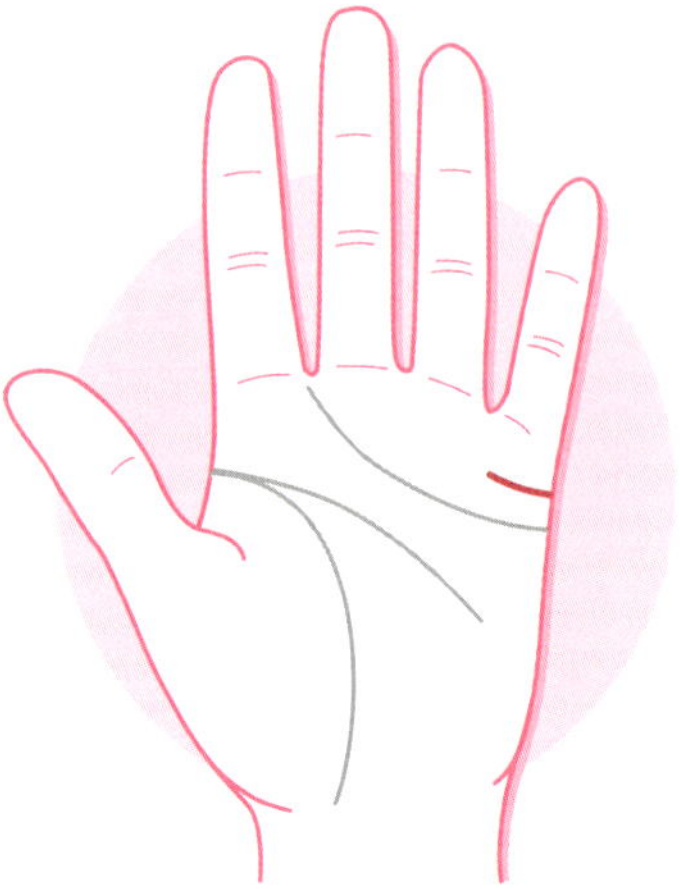

結婚線の長さと太さは、相手との縁の深さをあらわします。

長ければ長いほど、太ければ太いほど、その結婚線の意味する相手との縁が深いという意味。ただし、良縁か悪縁かは別問題です。

良縁を示す結婚線は、長くて濃く、線に乱れがないものです。さらに、先端が下に向かず直線か、やや上向きの線なら、幸せな結婚生活を送ることができるでしょう。

CHECK 2 結婚線の位置は？ ▶ 結婚する時期をチェック

結婚線は、線がどのあたりの位置にあるかによって、だいたいの結婚の時期を見ることができます。

現代の日本女性では、真ん中が約２５歳、男性は約２８歳。結婚線が感情線に近く下に位置するほど早婚を意味し、結婚線が小指のつけ根に近く上に位置するほど、晩婚を意味します。

結婚の年齢は、結婚線では大まかな傾向しかわかりません。

結婚線に加えて、生命線や運命線を合わせて見ることで、より正確な結婚年齢を占うことができます。

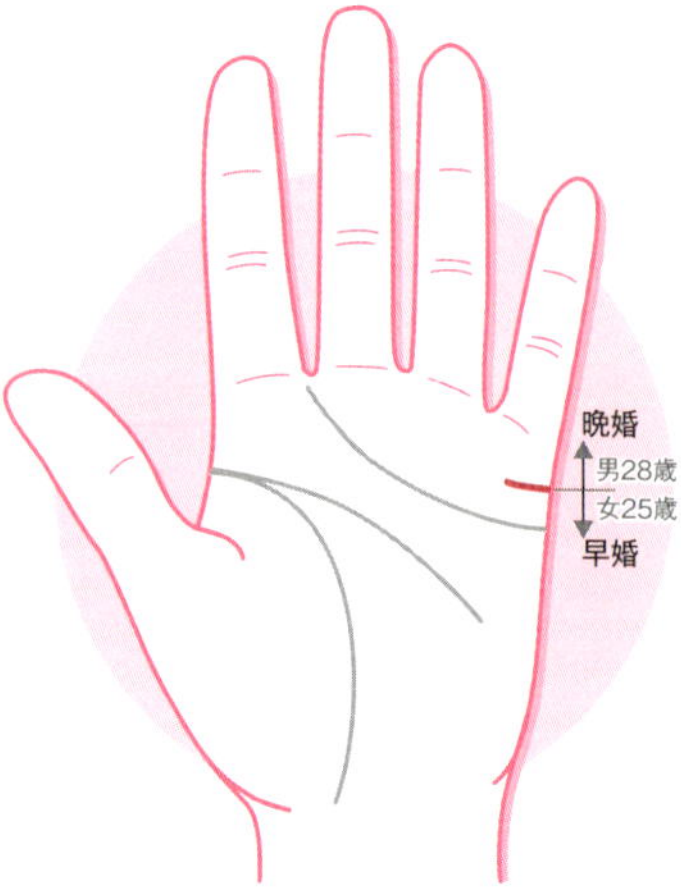

CHECK 3

結婚線の本数は？ ▶ 結婚や恋愛の回数を見る

1本

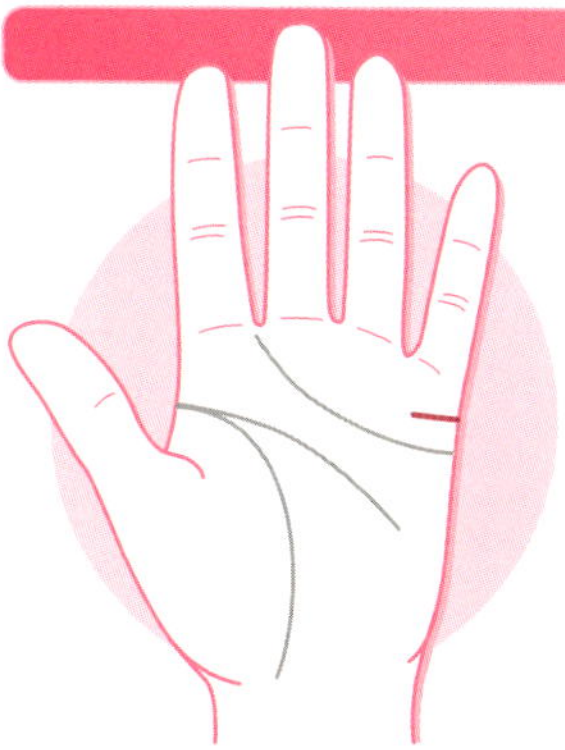

イラストのように結婚線が1本だけ、すっきりと刻まれているのは、大変めずらしい相です。1本の乱れのない結婚線は、幸せな結婚生活をあらわします。しかし、安心せずに努力していくことが大切です。

2本

２本の結婚線が平行に走っている場合は、２度結婚する可能性が高い人。左右両手の同じ位置に刻まれている場合は、かなり高い確率で再婚運を意味します。しかし、努力しだいで離婚を避けることは可能。ただし、再婚したほうが幸せな場合もあるので、一概に「離婚＝不幸」とは限りません。

また、結婚線は、正式な入籍をともなう結婚だけでなく、同棲や結婚をしようと思うほどの相手との恋愛も意味します。

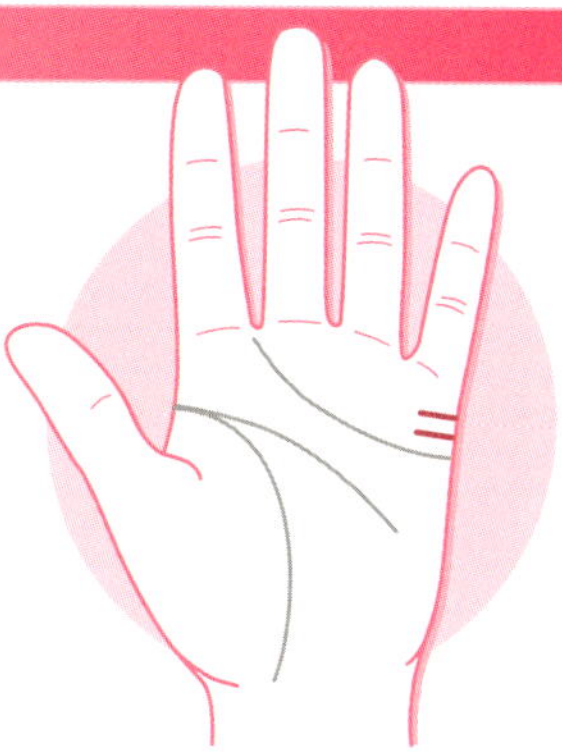

3本以上

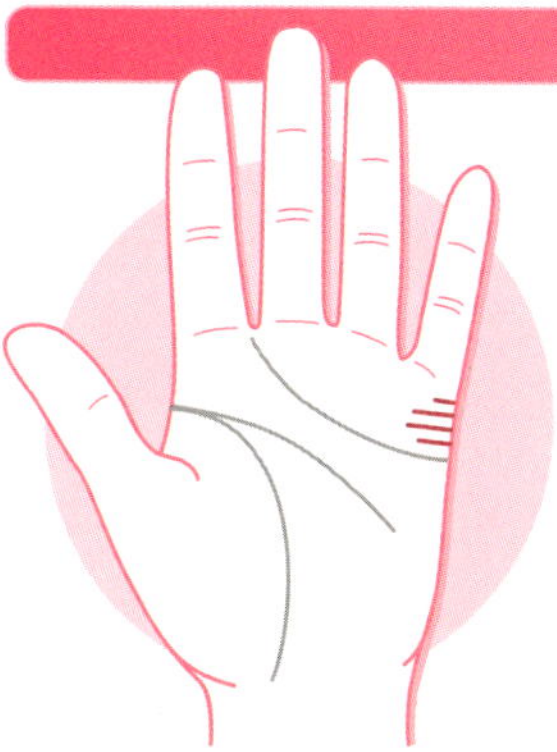

「結婚線の数＝結婚や深い恋愛の回数」ではありません。結婚線が３本以上あるときは、線の数が多ければ多いほど、恋愛の回数が多いしるし。数ある結婚線のなかでも、長くて太い線の相手とは、結婚や同棲をするくらいの縁の深さを意味します。

複数の結婚線の中で、左右の同じ位置に、平行に２本の太めの線がある場合は、上の再婚の可能性がある２本の結婚線と同じ意味です。

CHECK 4 結婚線の向きは？ ▶ 結婚生活の満足度を見る

上向き

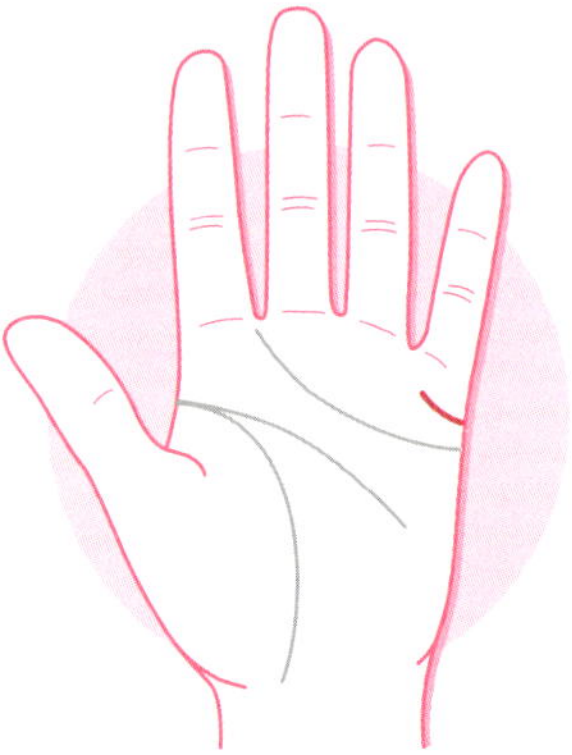

上向きの線は、日本人には大変少ない相です。上向きの結婚線は、理想以上のすばらしい相手と結婚できるという意味。さらに結婚後も、夫婦間の愛情に満足することをあらわします。

しかし、夫婦間がうまくいかなくなると、下向きに変化するので、油断は禁物。相手に感謝し、愛情を育てる努力をしましょう。

下向き

イラストのAのように感情線の方向に向いている結婚線は、日本人には多く見られます。

これは、夫婦間の心の交流や結びつきが弱く、結婚生活に不満足な状態を示します。

下向きの線をもつ人は、相手や結婚生活に対する要求が強く、感謝を忘れていることが多いようです。「結婚＝幸せ」と安直に考えている人は要注意。

イラストのBのように下向きの結婚線が感情線に達していると、かなり重症。夫婦間に大きなトラブルやわだかまりがあり、ちょっとやそっとでは解けない感情的なしこりが大きいことを示します。離婚に至る場合も多いでしょう。

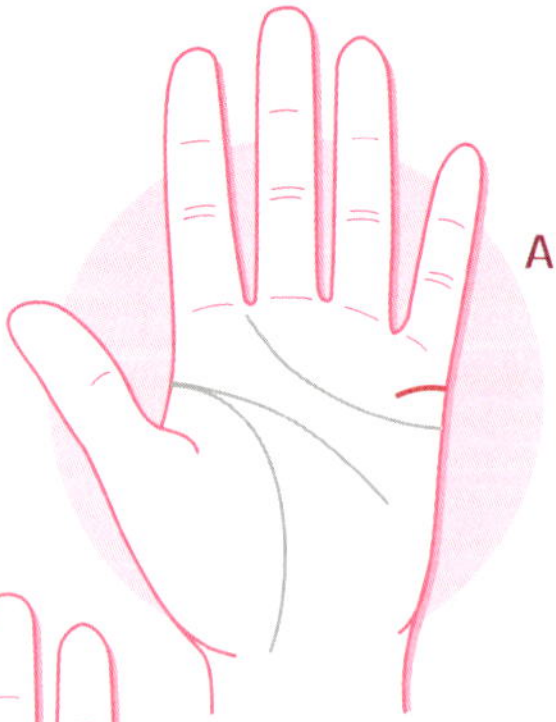

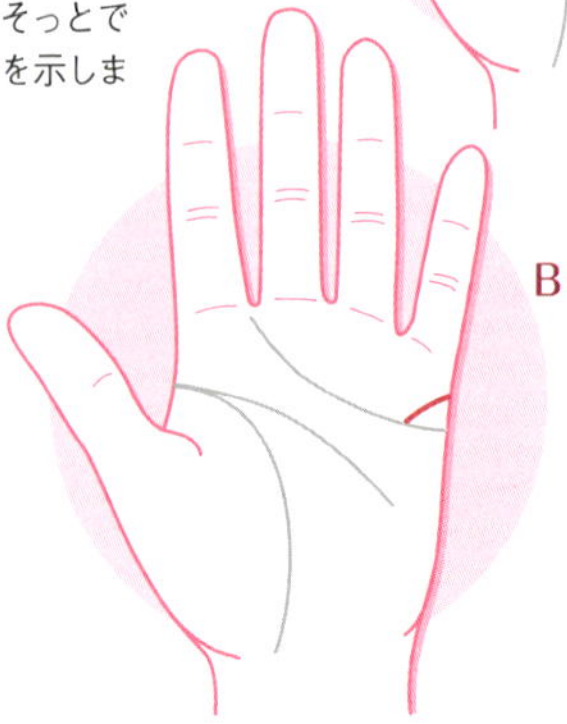

CHECK 5 結婚線に複線があるか？ ▶ 浮気の傾向を見る

先端の上に平行する短線

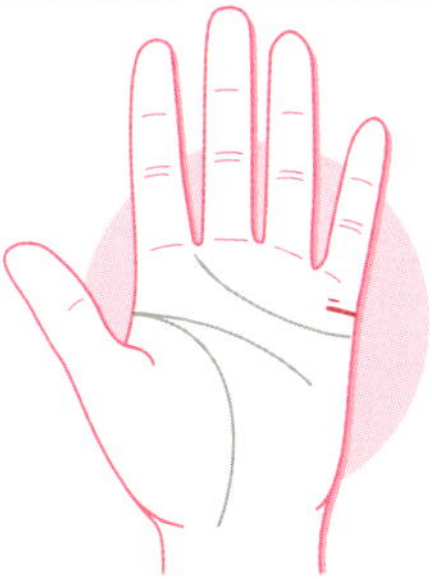

結婚線の先端の上側に平行して、短い線が出るときは、結婚後に特定の愛人をつくることを意味しています。短線の濃さに、その人への入れ込み度合いが比例します。結婚相手の手にこの線があるときは、要注意です。

先端の下に平行する短線

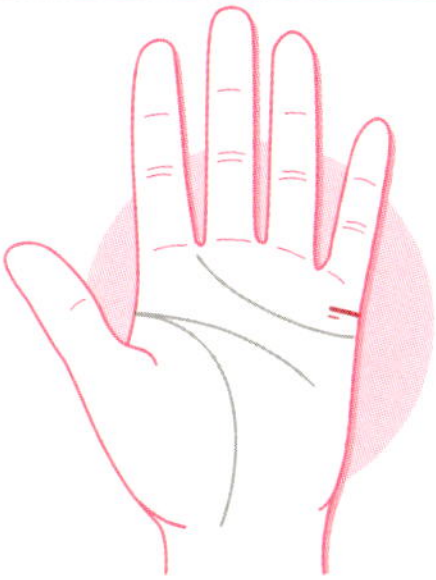

結婚線の先端の下側に平行して、短い線が出るときは、結婚前につきあっていた人と結婚後もつきあうことを意味しています。短線の濃さに、その人への入れこみ度合いが比例します。この線も、結婚相手の手にあるかどうか、要チェック。

CHECK 6 分岐や交差があるか？ ▶ 離婚やトラブルを見る

先端が分岐

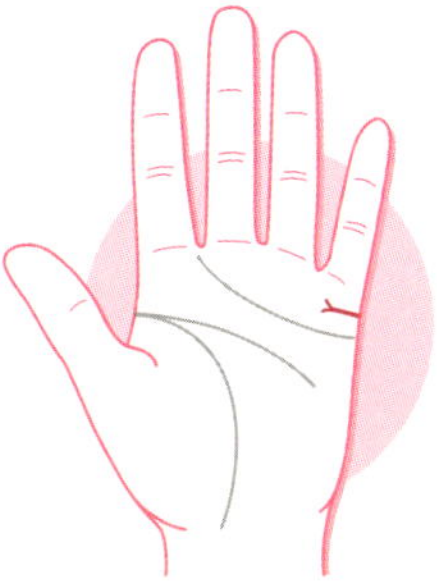

先端がふたつに分かれる結婚線は、別居や離婚を意味します。一緒に住んでいても、夫婦間の心がバラバラで、家庭内別居の状態にあることも。単身赴任をあらわす場合もありますが、この場合、二人の愛情がしっかりしていれば問題ありません。

先端が交差

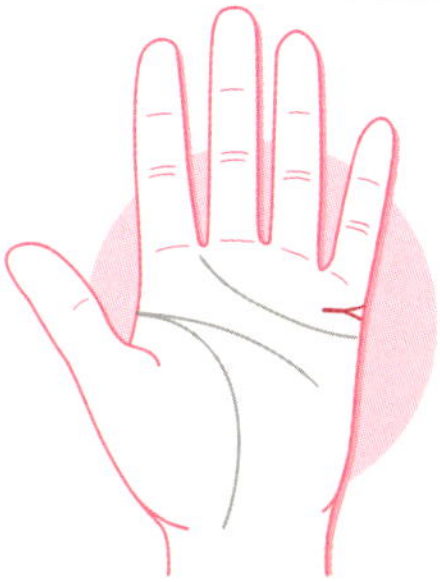

結婚線のスタートがふたつに分かれていて、先端が交わって1本になる結婚線は、結婚までに障害があるしるし。結婚をするまでには、乗り越えないといけない大きな障害があるでしょう。しかし、たとえ障害があっても、最終的には乗り切っていける夫婦円満の結婚線です。

CHECK 7 結婚線がないが……▶結婚できないわけじゃない

結婚線があるべき位置に、ほとんど線が見あたらない人もいます。それは、結婚を考えるような人との縁が少ない人。異性や結婚に対する警戒心が人一倍強かったり、好きな人ができても、自分から積極的にアプローチができないケースなどが考えられます。このような場合、人の紹介やお見合いがおすすめ。結婚できないわけではないので、積極的に出会いのチャンスを求めてみましょう。

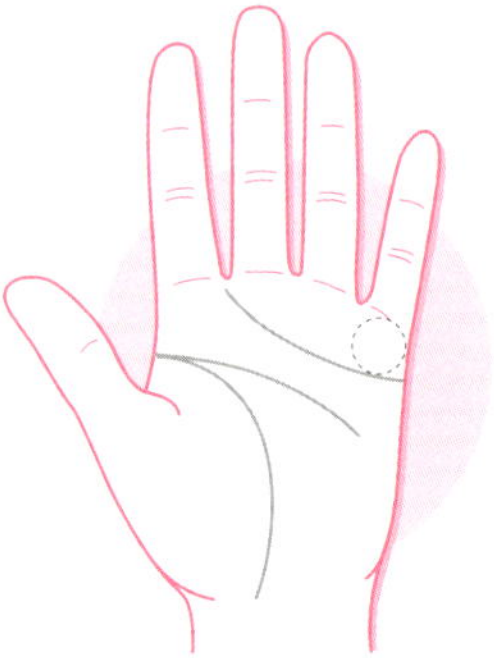

Column コラム

玉の輿をあらわす結婚線はコレ!

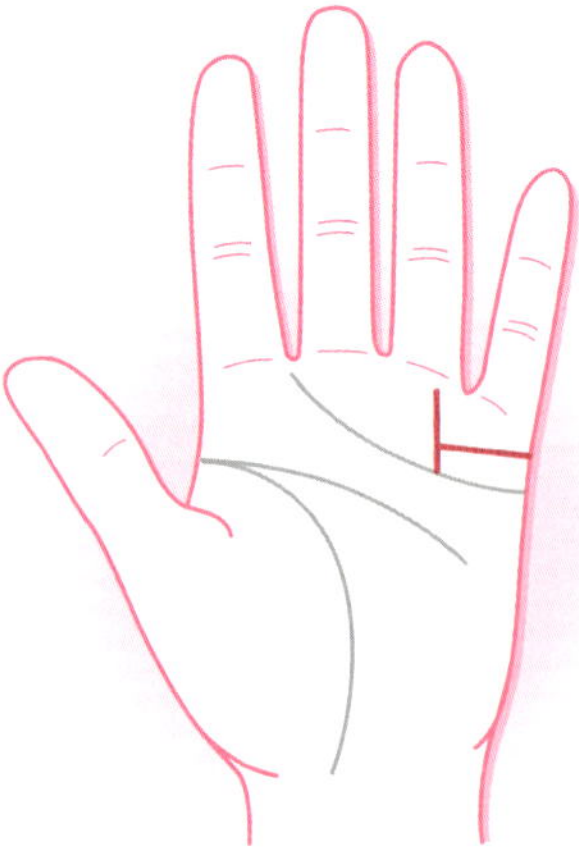

結婚線の先端が太陽線にまで達しているケースをたまに見かけます。これは、玉の輿をあらわすラッキーな相。男性の場合は、逆玉にのる結婚を意味しています。

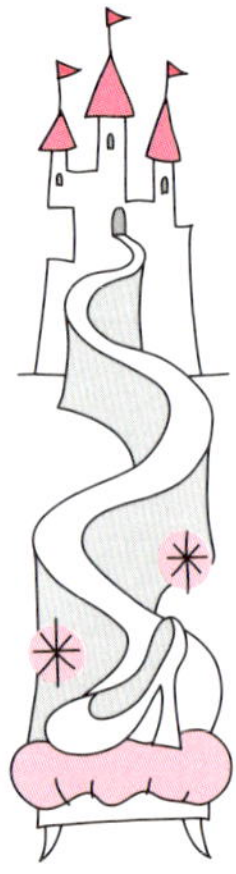

CHECK 8 島・格子・切れ・乱れは? ▶ 結婚生活の障害や危機を暗示

島

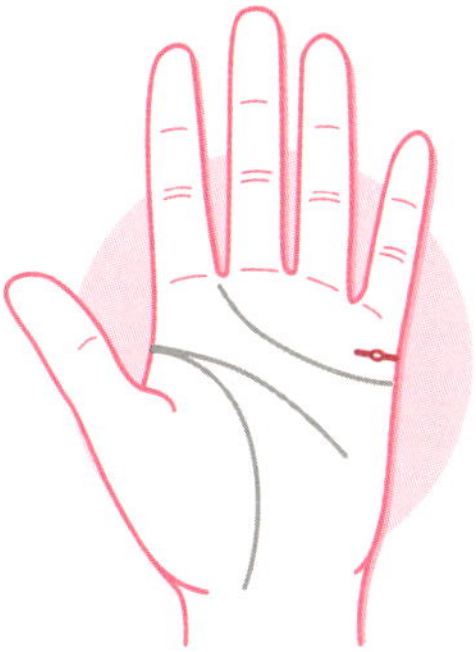

結婚線の島は、結婚後の苦労を示します。相手の欠点が気になったり、性格が合わないなど、理由はいろいろですが、なかなか別れるまではいきません。相手への思いやりをもち、関係が改善されれば、島は消えていくでしょう。

格子

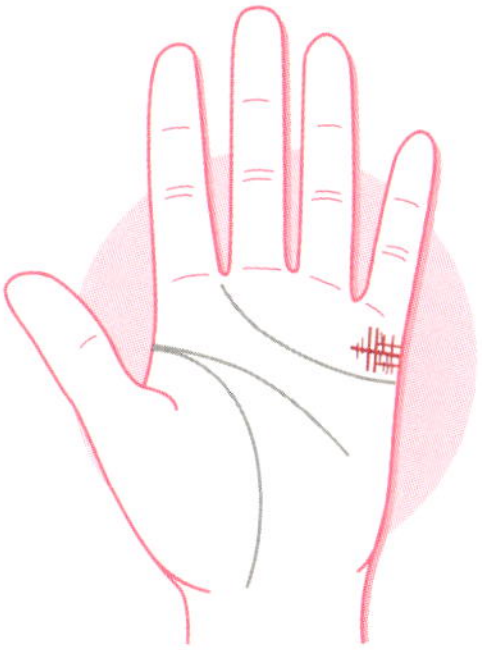

結婚線にタテの薄い線が複数入り、格子状になっている人がいます。この場合、恋愛はするのですが、まだ結婚したいと思うほどの相手と出会っていないことを示しています。また、本人がまだ結婚するつもりがなく、「結婚は先でいい」と考えていることも。しかし、結婚したいような相手があらわれれば、タテ線が消え、太い結婚線へと変化します。

切れ

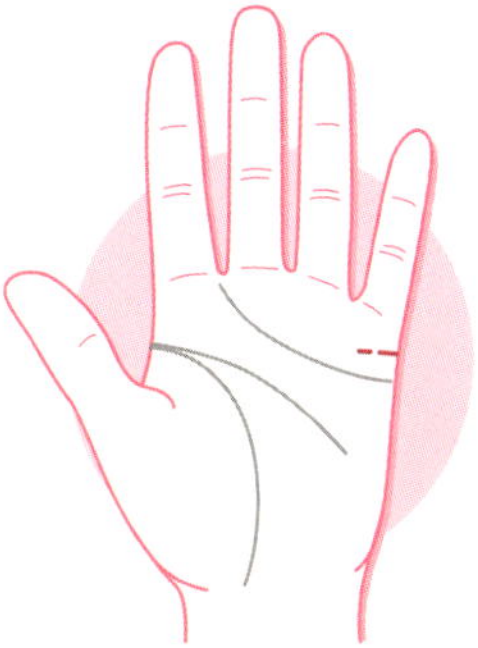

結婚線の切れは、相手との破綻を意味します。それまでうまくいっていても、結婚線が突然、切れたときは要注意。突然の別れをあらわします。別居、離婚などが考えられますが、落ち着いて行動してください。

障害線

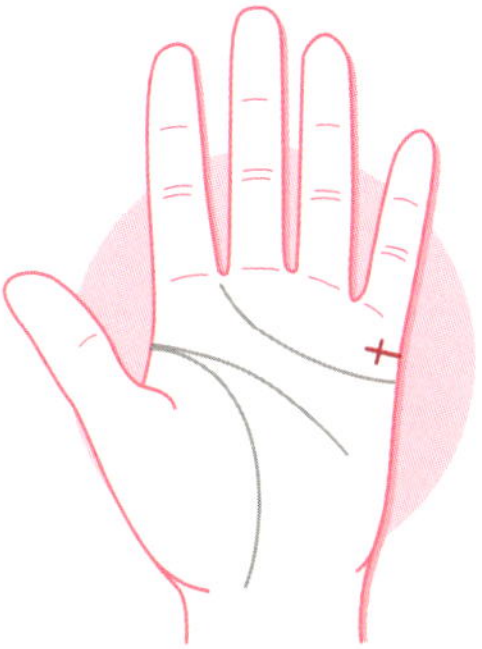

結婚線をタテに横切る障害線は、結婚生活になんらかの障害があるしるしです。別居、離婚、病気などが考えられます。

健康線

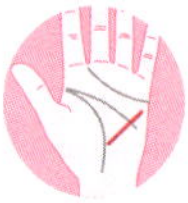

内臓の健康状態を見ることができる線

健康線とはどんな線か

健康線とは、手のひらを斜めに横切る線で、月丘のあたりを中心にあらわれます。本当に健康な人にはあらわれない線です。しかし、健康線がない人より、ある人のほうが圧倒的に多く、全体の9割以上の人には健康線があります。

健康運を見るときは、健康線に加えて、ほかの線や丘など、総合的に判断することが大切です。健康についての手相の見方は、P112～121でも紹介しているので、参考にしてください。

ここでは、健康線の読み取り方をくわしく紹介します。

健康線から何がわかるか

健康線からは、おもに内臓の健康状態がわかります。線の長さや太さからは、その状態が重いか軽いかを判断。線の形状から、どの臓器が弱っているのかをチェックします。

そして、健康線が生命線を切った場合は、発病や手術のサイン。どの年齢に起こりそうなのか、年齢を見ていきます。

健康線（丘の位置）

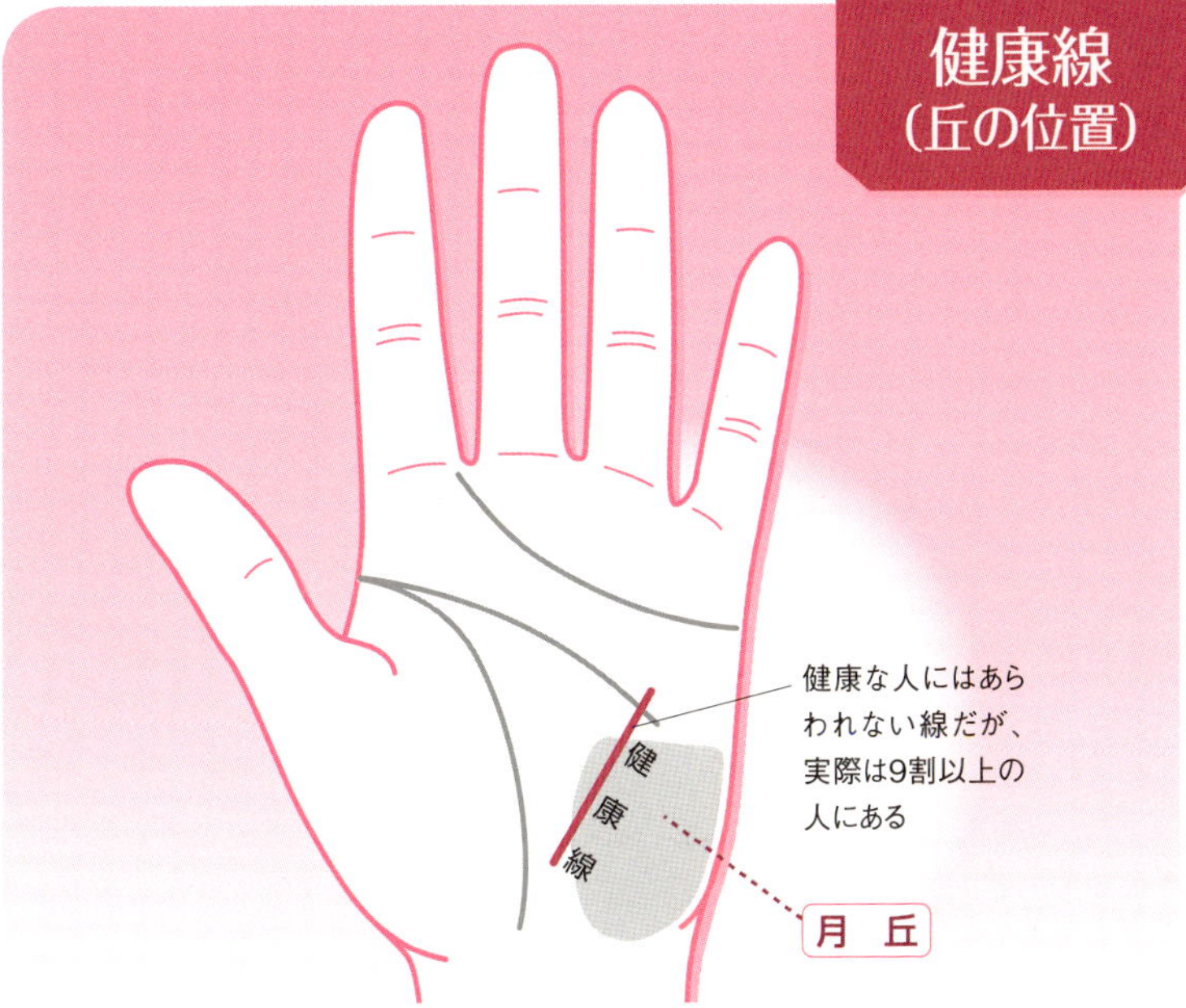

健康な人にはあらわれない線だが、実際は9割以上の人にある
健康線
月　丘

健康線の見るべきポイント

●健康線があるか

健康線はないほうが健康のしるし。しかし、ほとんどの人に健康線はあるので、過剰に神経質になる必要はありません。

●蛇行

肝臓や腎臓の状態は、蛇行の健康線となってあらわれます。

●島や鎖

健康線に島や鎖があるのは、呼吸器系統が弱っているしるしです。

●切れ切れの線

切れ切れの健康線は、胃腸系が弱っているサイン。大病をする前に生活習慣を改善しましょう。

●生命線と交差するか

健康線が生命線と交わる場合、大病を暗示します。早くから気づいて、生活を修正することで大難を小難に、小難を無難にすることが可能です。

CHECK 1

健康線の長さ&太さは？ ▶ 病気の重さを見る

標準的な健康線

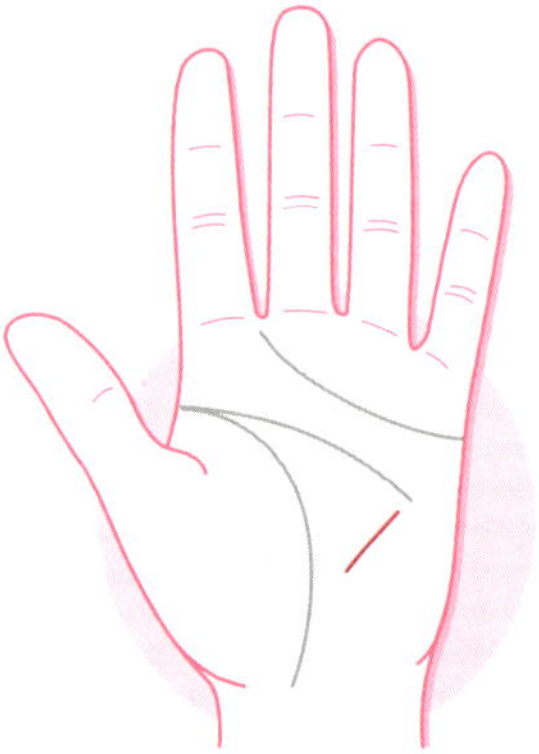

健康線の長さと太さは、線が意味する健康状態の軽重に比例しています。長ければ長いほど、太ければ太いほど潜在的に病気になる可能性が高いしるしです。

Column
コラム

放《ほう》縦《じゅう》線《せん》は疲労のしるし

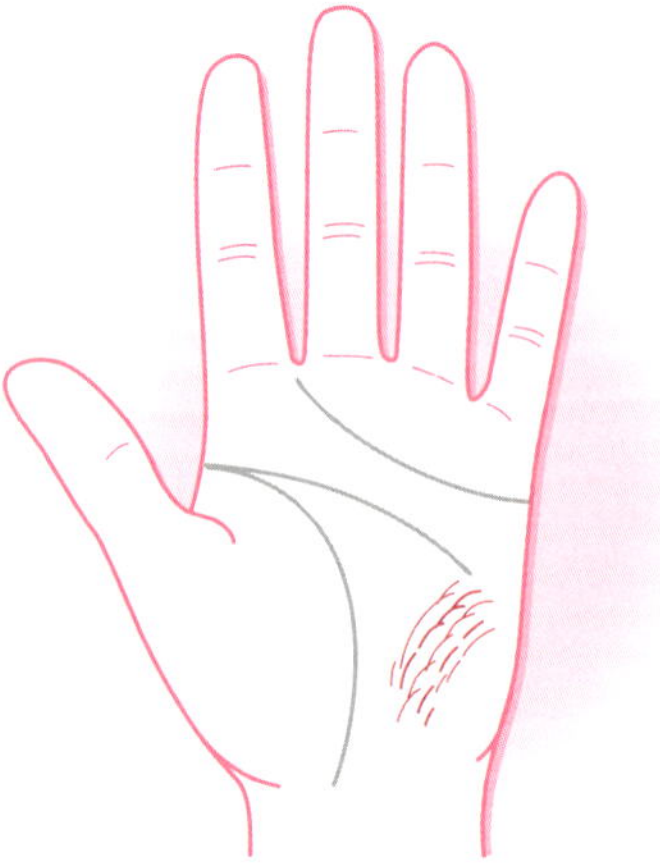

月丘に薄くカーブを描く何本もの線を放縦線といいます。放縦線は、睡眠不足や不規則な生活、食生活の乱れなどから、心身ともに疲れているサイン。この線があらわれたら、生活を改め、十分に休養をとりましょう。

CHECK 2

健康線の蛇行は？ ▶ 肝臓や腎臓の状態を見る

はっきりした蛇行

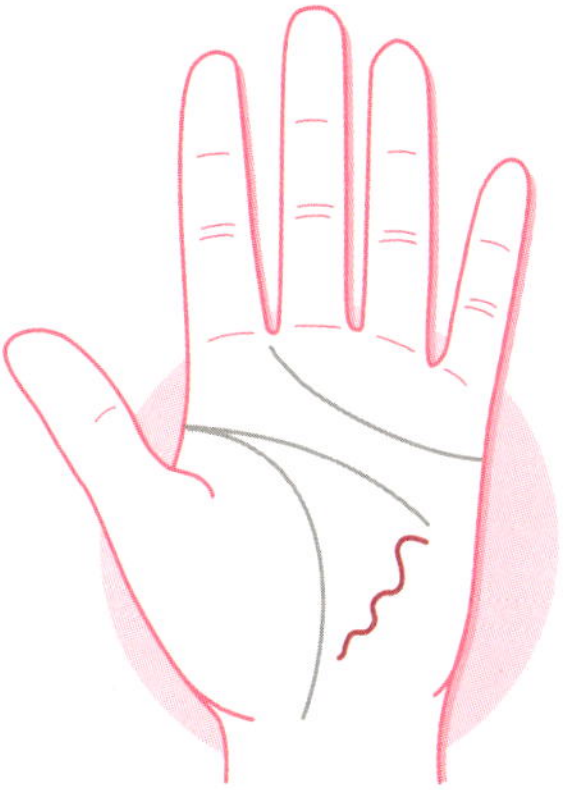

健康線が、はっきり蛇行している場合は、肝臓か腎臓が悪いことをあらわしています。手のひらの色が黄色っぽかったり、赤白まだらの場合は、肝臓が悪いサイン。むくみがあるようなら、腎臓が悪いでしょう。

ゆるやかな蛇行

はっきりとした蛇行より、このように蛇行するケースのほうが多いようです。ゆるやかに蛇行する健康線は、肝臓や腎臓が弱ってきていることを示します。悪化しないうちに対処すれば、大きな病気を防ぐことができるでしょう。

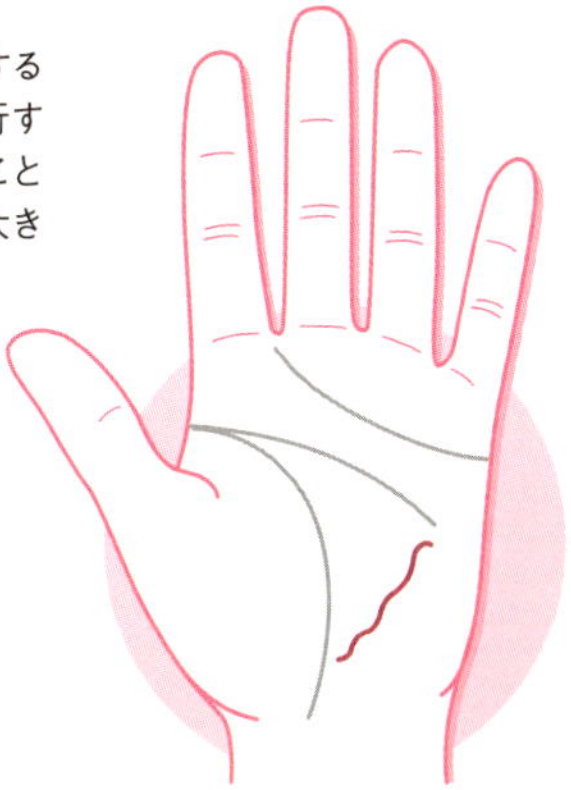

CHECK 3

健康線に島はあるか？ ▶ 呼吸器系統の健康状態を見る

大きな島

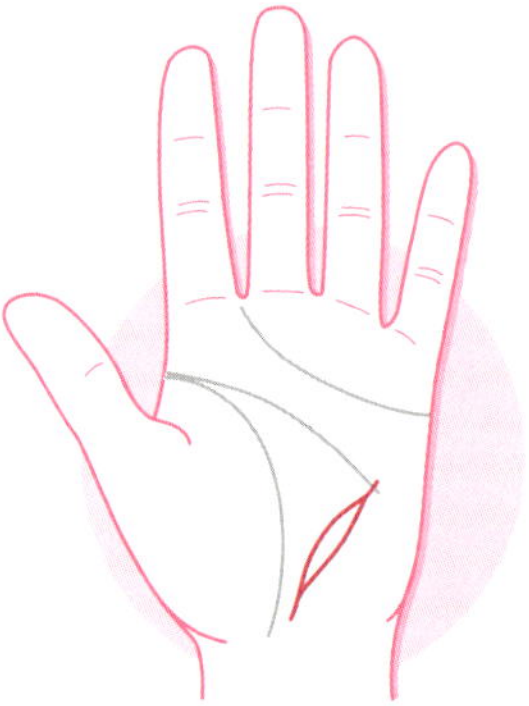

島が大きく目の形のようになっている健康線は、呼吸器系統、肺、気管支が悪いことを示しています。喘息、気管支炎、結核などが考えられます。

小さな島

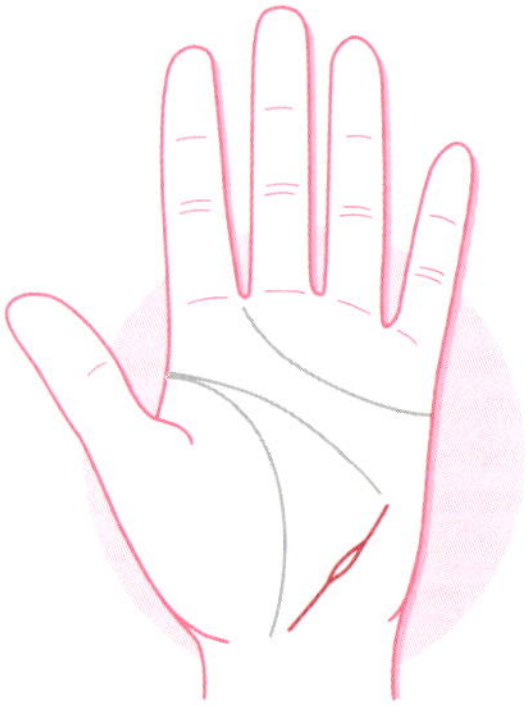

不規則で小さな島は、呼吸器系統、肺、気管支などが弱っているサイン。まだ症状が軽いので、悪化しないうちに対処することで大病を防ぎましょう。喫煙する人は要注意です。

鎖　状

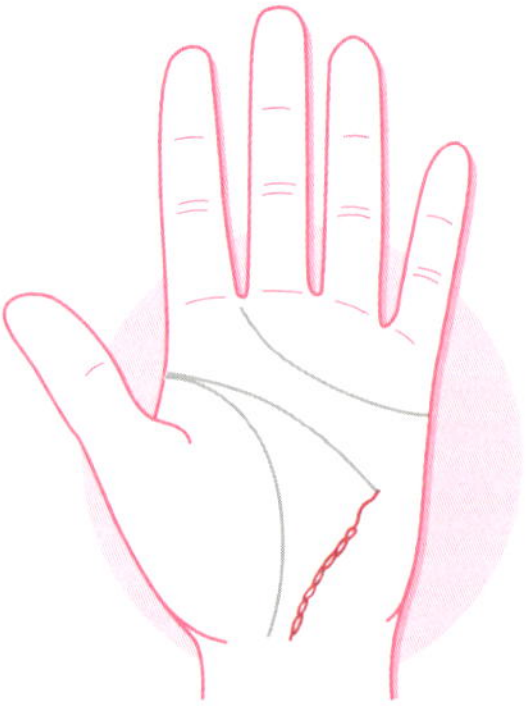

島がつながったような鎖状の健康線は、肺など、胸部が悪くなっているしるしです。

CHECK 4 切れ切れになっているか? ▶ 胃腸の健康状態を見る

斜めの切れ切れ線

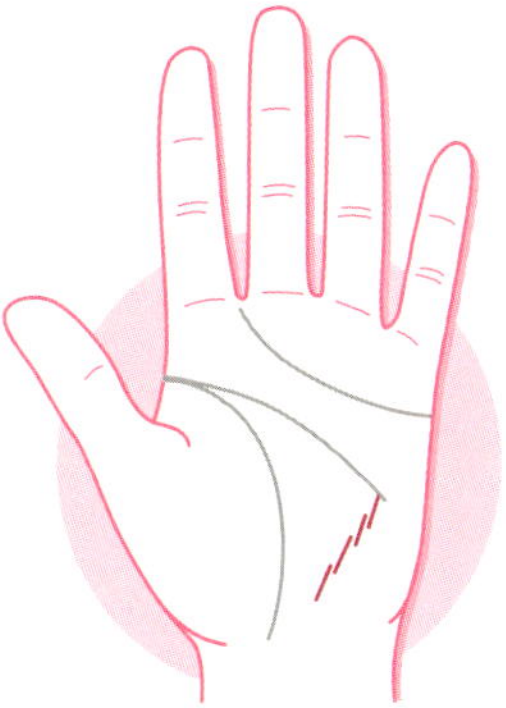

斜めにあらわれる切れ切れの健康線は、消化器系、胃が弱っていることを示しています。健康線の中では、いちばんよく見られる相。ストレスをためないように注意して、暴飲暴食を控え、健康な食生活を送りましょう。

月丘を横切る線

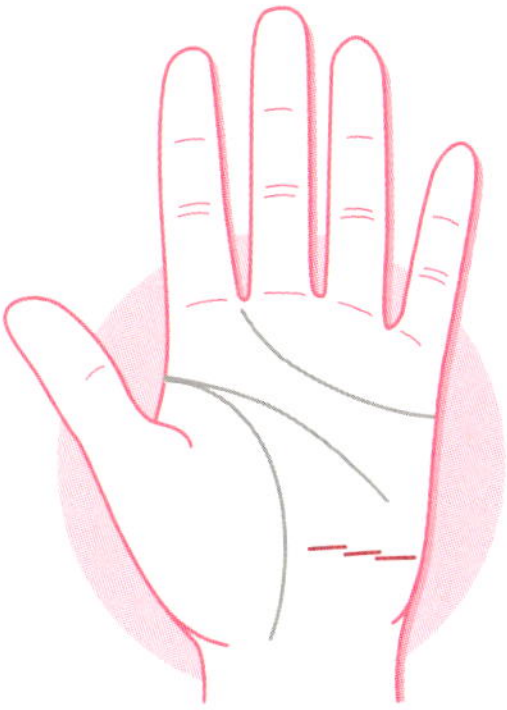

イラストのように月丘を横切る線は、腸が弱っていることを示します。痔になることも多いです。食生活や生活態度を見直して、健康に留意しましょう。

Column コラム

健康線が生命線を横切るとき

健康線（蛇行、島、切れ切れ線）が生命線を横切っている場合は、その生命線上の流年に大病をするサイン。これらの病気は突然なるのではなく、長い年数をかけて、徐々に悪くなっていきます。

発病が予想される年齢より早く（10年・5年・3年など）から健康を心がければ、大病を予防することが可能。規則正しい生活、正しい食生活、ストレスをためないなど、できることから始めましょう。

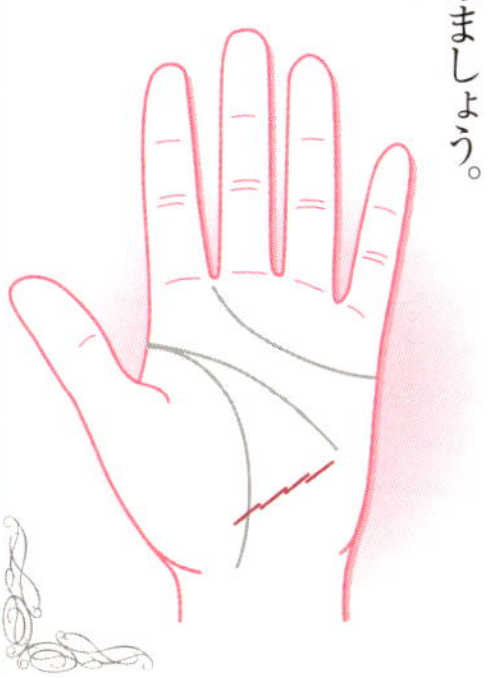

その他の大切な線

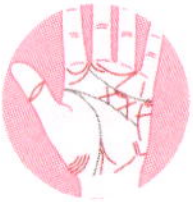

重要線以外の情報をこまかくチェックしよう

これまで3大線やその他の重要線について見てきましたが、手相には、まだまだいろいろ大切な線があります。それらが示す情報を読み取ることで、より正確に手相を占うことができるのです。

では、それらの線について紹介します。

◆**財運線**
金運や商才をあらわします。現在の自分に満足していない人にはあらわれません。

◆**タレント線**
自己アピールがうまく、目立ちたがり屋の人に多く見られる線です。

◆**人気線**
争いを好まず、人との和を大切にするため、人から愛される人に出る相です。

手相が示す細かい情報を見逃がさない！

◆**神秘十字線**
信仰心や宗教心があり、強い運勢をもつ人に見られます。

◆**太陽十字線**
芸術的な才能など、特殊な分野で才能を開花させる意味があります。

◆**直感線**
直感力にすぐれ、アイデアや企画力がバツグンです。

◆**仏眼相（ぶつがんそう）**
記憶力がよい人に見られます。試験や受験勉強に強いタイプです。

◆**眼力線**
ものごとの本質を見抜く力がある人に出る相です。

◆**冥月（めいげつ）線**
お墓を継承する役割をもつ人によく見られます。

◆**旅行線**
海外に縁が深く、旅行や留学をする人が多いでしょう。

◆**二重生活線**
2か所を行き来して生活する意味をもちます。

その他の大切な線

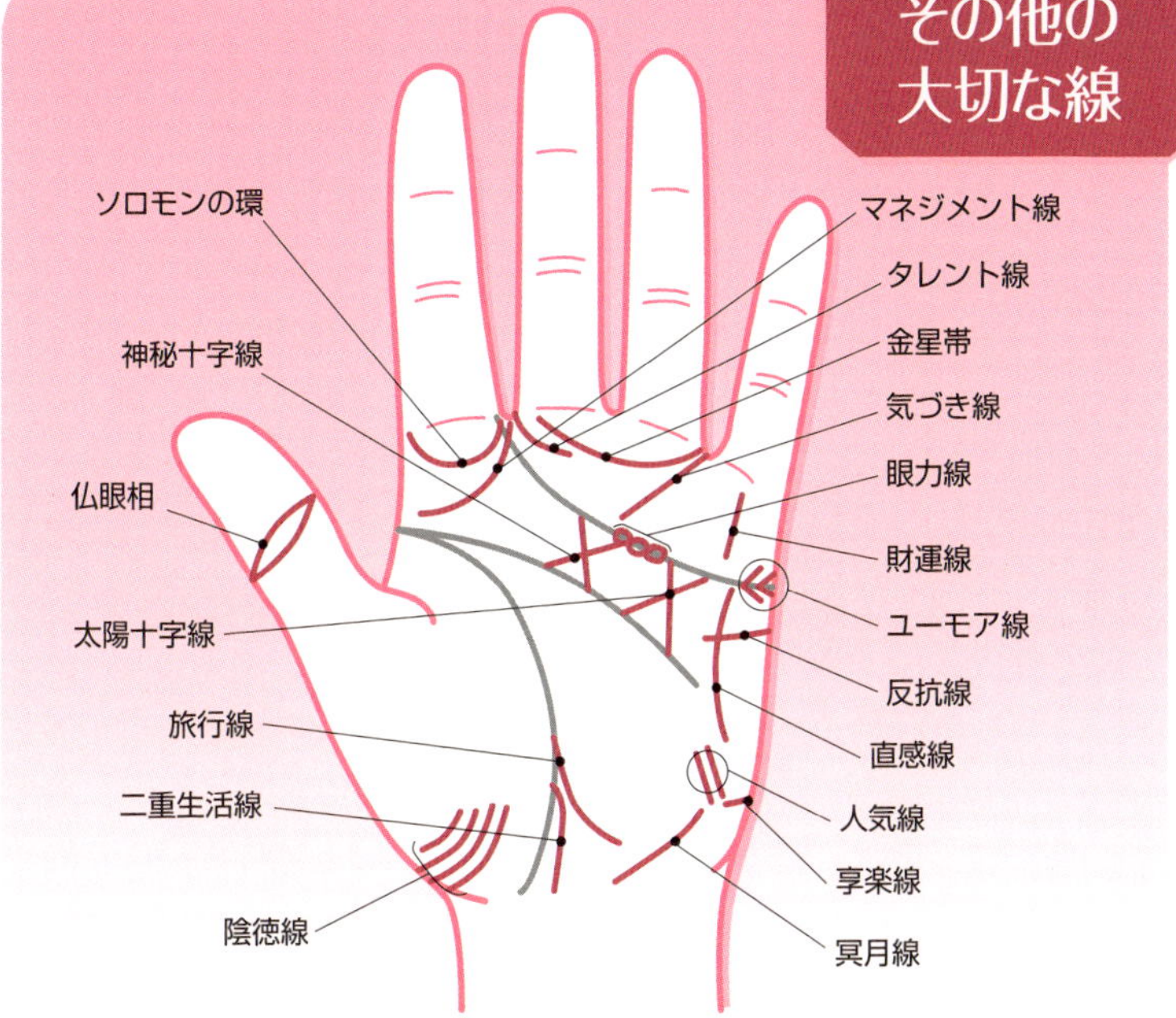
ソロモンの環
神秘十字線
仏眼相
太陽十字線
旅行線
二重生活線
陰徳線
マネジメント線
タレント線
金星帯
気づき線
眼力線
財運線
ユーモア線
反抗線
直感線
人気線
享楽線
冥月線

◆陰徳（いんとく）線

心やさしいまじめな人にあらわれます。

◆ソロモンの環

野心は人一倍あるのですが、現実的なつめが甘い人にあらわれます。

◆マネジメント線

人などを管理するマネジメント能力にすぐれている意味をもちます。

◆金星帯

するどい感性で、神経が繊細なタイプにあらわれる相です。

◆ユーモア線

周囲の人を笑わせるユーモアをもつという意味です。

◆反抗線

正義感が強く、ライバルがいると自分も伸びるということをあらわします。

◆気づき線

自分をよりステップアップするために、つねに修練していることを意味します。

◆享楽線

自分が好きなことにのめり込む傾向があるので、ほどほどにすることが大切です。

財運線

小指のつけ根にあり金運や商売運を占う

小指のつけ根にある水星丘は、商才や金運をあらわす丘。そこに出る、タテ2センチほどの線が財運線です。財運線では、現在の金運や商売運などを見ます。

太くまっすぐな財運線

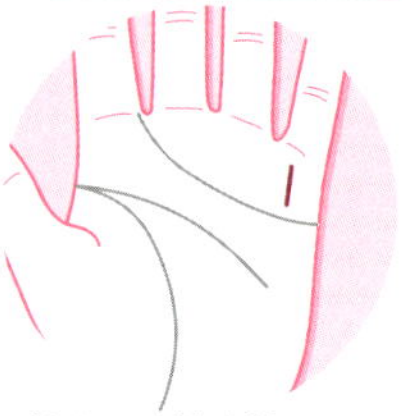

この線がきれいに濃く刻まれている人は、商才があり、現在の金運が良好なことを示します。商売をしている人は、繁盛するでしょう。貯蓄をするゆとりもあります。ただし、社会的に成功していても、本人が現在の状況に満足していない場合、財運線は出ません。逆に、つつましく暮らしている人でも、その状態に満足していれば、財運線は刻まれます。

まっすぐで薄い財運線

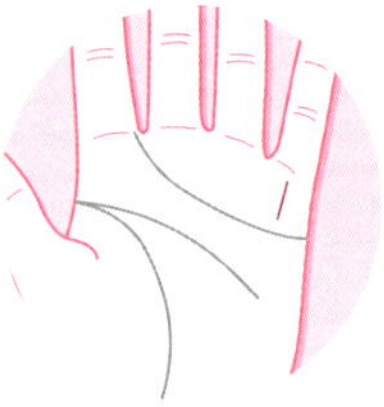

財運線がすっきり刻まれていても、線が薄い人がいます。この場合、お金の使い方が激しい傾向があるでしょう。ムダ使いをせずに、自分をセーブすることができれば、自然とお金は貯まっていきます。

くねくね蛇行する財運線

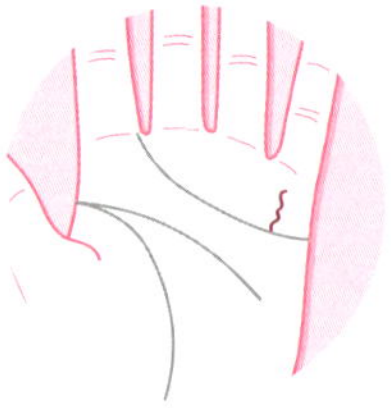

線がくねくねと蛇行している人は、現在、あまり金運に恵まれていないしるし。収入が不安定であるため、ゆとりのある生活ができません。しかし、まじめに努力することで、仕事はだんだんうまくいくようになり、金運もアップ。そうすると財運線もまっすぐ濃くなるはずです。

切れ切れの財運線

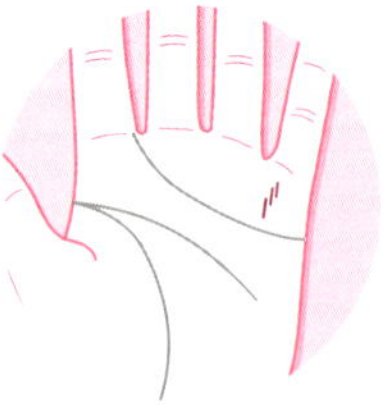

線がところどころ切れている場合は、現在の金運がいまひとつという意味。たとえ一定の収入があっても、その分出費も多く、なかなかお金が貯まりません。ギャンブルなどお金を使ってしまう人もいるので要注意。ムダな出費をおさえて、貯蓄ができるようになってくると、財運線はしっかり刻まれるでしょう。

人気線

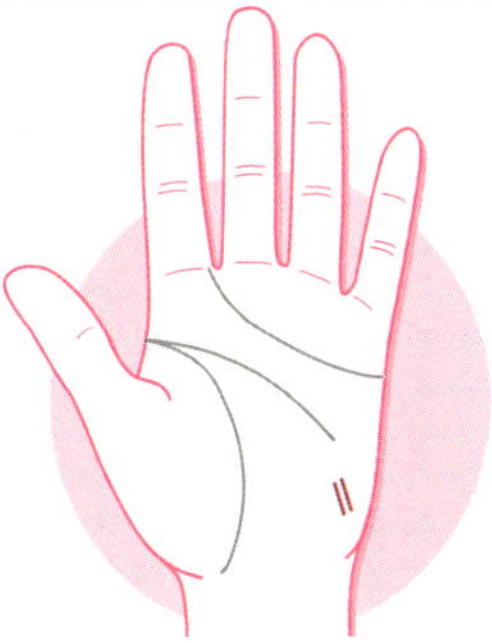

誰からも愛される心やさしいタイプ

月丘の下部に出る、短めの2～3本のタテの線で、別名は「寵愛《ちょうあい》線」。この線がある人は、周囲からの援助や引き立てを受けるので、たくさんの人から愛されるタイプ。学校や職場でも、周囲の人に好かれ、目上の人からもかわいがられるでしょう。

争いごとが嫌いで、人との和を大切にする、やさしい人が多いです。

タレント線

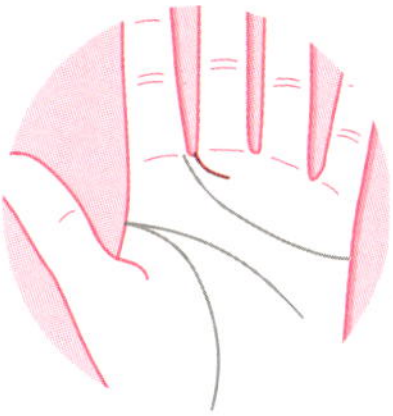

自己アピールがうまく目立ちたがり屋の個性派

人差し指と中指の間に出る線で、別名「自己顕示欲《けんじよく》線」とも呼ばれます。世間や周囲の人に対して、自分の存在を特別視してもらいたい人に多く見られる相です。タレント線がある人は、目立ちたがり屋で自己アピールが上手。よくも悪くも注目を集める個性派タイプです。基本的にわがままでマイペースなので、周りに対する細やかな気づかいが欠けると、対人関係でつまずく可能性があるので気をつけましょう。この相の人は、何か人には負けないものをもつことで、はじめて才能が開花します。

太陽十字線

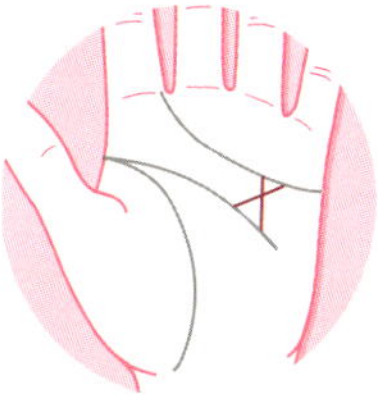

芸術など特殊な分野で才能を開花させて成功

薬指の下の火星平原の太陽線に、感情線から知能線のヨコ線がクロスするものが、太陽十字線。めったに見られませんが、ピカソにもこの線があったといわれています。

この相の人は、芸術の分野における天才的な才能の持ち主。その才能を活かして、地位と名誉を得るでしょう。芸術以外でも、特殊な分野での天才性を意味し、その才能を生かして成功を勝ち取るタイプです。また、棚ボタ式に幸運を得る暗示もあります。

神秘十字線

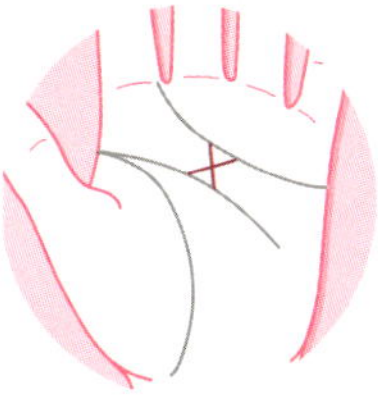

神秘的な世界に興味をもち強運にも恵まれる！

感情線と知能線を結ぶヨコ線が、運命線と交わり、十字の形が出ているものを神秘十字線といいます。この相の持ち主は、信仰心や宗教心があり、占いや神霊など、目に見えない分野にも興味津々《しんしん》。直感力や予知能力など、神秘的な力をもっていることが多いので、占い師にも向いています。たとえ本人に自覚がなくても、潜在的にそのような要素を秘めているので、何かをきっかけに神秘世界に目覚めることも。先祖にも守られているため、霊的な世界からの守護を受けることができます。トラブルに巻き込まれても、一人だけ助かるなど強運に恵まれるラッキーな相です。

仏眼相

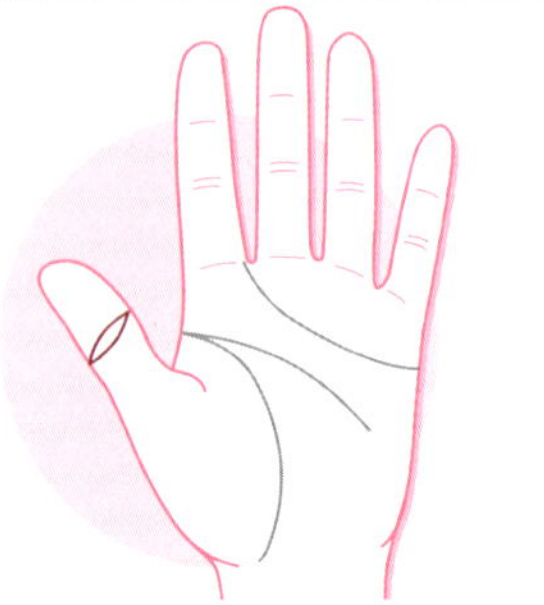

記憶力がいいので試験や受験勉強で力を発揮！

親指の第一関節が、目のようになっている相を仏眼相《ぶつがんそう》といいます。

これがある人は、記憶力がよく、暗記能力に秀でる人が多いのが特徴です。試験や受験勉強が得意な人に多く、要領がよい人ともいえるでしょう。

また、霊感が強い人も多いようです。

直感線

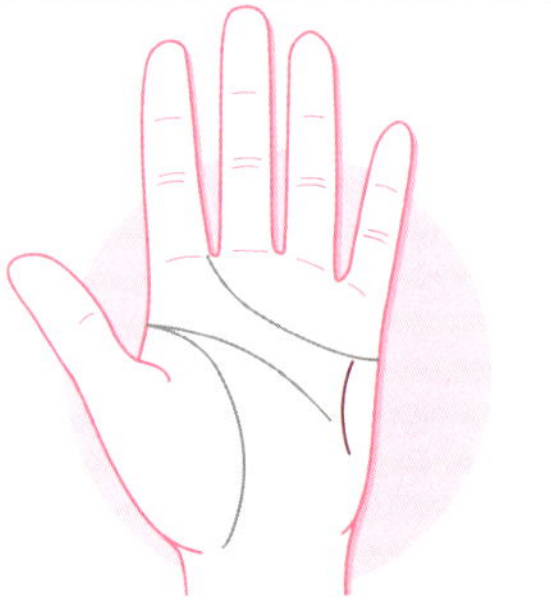

するどいひらめきでヒット商品を生み出す

月丘を弓なりに走り、水星丘に向かう線を直感線といいます。この線がきれいに太く刻まれている人はめずらしいです。

この線の持ち主は、直感力があり、アイデア力やひらめきが人よりすぐれています。

新しいものを発明したり、企業においてヒット商品を企画するなど、発想力がバツグン。時代を先取る感覚に秀でているタイプです。

冥月線

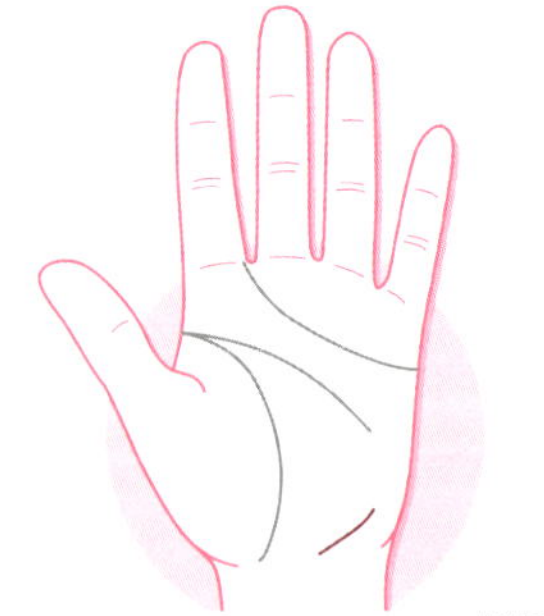

長男的な役割の人でお墓を継承することに

冥王星丘から月丘に向かう線を冥月《めいげつ》線と呼びます。この線がある人は、いわゆる「長男的」な役割をする人。とくに母方の因縁を受け継ぐ人が多いようです。代々続く家の先祖供養や、お墓の継承の役目を担っている人にあらわれ、先祖に守られている人ともいえます。この相がある人は、できるだけ先祖を大切にして、お墓参りなどを欠かさないようにしてください。また、冥月線がある人は、好色で遊び好きな傾向があります。

眼力線

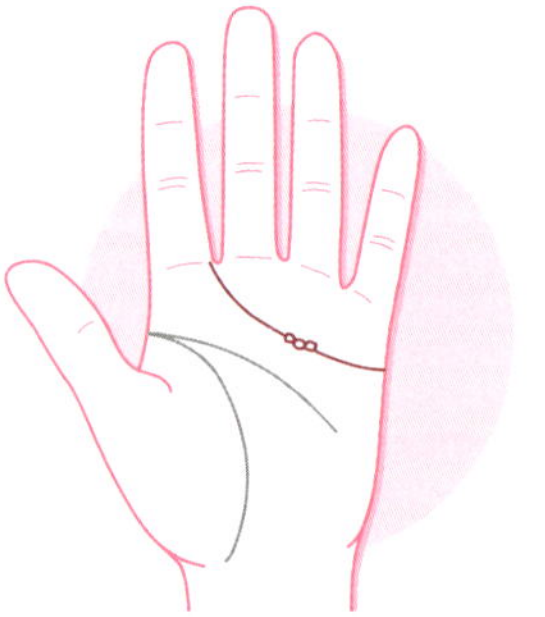

ものごとの本質を見抜く能力がある

感情線の薬指のあたりに、上下に2～3個の島ができる相を眼力線といいます。

この相がある人は、頭の回転が速く、人やものごとの良し悪しや本質をひと目で見抜く眼力の持ち主です。人から相談を受けることも自然と多くなり、何かの鑑定家として活躍する人もいるでしょう。

旅行線

あちこち動き回り
海外にも縁が深い

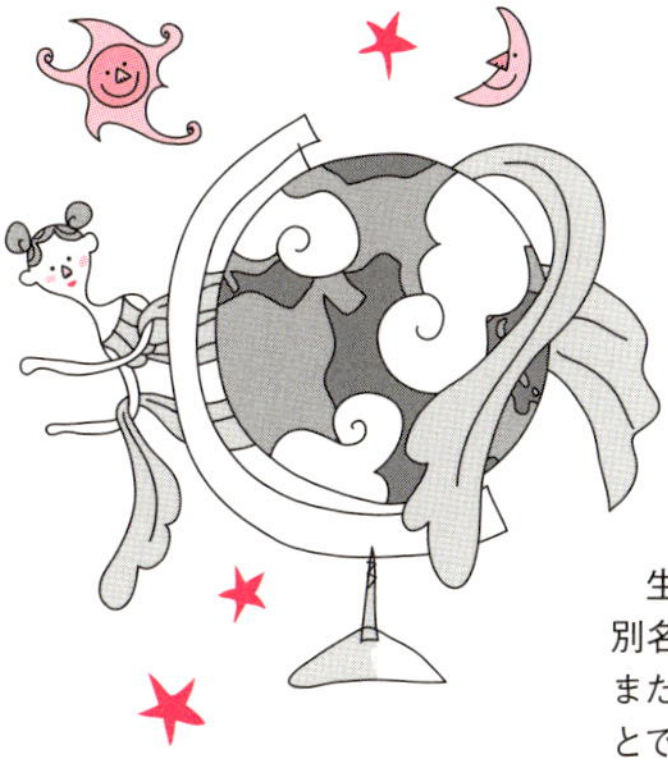

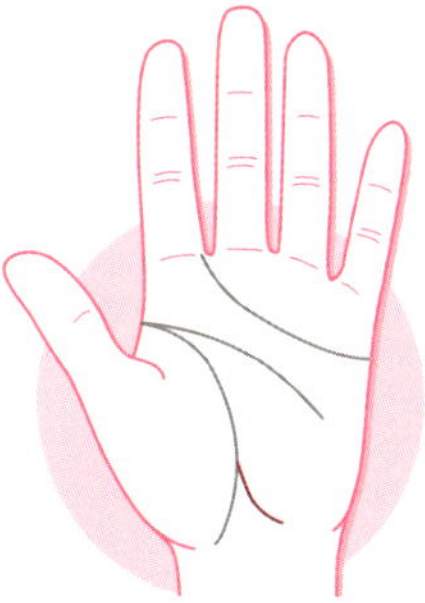

生命線の下部から月丘に向けて出る支線を旅行線と呼び、別名は海外流出線です。海外に縁のある人が多く、活動的。また、海外にこだわらず旅行好きな人が多く、動き回ることで運勢の開けるタイプです。はじめての土地や外国にもすぐに適応します。ジッとしているデスクワークは不向きで、動き回ったり変化に富む仕事が向いているでしょう。

この相の持ち主で、知能線の起点が生命線から離れている人は、ホームステイや留学、ワーキングホリデーなどに行く人が多く見られます。

陰徳線

先祖の陰徳があり
心やさしいまじめな人

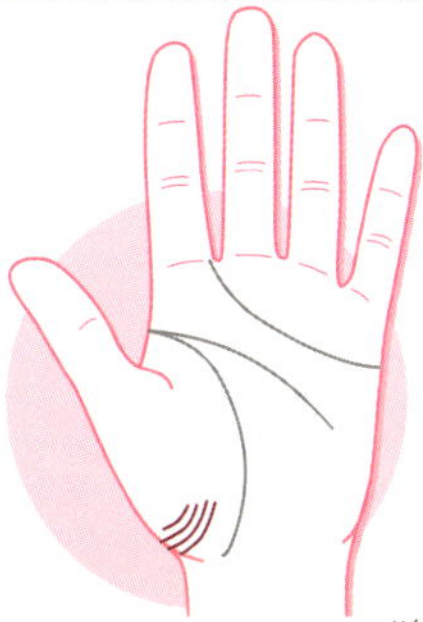

金星丘の下部に出る線を陰徳《いんとく》線といいます。先祖代々の陰徳を示すので、困ったときなどには、誰かが助けてくれるでしょう。この相の持ち主は、心のやさしいまじめな人。困った人を放っておけないところがあり、こっそり寄付をするなど善行を積む傾向があります。ただ、世の中には人の善意につけこんで詐欺まがいのことをする人間やグループもいますので、くれぐれもだまされないように注意してください。

二重生活線

ふたつの場所を
行き来する相

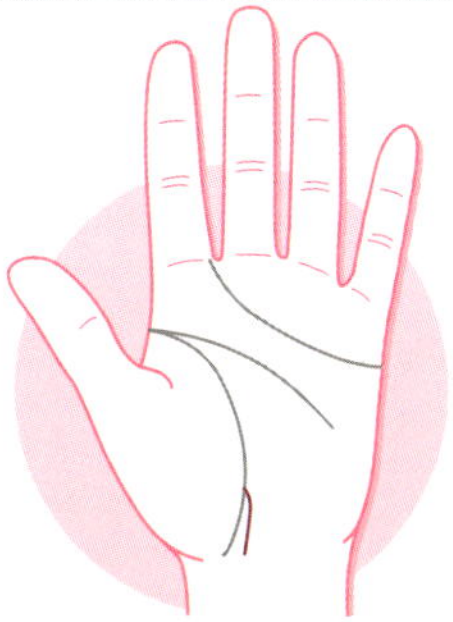

生命線の下部がこのように二重になっている相を二重生活線といいます。

これは諸事情によって生活の拠点をふたつもつ人にあらわれる線。別荘と本宅を行き来する人、海外と日本を行き来する人などに多く見られる相です。また、単身赴任をしている人に出ることもあります。

ソロモンの輪

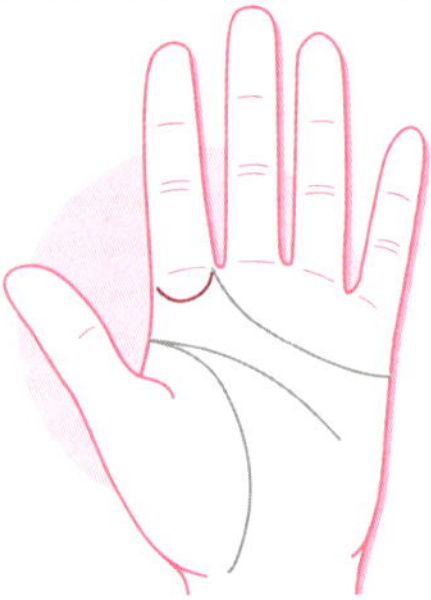

恵まれた環境に育ち野心的な傾向がある

人差し指のつけ根（木星丘）に出る輪をソロモンの輪といいます。きれいなソロモンの輪をもつ人はとても少ないです。これまでの多くの手相の本では「木星丘が示す野心や権力という意味をあらわし、ソロモン王にちなんで智、仁、勇が備わり統率力に秀でた素晴らしい相」とされてきました。

しかし実際、この相の持ち主は、恵まれた環境に育つことが多いようです。そして、野心家な反面、現実的な部分では甘い面をもつため、実力がともなわないという弱点もあります。

金星帯

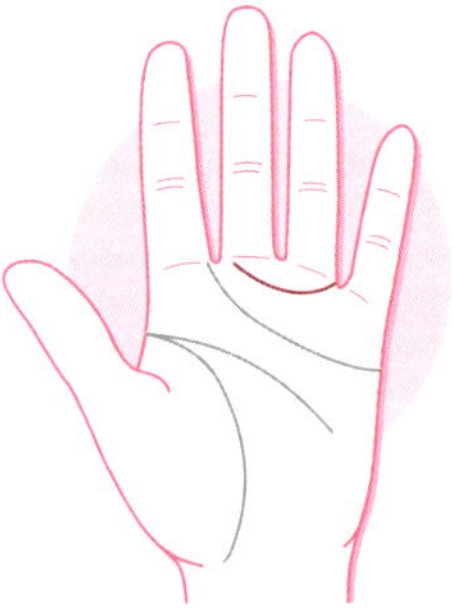

感性がするどく空想癖がある

人差し指と中指の間から薬指と小指の間に帯状に出る線を金星帯といいます。感性のすぐれている人に見られる線で、異性に対する神経の使い方も細やか。ひとりで空想にひたったり、瞑想したりすることを好みます。

金星帯は、くっきりと刻まれていることが少なく、切れ切れであったり、一部だけ出ていることが多い線。くっきりした線であるほど、金星帯がもつ意味が強くなります。

マネジメント線

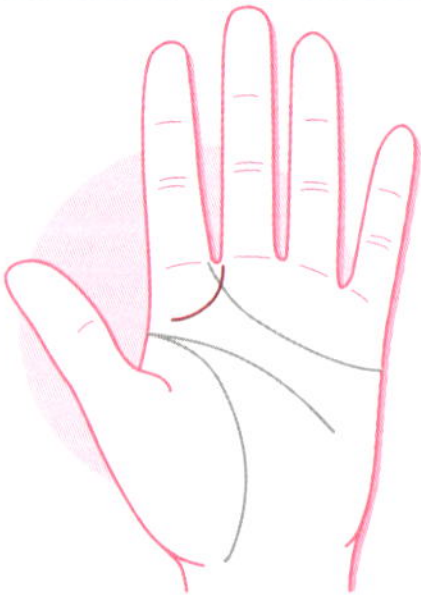

社会的な成功を望む野心家タイプ

中指のつけ根の土星丘から木星丘、第一火星丘を囲む線をマネジメント線といい、よく見かけます。ソロモンの輪に似ているので、間違えないようにしてください。

この線は、人やものを管理、運営していくマネジメント能力に秀でることを意味します。社会的に成功したいという野心のある人によく見られる相。仕事に情熱をもって生きていく人にあらわれます。

反抗線

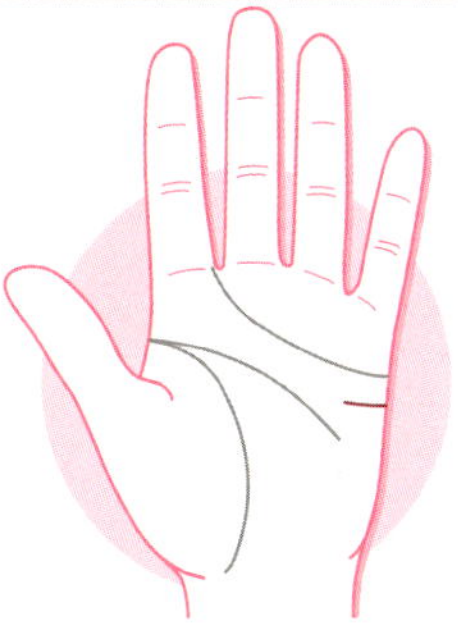

正義感が強く ライバルをもつと伸びる

感情線の下に出る長めのヨコ線を反抗線といい、別名ライバル線とも呼びます。この線の持ち主は、正義感の強い人が多く、理不尽な事がらをそのままにすることができません。上下関係を無視して激しく抗議したりするようなところがあるので、目上からは煙たがられることもあります。一歩間違えると反社会的な方向にドロップアウトしてしまう可能性があるので、身をおく環境や人との出会いが重要です。また、目標となる人物やライバルを心の中でもつと、確実に伸びていくことができます。

ユーモア線

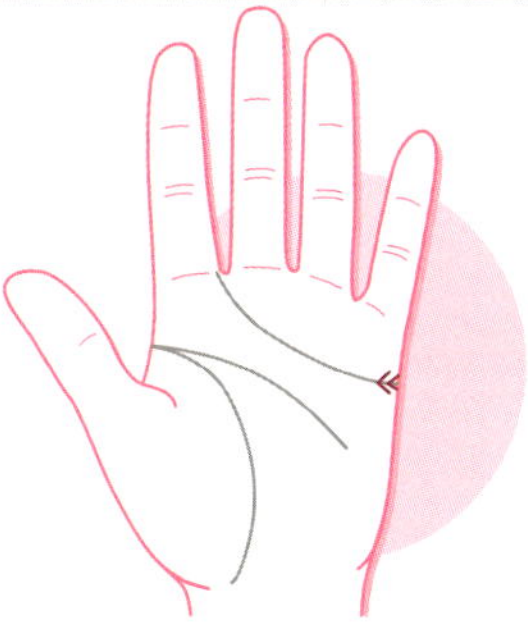

ユーモアがあり 笑いを生み出す人

感情線の始まりである水星丘に出る短い線をユーモア線と呼びます。水星丘はコミュニケーションをあらわす丘でもありますが、ユーモア線は、その意味を強調する線。

この相の持ち主は、ジョークがうまく、人を笑わせることのできる人。周囲の人を飽きさせることがない、ユーモアがある人です。

享楽線

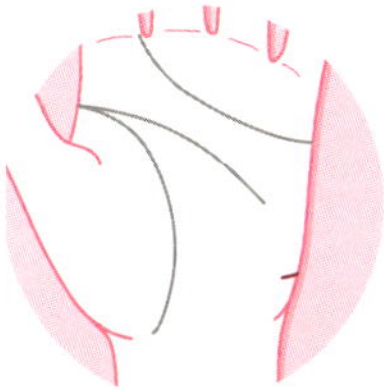

自分の 好きなことに のめりこむ タイプ

月丘の下部、小指側の手首線の上のほうにヨコに出る線が享楽線。小指側を内側にして見るとわかりやすいです。これは自分の好きなことに対してのめりこみやすく、そのことによって健康を害したり心のバランスをくずしたりしやすいという意味。のめりこむ対象は人によって違いますが、食べ物の偏食から、セックスやお酒までさまざまです。いずれにしても、その対象にのめりこみすぎることが、何かしら悪影響を及ぼすので、ほどほどに心がけるように注意しましょう。また、この場所に薄めの線がたくさん出ている場合は享楽線ではなく、放縦線（P216）を意味するか、あるいは女性なら婦人科系統が弱いことを示します。

気づき線

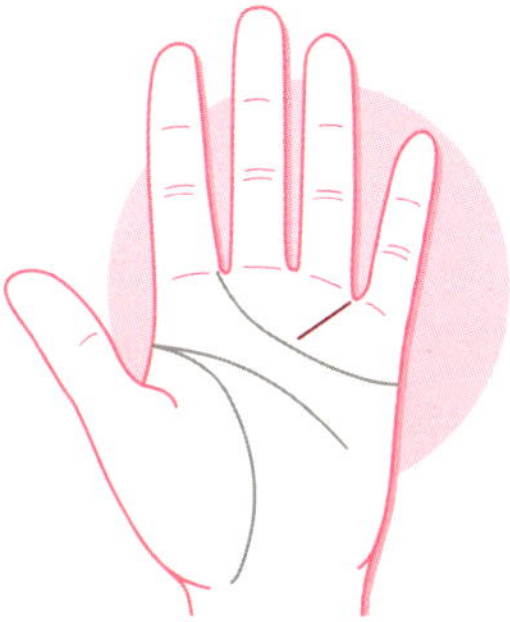

自分を磨くために 修練しているしるし

薬指と小指の間からスタートして伸びる線を気づき線といいます。

この線は、人生をスピリチュアルな視点でとらえ、自己をさまざまな事がらを通して磨き、修練している人に見られる相。その学びの度合いに応じて後天的に出現し、濃くなったり長くなったりすることが多いです。

Column
コラム

マッサージで開運しよう!

●マッサージで良相をつくろう!

手相に悪い相が出ていても、がっかりしないでください。

人相では、悪相を良相にするために顔をマッサージする開運法があります。手相でも、マッサージをして血行をよくし、それを続けることで、よい相にしていくことが可能です。

◆やり方

両方の手のひらを36回くらい(だいたいの回数でOK)、熱くなるまでこすり合わせます。そして、親指を使って、そっと線に沿ってマッサージしましょう。線は、起点から終点に向かってマッサージするのがポイント。あまり強くこすらず、やさしくマッサージしてください。

毎日、朝晩2回やると効果的。個人差がありますが、3か月くらいで相が変わってくるはずです。

part 7

実践！ 手相の鑑定レッスン

実際に鑑定しよう!

どう読み解く? 写真実例 1

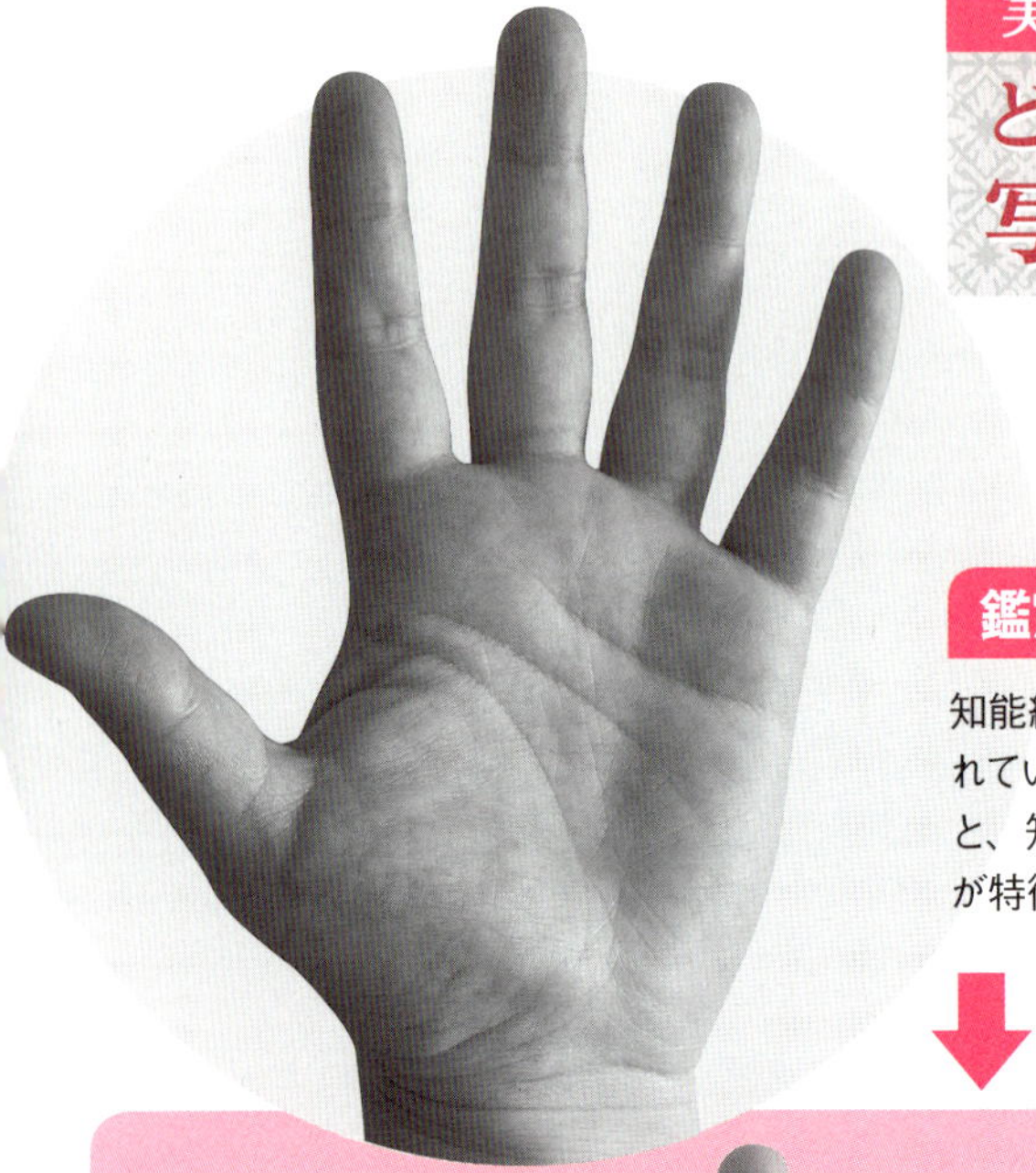

鑑定のポイント

知能線の起点が生命線と離れている、離れ型の知能線と、知能線から昇る向上線が特徴。好奇心が旺盛です。

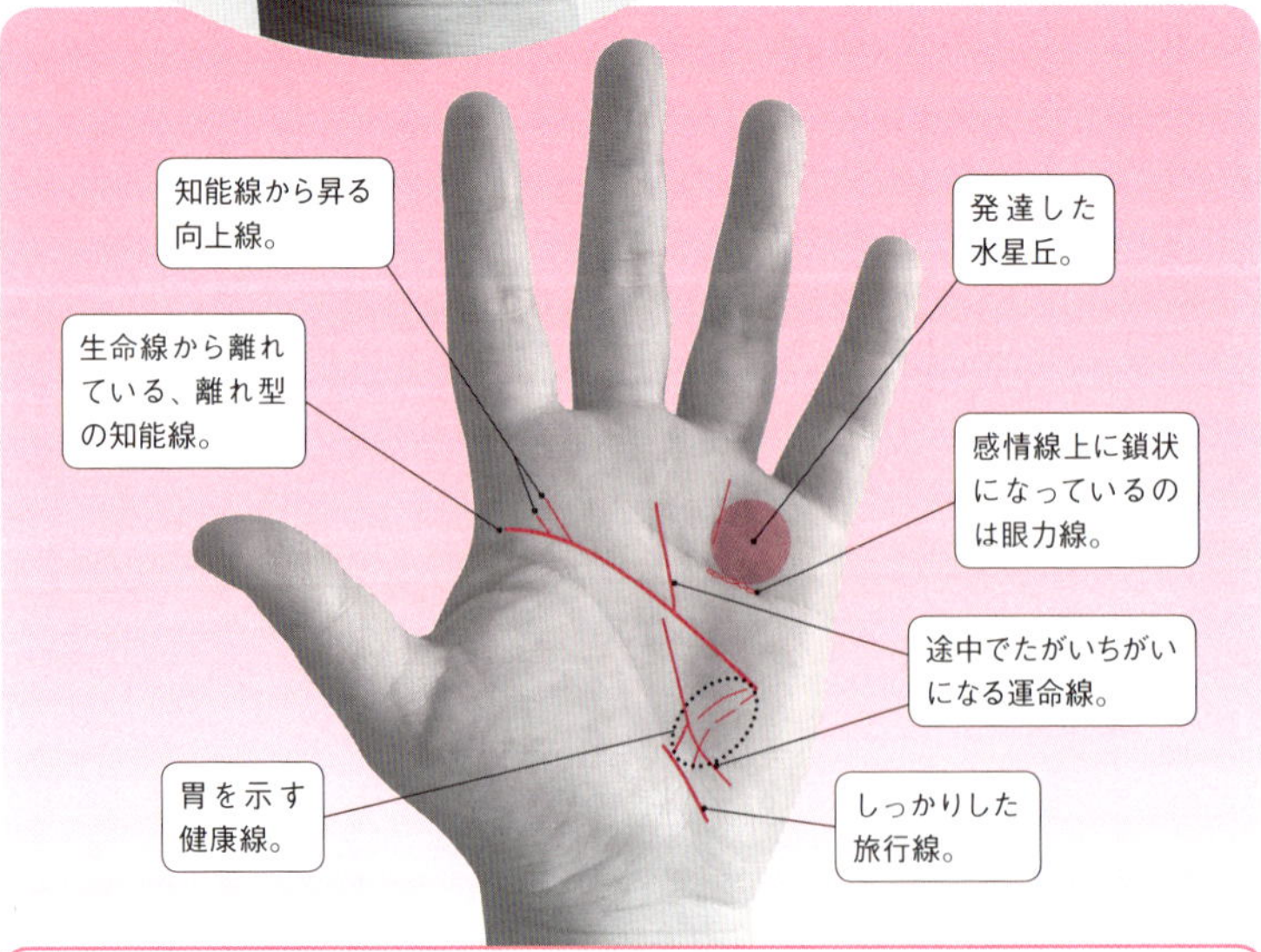

知能線から昇る向上線。
生命線から離れている、離れ型の知能線。
胃を示す健康線。
発達した水星丘。
感情線上に鎖状になっているのは眼力線。
途中でたがいちがいになる運命線。
しっかりした旅行線。

プロフィール 女性・28歳。幼少時を海外で過ごす。5か国語が堪能で、語学を生かして国内で勤務後、充電中。将来は外国での生活も考えている。

こう読み解く！写真実例 鑑定結果①

全体運

離れ型の知能線の持ち主は、大胆で行動的な人が多く、面倒見がよい姉御肌。また、逆境にあっても希望を忘れない楽天家ともいえます。少しおっちょこちょいで、周囲から見るとハラハラさせるような面もあるでしょう。

離れ型の知能線に加えて、生命線から伸びる旅行線があるので、海外経験や、海外に縁がある人生を送ることが多くなります。

薬指の下の感情線が鎖状になっている眼力線があるので、頭の回転が速く、人やものごとの良し悪しや本質をひと目で見抜きます。ご意見番や人からの相談を受けやすくなります。

月丘のあたりに斜めに走る健康線があるので、胃の不調に注意しましょう。

恋愛・結婚運

結婚線が薄く、生命線上の恋愛線も少ないので、恋愛の回数は少なめ。運命線が薄めなので、結婚したほうがどちらかというとよいタイプ。ただし、経済的に一人でやっていける場合は、結婚しない可能性も。

仕事・マネー運

運命線のはじまりが月丘から昇っているので、流れに沿って、組織や会社に入り、生きていく可能性が高いでしょう。途中、33歳くらいから知能線から昇るタイプの運命線になっているので、その頃を転機に、自分がもっている才能や資格、センス、技術などをもとに生きていくことになるでしょう。

知能線から木星丘に昇る向上線が2本もあるので、知的好奇心が旺盛で、知的分野で人を教え、導くことも向いています。水星丘が発達しているので、語学や言葉、コミュニケーションをいかした仕事も向いています。また、太陽線があるので、晩年は金銭的にも安心。

どう読み解く？ 写真実例 2

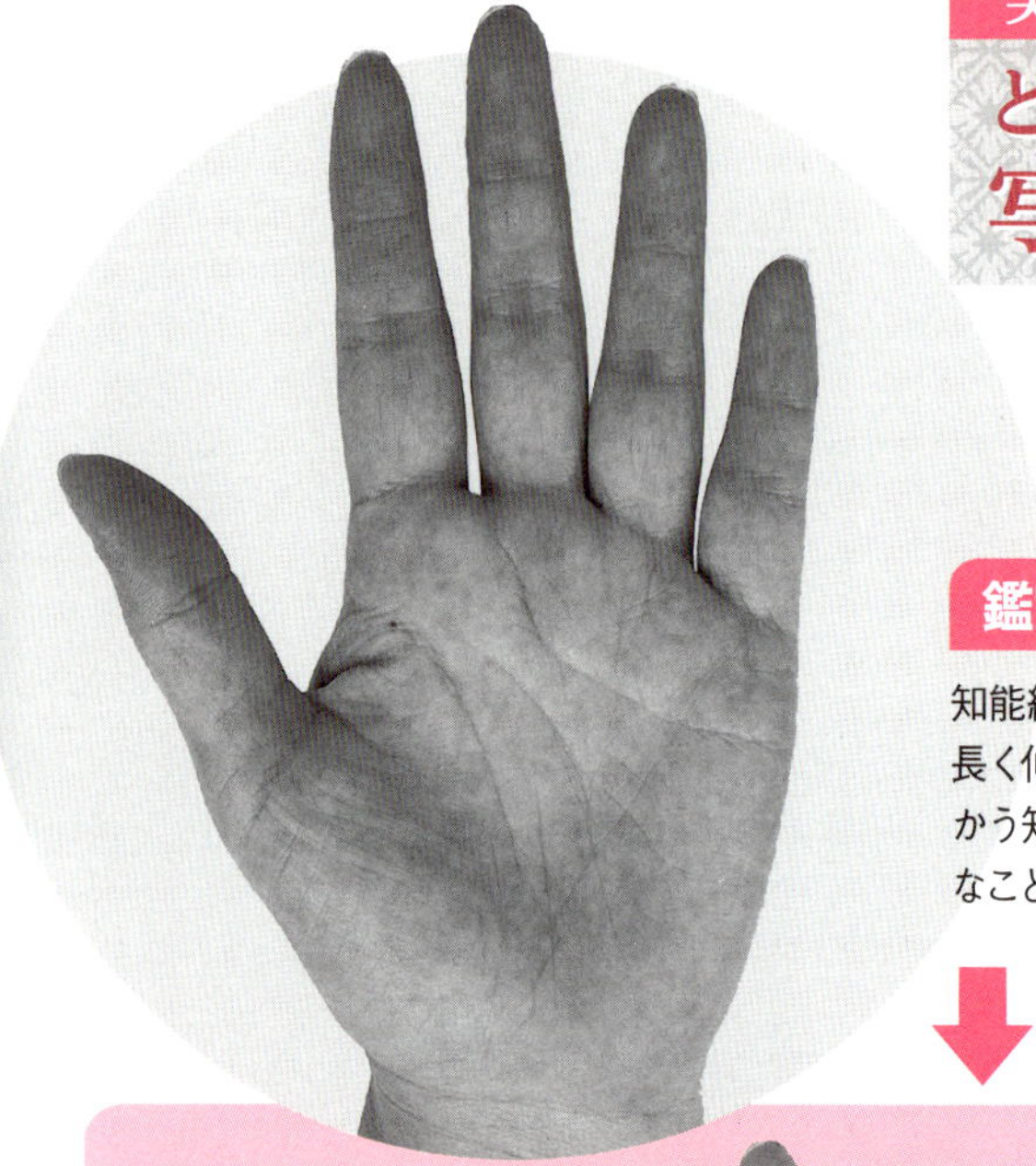

鑑定のポイント

知能線の先が分かれ、月丘に長く伸びています。月丘に向かう知能線の持ち主は、好きなことをがんばるタイプです。

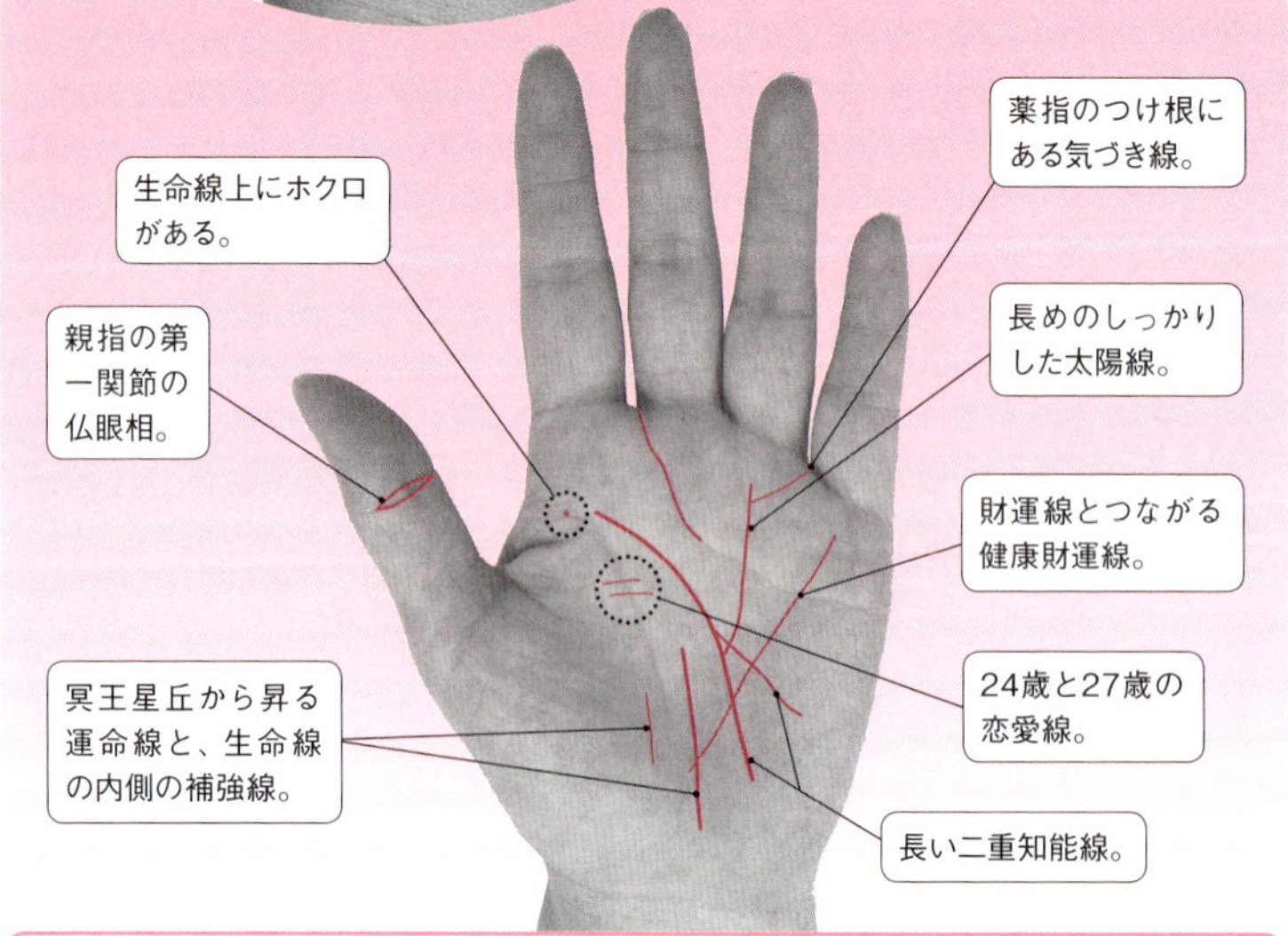

生命線上にホクロがある。
親指の第一関節の仏眼相。
冥王星丘から昇る運命線と、生命線の内側の補強線。
薬指のつけ根にある気づき線。
長めのしっかりした太陽線。
財運線とつながる健康財運線。
24歳と27歳の恋愛線。
長い二重知能線。

プロフィール 女性・42歳。仕事は本の編集と執筆。27歳のときに結婚し、結婚後も仕事を続けている。趣味は畑で野菜を育てること。ネコと生活中。

こう読み解く！写真実例 鑑定結果❷

全体運

生命線上のホクロが18歳の流年のところにあるが、左手の場合は精神面のトラブルを暗示。実際は、18歳で自律神経失調症に悩んだそうです（生命線上のホクロが右手にある場合は、現実的な打撃を暗示）。

親指に目のようになっているはっきりした仏眼相があります。この相があると、記憶力、暗記力がよく、試験や受験勉強が得意。要領もよいのが特徴です。瞬発的な集中力もあります。

月丘に向かう長い二重知能線は、想像力、ロマンがあり、才能豊かで粘り強いでしょう。好きなことに対しては、がんばれるタイプです。気づき線は、自己修練している人に出る線です。

生命線は短いですが、運命線が補強しているので短命ではありません（右手の生命線は長い）。

恋愛・結婚運

感情線の先端が大きくカーブしているのが特徴。恋愛は一度好きになると、周囲が何を言おうと聞かず、激しい恋愛をする傾向があります。好きな人にはよく尽くします。24歳と27歳に恋愛線があり、結婚相手との出会い、結婚時期と符合しています。

仕事・マネー運

運命線が冥王星丘から出ているので、自分でこうしていこうと、運命を切り開いていくタイプ。ワンマン型で、自分でなんでもやってしまう傾向があります。

知能線から昇る長い太陽線は、自分の才能や資格、技術、センスをいかし、それが成功に結びつくタイプ。月丘に向かう知能線なので、好きなことを仕事にするとよいでしょう。

財運線と健康線がつながる健康財運線があるので、体が資本。健康なうちは、しっかりお金を稼ぐタイプ。起業も向いています。

実際に鑑定しよう!

どう読み解く? 写真実例 3

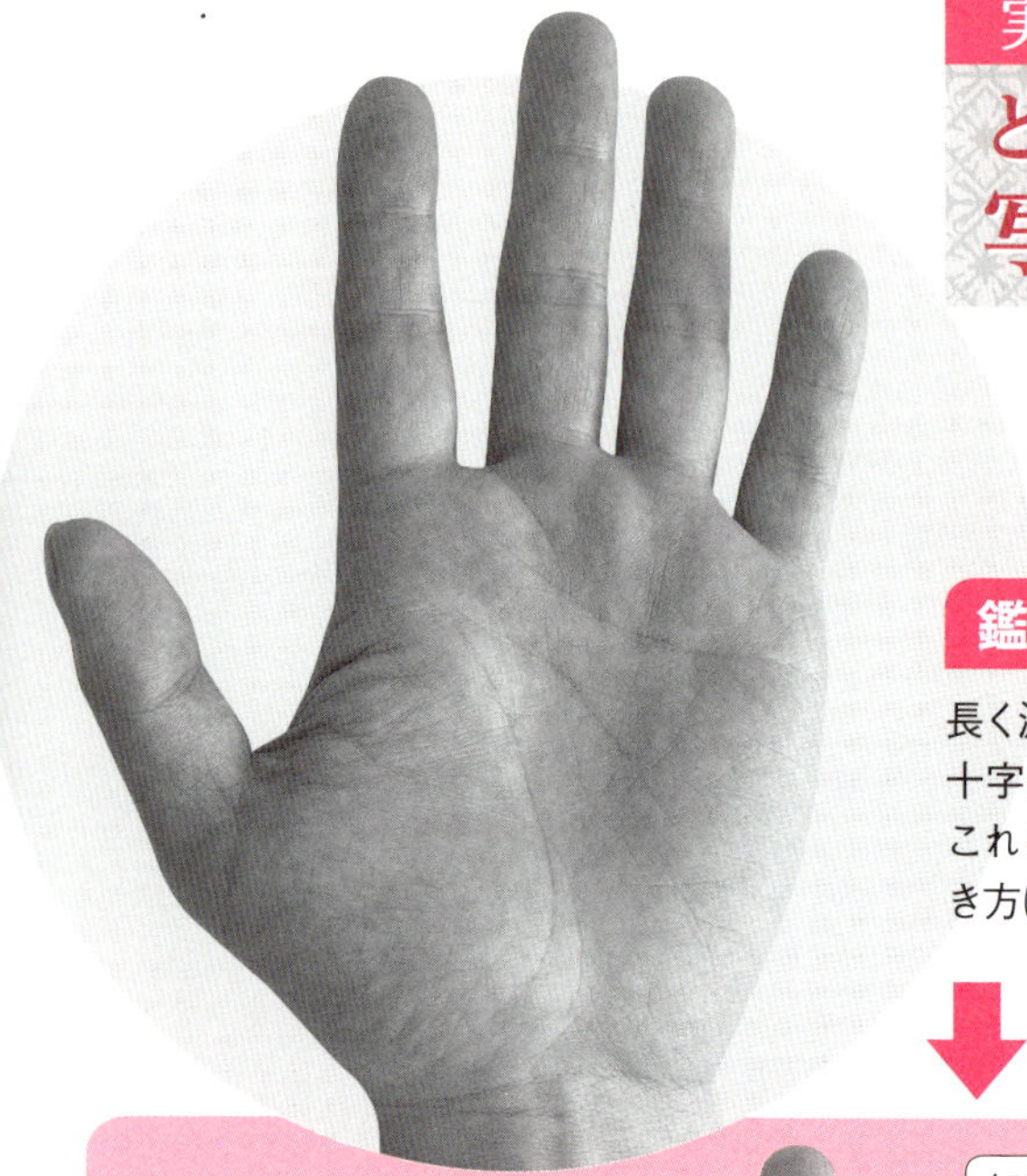

鑑定のポイント

長く濃いタレント線や、神秘十字線など、特殊線が多い。これらの特殊線は仕事や生き方に関わることを暗示。

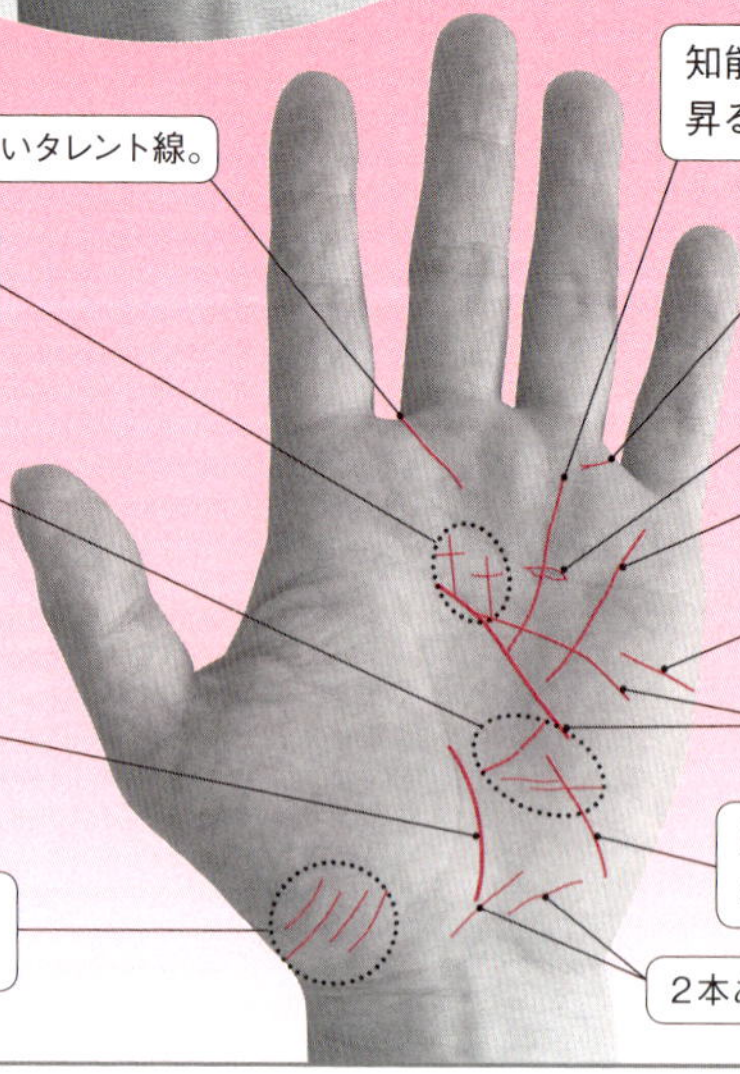

長く濃いタレント線。
はっきりした神秘十字線。
胃腸を示す健康線。
生命線から伸びる二重生活線。
金星丘の下部にある陰徳線。
知能線から昇る太陽線。
気づき線。
感情線上の大きな島。
健康財運線。
感情線の下にある反抗線。
枝分かれ型の二重知能線。
月丘の下部にある人気線。
2本ある冥月線。

プロフィール 男性・42歳。セラピスト・ヒーラーとして活躍中。自分の技術を伝えるため、後進の指導にもあたっている。独身。趣味は三線の演奏。

こう読み解く！写真実例 鑑定結果③

全体運

手は大きめで、手形は結節型が8割、円錐型、四角型が各1割ほど。結節型の人は精神面や知的な探究を重視するタイプ。気づき線もあるので人生を哲学的にとらえます。

3大線はバランスがよく、生命線の下部から大きく出ている二重生活線は、2つの拠点（実家と自分の家、自宅と別荘など）をもつことを暗示。2本の冥月線があるので、母方の縁が濃く、先祖供養や墓の継承などの役目があります。

金星丘の陰徳線は、寄付やボランティア精神があることを示しています。

健康は消化器である胃腸に注意が必要。感情線の薬指の下あたりに島があり、左手なので、右目の視力が悪い可能性が大。循環器の病気にも注意が必要です。

恋愛・結婚運

結婚線がとても薄く、恋愛線も少ないので、もともと縁が少なく、恋愛も少なめです。結婚する可能性は低いかもしれません。

仕事・マネー運

タレント線が太く長く入っているので、普通の仕事では物足りなく、個性やオリジナル性を発揮できる仕事にひかれます。発達した丘があるので手から気が出やすく、神秘十字線があるので、セラピストやヒーラーという職業は向いているでしょう。

二重知能線なので、2つの仕事をもつ可能性があり、しっかりした人気線は、周囲の人の助けを受けやすいことを示しています。ただし、反抗線も目立つため、タテ型の組織は向かず、よきライバルをもつと伸びるタイプ。

知能線から昇る太陽線があるので、特殊分野を仕事にすることも可能。健康財運線は、体が資本で、健康であればある程度の金運を稼ぐことができるしるしです。

実際に鑑定しよう!

どう読み解く？写真実例 4

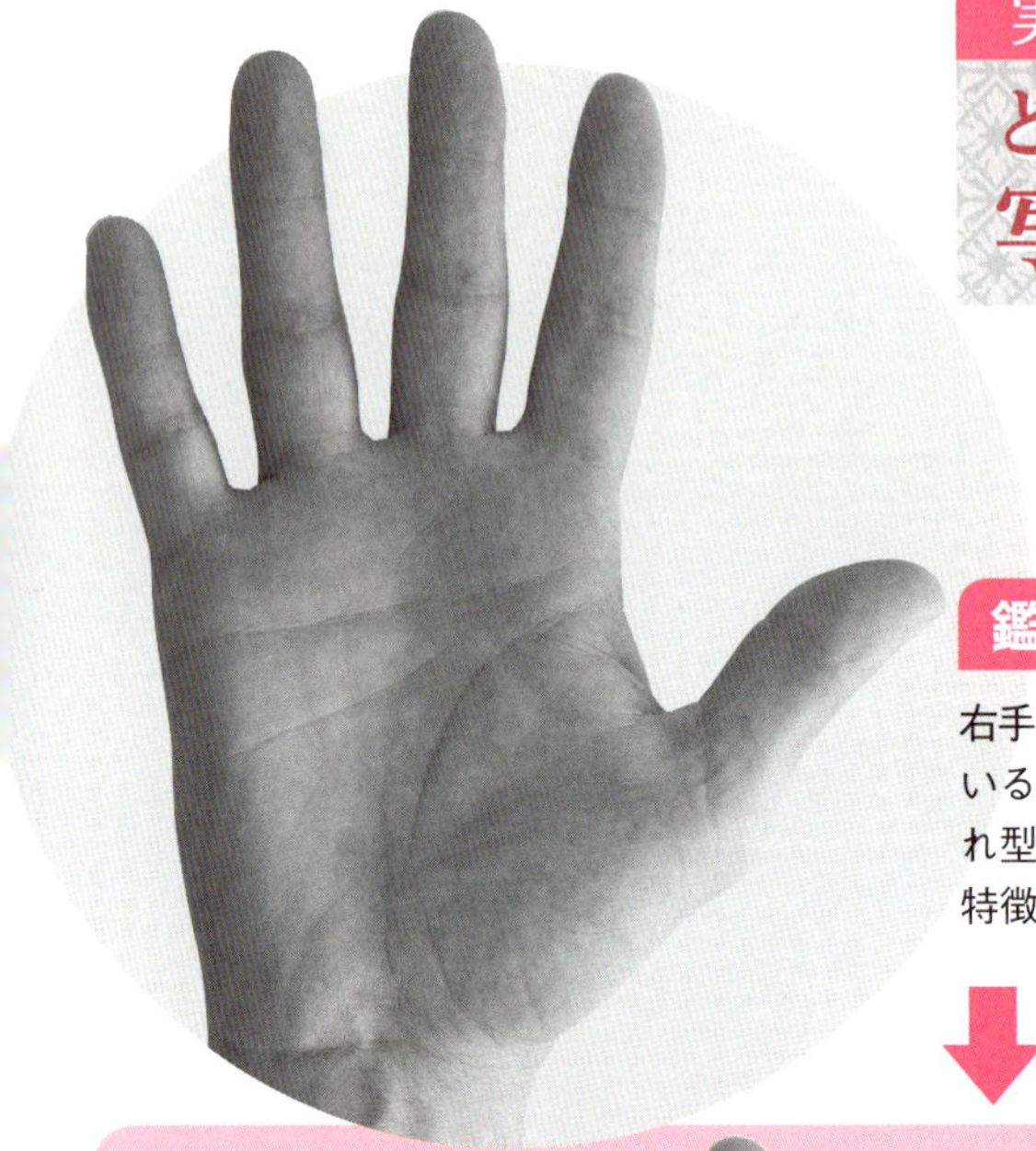

鑑定のポイント

右手にメッセージが強く出ているので、右手を鑑定。離れ型のマスカケ線が大きな特徴で、とても個性的です。

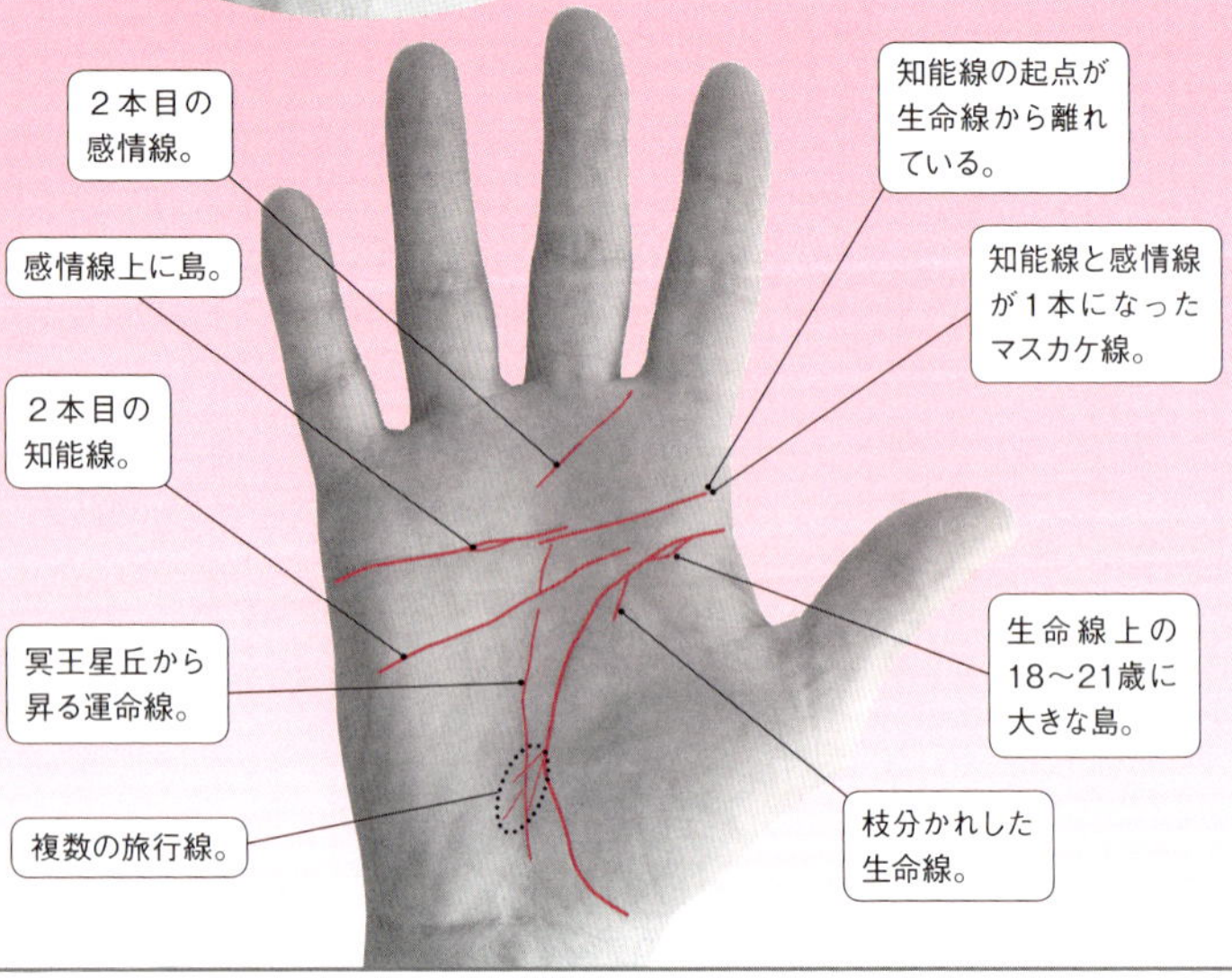

２本目の感情線。
感情線上に島。
２本目の知能線。
冥王星丘から昇る運命線。
複数の旅行線。
知能線の起点が生命線から離れている。
知能線と感情線が１本になったマスカケ線。
生命線上の18～21歳に大きな島。
枝分かれした生命線。

プロフィール 男性・40歳。アメリカ人。19歳で日本にきて、日本女性と結婚。２児の父。日本で起業し、実業家として活躍中。

こう読み解く！写真実例　鑑定結果④

全体運

生命線の起点と離れたマスカケ線（P177）は、とてもめずらしい相。マスカケ線の人はエネルギーが強く、性格は個性的。ある意味、ガンコでアクが強い気質の持ち主です。才能のある人が多く、波乱万丈の人生を送る可能性が大きいでしょう。さらに離れ型のマスカケ線なので、一般的なマスカケ線の人より、大胆で行動的。また、楽観的な面をもっています。

生命線の18～21歳のところに大きな島がありますが、この時期に日本に移住しており、大きな変化や苦悩があったことを示しています。生命線は濃く太めで、張り出しもあり、目立った健康線や小ジワもないので、基本的に体は丈夫です。感情線の薬指の下あたりにある島は、視力の悪さを示しています。旅行線があるので、生まれ育った国以外と縁が濃いことがわかります。

恋愛・結婚運

マスカケの感情線と合わせると2本感情線があるので、恋愛は情熱的で、自分がイニシアチブをとりたいタイプ。2本目の感情線が人差し指と中指の間に流れこんでいるので、マイホームパパになるでしょう。

仕事・マネー運

23歳から27歳くらいまで、枝分かれした生命線があるので、活動的で多忙だったことをあらわしています。マスカケ線の下にあるもう1本の知能線は、第2火星丘に向かっているので、現実的な感覚の持ち主で、スピリチュアルなことには興味がありません。

運命線は冥王星丘からスタートしているため、ワンマン型。人の下で働くのは向いていないので、起業して正解。40歳くらいから運命線が薄く、くねっているので、停滞期に入る可能性も。守りに入るのではなく、がむしゃらにチャレンジすることが、今後の開運につながるでしょう。

手相を上手に活用しよう

幸せをつかみ、悲運を避ける秘策

手相が示す幸運を確実にゲットする方法

手相を見ると、人生のシナリオがわかります。よいシナリオの人は、よかったと安心せず、もっとポジティブに行動することで、さらによい運勢にすることができるでしょう。

手相が示す幸運を確実にゲットするには、それが実現しやすい環境を整えることが大切です。

たとえば「32歳で独立」という開運線が入っていたとします。それを実現させるためには、そうなりたい、というイメージをもち続けると同時に、それを現実化させるためにできる、あらゆる努力をすることが大切です。そうすることで、より確実にシナリオを実現できるでしょう。

また、「29歳で結婚」と出ていたら、それに備えて自分を磨きましょう。もし現在、出会いが少ない環境にいる人は、その時期に合わせて出会いのチャンスを増やしていきます。出会いのための現実的な行動をフル回転させましょう。

さらに、幸運をゲットするためには、その人自身の経験なども大きく作用します。

たとえば「29歳に結婚」と出ていても、これまで異性とつきあったことがない人は、好きになった人と、どうつきあえばいいかわからないかもしれません。すると、たとえ相思相愛であっても、ちょっとしたことでダメになってしまうこともありえます。

そうならないためには、恋愛の経験や練習をすることも大切な準備といえるでしょう。

手相が示す悲運を避ける方法

では、手相が悪いシナリオを示している場合は、どうすればいいのでしょうか。

そのときは、まず、その事実を認識することからスタートしましょう。手相に出ているということは、今のままでいくと、未来はそうなる可能性が高いというサイン。

でも、シナリオは書きかえることが可能です。

手相は、幸せをつかむための占い。悪い相が出ていたら、がっかりせずに良相に変える努力をしましょう。

たとえ未来に悪いシナリオが書かれていたとしても、「絶対にそうさせないぞ!」という反骨精神をもって乗り越えることが重要です。これができるかどうかが、運命の明暗の分かれ道。

たとえば、健康線が生命線の50歳の位置を横切っていたとします。胃腸が悪いことを示す、月丘を斜めに横切る健康線です。これは50歳のときに、胃腸系の大病をするというサイン。でも、これを前もって知り、食生活や生活習慣を修正した場合、病気は未然に防ぐことができるはずです。また、検査を受けて早期発見すれば、大事に至らなくてすむ可能性が高くなります。

このように、病気や離婚などの不運のサインも、前もって知り、そうならないような現実的努力をすることで、避けることが可能なのです。

シナリオの修正は、実現までの期間が長いほど、うまくいきます。1年より3年、5年より10年早く知って、それに対処できれば、人生は大きく好転するはずです。

著者紹介

伊藤瑛輔（いとう　えいすけ）

1968年生まれ。東京都出身。10代の頃より人間の幸不幸といったことに強く関心をもち、精神世界に傾倒。その一環として、さまざまな占術や運命学を研究し続け、18歳から手相を見はじめる。その後、実践を重ねながら独自の手相術の完成に向けて研鑽を積んでいる。1998年よりプロの占い師として活動。2014年までの鑑定人数は2万人を超える。手相では流年法を駆使した恋愛や婚期、転機などをあてることを得意とする。占術のジャンルは、手相、本筮易（ほんぜいえき）、人相、西洋占星術。手相以外では真勢中州（ませちゅうしゅう）の流れをくむ本筮易が専門。テレビや雑誌等でも活躍中。2009年からは後進の指導にも力を入れている。

※鑑定・レッスンご希望の方は、占い「月の館」または原宿占い館「塔里木」までお問い合わせください。

●月の館　TEL 03-6276-8954　http;//www.moon-house.jp

●塔里木　TEL 03-3497-5825

STAFF　編集協力：小沢映子（GARDEN）

本文デザイン：岩嶋喜人（INTO THE BLUE）

本文イラスト：木野本　由美／矢澤　信子

絶対当たる！　手相占い

2014年7月15日　第1刷発行

2014年8月20日　第2刷発行

著　者　伊藤　瑛輔

発行者　中村　誠

印刷所　図書印刷株式会社

製本所　図書印刷株式会社

発行所　株式会社　日本文芸社

〒101—8407　東京都千代田区神田神保町1－7

TEL　03－3294－8931（営業）　03－3294－8920（編集）

Printed in Japan　112140612－112140811　Ⓝ02

ISBN978－4－537－21188－7

URL　http://www.nihonbungeisha.co.jp

編集担当：三浦